Sachdividenden bei Aktiengesellschaften

Europäische Hochschulschriften

Publications Universitaires Européennes
European University Studies

Reihe II
Rechtswissenschaft

Série II Series II
Droit
Law

Bd./Vol. 4454

PETER LANG

Frankfurt am Main · Berlin · Bern · Bruxelles · New York · Oxford · Wien

Thomas Grund

Sachdividenden bei Aktiengesellschaften

PETER LANG
Europäischer Verlag der Wissenschaften

Bibliografische Information Der Deutschen Bibliothek
Die Deutsche Bibliothek verzeichnet diese Publikation in der
Deutschen Nationalbibliografie; detaillierte bibliografische
Daten sind im Internet über <http://dnb.ddb.de> abrufbar.

Zugl.: Regensburg, Univ., Diss., 2005

Gedruckt auf alterungsbeständigem,
säurefreiem Papier.

D 355
ISSN 0531-7312
ISBN 3-631-55475-3

© Peter Lang GmbH
Europäischer Verlag der Wissenschaften
Frankfurt am Main 2006
Alle Rechte vorbehalten.

Meiner Familie und meinen Freunden

Vorwort

Diese Arbeit wurde im Sommersemester 2005 von der Juristischen Fakultät der Universität Regensburg als Dissertation angenommen. Gesetzesstand, Rechtsprechung und Literatur sind bis Ende Dezember 2005 eingearbeitet.

Mein besonderer Dank gilt meinem Doktorvater Herrn Professor Dr. Ingo Koller, der die Entstehung der Arbeit mit Interesse begleitet hat und mir stets mit fachlichem Rat zur Seite stand. Zu Dank verpflichtet bin ich zudem Herrn Professor Dr. Rolf Eckhoff für die Erstellung des Zweitgutachtens.

Danken möchte ich auch Herrn Dr. Rainer Stadler und Herrn Dr. Welf Müller, Rechtsanwälte bei Linklaters in München und Frankfurt, für die Anregung des Themas dieser Arbeit während meiner Wahlstation bei Linklaters in München.

Schließlich danke ich ganz herzlich meiner Familie und meinen Freunden für die Unterstützung während der Zeit des Studiums und der Promotion.

Würzburg, Juli 2006   Thomas Grund

9

Inhaltsübersicht

Inhaltsverzeichnis

Abkürzungsverzeichnis

AG	Aktiengesetz, Die Aktiengesellschaft
AktG	Aktiengesetz
Alt.	Alternative
Anm.	Anmerkung
AnwK-AktR	Anwaltskommentar Aktienrecht
BB	Der Betriebsberater
BDI	Bundesverband der Deutschen Industrie e. V.
BeckBilKomm	Beck´scher Bilanzkommentar
BFH	Bundesfinanzhof
BGBl.	Bundesgesetzblatt
BörsG	Börsengesetz
BT-Drucks.	Bundestags-Drucksache
BVerfG	Bundesverfassungsgericht
DAV	Deutscher Anwaltverein
DB	Der Betrieb
DrittelbG	Drittelbeteiligungsgesetz
DStR	Deutsches Steuerrecht
DStRE	Deutsches Steuerrecht-Entscheidungsdienst
EStB	Der Ertragsteuer-Berater
EstG	Einkommensteuergesetz
FG	Finanzgericht
ggf.	gegebenenfalls
G/H/E/K	Geßler/Hefermehl/Eckard/Kropff, Aktiengesetz
GK	Großkommentar zum Aktiengesetz
HS	Halbsatz
i.S.d.	im Sinne des
i.S.v.	im Sinne von
KölnKomm	Kölner Kommentar
MünchHdbAG	Münchener Handbuch des Aktienrechts
MünchKommAG	Münchener Kommentar zum Aktiengesetz
NJW	Neue Juristische Wochenschrift
NZG	Neue Zeitschrift für Gesellschaftsrecht
StGB	Strafgesetzbuch
StuW	Steuer und Wirtschaft
TransPuG	Gesetzes zur weiteren Reform des Aktien- und Bilanzrechts, zu Transparenz und Publizität
u.a.	unter anderem
UmwG	Umwandlungsgesetz
UR	Umsatzsteuer-Rundschau

UStG	Umsatzsteuergesetz
UStR	Umsatzsteuerrichtlinien
u.U.	unter Umständen
v.	vom
WM	Wertpapiermitteilungen
WPg	Die Wirtschaftsprüfung
WphG	Wertpapierhandelsgesetz
WpÜG	Wertpapiererwerbs- und Übernahmegesetz
WpÜG-AngVO	Verordnung über öffentliche Angebote zum Erwerb von Wertpapieren und Unternehmensübernahmen
z.B.	zum Beispiel
ZGR	Zeitschrift für Unternehmens- und Gesellschaftsrecht
ZHR	Zeitschrift für das gesamte Handelsrecht und Wirtschaftsrecht
ZIP	Zeitschrift für Wirtschaftsrecht
zit.	zitiert

Einführung

Das Recht auf Beteiligung an den Erträgen seiner Aktiengesellschaft ist das wichtigste mitgliedschaftliche Vermögensrecht jedes Aktionärs.[1] Die Ausschüttung des verteilungsfähigen Gewinns in Form von Geld als sog. Bardividende stellt in der Praxis den Normalfall dar. Allerdings kann es für Aktiengesellschaften und ihre Anteilseigner von Interesse sein, anstelle von Barmitteln Sachwerte aus dem Gesellschaftsvermögen auszuschütten. Man spricht in diesem Fall von einer Sachausschüttung bzw. Sachdividende. Während unsere europäischen Nachbarländer bereits über weitgehende Erfahrung in diesem Bereich verfügen und dort die Sachdividende eine häufig praktizierte Ausschüttungsform ist,[2] spielte dieses gesellschaftsrechtliche Institut in Deutschland bisher eine eher untergeordnete Rolle. Das mag zum großen Teil daran gelegen haben, dass das Aktiengesetz bisher zur Zulässigkeit einer Sachdividende schwieg und in der Literatur umstritten war, unter welchen Voraussetzungen eine Sachausschüttung erfolgen konnte.[3]

Durch das Transparenz- und Publizitätsgesetz[4] wurde nun an § 58 AktG ein neuer Absatz 5 angefügt, der die Zulässigkeit von Sachausschüttungen und deren Voraussetzungen ausdrücklich klarstellt. Der Gesetzgeber folgte mit dieser Regelung dem vielfachen Drängen aus den Reihen von Wissenschaft und Praxis.[5] Die Sachdividende wird mehr und mehr als flexibles und vielseitiges Ausschüttungsinstrument entdeckt.

§ 58 Abs. 5 AktG legt fest, dass eine Sachausschüttung durch Mehrheitsbeschluss zulässig ist, sofern die Satzung der Aktiengesellschaft eine entsprechende Ermächtigung enthält.[6] Diese legislatorische Grundsatzentscheidung für Sachausschüttungen ist zu begrüßen. Allerdings hat die neue Vorschrift eine ganze Reihe von Fragen hinsichtlich der praktischen Durchführung von Sachausschüttungen aufgeworfen, die vom Gesetzgeber - teilweise bewusst - offen gelassen wurden.

Zu klären sind Problembereiche, die der neue § 58 Abs. 5 AktG in aktienrechtlicher Hinsicht mit sich bringt. Einer eingehenden Untersuchung bedarf ferner die

---

[1]   *Lutter*, in: KölnKomm, § 58 Rn. 79; *Henze*, in: GK, § 58 Rn. 85.

[2]   *Lutter/Leinekugel/Rödder*, ZGR 2002, 223; *Leinekugel*, Sachdividende, 43.

[3]   Vgl. den Überblick über den Meinungsstand zur bisherigen Rechtslage bei *Bayer*, in MünchKommAG, § 58 Rn. 105 und 106.

[4]   Gesetz zur weiteren Reform des Aktien- und Bilanzrechts, zu Transparenz und Publizität (kurz TransPuG) vom 19. Juli 2002, BGBl. I 2002, 2681 ff.

[5]   Vgl. *Baums*, Regierungskommission, Rn. 200; BDI, Gemeinsame Stellungnahme, 4; *Schnorbus*, ZIP 2003, 509.

[6]   Tatsächlich verfügen bis heute etwa die Hälfte aller im Deutschen Aktienindex (DAX) notierten Aktiengesellschaften über eine entsprechende Satzungsermächtigung.

handelsbilanzielle Behandlung einer Sachausschüttung. Unklar sind schließlich auch die steuerrechtlichen Konsequenzen einer Sachausschüttung, die gerade für die Beratungspraxis von herausragender Bedeutung sind.

Ziel der vorliegenden Arbeit ist es, einen Beitrag zur Klärung dieser Rechtsfragen zu leisten, um dem Rechtsanwender klare Vorgaben an die Hand zu geben und damit der Sachdividende zu der ihr gebührenden Akzeptanz zu verhelfen.

1. Abschnitt: Sachausschüttung und Gesellschaftsrecht

1. Kapitel: Grundlagen und Zulässigkeitsvoraussetzungen einer Sachausschüttung

1. Ein- und Abgrenzung des Begriffs der Sachausschüttung i.S.v. § 58 Abs. 5 AktG

Das Gesellschaftsrecht kennt neben einer Auskehrung von Sachwerten nach § 58 Abs. 5 AktG weitere Formen der Übertragung von Sachen von Aktiengesellschaften auf ihre Aktionäre. Diese werden teilweise auch mit den Begriffen „Sachausschüttungen" bzw. „Sachdividenden" belegt, obwohl sie mit einer Gewinnverteilung nichts gemein haben. Im Interesse einer klaren Begriffsbildung und Abgrenzung werden im Folgenden diese gesellschaftsrechtlichen Vorgänge dargestellt und ihre Unterschiede zu einer Sachausschüttung nach § 58 Abs. 5 AktG herausgearbeitet.

1.1 Stockdividende

Seit dem Bilanzrichtliniengesetz[7] besteht in Deutschland die Möglichkeit einer Kapitalerhöhung aus Gesellschaftsmitteln (§§ 207 ff. AktG). Dabei werden Teile der Kapitalrücklage und/oder Gewinnrücklagen in Grundkapital umgewandelt und in der Folge neue Aktien an die (bisherigen) Aktionäre ausgegeben. Der Begriffsbestandteil „Dividende" hat sich eingebürgert, ist allerdings in diesem Zusammenhang irreführend. Denn die Kapitalerhöhung aus Gesellschaftsmitteln hat mit einer Dividendenzahlung, also einer Gewinnbeteiligung des Aktionärs auf der Grundlage eines Jahresabschlusses und Gewinnverwendungsbeschlusses, nichts gemein.[8] Während bei der Sachdividende der Bilanzgewinn in Form von Vermögenswerten der Aktiengesellschaften an die Aktionäre verteilt wird, kommt es bei der Kapitalerhöhung aus Gesellschaftsmitteln zu keinem tat-

---

[7] Gesetz zur Durchführung der Vierten, Siebenten und Achten Richtlinie des Rates der Europäischen Gemeinschaften zur Koordinierung des Gesellschaftsrechts vom 19.12.1985, BGBl. 1985 I, 2355 ff.

[8] *Leinekugel*, Sachdividende, 3

sächlichen Vermögenstransfer zwischen Aktiengesellschaft und Anteilseignern.[9] Vielmehr wird bilanztechnisch eine reine Umbuchung im Eigenkapital der Gesellschaft vorgenommen, die mit der Ausgabe neuer Beteiligungsrechte einhergeht.

Allerdings kann auch der aktuelle Bilanzgewinn im Wege einer Kapitalerhöhung aus Gesellschaftsmitteln in Grundkapital umgewandelt werden. Dazu muss die Hauptversammlung zunächst im Gewinnverwendungsbeschluss den Bilanzgewinn vollständig oder auch nur Teile davon in die Gewinnrücklagen einstellen (§ 58 Abs. 3 AktG).[10] Anschließend erfolgt die Umwandlung der aus dem Bilanzgewinn gespeisten Gewinnrücklagen in Grundkapital nach den §§ 207, 208 Abs. 1 AktG und die Ausgabe der neuen Aktien. Kapitalerhöhungs- und Gewinnverwendungsbeschluss können in derselben Hauptversammlung gefasst werden.[11]

Auch diesem Vorgang fehlt aber das typische Wesensmerkmal einer Sachdividende nach § 58 Abs. 5 AktG, nämlich ein Vermögensübergang von der Aktiengesellschaft auf ihre Aktionäre auf der Grundlage eines Beschlusses über die Verwendung des Bilanzgewinns. Wirtschaftlich gesehen stellt sich die Einstellung des Bilanzgewinns in die Gewinnrücklagen und die anschließende Kapitalerhöhung aus Gesellschaftsmitteln so dar, dass im abgelaufenen Geschäftsjahr erwirtschafteter Gewinn zur Verstärkung der Eigenkapitaldecke der Aktiengesellschaft herangezogen wird und gerade nicht im Wege einer Ausschüttung das Gesellschaftsvermögen verlässt. Die zugeteilten neuen Aktien repräsentieren dabei das neu gebildete Grundkapital und stellen nicht Ausschüttungsmasse dar.

1.2 Schütt-aus-hol-zurück-Verfahren

Ein weiteres gesellschaftsrechtliches Verfahren, dass der Sachdividende auf den ersten Blick ähnelt, sich bei näherer Betrachtung aber von diesem als grundver-

---

[9] BFH v. 20.10.1976, BStBl. II 1977, 177, 178; vgl. zur Abgrenzung zwischen Sachdividende und neuen Aktien aus einer Kapitalerhöhung aus Gesellschaftsmitteln auch FG Baden-Württemberg v. 26.5.2003, DStRE 2004, 629 ff.

[10] Ungenau *Tübke* (Sachausschüttungen, 14) wenn er davon spricht, Vorstand und Aufsichtsrat könnten bei der Feststellung des Jahresabschlusses den Bilanzgewinn in Kapital- oder Gewinnrücklagen einstellen. Zum einen entscheiden Vorstand und Aufsichtsrat nicht über die Verwendung des Bilanzgewinns, die Einstellung in Gewinnrücklagen nach § 58 Abs. 1 bis 2 a) AktG erfolgt aus dem Jahresüberschuss, vgl. § 158 Abs. 1 AktG. Zum anderen erlaubt § 58 Abs. 1 bis 2)a AktG nicht die Einstellung von Beträgen aus dem Jahresüberschuss in die Kapitalrücklage.

[11] Vgl. *Lutter*, in: KölnKomm, § 207 AktG Rn. 17, § 208 Rn. 1.

schieden erweist, ist die sog. „Dividendenkapitalerhöhung"[12], auch als Schütt-aus-hol-zurück-Verfahren[13] bezeichnet. Die Aktiengesellschaft bietet dabei ihren Aktionären die Abgeltung ihrer (Bar-) Dividendenansprüche durch eigene Aktien an. Die angebotenen Aktien werden im Rahmen einer Kapitalerhöhung gegen Einlagen geschaffen.[14] Im Kern geht es somit um eine Verrechnung der Dividendenansprüche der Anteilseigner mit ihrer Einlageverpflichtung aus der Kapitalerhöhung, soweit sie diese Option wahrnehmen.

Unter dem Strich zeigt sich hier dasselbe Ergebnis wie bei der Kapitalerhöhung aus Gesellschaftsmitteln unter vorheriger Einstellung des Bilanzgewinns in die Gewinnrücklagen: der Bilanzposten Bilanzgewinn wandelt sich mit dem Ge-winnverwendungsbeschluss zunächst in eine Dividendenverbindlichkeit gegen-über den Aktionären. Nach der Verrechnung der Dividendenverbindlichkeit mit der Forderung auf die Einlageleistung aus der Kapitalerhöhung und Ausgabe der neu geschaffenen Aktien zeigt sich die große Ähnlichkeit mit der Kapitalerhö-hung aus Gesellschaftsmitteln. An die Stelle des Bilanzgewinns ist in gleicher Höhe Grundkapital der Aktiengesellschaft getreten, das durch die neuen Aktien repräsentiert wird. Ein Vermögenstransfer von der Aktiengesellschaft auf ihre Aktionäre hat dagegen nicht stattgefunden. Darin liegt wiederum der entschei-dende Unterschied zur Sachdividende nach § 58 Abs. 5 AktG.

1.3   Gratisaktien/Treueaktien

Von der Sachdividende zu unterscheiden ist auch die Gewährung von sog. „Gra-tis- bzw. Treueaktien". Ein Beispiel für diese Erscheinungsform ist der Börsen-gang der Deutschen Telekom AG. Privatanleger hatten die Möglichkeit, an ei-nem sog. Treueaktien-Programm teilzunehmen. Die Bundesrepublik Deutsch-land als Hauptaktionär sicherte den Privatanlegern einen kostenlosen Bezug von Bonusaktien zu, soweit sie die im Rahmen des Börsengangs und späteren Kapi-talerhöhungen der Deutschen Telekom AG übernommenen Aktien über einen vorher festgelegten Zeitraum ununterbrochen in ihrem Bestand hielten.[15] Die Treueaktien stammten aus einer vor dem Börsengang der Telekom beschlosse-nen Kapitalerhöhung aus Gesellschaftsmitteln, die der Bund als Alleinaktionär übernommen hatte.[16]

---

[12]   So bezeichnet *Wiedemann* diese Gestaltung, vgl. *Wiedemann*, Erfahrungen mit der Gestal-tungsfreiheit, 17.
[13]   *Leinekugel*, Sachdividende, 4.
[14]   *Hefermehl/Bungeroth*, in: G/H/E/K, § 58 Rn. 125.
[15]   *Häger/Forst*, EStB 2002, 337.
[16]   *Tübke*, Sachausschüttungen, 17; FG Düsseldorf v. 17.7.2002, EFG 2002, 1382, 1384.

Vor diesem Hintergrund liegt der Unterschied zwischen einer Sachdividende im Sinne von § 58 Abs. 5 AktG und der Gewährung von Treueaktien klar auf der Hand: Die Treueaktien stammen nicht aus dem Vermögen der Aktiengesellschaft, sondern aus dem Vermögen eines Dritten; es fehlt also wiederum am Vermögenstransfer zwischen Aktiengesellschaft und ihren Aktionären. Hinzu kommt, dass die Treueaktien nicht gewährt werden, um einen gesellschaftsrechtlichen Anspruch der Aktionäre gegen ihre Gesellschaft auf Gewinnausschüttung zu erfüllen; vielmehr werden die Treueaktien gewährt, um das treue Anlageverhalten der Aktionäre zu honorieren.

1.4 Sachvorteilsgewährung

Den Aktionären einer Aktiengesellschaft werden u.a. Vermögenszuwendungen gewährt, die zwar die Grundlage in der Mitgliedschaft haben, allerdings nicht Verteilung von Bilanzgewinn darstellen, sondern außerhalb der Gewinnverwendung erfolgen.

Im AktG ist diese Art der Vorteilsgewährung nicht ausdrücklich geregelt. In der Literatur werden derartige Vermögenszuwendungen teilweise unter den Begriff der Sachdividende gefasst.[17] Dieser Auffassung kann nach dem hier vertretenen (engen) Begriff der Sachdividende/Sachausschüttung nicht gefolgt werden. Das Gesetz verwendet im neuen § 58 Abs. 5 AktG nun ausdrücklich den Begriff „Sachausschüttung". § 58 AktG regelt die Verwendung des Jahresüberschusses, in seinen Absätzen 3 bis 5 speziell die Verwendung des Bilanzgewinns durch die Hauptversammlung. Daraus folgt, dass der Begriff Sachausschüttung nun vom Gesetz explizit belegt ist für eine Vermögenszuwendung an die Aktionäre, die zur Verteilung des Bilanzgewinns vorgenommen wird. Man sollte daher eine Verwässerung dieses Begriffs in der Art, dass darunter auch Vermögenszuwendungen neben der Gewinnverteilung gefasst werden, vermeiden.[18] In diesem Sinne hat auch schon ein Teil der Literatur unter der alten Rechtslage differenziert zwischen Sachausschüttung als Verteilung von Bilanzgewinn und Sachvorteilsgewährung als Vermögenszuwendungen außerhalb der Gewinnverteilung.[19] Diese Unterscheidung überzeugt. Insbesondere lassen sich beide Begriffe leicht voneinander abgrenzen. Eine Sachausschüttung liegt dann und nur dann vor, wenn aufgrund eines festgestellten Jahresabschlusses und eines Gewinnverwendungsbeschlusses der Hauptversammlung Sachwerte an die Aktionäre zur Erfüllung ihres Dividendenanspruchs ausgekehrt werden. Erfolgt ein Ver-

---

[17] *Hirte*, Festschrift Peltzer, 199 f.; ebenfalls ohne weitere Differenzierung *Leinekugel*, Sachdividende, 2 f.

[18] So aber *Hirte*, TransPuG, Rn. 76.

[19] *Tübke*, Sachausschüttungen, 121 und 143.

transfer außerhalb der Gewinnverwendung, liegt eine Sachvorteilsgewährung vor. Dagegen trägt die Art der ausgekehrten Sachen nichts zur Abgrenzung beider Begriffe bei, in beiden Fällen kommen grundsätzlich die gleichen Arten von Vermögenswerten in Betracht.

1.5 Sachauskehrungen im Rahmen einer Kapitalherabsetzung

Zur Verteilung von Sachwerten von einer Aktiengesellschaft an ihre Aktionäre kann es auch im Rahmen einer Kapitalherabsetzung nach den §§ 222 ff. AktG kommen. Denn nach allgemeiner Meinung[20] ist im Zuge einer Kapitalherabsetzung auch eine Auskehrung von Sachwerten statt Geld in Höhe des freiwerdenden Grundkapitals zulässig. Zunächst kommt hier die Rückgabe der ursprünglich geleisteten Sacheinlagen der Aktionäre in Betracht.[21] Darüber hinaus wird im Zuge einer Spaltung der Mutter-Aktiengesellschaft auch die Verteilung von Anteilen an Tochtergesellschaften an die Aktionäre für zulässig erachtet, die von der Mutter gehalten werden.[22] Schließlich soll auch eine Auskehrung von anderen Sachwerten als Aktien möglich sein, soweit alle Aktionäre zustimmen.[23]

Wenn auch die Sachauskehrung im Rahmen einer Kapitalherabsetzung der Gewährung einer Sachdividende nahe steht, besteht doch ein entscheidender Unterschied zwischen den beiden Instituten: Während im Zuge der Kapitalherabsetzung freigewordenes Grundkapital ausgeschüttet wird, kommt im Rahmen der Sachdividende der Bilanzgewinn für das abgelaufene Geschäftsjahr zur Ausschüttung. Dieser Unterschied ist bereits aus den unterschiedlichen Regelungebereichen im Aktiengesetz ersichtlich. Die Sachdividende ist in § 58 AktG geregelt, der sich allein auf die Verteilung des Jahresüberschusses bzw. des Bilanzgewinns bezieht. Die Regelung der Kapitalherabsetzung ist in den §§ 222 ff. AktG zu finden. Bereits durch diese formale Trennung wird deutlich, dass es sich um zwei qualitativ unterschiedliche Formen der Auskehrung von Gesellschaftsvermögen handelt.

---

[20] *Lutter*, in: KölnKomm, § 225 Rn. 50, *Hefermehl*, in: G/H/E/K, § 222 Rn. 10.
[21] *Lutter*, in: KölnKomm, § 225 Rn. 47.
[22] *Lutter*, in: KölnKomm, § 225 Rn. 48.
[23] *Lutter*, in: KölnKomm, § 225 Rn. 50, der diese strenge Anforderung damit begründet, dass andere Sachwerte als Aktien wenig fungibel sind, und ein Teil des Investments des Aktionärs plötzlich stark gebunden wäre.

1.6 Erfüllung des Bar-Dividendenanspruchs durch die Hingabe von Sachwerten

Von einer förmlich beschlossenen Sachdividende ist die Leistung an Erfüllungs statt (sog. datio in solutum) zu unterscheiden.[24] Der konkrete Dividendenanspruch des Aktionärs ist nach allgemeiner Meinung eine eigenständige Forderung gegen die Gesellschaft. Er stellt ein echtes Gläubigerrecht dar und ist somit von der Mitgliedschaft losgelöst und unabhängig. Die überwiegende Ansicht geht davon aus, dass der konkrete Dividendenanspruch des Aktionärs mit dem Beschluss über die Gewinnverwendung nach § 58 Abs. 3 AktG entsteht.[25] Dieser Anspruch ist grundsätzlich auf die Leistung von Geld gerichtet. Auf ihn sind die Erfüllungsvorschriften des allgemeinen Schuldrechts anwendbar.

Nach § 364 Abs. 1 BGB ist es daher möglich, dass aufgrund einer individuellen Vereinbarung zwischen Aktiengesellschaft und ihren Aktionären der Bar-Dividendenanspruch durch die Annahme einer Sachleistung an Erfüllungs statt befriedigt wird.[26] Nach überwiegender Ansicht besteht hierbei die Möglichkeit, statt einer Vielzahl von Einzelvereinbarungen i.S.v. § 364 Abs. 1 BGB sämtliche erforderlichen Einzelvereinbarungen in einem förmlichen Hauptversammlungsbeschluss unter Zustimmung aller Aktionäre einzuholen.[27] Faktisch führt das Angebot seitens der Aktiengesellschaft, die Dividendenansprüche der Aktionäre statt in Geld in Sachwerten zu erfüllen, zu einem Wahlrecht für die Anteilseigner. Sie können entweder ihr Einverständnis mit der Annahme an Erfüllungs statt i.S.v. § 364 Abs. 1 BGB (in welcher Form auch immer) erklären. Die Vereinbarung nach § 364 Abs. 1 AktG begründet dann seinerseits für die Aktiengesellschaft als Schuldnerin eine zusätzliche Erfüllungsalternative und damit eine Ersetzungsbefugnis (facultas alternativa).[28] Sie kann in der Folge die Dividendenansprüche der Aktionäre mit Sachwerten befriedigen.

---

[24] *Lutter*, in: KölnKomm, § 58 Rn. 108.

[25] *Hüffer*, AktG, § 58 Rn. 26 und 28; *Hefermehl/Bungeroth*, in: G/H/E/K, § 58 Rn. 116 und 123; *Lutter*, in: KölnKomm, § 58 Rn. 80; *Henze*, in: GK, § 58 Rn. 93; eine andere Auffassung geht davon aus, dass ein solcher Anspruch erst mit einem (obligatorischen) Beschluss über die Gewinnverteilung zur Entstehung gelangt (*Martens*, in: Festschrift Claussen, 283 ff.).

[26] Die Zulässigkeit dieser Gestaltung entspricht allgemeiner Meinung, vgl. *Lutter/Leinekugel/Rödder*, ZGR 2002, 206; *Leinekugel*, Sachdividende, 114; *Hefermehl/Bungeroth*, in: G/H/E/K, § 58 Rn. 124; *Lutter*, in: KölnKomm, § 58 Rn. 108; *Hüffer*, AktG, 4. Aufl., § 58 Rn. 28; *Henze*, in: GK, § 58 Rn. 94.

[27] *Lutter/Leinekugel/Rödder*, ZGR 2002, 206 mit weiteren Nachweisen.

[28] *Heinrichs*, in: Palandt, § 364 Rn. 1.

Verweigern die Aktionäre ihr Einverständnis mit der Annahme an Erfüllungs statt, so steht ihnen nach wie vor ihr Dividendenanspruch auf Zahlung in Geld zu.[29] Der Unterschied einer datio-in-solutum-Vereinbarung zur förmlich beschlossenen Sachdividende ist offensichtlich. Im ersten Fall entsteht zunächst ein Dividendenanspruch der Aktionäre auf Zahlung in Geld. Dieser kann - wie grundsätzlich jeder schuldrechtliche Anspruch - bei entsprechender Vereinbarung zwischen Gläubiger und Schuldner auch in anderer Weise befriedigt werden. Der ursprünglich entstandene Geldanspruch wird also nachträglich modifiziert. Dieser Vorgang ist somit zweistufig. Anders ist es bei der förmlich beschlossenen Sachdividende: hier entsteht mit dem Sachausschüttungsbeschluss von vorne herein und unmittelbar ein originärer Anspruch der Aktionäre auf eine Sachausschüttung.

1.7 Zusammenfassung

Wie gezeigt sieht das Aktiengesetz verschiedene Formen der tatsächlichen oder zumindest scheinbaren Zuteilung von Sachwerten an Aktionäre vor. Bei genauerer Betrachtung lassen sich die verschiedenen Erscheinungsformen von Sachauskehrungen aber trennscharf von der Sachdividende i.S.d. § 58 Abs. 5 AktG abgrenzen.

Bei den Stockdividenden und der Gewährung junger Aktien im Rahmen des Schütt-aus-hol-zurück-Verfahrens findet im Gegensatz zur Sachdividende kein tatsächlicher Vermögenstransfer von der Aktiengesellschaft auf ihre Aktionäre statt.

Im Falle der Treue- oder Bonusaktien stammen die an die Aktionäre verteilten Wertpapiere aus dem Vermögen eines Dritten und nicht aus dem Vermögen der Aktiengesellschaft wie bei der Sachdividende.

---

[29] Von einer Sachleistung an Erfüllungs statt ist die Einräumung eines Wahlrechts zwischen einer Bar- und Sachdividende zugunsten der Aktionäre zu unterscheiden. Es handelt sich hierbei um eine Wahlschuld gemäß den §§ 262 ff. BGB. Gegen die Zulässigkeit eines solchen Angebots bestehen keine Bedenken (*Lutter/Leinekugel/Rödder*, ZGR 2002, 206; ebenso *Baums*, Regierungskommission, Rn. 200; FG Baden-Württemberg v. 26.5.2003, DStRE 2004, 630), soweit alle Aktionäre gleichbehandelt werden. Da der einzelne Aktionär selbst entscheiden kann, ob er das Angebot annimmt und ihm daher keine für ihn wertlosen Ausschüttungsgegenstände aufgedrängt werden können, droht keine wertmäßige Beeinträchtigung seines Dividendenanspruchs. Während bei der Sachleistung an Erfüllungs statt der bereits entstandene Bardividendenanspruch durch eine Sachleistung erfüllt wird, wird bei der Wahlschuld erst durch die Auswahlentscheidung des Aktionärs der Anspruchsinhalt auf die Sachleistung konkretisiert (*Heinrichs*, in: Palandt, § 262 Rn. 1). Der Gewinnverwendungsbeschluss muss in diesem Falle demnach alternativ die Leistung einer Bar- und Sachdividende vorsehen.

Bei der Sachvorteilsgewährung findet zwar ein Vermögenstransfer zwischen Gesellschaft und Aktionären statt, dies geschieht allerdings außerhalb der Gewinnverwendung und stellt damit keine Verteilung von Bilanzgewinn dar. Ähnlich liegt der Fall bei der Sachauskehrung im Rahmen einer Kapitalherabsetzung. Hier fließt zwar Sachkapital von der Gesellschaft an die Aktionäre ab. Allerdings kommt dabei freigesetztes Grundkapital und nicht der Bilanzgewinn wie bei der Sachdividende zur Verteilung. Offensichtlich ist auch der Unterschied zwischen einer datio-in-solutum-Vereinbarung und dem Beschluss einer Sachausschüttung. Zwar führen beide Gestaltungen zum selben Ergebnis, indem nämlich Dividendenansprüche der Aktionäre mit Sachwerten befriedigt werden, der Weg dorthin ist aber grundsätzlich unterschiedlich. Bei der datio-in-solutum-Vereinbarung ist die Konstruktion zweistufig, indem ein entstandener Geldanspruch in einen Sachleistungsanspruch modifiziert wird. Mit dem Beschluss einer Sachausschüttung i.S.v. § 58 Abs. 5 AktG entsteht dagegen originär ein Anspruch auf Sachleistung zur Erfüllung des Dividendenanspruchs des Aktionärs.

2. Anwendungsbereiche der Sachdividende nach § 58 Abs. 5 AktG

Das Instrument der Sachdividende erlaubt es einem Unternehmen, Sachwerte an Stelle von Geld auszuschütten und so seine Liquidität zu schonen[30] bzw. zu steigern. Neu gegründete Unternehmen stehen oft vor dem Problem, dass sie eine Ausschüttung an ihre Aktionäre vornehmen wollen, ihnen aber selbst bei Vorliegen eines Jahresüberschusses bzw. Bilanzgewinns die liquiden Mittel zur Vornahme einer Barausschüttung fehlen. Eine kreditfinanzierte Ausschüttung kommt in dieser Situation wegen der damit verbundenen Fremdkapitalaufwendungen nicht in Betracht.[31] Auch der vorausgehende Umsatz von Sachmitteln in Liquidität und eine anschließende Barausschüttung scheidet in vielen Fällen aus. Zum einen entstehen durch den Umsatz Transaktionskosten, die zusätzlich die Liquidität belasten. Zum anderen kann eine entsprechender Umsatz an der aktuellen Marktsituation scheitern, sei es dass keine entsprechende Nachfrage existiert oder ein derart massives Angebot nachteilige Folgen auf einen möglichen Verkaufserlös haben kann. Wirft ein Unternehmen etwa ein Aktienpaket auf den Markt, von dem es sich trennen will, so kann dies u.U. mit einem spürbaren Kursverlust verbunden sein. Durch eine Direktauskehrung an die Aktionäre kann dieser negative Effekt vermieden werden.

Die Sachdividende bietet sich ferner an, wenn Vermögenswerte aus strategischen Gründen von der Aktiengesellschaft unmittelbar auf die Aktionäre verla-

---

[30] *Hirte*, TransPuG, Rn. 76.
[31] *Strunk/Kolaschnik*, TransPuG, 54.

gert werden sollen. So kann es für Aktiengesellschaften, die ihren Beteiligungsbesitz umstrukturieren oder abbauen wollen, interessant sein, Anteile an Tochtergesellschaften auf ihre Aktionäre zu übertragen, anstatt sie über einen freien
Verkauf an der Börse abzustoßen.

In der Literatur wird in diesem Zusammenhang auch auf die Möglichkeit der
Sachdividende zur Erfüllung von wettbewerbsrechtlichen Auflagen hingewiesen.[32] So hat die spanische Telefonica ihre Beteiligung an einem Fernsehsender,
von dem sie sich aus wettbewerbsrechtlichen Gründen trennen musste, als Sachdividende an ihre Aktionäre ausgekehrt. Vorteil dieser Gestaltung war insbesondere, dass auf diese Weise potentielle Konkurrenten keine Möglichkeit hatten,
die Anteile aufzukaufen, wie es bei einem Verkauf über die Börse der Fall gewesen wäre.[33]

Weiter kann die Sachdividende ein praktikables Mittel darstellen, um die Aktionäre der Muttergesellschaft am Börsengang der Tochtergesellschaft partizipieren
zu lassen, indem die Anteile direkt bei den Gesellschaftern platziert werden.[34]

Die Sachdividende kommt als interessantes Gestaltungsmittel ferner bei der
Umstrukturierung innerhalb von Konzernstrukturen in Betracht. Auf unkomplizierte Weise können Beteiligungen, die bisher im Mutter-Tochter-Verhältnis
standen, nach oben „umgehängt" werden, so dass nunmehr Schwestergesell-
schaften vorliegen.

Ebenso können bei der Vornahme von Sachausschüttungen in Beteiligungsver-
hältnissen bilanzpolitische Überlegungen eine Rolle spielen. So lassen sich über
die Ausschüttung von Wertpapieren Beteiligungsgrenzen so weit absenken, dass
entweder überhaupt keine Aufnahme in den Konsolidierungskreis einer zu
erstellenden Konzernbilanz mehr vorgeschrieben ist oder jedenfalls eine dem
Bilanzierenden genehme Konsolidierungsform gewählt werden kann. Insbesondere, wenn in einzelnen Tochtergesellschaften hohe Verluste aufgelaufen sind,
kann auf diese Weise eine Belastung der Konzernbilanz der Muttergesellschaft
vermieden werden.[35]

Interessant dürfte in Zukunft sein, dass sich das Instrument der Sachdividende
zur Implementierung und Beendigung von Tracking-Stock-Strukturen eignet.
Die Zulässigkeit sog. Spartenaktien wird in Deutschland derzeit diskutiert.
Sollte sich diese Beteiligungsform an Aktiengesellschaften auch in Deutschland
etablieren, wird die Sachdividende als Gestaltungsvehikel in diesem Bereich
eine gewichtige Rolle spielen.[36]

Als weiterer Anwendungsfall einer Sachdividende sind schließlich genossenschaftlich geprägte Aktiengesellschaften denkbar, deren Anteilseigner zwar

---

[32] *Strunk/Kolaschnik*, TransPuG, 54.
[33] Financial Times Deutschland vom 20.3.2003, 5.
[34] Vgl. *Schnorbus*, ZIP 2003, 510; *Fleischer*, ZHR 2001, 548.
[35] Vgl. *Strunk/Kolaschnik*, TransPuG, 54.
[36] Eingehend dazu *Prinz/Schürner*, DStR 2003, 185 ff.

nicht die Rechtsform der Genossenschaft wählen, aber dennoch die Produkte der Gesellschaft als Dividende beziehen wollen.[37]

3. Die Rechtslage zur Zulässigkeit von Sachdividenden vor und nach der Einfügung von § 58 Abs. 5 AktG

3.1 Überblick über den Meinungsstand zur rechtlichen Zulässigkeit der Sachdividende vor der Regelung durch § 58 Abs. 5 AktG

Bis zur Einfügung des neuen § 58 Abs. 5 AktG war die Sachausschüttung im Gesetz nicht ausdrücklich geregelt. Aus dieser Tatsache ergab sich eine große Unsicherheit bei den Rechtsanwendern hinsichtlich der Zulässigkeit bzw. den Voraussetzungen einer Sachdividende. Damit ist auch die große Zurückhaltung beim Einsatz dieses Instruments in der Vergangenheit zu erklären. Deutsche Rechtsprechung existierte zur Frage der Zulässigkeit von Sachausschüttungen nicht, in der Literatur wurden bis zur Einführung des § 58 Abs. 5 AktG in dieser Hinsicht drei unterschiedliche Auffassungen vertreten.

Die herrschende Meinung zur alten Rechtslage ging davon aus, dass eine Sachdividende zwar beschlossen werden könne, dieser Beschluss aber der Zustimmung aller Aktionäre bedürfe.[38]

Wesentliche Begründung für diese Auffassung war, dass der Dividendenanspruch des Aktionärs aus § 58 Abs. 4 AktG auf Zahlung in Geld gerichtet sei. Dies ergebe sich aus verschiedenen Vorschriften des Aktiengesetzes (§ 60 Abs. 2, § 233 Abs. 2 Satz 1, § 254 Abs. 1).[39] Die Gesellschaft könne daher den Aktionär nicht ohne weiteres mit anderen Werten abfinden[40], eine Sachdividende dürfe dem Aktionär daher nicht aufgedrängt werden, sondern bedürfe seiner Zustimmung.[41] Ferner sei eine Sachausschüttung ohne Zustimmung der betroffenen Aktionäre unzulässig, da sie das Aktionärsrecht auf Gleichbehandlung gefährde; denn Sachwerte seien weniger fungibel als Geld und könnten daher für die einzelnen Aktionäre unterschiedlichen Wert haben. Außerdem würde eine Sachausschüttung bei der Anwendung des § 254 AktG zu Schwierigkeiten führen.[42] Einschränkungen hinsichtlich der Art der ausschüttbaren Gegenstände

---

[37] Vgl. *Schnorbus*, ZIP 2003, 510.

[38] *Hefermehl/Bungeroth*, in: G/H/E/K, § 58 Rn. 124; *Henze*, in: GK, § 58 Rn. 94; *Lutter*, in: KölnKomm, § 58 Rn. 107; *Kropff*, in: G/H/E/K, § 174 Rn. 28;

[39] *Hefermehl/Bungeroth*, in: G/H/E/K, § 58 Rn. 124.

[40] *Barz*, in: GK, § 58 Anm. 33.

[41] *Hüffer*, AktG, 4. Aufl., § 58 Rn. 28.

[42] *Kropff*, in: G/H/E/K, § 174 Rn. 28.

wie etwa eine Differenzierung nach fungiblen und weniger fungiblen Sachwerten wurden dabei nicht vorgenommen. Dies war auch nicht erforderlich, da durchwegs die Zustimmung sämtlicher Aktionäre gefordert wurde. Somit bestand nicht die Gefahr, dass einzelne Aktionäre benachteiligt würden, da sich jeder einzelne mit der vorgeschlagenen Sachausschüttung einverstanden erklären musste.[43]

Eine abweichende Ansicht differenzierte nach dem Wesen der auszuschüttenden Sachwerte:[44] Eine Sachdividende in Form von Aktien börsennotierter Aktiengesellschaften sollte ohne weitere Voraussetzungen im Rahmen eines Gewinnverwendungsbeschlusses mit einfacher Mehrheit beschlossen werden können.[45] Andere Sachwerte durften nur dann als Sachdividende ausgeschüttet werden, wenn die Satzung eine entsprechende Ermächtigung[46] enthielt, d.h. eine Sachausschüttung ausdrücklich gestattet war.[47] Ferner musste in dieser Satzungsbestimmung der Ausschüttungsgegenstand hinreichend klar konkretisiert sein, da sich der Aktionär unter dem weiten Begriff der Sachdividende zumeist nichts vorstellen könne und er daher vor damit verbundenen Unsicherheiten geschützt werden sollte.[48] Als zusätzliche Vorsaussetzung für eine Sachausschüttung wurde gefordert, dass die auszuschüttenden Sachwerte für den Aktionär einen vermögenswerten Vorteil darstellten. Dies konnte nur am jeweiligen Einzelfall und

---

[43] Von der h. M. wurde ein einstimmiger förmlicher Gewinnverwendungsbeschluss i.S.v. § 58 Abs. 3 AktG gefordert, der einen Dividendenanspruch der Aktionäre unmittelbar und originär auf Ausschüttung der vorgeschlagenen Sachwerte begründete. Nicht gemeint war mit dem Einstimmigkeitserfordernis dagegen die kollektive Annahme einer datio-insolutum-Vereinbarung. Konstruktiv verbirgt sich hinter beiden Willensbekundungen etwas grundsätzlich Verschiedenes, wie oben bereits dargestellt wurde. Zwar hielt die h.M. durchwegs auch eine datio-in-solutum-Vereinbarung für zulässig, war sich aber des qualitativen Unterschieds zur originären Sachdividende bewusst. Vgl. die Kommentierungen bei *Hefermehl/Bungeroth*, in: G/H/E/K, § 58 Rn. 124; *Henze*, in: GK, § 58 Rn. 94; *Lutter*, in: KölnKomm, § 58 Rn. 108. Dagegen hat *Kropff*, in: G/H/E/K, § 174 Rn. 28, wohl eher eine Vereinbarung nach § 364 Abs. 1 BGB im Auge, wenn er ausführt: „Selbstverständlich kann sich der Aktionär mit der Gesellschaft darauf einigen, dass sein Anspruch auf Bardividende [der also schon entstanden ist, Anm. des Verfassers] durch eine Sachleistung abgegolten wird."

[44] *Leinekugel*, Sachdividende, 117 ff.; *Lutter/Leinekugel/Rödder*, ZGR 2002, 207 ff. Dieser Ansicht schlossen sich *Hasselbach/Wicke*, NZG 2001, 599 f. an.

[45] *Leinekugel*, Sachdividende, 139 ff; *Lutter/Leinekugel/Rödder*, ZGR 2002, 211. Unklar die Kommentierung bei *Hüffer*, AktG, 5. Aufl., § 58 Rn. 28: dieser machte sich offenbar die Ansicht Leinekugels zu eigen, hielt aber eine Sachausschüttung ohne Satzungsermächtigung offensichtlich gänzlich für unzulässig. Den Ausnahmefall der sog. „Wertpapierdividende" problematisierte er gerade nicht.

[46] Im Folgenden auch als „Sachdividendenklausel" bezeichnet.

[47] *Leinekugel*, Sachdividende, 129 ff.

[48] *Leinekugel*, Sachdividende, 131 f.

aus der subjektiven Sicht eines Aktionärs beurteilt werden.[49] Entscheidendes Kriterium dafür war, dass durch die Sachausschüttung das Dividendenrecht des Aktionärs nicht entwertet wurde. Insbesondere mussten die Sachwerte im Einzelfall und ohne größeren Aufwand in Geld umsetzbar sein.[50] War dies nicht der Fall, erwies sich eine Sachausschüttung – auch bei vorhandener Satzungsermächtigung – als unzulässig.

Der Begründung dieser Ansicht lag vor allem der Vertrauensschutz des Aktionärs auf eine Barausschüttung zugrunde.[51] Bei einer Dividende in Aktien börsennotierter Unternehmen wäre der Gegenstand der Ausschüttung ohne weiteres und mit minimalen Aufwand in Geld konvertierbar. Bei wirtschaftlicher Betrachtung käme eine derartige Sachausschüttung einer Barausschüttung gleich.[52] Daher seien die Aktionäre nicht besonders schutzwürdig und die Sachausschüttung könne durch einen Hauptversammlungsbeschluss mit einfacher Mehrheit beschlossen werden.

In allen anderen Fällen bedurfte es einer Sachdividendenklausel, um eine zulässige Sachausschüttung vornehmen zu können. Der Aktionär war durch eine solche Satzungsbestimmung gewarnt und in seiner Erwartungshaltung nicht mehr auf eine Geldleistung fixiert. Die unbare Ausschüttungsform war dann für ihn voraussehbar und nicht mehr überraschend. Durch die geforderte genaue Präzisierung des Ausschüttungsgegenstandes wusste der Aktionär, womit er als Dividende zu rechnen hatte. In einem eventuell verblieben Vertrauen auf eine Bardividende war er dann nicht mehr schutzwürdig.[53]

In konträrem Gegensatz zur bisher herrschenden Meinung stand eine weitere Mindermeinung im Schrifttum. Demnach sollte die Hauptversammlung eine Sachausschüttung im Gewinnverwendungsbeschluss mit einfacher Mehrheit beschließen können. Eine Sachdividendenklausel in der Satzung war dazu nicht erforderlich. Allerdings konnten als Sachdividende nur marktgängige Waren und Güter ausgeschüttet werden. Lagen diese Voraussetzungen nicht vor, war eine Sachausschüttung nach dieser Ansicht nicht – und zwar auch nicht mit entsprechender Sachdividendenklausel – zulässig.[54] Begründet wurde diese Ansicht damit, dass eine Auslegung der Vorschriften zur Gewinnverwendung ergebe, dass das Dividendenrecht der Aktionäre entgegen der herrschenden Meinung nicht von vorneherein auf eine Barzahlung gerichtet und sich der Gesetzgeber die Dividende auch nicht zwingend als Bardividende vorgestellt habe. Wenn die Hauptversammlung nach § 58 Abs. 3 Satz 1, Abs. 4 AktG sogar beschließen

---

[49] *Leinekugel*, Sachdividende, 130 f.; *Lutter/Leinekugel/Rödder*, ZGR 2002, 208 f.
[50] *Leinekugel*, Sachdividende, 131, insbesondere Fußnote 495; *Lutter/Leinekugel/Rödder*, ZGR 2002, 208.
[51] *Leinekugel*, Sachdividende, 137.
[52] *Leinekugel*, Sachdividende, 137 f; *Lutter/Leinekugel/Rödder*, ZGR 2002, 209 ff.
[53] *Leinekugel*, Sachdividende, 137.
[54] *Tübke*, Sachausschüttungen, 48 und 51 im Vorgriff auf den neuen § 58 Abs. 5 AktG.

könne, den Bilanzgewinn nicht zu verteilen, sondern in Gewinnrücklagen einzustellen oder auf neue Rechnung vorzutragen, dann müsse es ihr erst recht (argumentum a maiore ad minus) erlaubt sein, aufgrund eines Mehrheitsbeschlusses eine Sachdividende statt einer Bardividende auszuschütten.[55] Ferner bestehe gerade kein schutzwürdiges Vertrauen der Aktionäre in eine Bardividende, welches etwa eine Satzungsermächtigung zur Sachausschüttung notwendig machte.[56]

3.2 Die Regelung der Sachausschüttung im Aktiengesetz durch das Transparenz- und Publizitätsgesetz

Durch Art. 1 Nr. 3 b) des Gesetzes zur weiteren Reform des Aktien- und Bilanzrechts, zu Transparenz und Publizität (kurz Transparenz- und Publizitätsgesetz)[57] wurde ein neuer § 58 Abs. 5 AktG angefügt, der wie folgt lautet:

„§ 58 AktG

....

(5) Sofern die Satzung dies vorsieht, kann die Hauptversammlung auch eine Sachausschüttung beschließen."

Ferner wurden im Zuge der gesetzlichen Regelung der Sachdividende durch Art 1 Nr. 20 TransPuG[58] in § 174 Abs. 2 AktG, der den Inhalt des Gewinnverwendungsbeschlusses regelt, in der Nr. 2 nach dem Wort „Betrag" die Wörter „oder Sachwert" eingefügt. § 174 Abs. 2 Nr. 2 AktG lautet demnach nun folgendermaßen:

„(2) In dem Beschluss ist die Verwendung des Bilanzgewinns im einzelnen darzulegen, namentlich sind anzugeben
1. ...
2. der an die Aktionäre auszuschüttende Betrag oder Sachwert;
3. ..."

Entscheidet sich die Hauptversammlung für die Ausschüttung einer Sachdividende, ist im Gewinnverwendungsbeschluss demnach nicht der an die Aktionäre

---

[55] *Tübke*, Sachausschüttungen, 24 f. Dieser Gedanke ist nicht neu, sondern wurde zum AktG von 1937 bereits von *Fischer*, in: GK, 2. Aufl., § 52 AktG 1937 Anm. 30 und *Gadow*, in: GK, 1. Aufl., § 52 AktG 1937 Anm. 18 entwickelt.

[56] *Tübke*, Sachausschüttungen, 48.

[57] BGBl. 2002 I, 2681 ff., im folgenden TransPuG.

[58] BGBl. 2002 I, 2681, 2682.

auszuschüttende Betrag, sondern der zur Ausschüttung kommende Sachwert anzugeben.

Durch die eben vorgestellten Neuregelungen im Aktiengesetz wird die Sachausschüttung bzw. Sachdividende zum ersten Mal auf eine gesetzliche Grundlage gestellt.

Die Diskussion, ob eine Sachdividende nach deutschem Recht dem Grunde nach zulässig ist, hat sich somit erledigt. Der Gesetzgeber hat insofern für Klarheit gesorgt, was grundsätzlich zu begrüßen ist.

4. Das Verhältnis von Bar- und Sachausschüttung vor und nach der Einfügung von § 58 Abs. 5 AktG

4.1 Rechtslage vor Einfügung des § 58 Abs. 5 AktG

Nach § 58 Abs. 4 AktG haben die Aktionäre Anspruch auf den Bilanzgewinn, soweit er nicht ausnahmsweise von der Verteilung ausgeschlossen ist.[59] Der Bilanzgewinn ergibt sich aus dem Jahresüberschuss durch Weiterrechnung gem. § 158 Abs. 1 AktG. Der Jahresüberschuss wird erhöht durch Gewinnvortrag und Entnahmen aus Gewinnrücklagen und vermindert durch einen Verlustvortrag und Einstellungen in Gewinnrücklagen.[60] Damit resultiert der Bilanzgewinn aus einer Bereinigung des Jahresüberschusses um Gewinn- Verlustbeträge aus dem vorhergehenden Geschäftsjahr und Dotierung oder Auflösung des Kapitalbestandes im aktuellen Geschäftsjahr. Ergebnis ist eine Nettogröße, die nunmehr zur Ausschüttung an die Aktionäre freigegeben ist, also Kapital, das durch Hauptversammlungsbeschluss der Aktiengesellschaft ohne weitere Beschränkungen entzogen werden darf.

§ 58 Abs. 4 AktG trifft jedoch keine ausdrückliche Regelung zum materiellen Gehalt des Gewinnanspruchs der Aktionäre, also in welcher Form der Bilanzgewinn auszuschütten ist bzw. ausgeschüttet werden darf.

Das Schweigen des Gesetzes bis zur Einfügung des neuen § 58 Abs. 5 AktG zu dieser Frage war der Ausgangspunkt für die unterschiedlichen Auffassungen zur Zulässigkeit einer Sachdividende. Die überwiegende Ansicht, die lange Zeit unangefochten war, ging davon aus, dass der Anspruch der Aktionäre auf den Bilanzgewinn aus § 58 Abs. 4 AktG ausschließlich ein Anspruch auf Zahlung in Geld ist.[61]

---

[59] Der Ausschluss von der Verteilung kann sich aus Gesetz oder Satzung, durch Einstellung in die Gewinnrücklagen, als Gewinnvortrag oder durch andere Verwendung nach § 58 Abs. 3 AktG ergeben, vgl. § 58 Abs. 4 AktG.

[60] Vgl. *Hüffer*, AktG, § 58 Rn. 3.

[61] *Lutter* in KölnKomm, § 58 Rn. 107.

Diese Meinung wurde in den letzten Jahren angegriffen. Als erste vertrat *Leinekugel* die These, dass der Gewinnanspruch der Aktionäre aus § 58 Abs. 4 AktG nicht zwingend als Barzahlungsanspruch zu interpretieren sei.[62] Vielmehr ergebe sich aus einer Auslegung der einschlägigen Vorschriften des Aktiengesetzes, dass sich das Gesetz nicht auf eine bestimmte Ausschüttungsform festgelegt habe. § 58 Abs. 4 AktG ging also ihrer Meinung nach nicht von einer Barausschüttung aus. Da sich aber durch die jahrelange Ausschüttungspraxis in bar ein Vertrauen der Aktionäre auf eine Barausschüttung herausgebildet habe, bedürfe es für die Zulässigkeit der Sachausschüttung einer Sachdividendenklausel, um die Aktionäre vorzuwarnen.

Im Ausgangspunkt schloss sich *Tübke* der Ansicht *Leinekugels* an. Auch er ging davon aus, dass der Dividendenanspruch in § 58 Abs. 4 AktG kein originärer Geldzahlungsanspruch sei. Vielmehr stünden Bar- und Sachausschüttung als gleichberechtigte Alternativen nebeneinander. Eine Sachausschüttung sei daher ohne weitere Voraussetzungen aufgrund eines Hauptversammlungsbeschlusses mit einfacher Mehrheit möglich und zulässig. Zwar sei in den letzten Jahrzehnten nur von der Alternative der Barausschüttung Gebrauch gemacht worden. Dies bedeute aber nicht, dass sich aus dieser Praxis ein Vertrauen der Aktionäre auf Barausschüttung entwickelt haben könnte.[63]

Festzustellen ist zunächst, dass die Auffassung, die Aktionäre hätten einen Dividendenzahlungsanspruch in bar, kaum begründet wurde. Die meisten Autoren hielten dies offenbar für so selbstverständlich, dass sie dafür keine Begründung für erforderlich hielten.

Möglicherweise fehlte auch der Anlass, um sich mit diesem Problem auseinanderzusetzen, da Sachausschüttungen in der Vergangenheit kaum verbreitet waren.[64]

Soweit Begründungen gegeben wurden, wurde insbesondere auf die Wortwahl verschiedener Vorschriften verwiesen, die deutlich machen, dass das Aktiengesetz von einer Barausschüttung ausgeht. Genannt wurden § 60 Abs. 2, § 233 Abs. 2 Satz 1 und § 254 Abs. 1 AktG.[65] Tatsächlich verwenden diese Vorschriften im Zusammenhang mit dem Gewinnanspruchs des Aktionärs Begriffe wie „Zahlung" (§ 233 Abs. 2 Satz 1 AktG) oder „Beträge" (§ 60 Abs. 2, § 254 Abs. 1 AktG). Wie *Leinekugel* aber dargelegt hat, zwingen diese Begriffe nicht zu der Annahme, dass der Dividendenanspruch des Aktionärs von Gesetzes wegen ein Barzahlungsanspruchs ist. Vielmehr kann unter diese Begriffe auch eine Ausschüttung in Sachen subsumiert werden (Zahlung in natura, Be-

---

[62] *Leinekugel*, Sachdividende, 121 ff. Unter Hinweis auf *Leinekugel* ebenso *Hasselbach/Wicke*, NZG 2001, 599 f.
[63] *Tübke*, Sachausschüttungen, 38 f.
[64] Dies hing wohl zum Teil mit der herrschenden Rechtsunsicherheit zusammen.
[65] *Hefermehl/Bungeroth*, in: G/H/E/K, § 58 Rn. 124.

trag als bloße Bezeichnung des Werts einer Leistung, ohne Indizwirkung für den materiellen Inhalt des Anspruchs[66]).

Als weiteres Argument für einen Barzahlungsanspruch der Aktionäre wurde vorgebracht, das Gewinninteresse eines Aktionärs sei abstrakt finanzieller Art und damit gerade nicht auf konkrete Leistungen gerichtet.[67] Dem sind aber *Leinekugel* und *Tübke* mit beachtlichen Argumenten entgegengetreten. Insbesondere *Tübke* hat gezeigt, dass man unter Berücksichtigung der juristischen Auslegungsmethoden durchaus zu dem Ergebnis kommen konnte, dass der Inhalt des Dividendenanspruchs vom Gesetz offen gelassen wurde.[68]

4.2   Rechtslage nach Einfügung des § 58 Abs. 5 AktG

Die Frage, ob der Dividendenanspruch der Aktionäre primär auf eine Geldzahlung gerichtet ist, war unter der alten Rechtslage also umstritten. Die Auffassungen von *Leinekugel* und *Tübke* mussten zumindest als vertretbar akzeptiert werden. Grund für die unklare Rechtslage war, dass der Inhalt des Gewinnanspruch in § 58 Abs. 4 AktG nicht ausdrücklich festgelegt war und die verschiedenen Auslegungsmethoden durchaus zu unterschiedlichen Ergebnissen führen konnten.

Durch die Einfügung des § 58 Abs. 5 AktG und der Ergänzung des § 174 Abs. 2 Nr. 1 AktG hat sich die Situation geklärt. Unter Berücksichtung dieser Gesetzesänderungen kann nunmehr nur noch die bisher herrschende Meinung vertreten werden: Der Dividendenanspruch aus § 58 Abs. 4 AktG ist allein auf Geldzahlung gerichtet. Die Ausschüttung einer Bardividende stellt die Grundform der Gewinnverteilung dar. Bar- und Sachdividende stehen gerade nicht gleichberechtigt nebeneinander. Die Ansichten von *Leinekugel* und *Tübke* sind nach Einfügung des § 58 Abs. 5 AktG nicht mehr vertretbar.

Denn § 58 Abs. 5 AktG bestimmt, dass eine Sachausschüttung nur dann von der Hauptversammlung beschlossen werden kann, wenn die Satzung der Aktiengesellschaft dies vorsieht.

Im Gegenschluss bedeutet dies, dass der Beschluss einer Sachausschüttung unzulässig ist, wenn die Satzung keine Sachdividendenklausel enthält bzw. diese nicht nachträglich in die Satzung eingefügt wurde. Daraus folgt, dass ohne statutarische Regelung ausschließlich eine Ausschüttung in bar in Frage kommt. Der gesetzliche Dividendenanspruch, wie er sich aus § 58 Abs. 4 AktG ergibt, ist also zwingend auf Geldzahlung gerichtet.

---

[66] Vgl. *Leinekugel*, Sachdividende, 122 f.
[67] Vgl. Nachweise bei *Leinekugel*, Sachdividende, 110 f.
[68] *Tübke*, Sachausschüttungen, 20 ff.

Barausschüttung und Sachausschüttung stehen damit nach dem Gesetz in einem Stufenverhältnis. Das Aktiengesetz sieht als originäre Form der Dividende die Barausschüttung in § 58 Abs. 4 AktG vor. In der Begründung zum Regierungsentwurf heißt es dazu wörtlich: „Im neuen Absatz 5 des § 58 wird die ausdrückliche Zulassung der Sachausschüttung vorgesehen. Die Regelung geht davon aus, dass der Normalfall die Barausschüttung ist. Nur der Fall der Sachdividende bedarf deshalb einer Regelung.“[69]

Dieses Ergebnis bestätigt sich ferner in der Änderung von § 174 Abs. 2 Nr. 2 AktG. Danach muss der Gewinnverwendungsbeschluss nun den an die Aktionäre auszuschüttenden Betrag oder Sachwert[70] enthalten. Die Ergänzung um die Angabepflicht des Sachwertes bei einer Gewinnausschüttung wurde im Zuge der Einfügung des neuen § 58 Abs. 5 AktG vorgenommen. In der Begründung des Regierungsentwurfs heißt es zur Ergänzung des § 174 Abs. 2 Nr. 2 AktG knapp: „Es handelt sich um eine Folgeänderung zur Änderung des § 58 Abs. 5, der die Zulassung von Sachdividenden bringt.“[71]

Bereits vor Inkrafttreten des neuen § 58 Abs. 5 AktG wurde die neue Vorschrift im Schrifttum kritisiert. Man warf dem Gesetzgeber einen falschen Ansatzpunkt vor, nämlich die Annahme, dass das Aktiengesetz die Barausschüttung als Normalfall ansehe.[72] Ein daraus abgeleitetes schutzwürdiges Vertrauen der Aktionäre auf Barausschüttung existiere gar nicht. Infolgedessen sei auch keine Satzungsbestimmung notwendig, um die Aktionäre vorzuwarnen. Letztlich wird dem Gesetzgeber vorgeworfen, mit der Neuschaffung des § 58 Abs. 5 AktG der bisher herrschenden Meinung im Nachhinein eine gesetzliche Legitimation zu erteilen.

Diese Kritik ist unberechtigt. Im Kern entzündet sich die Kritik an der Frage, ob das Aktiengesetz stillschweigend in § 58 Abs. 4 AktG von einer Barausschüttung ausgeht oder den Inhalt des Dividendenanspruchs offen lässt. Vor der Einfügung des § 58 Abs. 5 AktG und der Ergänzung des § 174 Abs. 2 Nr. 2 AktG waren beide Auffassungen mit guten Argumenten vertretbar, so dass das Ergebnis einer Auslegung der einschlägigen Normen als offen bezeichnet werden konnte. Nach den Gesetzesänderungen erweist sich allein die herrschende Meinung als stringent und widerspruchsfrei, wie oben gezeigt wurde.

Damit liegt aber nicht etwa ein juristischer Zirkel der Art vor, dass eine Auslegung zwingend zur bisher herrschenden Meinung führt, und dies als Beleg für

---

[69] BT-Drucks. 14/8769, 12.
[70] Der Handelsrechtsausschuss des Deutschen Anwaltsvereins e.V. hatte die Ergänzung des § 174 Abs. 2 Nr. 2 AktG um den Passus „…oder zu übertragenden Gegenstände.“ angeregt. Der Gesetzgeber ist dieser Forderung nachgekommen, allerdings mit modifizierter Wortwahl.
[71] BT-Drucks. 14/8769, 23.
[72] *Tübke*, Sachausschüttungen, 49 f.

die Richtigkeit dieser Interpretation des § 58 Abs. 4 AktG gewertet wird, obwohl der Gesetzgeber bei den Gesetzesänderungen gerade die herrschende Meinung im Auge hatte. Diese Argumentation würde verkennen, dass es Aufgabe des Gesetzgebers ist, dort für Klarheit zu sorgen, wo verschiedene Meinungen aufeinander stoßen. Mit der Einfügung des § 58 Abs. 5 AktG und mit der Änderung des § 174 Abs. 2 Nr. 2 AktG hat der Gesetzgeber die bisher herrschende Meinung gesetzlich verankert und damit entscheidend zur Rechtssicherheit beigetragen. Dass dies aus der Sicht der Mindermeinung unbefriedigend erscheint, ist ebenso verständlich wie irrelevant.

4.3   Zusammenfassung

Bei der Einfügung des § 58 Abs. 5 AktG und der damit korrespondierenden Änderung des § 174 Abs. 2 Nr. 2 AktG ging der Gesetzgeber davon aus, dass das Aktiengesetz in § 58 Abs. 4 AktG stillschweigend ausschließlich eine Ausschüttung in bar vorsieht. Die Begründung des Regierungsentwurfs stellt dies ausdrücklich fest, diese Sichtweise hat aber vor allem im Gesetzeswortlaut des neuen § 58 Abs. 5 AktG und des geänderten § 174 Abs. 2 Nr. 2 AktG seinen Niederschlag gefunden. Auffassungen vor der Gesetzesänderung, die davon ausgingen, dass sich das Aktiengesetz hinsichtlich der Form der Gewinnausschüttung in § 58 Abs. 4 AktG nicht festgelegt habe, sind nicht mehr vertretbar.

5.   Ausschüttbare Sachen nach § 58 Abs. 5 AktG

§ 58 Abs. 5 AktG erlaubt bei entsprechender Satzungsbestimmung eine Sachausschüttung. Mit Blick auf die neue Vorschrift stellt sich zunächst die Frage, was das Gesetz generell unter dem Begriff der Sache versteht und damit als grundsätzlich ausschüttbar erachtet. Davon zu trennen ist die Frage, ob alle Sachen, die als ausschüttbar erachtet werden ohne weitere Einschränkungen ausgeschüttet werden können.

5.1   Überblick über den Meinungsstand in der Literatur

Die im folgenden vorgestellten Meinungen beziehen sich noch teilweise auf die alte Rechtslage vor Einfügung des neuen § 58 Abs. 5 AktG. Das ist aber insofern unproblematisch als die entwickelten Argumentationsmuster größtenteils bei der Analyse der neuen Rechtslage herangezogen werden können.

5.1.1 Ansichten in der Literatur unter der alten Rechtslage

Die herrschende Meinung unter der alten Rechtslage hielt eine Sachausschüttung nur bei Zustimmung jedes einzelnen Aktionärs für zulässig. Vor diesem Hintergrund nahm sie zur Frage der ausschüttungsfähigen Sachen keine Stellung und hatte dazu auch keine Veranlassung, da sich aufgrund der strengen Voraussetzungen der Sachdividende keine Probleme ergaben: wenn jeder Aktionär zustimmen musste, so konnte auch jeder Aktionär frei entscheiden, ob ihn der angebotene Sachwert für die entfallende Barausschüttung ausreichend kompensierte. Insofern bestand keine Veranlassung, die Privatautonomie von Gesellschaft und Aktionären einzuschränken. Die abweichenden Ansichten, welche für eine Sachausschüttung keine einstimmige Entscheidung der Aktionäre vorsahen, mussten sich über die Eingrenzung der ausschüttungsfähigen Sachen Gedanken machen. Denn schließlich fanden sich in dieser Situation Aktionäre in der Minderheitenposition wieder, die sich einem Mehrheitsbeschluss zur Ausschüttung einer Sachdividende beugen mussten. Deren Interessen waren angemessen zu berücksichtigen.

Eine Mindermeinung ging - gleichsam als Obersatz - davon aus, dass die Gegenstände einer Sachausschüttung für jeden Aktionär tatsächlich einen vermögenswerten Vorteil, also auch subjektiv einen „Gewinn" darstellen mussten. Denn andernfalls würde das mitgliedschaftliche Gewinnrecht der Aktionäre ausgehebelt.[73] Sachen, die mit minimalem Aufwand in Geld umgesetzt werden können, die also „fungibel" bzw. „liquide"[74] sind, könnten aufgrund eines einfachen Hauptversammlungsbeschlusses ausgeschüttet werden. Diese Sachen wären nämlich „so gut wie Geld". Als einzige Gegenstände, welche diese leichte Marktgängigkeit besäßen, wurden Wertpapiere börsennotierter Aktiengesellschaften genannt.[75] Andere Sachen seien lediglich auf der Grundlage einer konkret gefassten Satzungsbestimmung als Überraschungsschutz ausschüttbar, allerdings nur unter der Voraussetzung, dass sie für den Aktionär einen subjektiven Nutzen bringen. Dabei komme es auf den Einzelfall an.[76]

Eine andere Mindermeinung vertrat unter der alten Rechtslage die Ansicht, für eine Sachausschüttung kämen nur leicht veräußerliche und marktgängige Sachen in Betracht. Dies seien aber nicht nur Wertpapiere börsennotierter Aktiengesellschaften, sondern auch andere leicht veräußerliche Vermögensgegenstände des

---

[73] *Leinekugel*, Sachdividende, 129 ff.; *Lutter/Leinekugel/Rödder*, ZGR 2002, 208 ff.; *Hasselbach/Wicke*, NZG 2001, 600.

[74] Beide Begriffe werden in der Literatur synonym verwendet. Hier wird im folgenden das Begriffspaar „fungible" – „nicht fungible" Sachen verwendet, wie es auch der Gesetzgeber in der Gesetzesbegründung handhabt.

[75] *Leinekugel*, Sachdividende, 139 ff.

[76] *Leinekugel*, Sachdividende, 131.

alltäglichen Leben, u.U. auch Produkte der Aktiengesellschaft.[77] Sachen, welche diese Voraussetzungen nicht erfüllen, seien nicht ausschüttbar, auch nicht auf der Grundlage einer Sachdividendenklausel in der Satzung.[78]

5.1.2 Ansichten in der Literatur unter der neuen Rechtslage

Eine vertiefte Ableitung des Begriffs der „Sache" in § 58 Abs. 5 AktG wird in der Literatur nicht vorgenommen. Es wird lediglich festgestellt, dass eine Bezugnahme auf die in § 90 BGB definierte körperliche Sache der Intention des Gesetzgebers nicht gerecht werde.[79] Teilweise wird ohne weitere Begründung festgestellt, dass für eine Sachausschüttung neben körperlichen Sachen immaterielle Vermögensgegenstände wie Urheberrechte, Gesellschaftsrechte und Forderungen in Frage kommen.[80]

Das Hauptaugenmerk wird auf die Differenzierung zwischen sog. liquiden/fungiblen und nicht liquiden/nicht fungiblen Sachen gelegt: ein Teil der Literatur ist der Ansicht, auch nach der Einfügung des neuen § 58 Abs. 5 AktG komme nur eine Ausschüttung von leicht veräußerlichen und marktgängigen, fungiblen Sachwerten in Betracht.[81] Nicht fungible Gegenstände unterfielen nicht dem Begriff der Sache nach § 58 Abs. 5 AktG und ihre Ausschüttung sei daher nach wie vor unzulässig. Auch die Tatsache, dass das Gesetz nun generell eine ausdrückliche Satzungsermächtigung als Zulässigkeitsvoraussetzung einer Sachdividende fordere, ändere an diesem Befund nichts.[82] Uneinigkeit herrscht dabei - wie bereits unter der alten Rechtslage - über die Reichweite des Begriffs der Fungibilität.[83]

---

[77] *Tübke*, Sachausschüttungen, 41 f.

[78] *Tübke*, Sachausschüttungen, 48.

[79] *Holzborn/Bunnemann*, AG 2003, 672; *Orth*, WPg 2004, 779.

[80] *Strunk/Kolaschnik*, TransPuG, 55. Als möglicher und aktueller Anwendungsbereich wird etwa auch die Ausschüttung von Berechtigungen zur Emission von Treibhausgasen nach dem Treibhausgas-Emissionsgesetz (TEHG) gesehen (*Streck/Binnewies*, DB 2004, 1121).

[81] *Hirte*, TransPuG, Rn. 80.

[82] *Tübke*, Sachausschüttungen, 49 und 51. *Tübke* nimmt zwar nur zu dem damals vorliegenden Gesetzentwurf der Bundesregierung zu einem neuen § 58 Abs. 5 (NZG 2002, 213 ff.) Stellung, die Vorschrift ist allerdings wortgleich Gesetz geworden. *Häger/Forst* (EStB 2002, 335) halten zwar neben Wertpapieren jede andere Form von Sachwerten für ausschüttbar, schränken diese Aussage aber sogleich wieder ein, indem sie eine bestimmte Fungibilität der ausschüttbaren Sachen fordern.

[83] Vgl. etwa *Häger/Forst* (EStB 2002, 335), die unter dem neuen § 58 Abs. 5 AktG eine enge Definition der Fungibilität vertreten. Ihrer Ansicht nach erfüllen nur börsengehandelte Wertpapiere diese Voraussetzung. Von einem weiteren Begriff des Fungibilität gehen dagegen *Lutter/Leinekugel/Rödder* (ZGR 2002, 210 ff.) aus.

Ein anderer Teil der Literatur hält mangels entgegenstehender gesetzlicher Regelung in § 58 Abs. 5 AktG neben der Ausschüttung fungibler Sachen auch die Ausschüttung nicht fungibler Sachwerte, wie z.B. eigener Produkte der Aktiengesellschaft, grundsätzlich für zulässig.[84] Denn angesichts des weit gefassten Wortlauts in § 58 Abs. 5 AktG müsse erlaubt sein, was nicht verboten sei.[85]

5.1.3 Zusammenfassende Analyse der Literaturansichten

Soweit Stellungnahmen vorliegen, herrscht Übereinstimmung in der Literatur, dass sich der Begriff der Sache in § 58 Abs. 5 AktG nicht auf körperliche Sachen i.S.v. § 90 BGB beschränkt.

Alle Ansichten differenzieren zunächst nach der Ausschüttung von fungiblen und nicht fungiblen Sachen. Fungible Sachen werden ausnahmslos vom Sachbegriff des § 58 Abs. 5 AktG als umfasst angesehen und deren Ausschüttung wird ohne Einschränkungen für zulässig gehalten. Uneinigkeit herrscht in der Literatur allerdings hinsichtlich der Abgrenzung zwischen fungiblen und nicht fungiblen Sachwerten.

Soweit es um die Zulässigkeit der Ausschüttung nicht fungibler Sachen geht, werden unterschiedliche Ansätze vertreten. Die Meinungsverschiedenheiten entzünden sich an der Frage, wie eventuell vorhandene schutzwürdige Interessen von Minderheitsaktionären zu schützen sind.

Eine Ansicht lässt nicht liquide Sachen bereits nicht unter den Sachbegriff des § 58 Abs. 5 AktG fallen. Durch die Restriktion des Wortlauts wird der Aktionärsschutz sehr weit nach vorne verlagert. Sachdividenden in Form nicht liquider Sachwerte werden ohne weitere Wertung als unzulässig erklärt.

Die übrigen Ansichten in der Literatur gehen im Grundsatz von einem weiten Sachbegriff nach § 58 Abs. 5 AktG aus, der sowohl fungible als auch nicht fungible Sachen umfasst. Der Minderheitenschutz wird auf einer anderen Ebene verwirklicht.[86]

---

[84] *Knigge*, WM 2002, 1736; *Waclawik*, WM 2003, 2268; *Schnorbus*, ZIP 2003, 511; *Strunk/Kolaschnik*, TransPuG, 55; *Holzborn/Bunnemann*, AG 2003, 672 f.; *Ellrott/Ring*, in: BeckBilKomm, vor § 325 Rn. 58; *Hüffer*, AktG, § 58 Rn. 32; *Heine/Lechner*, AG 2005, 270.

[85] *Waclawik*, WM 2003, 2268.

[86] Siehe 1. Abschnitt, 2. Kapitel.

5.2 Eigene Herleitung des Sachbegriffs i.S.d. § 58 Abs. 5 AktG

Im folgenden wird auf der Grundlage der juristischen Auslegungsmethoden eine eigene Herleitung des Sachbegriffs in § 58 Abs. 5 AktG vorgenommen.

5.2.1 Wortlaut

5.2.1.1 Begriff der „Sache" im allgemeinen Sprachgebrauch

§ 58 Abs. 5 AktG erlaubt unter besonderen Voraussetzungen die Auskehrung von „Sachen" an die Anteilseigner.
Die Wortbedeutung der „Sache" ist im allgemeinen Sprachgebrauch sehr weit gefasst. Sie wird umschrieben mit „Ding", „Gegenstand", „Etwas".[87] Während die Umschreibung mit „Ding" und „Gegenstand" auf eine gegenständliche, d.h. körperliche Orientierung des Sachbegriffs hindeutet, zeigt der Bedeutungsinhalt „Etwas", dass sich die Spannbreite möglicher Inhalte einer „Sache" kaum eingrenzen lässt. Vor diesem Hintergrund lässt sich feststellen, dass der Wortlaut der „Sache" dem allgemeinen Sprachgebrauch nach zwar zu einer ersten Eingrenzung des Sachbegriffs i.S.d. § 58 Abs. 5 AktG nichts beitragen kann, auf der anderen Seite aber aufgrund seiner Weite einem bestimmten Auslegungsergebnis auch nicht im Wege steht.

5.2.1.2 Begriff der „Sache" im besonderen juristischen Sprachgebrauch

Eine Analyse des Sachbegriffs des § 58 Abs. 5 AktG kann nicht beim allgemeinen Sprachgebrauch stehen bleiben. Die deutsche Rechtsordnung kennt unterschiedliche Sachbegriffe, die sich von Rechtsgebiet zu Rechtsgebiet unterscheiden können. Es existiert somit ein spezieller juristischer Sprachgebrauch. Dieser geht bei der Auslegung juristischer Begriffe dem allgemeinen Sprachgebrauch vor. So werden Ausdrücke, die in der Rechtssprache eine spezifische Bedeutung erhalten haben, in den Gesetzen meist auch in dieser speziellen Bedeutung gebraucht.[88]
Aktienrecht als Teil des Gesellschaftsrechts ist dem Zivilrecht zuzurechnen. Daher ist es konsequent, bei der Auslegung von § 58 Abs. 5 AktG einen zivilrechtlichen Sachbegriff heranzuziehen. Das Bürgerliche Gesetzbuch definiert den Begriff der Sachen in § 90 BGB. Danach sind Sachen nur körperliche Gegen-

---

[87] Duden, Band 7, 3261, mittlere Spalte.
[88] *Larenz*, Methodenlehre, 321.

stände. Umfasst wären danach insbesondere keine Rechte, immaterielle Vermögensgegenstände und Dienstleistungen.

5.2.2 Begriff der „Sache" in § 58 Abs. 5 AktG unter Berücksichtigung dersystematischen Stellung der Norm

Bevor allerdings auf das allgemeine Zivilrecht zurückgegriffen wird, darf nicht übersehen werden, dass das Gesellschaftsrecht einen eigenen Sachbegriff entwickelt hat. Speziell das Aktienrecht kennt gesetzlich geregelte Tatbestände, bei denen eine Übertragung von „Sachen" zwischen dem Vermögen der Aktiengesellschaft und den Aktionären stattfindet. Sofern zwischen diesen Sachverhalten und der Sachdividende eine enge thematische Beziehung besteht, spricht viel dafür, auch vom gleichen Sachbegriff auszugehen. So ist es ein anerkanntes Prinzip der Methodenlehre, dass unter mehreren, dem Wortsinn nach möglichen Auslegungen derjenigen Interpretation der Vorzug zu geben ist, welche die sachliche Übereinstimmung mit anderen, thematisch verwandten Bestimmungen wahrt.[89]

Sachausschüttungen wurden im aktienrechtlichen Schrifttum bisher in erster Linie im Rahmen von Kapitalherabsetzungen und Spaltungen problematisiert.[90] Wie bereits dargelegt, besteht der wesentliche Unterschied zwischen einer Sachauskehrung im Rahmen einer Kapitalherabsetzung und im Rahmen der Sachdividende darin, dass im einen Fall ursprünglich gebundenes Grundkapital an die Aktionäre verteilt wird, während im anderen Fall der Bilanzgewinn zur Verteilung kommt. Unterschiede bestehen daher nur in der angesprochenen Eigenkapitalposition auf der Passivseite. Die hier interessierende Gemeinsamkeit zwischen beiden Instituten liegt in der Vermögensübertragung von der Gesellschaft auf die Aktionäre.

Nach ganz herrschender Meinung kann die Aktiengesellschaft im Zusammenhang mit einer Kapitalherabsetzung den Aktionären die einst geleisteten Sacheinlagen zurückgeben.[91]

Daraus folgt, dass als Ausschüttungsgegenstände alle Sachen in Frage kommen, die auch Gegenstand einer Sacheinlage sein können.

Sacheinlagen in die Aktiengesellschaft sind in § 27 AktG geregelt. Die Vorschrift besagt, dass bei der Gründung einer Aktiengesellschaft die Aktien außer

---

[89] Vgl. *Larenz*, Methodenlehre, 325.

[90] *Lutter*, in: KölnKomm, § 222 Rn. 47 ff.; *Hefermehl*, in: G/H/E/K, § 222 Rn. 10; *Hüffer*, AktG, § 222 Rn. 20; *Terbrack*, in: AnwK-AktR, Kapitel 1 § 222 Rn. 15 und 27 f.

[91] *Lutter*, in: KölnKomm, § 222 Rn. 47; *Hefermehl*, in: G/H/E//K, § 222 Rn. 11; *Krieger*, in: MünchHdbAG, § 60 Rn. 1.

durch die Einzahlung von Geld auch durch die Einlage von Sachen übernommen werden dürfen. Damit ist eine Sacheinlage nach § 27 Abs. 1 1. Alt. AktG jede Einlage, die nicht durch Einzahlung des Ausgabebetrages der Aktien zu erbringen ist.[92] Das wiederum bedeutet aber nicht, dass alles Beliebige Sacheinlage sein kann. Denn § 27 Abs. 2 1. HS AktG bestimmt, dass nur Vermögensgegenstände als Sacheinlage in Frage kommen, deren wirtschaftlicher Wert feststellbar ist. Wesensmerkmal des Vermögensgegenstandes ist die selbständige Bewertbarkeit und seine abstrakte Verkehrsfähigkeit im Sinne einer Einzelveräußerung im Zerschlagungsfall.[93] Liegen diese Merkmale vor, so ist der betreffende Gegenstand in der Bilanz aktivierungsfähig. Sachen im Sinne des § 27 AktG sind damit zunächst alle in der Bilanz aktivierungsfähigen Vermögensgegenstände. Ob darüber hinaus auch nicht aktivierungsfähige Vermögenspositionen einlagefähig sind, ist in der Literatur und Rechtsprechung heftig umstritten.[94]

Damit ist bereits folgende Erkenntnis gewonnen: das Aktiengesetz bestimmt nicht näher, welche Gegenstände ausschüttungsfähig sind. Allerdings kommt für eine Ausschüttung grundsätzlich alles in Frage, was vorher auch einlagefähig war. Für den spiegelbildlichen Vorgang der Ausschüttung, die Einlage, hat das Aktiengesetz positiv geregelt, was es in diesem Zusammenhang als „Sachen" verstanden haben will. Das Gesetz rekurriert hierbei auf den bilanzrechtlichen Begriff des Vermögensgegenstandes. Das Aktiengesetz folgt in dem hier interessierenden Bereich demnach einem wesentlich weiteren Sachbegriff als das Bürgerliche Gesetzbuch. Das erklärt sich aus den unterschiedlichen Zwecksetzungen beider Regelungsbereiche. Während die bürgerlich-rechtliche Definition der Sache klarstellt, welche Gegenstände dem Sachenrecht unterfallen, dient der aktienrechtliche Sachbegriff in erster Linie der Abgrenzung unbarer Vermögensverschiebungen zwischen Aktiengesellschaft und Aktionären von solchen, die in einer Geldzahlung bestehen.[95]

Vor diesem Hintergrund spricht alles dafür, dass auch für Sachausschüttungen grundsätzlich dieser weite aktienrechtliche Sachbegriff Geltung hat. Denn § 58 Abs. 5 AktG erlaubt eine Ausschüttung, die im Gegensatz zum Dividendenanspruch gem. § 58 Abs. 4 AktG nicht in einer Barausschüttung besteht.

Damit kann als erstes Ergebnis einer systematischen Auslegung festgehalten werden, dass der Sachbegriff in § 58 Abs. 5 AktG und § 27 Abs. 2 1.HS AktG darin übereinstimmt, dass für eine Ausschüttung im Grundsatz Vermögensgegenstände in Betracht kommen.

---

[92] *Hüffer*, AktG, § 27 Rn. 3.
[93] *Hüffer*, AktG, § 27 Rn. 21.
[94] Vgl. zum Meinungsstand und weiteren Nachweisen *Hüffer*, AktG, § 27 Rn. 22.
[95] *Karsten Schmidt*, Gesellschaftsrecht, § 20 II 3, 572.

Fraglich ist, ob sich weitere Erkenntnisse aus der engen thematischen Verwandt-
schaft von Sachausschüttung und Sacheinlage für die Auslegung des Begriffs
„Sache" in § 58 Abs. 5 AktG ableiten lassen: kommen für eine Sachausschüttung auch nicht aktivierungsfähige Vermögenspositionen und Dienstleistungen
seitens der Aktiengesellschaft in Betracht?
Wie bereits angeschnitten, ist es umstritten, ob auch nicht aktivierungsfähige
Vermögenspositionen Gegenstand einer Sacheinlage sein können. Im Kern liegt
dieser Streit darin begründet, dass § 27 AktG den Vorschriften zur Kapitalaufbringung in der Aktiengesellschaft zuzurechnen ist. Die Vorschrift soll durch
Satzungspublizität sicherstellen, dass bei unbarer Erfüllung der Einlageverpflichtungen das Kapital der Gesellschaft ordnungsgemäß und in tatsächlicher
Höhe aufgebracht wird. Ein Teil der Literatur hält die Einlage nicht aktivierungsfähiger Vermögenspositionen für unzulässig, da die Aktiengesellschaft bereits im Gründungsstadium mit einem Bilanzverlust ins Leben treten würde und
u.U. bereits nach kurzer Zeit (bilanzielle) Überschuldung und damit Konkursrei-
fe drohen würde.[96] Die Gegenansicht argumentiert, die Gläubigerschutzposition
der Gewinnermittlungsbilanz lasse sich nicht auf die Beurteilung der Einlagefähigkeit übertragen. Eine befürchtete Überschuldung sei sowieso nicht nach den
Ansatzregeln der Jahresbilanz festzustellen.[97] Wie bereits der kurze Aufriss des
Streitstandes zeigt, geht es dabei um Fragen und Grundsätze, die bei Sachausschüttungen keine Rolle spielen. Eine Sachausschüttung gem. § 58 Abs. 5 AktG
ist ein Vorgang der Gewinnverwendung aber nicht der Kapitalaufbringung.
Folglich können Restriktionen, die im Bereich der ordnungsgemäßen Kapital-
ausstattung einer Aktiengesellschaft ihre Berechtigung haben, nicht auf die Auskehrung von Vermögen übertragen werden.
Bei der Frage, ob Dienstleistungen seitens der Gesellschaft an ihre Aktionäre als
Sachausschüttung in Frage kommen, könnte die Regelung in § 27 Abs. 2 2.HS
AktG weiterhelfen. Diese Vorschrift bestimmt wiederum für den spiegelbildli-
chen Fall der Ausschüttung, die Sacheinlage, dass Verpflichtungen zu Dienstleistungen nicht Sacheinlagen sein können.
Wirft man allerdings einen näheren Blick auf den Hintergrund dieser Regelung,
so wird deutlich, dass sich auch daraus keine Schlüsse für die Zulässigkeit von
Dienstleistungsverpflichtungen als Sachausschüttungen ziehen lassen.
Mehrere Gründe sprechen gegen die Einlagefähigkeit von Dienstleistungen und
führten daher zu einer klarstellenden Regelung im Gesetz. Soweit es um
Dienstleistungen eines Gründers geht, fehlt es bereits an der erforderlichen Aus-
sonderung aus dem Vermögen des Einbringenden.[98] Gegen eine Einlagefähigkeit sprechen ferner die mit dem auf Dienstleistung gerichteten Anspruch ver-

---

[96] *Kraft*, in: KölnKomm, § 27 Rn. 14; *Eckardt*, in: G/H/E/K, § 27 Rn. 8.
[97] *Hüffer*, AktG, § 27 Rn. 22.
[98] *Pentz*, in: MünchKommAG, § 27 Rn. 33.

bundenen übergroßen persönlichen Risiken.[99] Demnach dient auch die Vorschrift des § 27 Abs. 2 2.HS AktG der Sicherstellung einer ordnungsgemäßen Kapitalaufbringung, indem sie die Werthaltigkeit der Einbringungsgegenstände sicherstellen will. Während § 27 Abs. 2 AktG die Aktiengesellschaft vor unzureichenden Sacheinlagen seitens der Aktionäre schützen will, ist bei Sachausschüttungen der Blickwinkel anders. Hier leistet die Aktiengesellschaft an die Anteilseigner, so dass deren Vermögen vor wertlosen Ausschüttungsgegenständen zu schützen ist. Das jeweils erforderliche Schutzniveau stimmt aber in beiden Fällen nicht zwangsläufig überein, weshalb die mangelnde Einlagefähigkeit von Dienstleistungsansprüchen keine Indizwirkung für die Ausschüttungsfähigkeit haben kann.

Die bisherige Auslegung hat somit keine Anhaltspunkte ergeben, die gegen die Ausschüttbarkeit von nicht bilanzierungsfähigen Vermögensgegenständen und Dienstleistungen sprechen.[100]

5.2.3 Auslegung mit Blick auf den Willen des Gesetzgebers und der Entstehungsgeschichte der Norm

Für die weitere Auslegung des Sachbegriffs in § 58 Abs. 5 AktG und die Absicherung der bisherigen Ergebnisse werden im folgenden die Vorstellungen des Gesetzgebers bei der Schaffung der neuen Vorschrift herangezogen. Ein besonderes Augenmerk wird dabei auf die Auswertung der Materialien zum Gesetzgebungsverfahren des § 58 Abs. 5 AktG gerichtet.

5.2.3.1 Der Sachbegriff gem. § 58 Abs. 5 AktG nach dem Willen des Gesetzgebers

Die Begründung zum Regierungsentwurf unterscheidet zwei Hauptgruppen von Ausschüttungsgegenständen, nämlich sog. fungible und nicht fungible Sachen.

---

[99] *Lutter*, Kapital, 232; *Pentz*, in: MünchKommAG, § 27 Rn. 33; *Hüffer*, AktG, § 27 Rn. 29, wobei die Einlagefähigkeit von Dienstleistungsansprüchen gegen Dritte umstritten ist.

[100] In der Literatur finden sich zu dieser, für Dienstleistungsunternehmen wie Transportgesellschaften äußerst wichtigen Frage bisher nur rudimentäre und nicht begründete Stellungnahmen. *Holzborn/Bunnemann* weisen lediglich in einer Fußnote darauf hin, dass sie nicht aktivierbare Vermögensgegenstände für nicht ausschüttungsfähig halten (AG 2003, 673 Fn. 18). *Tübke* (Sachausschüttungen, 132) dagegen geht von der Ausschüttbarkeit von Dienstleistungen seitens der Gesellschaft (konkret die Benutzung von Gesellschaftseinrichtungen) aus.

Unter fungiblen Sachen versteht der Gesetzgeber börsengehandelte Wertpapiere. Wesensmerkmal dieser Sachwerte sei, dass sie der Aktionär rasch veräußern könne. Zur Definition der dafür notwendigen marktmäßigen Voraussetzungen verweist der Gesetzgeber auf § 3 Abs. 2 AktG.[101] Solche Wertpapiere könnten beispielsweise aus dem Anlagevermögen der Gesellschaft stammen. Ebenso käme die Verteilung von Anteilen einer Tochtergesellschaft an die Aktionäre der Mutter in Betracht. Dem stellt der Gesetzgeber die nicht fungiblen, d.h. nicht an Börsen i.S.d. § 3 Abs. 2 AktG gehandelten Sachen gegenüber. Als Beispiele nennt er ausdrücklich Aktien nicht börsennotierter Gesellschaften und eigene Produkte der Gesellschaft. Die Aufzählung soll jedoch erkennbar nicht abschließend sein.[102] Aus der negativen Abgrenzung der nicht fungiblen von den fungiblen Sachen wird deutlich, dass sich beide Sachgruppen komplementär zueinander verhalten. Fungible wie nicht fungible Sachen sind nach dem Willen des Gesetzgebers grundsätzlich ausschüttbar. Bei fungiblen Sachen sei dies ohne weitere Voraussetzungen möglich. Die Ausschüttung nicht fungibler Sachen könne dagegen eine Bardividende nicht ohne weiteres ersetzen, wenn ein schutzwürdiges Vertrauen von Aktionären auf eine Barausschüttung festzustellen sei. Keine Bedenken bestünden nur, wenn alle Aktionäre der Ausschüttung zustimmten oder die Sachausschüttung neben einer auskömmlichen Bardividende erfolge. Ansonsten sei das Vertrauen auf eine Barausschüttung im Rahmen einer Inhaltskontrolle der Satzungsbestimmung nach § 58 Abs. 5 AktG zu berücksichtigen.[103] Die Ausführungen der Regierungsbegründung sind sehr aufschlussreich, was die Frage nach dem Sachbegriff des § 58 Abs. 5 AktG betrifft. Der Gesetzgeber sieht keine Einschränkung der ausschüttbaren Sachen vor. Die Einteilung in fungible und nicht fungible Sachen erfüllt den Zweck, schutzwürdige Interessen von Aktionären zu identifizieren und bei Bedarf zu berücksichtigen. Möglicherweise mag sich der Gesetzgeber Konstellationen vorgestellt haben, in denen sich aus Gründen des Aktionärsschutzes die Ausschüttung nicht fungibler Sachen verbietet. Allerdings erkennt er ein schutzwürdiges Vertrauen von Aktionären auf eine Barausschüttung nur in wenigen Fällen an[104], das zudem noch durch einstimmigen Beschluss oder gleichzeitiger Ausschüttung einer auskömmlichen Bardividende überwunden werden könne. Die Tatsache, dass der Gesetzgeber zum Schutz der Minderheitsaktionäre auf die materielle Beschlusskontrolle setzt, belegt, dass er eine Restriktion des Sachbegriffs in § 58 Abs. 5 AktG nicht für geboten hält.

---

[101] BT-Drucks. 14/8769, 13; so auch bereits in der Begründung zum Referentenentwurf, ZIP 2001, 2194.

[102] BT-Drucks. 14/8769, 13.

[103] BT-Drucks. 14/8769, 13.

[104] BT-Drucks. 14/8769, 12 f.; dazu auch *Seibert*, NZG 2002, 609.

5.2.3.2 Entstehungsgeschichte des § 58 Abs. 5 AktG

Dieses Ergebnis wird zusätzlich dadurch gestützt, dass der Gesetzgeber ausdrücklich einzelnen Vorschlägen[105] im Vorfeld der Gesetzgebung nicht gefolgt ist, wonach die Sachdividende auf börsengehandelte Werte beschränkt werden sollte.[106] *Seibert*, der als Leiter des Referats für Gesellschaftsrecht im Bundesministerium maßgeblich am Entwurf der Bundesregierung beteiligt war, führt dazu aus, es sei nicht zu befürchten, dass in Zukunft unsinnige Sachdividenden in großem Umfang ausgeschüttet würden. Bei der Frage nach den ausschüttbaren Sachen brauche das Gesetz die Beteiligten nicht zu bevormunden, da sie voraussichtlich ganz überwiegend von selbst vernünftig handeln würden.[107]

Bemerkenswert ist in diesem Zusammenhang auch, dass der Referentenentwurf in § 58 Abs. 5 AktG noch einen Satz 2 vorsah, der folgendermaßen lautete: „Werden die Sachwerte nicht an einem Markt gemäß § 3 Abs. 2 gehandelt, so ist das Vertrauen auf eine Barausschüttung zu berücksichtigen."[108]

Der nach dem Referentenentwurf geplante § 58 Abs. 5 AktG differenzierte damit ausdrücklich in seinem Satz 2 zwischen der Ausschüttung fungibler und nicht fungibler Sachen.[109]

Die Regelung stieß im Schrifttum auf vielfache Kritik. Die Vorschrift sei zu unbestimmt und zu weit geraten[110], um daraus konkrete Rechtsfolgen ableiten zu können.[111] Ferner wäre eine dadurch indizierte richterliche Inhaltskontrolle des Ausschüttungsbeschlusses systemwidrig, da auch bei der vergleichbaren Abspaltung der Mehrheitsbeschluss nach herrschender und richtiger Auffassung keiner Inhaltskontrolle unterliege.[112] Insgesamt werfe die Formulierung des zweiten Satzes mehr Frage auf, als sie Antworten gebe und sei daher außerordentlich anfechtungsfreundlich - was vermieden werden müsse.[113]

Der Gesetzgeber nahm die Kritik ernst. Der geplante Satz 2 wurde gestrichen. Die ersatzlose Streichung des umstrittenen § 58 Abs. 2 Satz 2 AktG dokumentiert, dass der Gesetzgeber den Schwerpunkt bei der Gestaltung der Sachdividendenregelung ganz klar auf die Deregulierung des Aktienrechts gesetzt hat. Anstatt in § 58 Abs. 5 AktG den Kreis der ausschüttungsfähigen Sachen auf fungible Sachwerte zu beschränken, hat er sich entschieden, zumindest im Gesetzeswortlaut die Differenzierung nach fungiblen und nicht fungiblen Sachen

---

[105] *Lutter/Leinekugel/Rödder*, ZGR 2002, 213; BDI, Gemeinsame Stellungnahme, 3 f.
[106] *Seibert*, NZG 2002, 609.
[107] *Seibert*, NZG 2002, 609.
[108] Referentenentwurf, ZIP 2001, 2194.
[109] Begründung zum Referentenentwurf, ZIP 2001, 2194.
[110] *Lutter/Leinekugel/Rödder*, ZGR 2002, 213.
[111] DAV, NZG 2002, 116.
[112] DAV, NZG 2002, 116.
[113] *Lutter/Leinekugel/Rödder*, ZGR 2002, 214; Deutsches Aktieninstitut, Stellungnahme, 8.

aufzugeben.[114] Davon geht für die Auslegung des § 58 Abs. 5 AktG zumindest eine Signalwirkung insoweit aus, als der Gesetzgeber den Kreis der grundsätzlich ausschüttungsfähigen Sachen bewusst weit gelassen hat.

Auch für die Frage nach der Ausschüttbarkeit nicht aktivierungsfähiger Vermögensgegenstände bringt die Beschäftigung mit der Regierungsbegründung eine weitere Erkenntnis: Als Beispiele für nicht fungible Sachen nennt die Begründung zum Regierungsentwurf explizit Produkte der Gesellschaft.[115] Ganz allgemein wird dort der Begriff der nicht fungiblen Sachen definiert als alle nicht an Börsen gehandelte Werte. Zwanglos lassen sich darunter auch nicht aktivierungsfähige Vermögensgegenstände subsumieren; und auch Dienstleistungen sind von dieser Begriffsbestimmung erfasst. Man denke an Unternehmen, die vorrangig Dienstleistungen an ihre Kunden erbringen, wie z.B. die Deutsche Bahn AG oder die Deutsche Telekom AG. Ohne Zweifel handelt es sich dabei um Produkte der Gesellschaft, die der Gesetzgeber ausdrücklich als tauglichen Ausschüttungsgegenstand bezeichnet.[116] Es ist nichts ersichtlich, warum diese Unternehmen im Vergleich zu solchen Gesellschaften, die körperlich fassbare Produkte herstellen, in ihren Ausschüttungsmöglichkeiten benachteiligt sein sollen.

5.2.4 Teleologische Auslegung

5.2.4.1 Regelungsabsicht des Gesetzgebers

Der neue § 58 Abs. 5 AktG wurde im Zuge des „Gesetzes zur weiteren Reform des Aktien- und Bilanzrechts, zu Transparenz und Publizität" eingeführt.

Das TransPuG stellt im wesentlichen die legislatorische Umsetzung der Vorschläge der Regierungskommission „Corporate Governance" dar. Aufgabe dieser Kommission war es u.a., „im Hinblick auf den durch Globalisierung und Internationalisierung der Kapitalmärkte sich vollziehenden Wandel unserer Unternehmens- und Marktstrukturen Vorschläge für eine Modernisierung unseres rechtlichen Regelwerks zu unterbreiten".[117]

---

[114] Zwar führt weiterhin die Gesetzesbegründung aus, dass bei der Ausschüttung nicht fungibler Sachen in bestimmten Fällen das Vertrauen der Aktionäre auf eine Barausschüttung zu berücksichtigen sei (BT-Drucks. 14/8769, 13). Dies soll aber ausdrücklich die Ausnahme sein, während die fallengelassene Gesetzesformulierung eine ausnahmslose Berücksichtigung des Vertrauens auf Barausschüttung vorsah.

[115] BT-Drucks. 14/8769, 13.

[116] Ausschüttbar wären demnach z.B. Bahnkilometer oder Telefonfreieinheiten.

[117] BT-Drucks. 14/8769, 10.

In fast wörtlicher Übereinstimmung mit dem Abschlußbericht der Regierungs-kommission „Corporate Governance"[118] führt die Begründung des Regierungs-entwurfs zum TransPuG aus:

„Nach § 58 Abs. 4 AktG haben die Aktionäre Anspruch auf den Bilanzgewinn, soweit er nicht ausnahmsweise von der Verteilung ausgeschlossen ist. Über den Inhalt dieses Gewinnanspruchs enthält das Gesetz keine ausdrücklichen Rege-lungen. Die überwiegende Meinung in der Fachliteratur entnimmt aber ver-schiedenen Vorschriften des Aktiengesetzes, dass es von einem Anspruch in Geld ausgeht. Dies weicht von zahlreichen ausländischen Rechtsordnungen ab, die auch Sachdividenden zulassen. Auch die Zweite Gesellschaftsrechtliche Richtlinie lässt Sachdividenden zu."[119]

5.2.4.2 Allgemeiner Zweck des § 58 Abs. 5 AktG: Deregulierung des deut-schen Aktienrechts

Aus diesen Ausführungen werden bereits einige der Zwecke deutlich, die der Gesetzgeber mit der Einfügung des § 58 Abs. 5 AktG verfolgt.

Zunächst dient die Norm des § 58 Abs. 5 AktG ganz allgemein der Modernisie-rung[120] und Deregulierung des deutschen Aktienrechts. Nachdem andere (insbe-sondere europäische) Rechtsordnungen Sachdividenden als gängige Form der Gewinnverwendung zulassen, soll die positive Regelung auch im deutschen Recht für eine Rechtsangleichung mit dem Ausland sorgen. Somit wird sowohl dem Globalisierungsgedanken Rechnung getragen, als auch der Tatsache, dass das deutsche Aktienrecht mit den ausländischen Aktienrechten in Wettbewerb steht und an Attraktivität gewinnen muss. Der Verweis auf die Zweite Gesell-schaftsrechtliche Richtlinie macht deutlich, dass der Gesetzgeber die Möglich-keiten, welche die europäische Rechtsordnung gestattet, dem nationalen Recht eröffnen will.

---

[118] *Baums*, Regierungskommission, Rn. 200.
[119] BT-Drucks. 14/8769, 12.
[120] Vgl. auch Deutsches Aktieninstitut, Stellungnahme, 4.

5.2.4.3   Konkrete Zwecke des § 58 Abs. 5 AktG

5.2.4.3.1   Sachausschüttung als neues Instrument für die wirtschaftsrechtliche Gestaltungspraxis

Konkret soll § 58 Abs. 5 AktG der Hauptversammlung die Option an die Hand geben, statt einer Barausschüttung eine Sachausschüttung vorzunehmen. Die Vorschrift erlaubt damit eine höhere Flexibilität der Gewinnverteilung in der deutschen Aktiengesellschaft[121] und eröffnet neue Gestaltungsmöglichkeiten, wie Stellungnahmen aus der Literatur belegen. *Lutter*, der selbst der Kommission „Corporate Governance" angehörte und maßgeblich an der Ausarbeitung des Vorschlags zur Sachdividende beteiligt war, sieht einen der Hauptzwecke der Sachdividende darin, die Aktien börsennotierter Tochtergesellschaften ohne Spaltung nach dem UmwG an die Aktionäre verteilen zu können. Dies könne zum einen das Endstadium einer Unternehmensumstrukturierung markieren. Andererseits könne sich die Gesellschaft auf diesem Wege von den in ihrem Besitz befindlichen Anteilen trennen, ohne dass ein Verkaufsvorgang erforderlich wäre, welcher wegen Belastung der Börse Probleme bereiten könnte.[122] Auch *Seibert* betont, dass es in erster Linie um die Ausschüttung von Aktien ausgegliederter börsennotierter Tochtergesellschaften oder eigener Aktien gehe.[123] Nach *Hoffmann-Becking* begründeten die in vielen Fällen nicht gangbare Einziehung von Aktien nach § 237 AktG und die aufwendigen Spaltungsregeln im Zusammenhang mit § 123 Abs. 2 UmwG den Regelungsbedarf für die Sachdividende. Mit ihr sei eine unkomplizierte Zuwendung von Unternehmensteilen an die Aktionäre möglich.[124] Darüber hinaus kann die Sachdividende zur Implementierung sowie zur Beendigung von Tracking- Stocks- Strukturen[125] eingesetzt werden.

5.2.4.3.2   Sachausschüttung als Instrument der Innenfinanzierung

Ein weiterer wichtiger Punkt, der die Kommission „Corporate Governance" zum Vorschlag der Einführung der Sachdividende bewog, war und ist ein Finanzie-

---

[121] *Schüppen*, ZIP 2002, 1277.
[122] *Lutter/Leinekugel/Rödder*, ZGR 2002, 205 f.
[123] *Seibert*, NZG 2002, 609.
[124] *Hoffmann-Becking*, ZHR 2002 Beiheft 71, 220 f.
[125] *Prinz/Schürner*, DStR 2003, 189.

rungsaspekt.[126] Die Aktiengesellschaften können Barmittel im Unternehmen belassen und statt dessen Sachwerte ausgeben. Die ausschüttende Gesellschaft kann dadurch ihre flüssigen Mittel im Hinblick auf Investitionen oder Unternehmensakquisitionen schonen.[127] Dies ist insbesondere für Unternehmen interessant, die nur über geringe Barreserven verfügen. Insofern kann die Ausschüttung einer Sachdividende nicht unwesentlich zur Innenfinanzierung eines Unternehmens beitragen.

5.2.4.3.3 Sachausschüttung als Ausschüttungsvariante im Interesse der Aktionäre

Auch die Aktionäre können von einer Sachausschüttung profitieren. So kann ihnen die Verteilung gesellschaftseigner Aktien Vorteile bringen, wenn Interesse an einer Reinvestition der Dividende in ihre Aktiengesellschaft besteht.[128] Oft würde eine Bardividende wegen der entstehenden Kosten beim Zukauf über die Börse für eine Aufstockung des Anteilbesitzes nicht ausreichen; solche Kosten entstehen bei der Sachdividende gerade nicht.[129]

Bringt ein Konzern eine Tochtergesellschaft an die Börse, so können die neuen Anteile nun direkt an die Anteilseigner der Muttergesellschaft im Wege einer Sachdividende ausgeschüttet werden.[130]

Schließlich kommt es im Anschluss an die oben gemachten Ausführungen den Anteilseignern einer liquiditätsschwachen Aktiengesellschaft zugute, wenn anstelle eines vollständigen Dividendenausfalls zumindest Sachwerte ausgekehrt werden. Die Anteilseigner werden in diesem Fall auch mit einem „minus" zur Barausschüttung zufrieden sein.

---

[126] *Lutter*, Gesellschaftsrecht in der Diskussion, 56; dort wird der Vorschlag einer Sachdividende unter dem Oberpunkt „Neue Finanzierungsinstrumente" vorgestellt.

[127] *Lutter/Leinekugel/Rödder*, ZGR 2002, 205; *Leinekugel*, Sachdividende, 6; *Schnorbus*, ZIP 2003, 510.

[128] *Lutter/Leinekugel/Rödder*, ZGR 2002, 206; *Leinekugel*, Sachdividende, 6.

[129] *Leinekugel*, Sachdividende, 6.

[130] *Schnorbus*, ZIP 2003, 510; *Fleischer*, ZHR 2001, 548.

5.2.4.4 Ausschüttung fungibler Sachen vor dem Hintergrund der *ratio legis* des § 58 Abs. 5 AktG

Die Ausschüttung fungibler Sachen ist unproblematisch mit den Gesetzeszwecken des § 58 Abs. 5 AktG in Einklang zu bringen, wodurch das Ergebnis der bisherigen Auslegung abgesichert wird.

Der Gesetzgeber hatte bei der Konzeption der neuen Vorschrift in erster Linie (börsennotierte) Wertpapiere aus dem Portefeuille der ausschüttenden Aktiengesellschaften im Auge. Wenn in der Neugründung zum Regierungsentwurf ausgeführt wird, dass mit § 58 Abs. 5 AktG eine Liberalisierung des deutschen Aktienrechts und eine Angleichung an ausländische Rechtsordnungen beabsichtigt sei[131], so zielt das darauf ab, dass die größte praktische Bedeutung in unseren europäischen Nachbarländern die Wertpapierdividende hat.[132]

Die Wertpapierdividende harmoniert auch mit den weiteren Normzwecken des § 58 Abs. 5 AktG, der Sachdividende als gesellschaftsrechtliche Gestaltungsalternative, als Instrument der Innenfinanzierung und als Ausschüttungsvariante im Interesse der Aktionäre. Insoweit kann an dieser Stelle nach oben[133] verwiesen werden: der Großteil der Gesetzeszwecke setzt die uneingeschränkte Zulässigkeit der Ausschüttung von gehandelten Wertpapieren voraus.

5.2.4.5 Die Ausschüttung nicht fungibler Sachen vor dem Hintergrund der ratio legis des § 58 Abs. 5 AktG

Fraglich ist, ob sich mit Blick auf die Gesetzeszwecke des § 58 Abs. 5 AktG die Ausschüttung nicht liquider Sachen rechtfertigen bzw. konsistent in das Spannungsfeld möglichst weitgehender Deregulierung der Gewinnverwendung und gleichzeitig angemessenem Minderheitenschutz einfügen lässt.

Ohne Zweifel dient die Möglichkeit einer Ausschüttung nicht fungibler Sachen der Flexibilisierung der Gewinnverwendung, indem der Hauptversammlung freie Hand bei der Entscheidung über die Art der Ausschüttungsgegenstände gelassen wird. Selbst bei geringem oder nicht vorhandenem Wertpapierbesitz kann so eine Sachausschüttung - auch zum Vorteil der Aktionäre - vorgenommen und somit die Liquidität der Aktiengesellschaft geschont werden. Insofern muss es sich nicht zwingend um fungible Sachen handeln.

Für die Auskehrung nicht fungibler Sachen besteht also durchaus ein Bedürfnis, das zumindest von einigen der Gesetzeszwecke des § 58 Abs. 5 AktG abgedeckt wird. Insofern kann nicht davon ausgegangen werden, der neue § 58 Abs. 5

---

[131] BT-Drucks. 14/8769, 12.
[132] *Leinekugel*, Sachdividende, 104.
[133] 1. Abschnitt, 1. Kapitel, 5.2.4.3.

AktG beschränke sich seinem Sinn und Zweck nach von vorne herein allein auf die Ausschüttung liquider Sachen.[134] Insbesondere in nicht börsennotierten Aktiengesellschaften kann die nicht liquiden Sachen von erheblichem Interesse sein.[135]

Zu beantworten bleibt in diesem Zusammenhang die Frage, ob auch Dienstleistungen und nicht bilanzierungsfähige Vermögensgegenstände zu den nicht fungiblen, ausschüttungsfähigen Sachen zu rechnen sind. Die Auslegung nach dem Wortlaut, nach der Systematik des Aktiengesetzes und nach dem Willen des historischen Gesetzgebers hat hier keine Einschränkungen ergeben. Dieses Ergebnis ist vor dem Hintergrund der *ratio legis* des § 58 Abs. 5 AktG zu überprüfen. Die Ausschüttung von nicht bilanzierungsfähigen Vermögensgegenständen und Dienstleistungen erweitert die Möglichkeiten der Gewinnverwendung in den Aktiengesellschaften. Auch diese Werte stellen Vermögen der Unternehmen dar. Eine Auskehrung kann im Interesse der Aktionäre liegen und ermöglicht der Aktiengesellschaft eine Schonung ihrer Liquidität. Wenn man beispielsweise an selbsterstellte immaterielle Vermögensgegenstände denkt, so dürfen diese nach § 248 Abs. 2 HGB nicht bilanziert werden. Diese Behandlung beruht auf dem Vorsichtsprinzip, weil für diese Gegenstände keine Anschaffungskosten aufgewendet wurden, ihr Wert also niemals am Markt bestätigt wurde. Das muss aber nicht heißen, dass der einzelne Aktionär diesen Gegenständen keinen entsprechenden Wert zumisst.

Gleiches gilt für Dienstleistungen seitens der Gesellschaft. Deren Ausschüttung kann für die Gesellschaft ein geeignetes Mittel zur Sicherung ihrer Liquidität sein. Auf diese Weise kann an die Aktionäre auch in solchen Geschäftsjahren eine Ausschüttung erfolgen, in denen sich eine Barausschüttung aus liquiditätspolitischen Gründen verbieten würde.[136]

5.2.5 Ergebnis der Auslegung

Die Auslegung des § 58 Abs. 5 AktG nach Wortlaut, anhand der Gesetzesmaterialien und mit Blick auf Sinn und Zweck von § 58 Abs. 5 AktG hat folgende Ergebnisse gebracht:
Der Begriff der „Sache" ist im weiten gesellschaftsrechtlichen Sinne zu verstehen und dient allein der Abgrenzung von Geldleistungen. Folglich ist grundsätz-

---

[134] Ebenso *Schnorbus*, ZIP 2003, 511.

[135] *Schnorbus*, ZIP 2003, 511.

[136] So könnte etwa die Deutsche Bahn AG auch in ertragsschwachen Jahren an ihre Aktionäre Freifahrtscheine ausschütten und gleichzeitig vorhandene Überkapazitäten ausnutzen.

lich auch die Ausschüttung von nicht bilanzierungsfähigen Vermögensgegenständen oder Dienstleistungen nicht ausgeschlossen.[137] Den Gesetzesmaterialien lässt sich entnehmen, dass der Gesetzgeber den Gesetzeswortlaut bewusst weit gehalten hat, um den beteiligten Kreisen größtmögliche Flexibilität bei Gewinnausschüttungen zu gewähren. Nach seinem Willen sollen grundsätzlich sowohl fungible als auch nicht fungible Sachen unter den Sachbegriff des § 58 Abs. 5 AktG fallen und damit auch ausschüttbar sein. Dieses Ergebnis wird im Kern durch die *ratio legis* des § 58 Abs. 5 AktG bestätigt. Die Regelungsziele des § 58 Abs. 5 AktG können nur dann in ihrer vollen Breite erreicht werden, wenn man den Sachbegriff der neuen Vorschrift nicht von vorne herein auf fungible Sachen beschränkt.

6. Die Differenzierung zwischen fungiblen und nicht fungiblen Sachen

Die Zulassung der Sachausschüttung ermöglicht in erster Linie eine flexiblere Gestaltung der Gewinnausschüttung und eröffnet eine ganze Reihe neuer Gestaltungsmöglichkeiten zum Vorteil sowohl für die Aktiengesellschaft als auch für die Aktionäre. Allerdings war dem Gesetzgeber auch bewusst, dass der weiten Fassung des Sachbegriffs in § 58 Abs. 5 AktG eine mögliche Gefährdung von Aktionärsinteressen gegenübersteht. Ein besonderes Augenmerk des Gesetzgebers liegt daher - als Kompensation für den weiten Sachbegriff - auf einem angemessenen Schutz der Minderheitsaktionäre. Dem Gesetzeswortlaut selbst lässt sich diese Zwecksetzung nicht entnehmen.[138] In der Begründung zum Regierungsentwurf wird allerdings ausgeführt, dass die nach § 58 Abs. 5 AktG vorausgesetzte Satzungsbestimmung für die Zulässigkeit einer Sachdividende dem Überraschungsschutz des Aktionärs diene. Er solle die Möglichkeit haben, bereits lange vor der Hauptversammlung, in der eine Sachdividende beschlossen wird, zu erfahren, dass dies in der betreffenden Gesellschaft grundsätzlich möglich sei.[139] Zudem gebe es Fälle, in denen Aktionäre ein schutzwürdiges Vertrauen in eine Barausschüttung genössen. Daher unterliege speziell im Hinblick auf die Ausschüttung nicht liquider Sachen die Satzungsbestimmung nach § 58

---

[137] Diese Sichtweise harmoniert im übrigen mit der Regelung zur steuerlichen verdeckten Gewinnausschüttung nach § 8 Abs. 3 Satz 2 KStG. Jegliche geldwerte Leistungen der Gesellschaft an einen Aktionär, die durch das Gesellschaftsverhältnis veranlasst sind, werden dabei als Verteilung von Gewinn eingeordnet.

[138] Dagegen hätte dieser Gesetzeszweck auch im Wortlaut des § 58 Abs. 5 AktG seinen Niederschlag gefunden, wenn der geplante § 58 Abs. 5 Satz 2 AktG („Werden die Sachwerte nicht an einem Markt gemäß § 3 Abs. 2 gehandelt, so ist das Vertrauen auf eine Barausschüttung zu berücksichtigen") Gesetz geworden wäre.

[139] BT-Drucks. 14/8769, 12.

Abs. 5 AktG der Inhaltskontrolle und dabei sei ist das Vertrauen der Minderheitsaktionäre auf eine Barausschüttung zu berücksichtigen.[140] Auch in der Literatur wird die Ausschüttung nicht fungibler Sachen ganz überwiegend[141] mehr oder weniger konkreten Schranken unterworfen: Nach einer Ansicht unterliegt bereits die Satzungsermächtigung nach § 58 Abs. 5 AktG einer Inhaltskontrolle, wie es auch der Gesetzgeber in seiner Begründung zum Regierungsentwurf vorsieht. Sei ein schutzwürdiges Interesse der Aktionäre auf eine Barausschüttung auszumachen, so sei eine Einschränkung der Satzungsermächtigung nach § 58 Abs. 5 AktG auf fungible Sachen angezeigt.[142] Teilweise wird in diesem Zusammenhang nach der Gesellschafterstruktur differenziert: gebe es nur einen oder wenige Aktionäre, sei die Aufnahme einer weit gefassten Satzungsermächtigung zulässig, die auch die Ausschüttung nicht fungibler Sachen gestatte. Bei Publikumsaktiengesellschaften verstoße dagegen eine derart weite Satzungsermächtigung regelmäßig gegen das materielle Gleichbehandlungsgebot gemäß § 53a AktG, da die Ausschüttung nicht fungibler Sachen zumeist allein im Interesse einzelner Aktionäre liege.[143]

Nach einer anderen Auffassung in der Literatur seien der Mehrheit im Rahmen des konkreten Gewinnverwendungsbeschlusses Schranken gesetzt, was die Ausschüttbarkeit bestimmter Sachwerte anbelangt.[144]

Es fällt auf, dass vom Gesetzgeber und ihm folgend von Seiten der Literatur durchweg zwischen der Ausschüttung fungibler und nicht fungibler Sachen differenziert wird, soweit es um schutzwürdige Interessen von Aktionären geht. Im folgenden Abschnitt soll der Frage nachgegangen werden, ob und ggf. warum diese Differenzierung notwendig ist und welche Vorgaben sich daraus für eine konkrete Abgrenzung zwischen fungiblen und nicht fungiblen Sachen ableiten lassen.

6.1 Sachdividende als möglicher Eingriff in das Gewinnbeteiligungsrecht des Aktionärs

Nach § 58 Abs. 4 AktG haben die Aktionäre einen abstrakten Anspruch auf den Bilanzgewinn. Dieser erstarkt durch Feststellung des Jahresabschlusses gem. den §§ 172, 173 AktG und durch Fassung eines Gewinnverwendungsbeschlus-

---

[140] BT-Drucks. 14/8769, 13.

[141] Allein *Strunk/Kolaschnik*, TransPuG, 55, halten offenbar die Ausschüttung nicht fungibler Sachen ohne weitere Einschränkungen für zulässig.

[142] *Schnorbus*, ZIP 2003, 511 und 517; ebenso *Holzborn/Bunnemann*, AG 2003, 673.

[143] *Waclawik*, WM 2003, 2268.

[144] *Müller*, NZG 2002, 757.

ses (§ 174 Abs. 1, Abs. 2 Nr. 2 AktG) zu einem konkreten Gewinnauszahlungsanspruch.

Enthält die Satzung eine Sachdividendenklausel nach § 58 Abs. 5 AktG, so kann die Hauptversammlung auch eine Sachdividende beschließen. Der abstrakte Anspruch auf den Bilanzgewinn nach § 58 Abs. 4 AktG verwandelt sich in diesem Fall durch die Fassung eines Gewinnverwendungsbeschlusses nach § 174 Abs. 1, Abs. 2 Nr. 2 AktG in einen „Sachausschüttungsanspruch". Das bedeutet, die Aktionäre haben, von Anfang an und nicht etwa alternativ zu einem Geldzahlungsanspruch, ausschließlich einen Anspruch auf Auskehrung der im Gewinnverwendungsbeschluss bezeichneten Sachwerte.

Der Beschluss und die Auskehrung einer Sachdividende kann im Vergleich zu einer Bardividende - bei einem zugrunde liegenden Bilanzgewinn in identischer Höhe - zu einer wertmäßigen Einbuße beim Aktionär führen.

Im Rahmen einer Barausschüttung erhält der Aktionär den ihm zustehenden Anteil am Bilanzgewinn in Geld ausgezahlt. Geld stellt ein hochliquides Tauschmittel dar[145], es wird ohne Abschlag zum Nominalwert angenommen. Als transaktionsdominierendes Tauschmittel ermöglicht Geld den Marktteilnehmern die Einsparung von Transaktionskosten sowie von Informationskosten über die Marktmöglichkeiten.[146] Geld kann gespart, aber auch jederzeit weiter investiert werden. Es können damit problemlos Konsumgüter oder Dienstleistungen erworben werden. In diesen vielfältigen Verwendungsmöglichkeiten und der großen Flexibilität, die der Besitz von Geld gewährt, liegt der entscheidende Wert einer Barausschüttung für die Anteilseigner.

Im Rahmen einer Sachausschüttung erhalten die Aktionäre Sachwerte der Gesellschaft in Erfüllung ihres Dividendenanspruchs. Um einer Bardividende wirtschaftlich gesehen gleichzukommen, müssten die ausgeschütteten Sachen für den Aktionär „so gut wie Geld" sein. Diese Anforderung ist bei vielen Sachgütern nicht sichergestellt. Man denke etwa daran, dass künftig Hautcreme, Schmerztabletten oder, noch drastischer, Motorenteile oder Industriegase an Aktionäre anstelle von Geld ausgeschüttet werden.[147] Sicherlich gibt es Sachgüter, die man durchaus in der konkreten (Ausschüttungs-)Situation als gleichwertig mit dem entsprechenden Geldbetrag setzen würde, den man zu ihrer Anschaffung hätte aufwenden müssen. Bezogen auf alle denkbaren Güter, die für eine Sachausschüttung theoretisch in Frage kommen, dürfte dies aber eher selten vorkommen. In der Mehrzahl der Fälle werden die Anteilseigner eine Bardividende höher bewerten als eine Sachausschüttung.

[145] *Drukarczyk*, Finanzierung, 24.
[146] Gabler Wirtschaftslexikon, Stichwort Geld, 1199 linke Spalte.
[147] *Seibert*, NZG 2002, 609.

66

Wieso stufen aber Aktionäre einzelne Sachgüter oftmals als minderwertig ein gegenüber dem Bargeldbetrag, der zu seiner Anschaffung nötig ist? Denn ihrem Marktwert[148] nach stimmen beide Altennativen überein. Die Erklärung dieses Verhaltens ist in der mikroökonomischen Nutzentheorie zu suchen. Aktionäre, einerlei ob es sich um natürliche oder juristische Personen handelt, haben als Wirtschaftssubjekte Bedürfnisse, die sie befriedigen wollen. Dazu bedienen sie sich verschiedenster Sachgüter.[149] Je nach Eignung der Sachgüter zur Bedürfnisbefriedigung wird ihnen von den Wirtschaftssubjekten ein unterschiedlicher Wert beigemessen, der als Nutzen bezeichnet wird. Konsumenten haben individuelle Bedürfnisse. Sie hängen ab vom Alter, Einkommen, Bildungsstand, persönlichen Geschmack und anderen soziokulturellen Faktoren. Daraus folgt, dass Sachgüter den einzelnen Wirtschaftssubjekten auch unterschiedlichen Nutzen stiften. Konsumenten werden dementsprechend die einzelnen Güter nach ihrem Nutzen für die individuelle Bedürfnisbefriedigung unterschiedlich reihen, sie haben unterschiedliche Präferenzen.[150] Aktionäre werden Sachausschüttungen daher unterschiedlich bewerten, und dies obwohl die entsprechende Sache möglicherweise einen entsprechenden Marktwert besitzt. Dabei beruht das Auseinanderklaffen zwischen Marktwert und individueller Wertschätzung auf unterschiedlichen Bewertungsansätzen: Der Marktwert einer Sache drückt sich in seinem Preis aus, der sich auf einem freien Markt durch das Aufeinandertreffen von Angebot und Nachfrage bildet und sich - soweit keine Marktverzerrungen existieren - dort einpendelt, wo Angebot und Nachfrage im Gleichgewicht sind. Nachgefragt werden Konsumgüter von Seiten der Haushalte. Der entscheidende Punkt ist nun, dass es sich bei der Marktnachfrage um die Summe der individuellen Nachfragen handelt. Damit lässt sich zwar auch der Marktwert einer Sache letztendlich auch auf individuelle Präferenzen zurückführen, allerdings resultiert er aus einer Betrachtung im Aggregat. Will man dagegen die subjektive Bewertung eines Sachgutes ermitteln, wird man aufgrund des heterogenen Konsumentenkreises zwangsläufig auf den einzelnen Nachfrager abstellen müssen. Ein vorhandener Marktpreis bedeutet also nicht, dass das entsprechende Gut auch für das einzelne Individuum denselben Wert hat.

Bei der Beurteilung, ob eine Sachdividende für den Aktionär einen der Bardividende entsprechenden Wert verkörpert, ist daher ein entsprechender objektiver Marktwert einer Sache zwar eine notwendige, aber keine hinreichende Bedin-

---

[148] Der Marktwert von inländischem Geld auf einem inländischen Markt ist sein Nominalwert.
[149] *Veit*, Theorie des Geldes, 36.
[150] *Stobbe*, Mikroökonomik, 70 f.; *Lancaster*, Mikroökonomie, 236 ff.

gung. Insbesondere ist auch die subjektive Wertschätzung[151] des Anteilseigners zu berücksichtigen.

6.2 Sachausschüttung als möglicher Verstoß gegen den Grundsatz der Gleichbehandlung der Aktionäre

Darüber hinaus kann eine Sachausschüttung, die ihrem objektiven Wert nach dem Anteil des einzelnen Aktionärs am Bilanzgewinn entspricht, aber aus subjektiver Aktionärssicht dahinter zurückbleibt, einen Verstoß gegen das materielle Gleichbehandlungsgebot nach § 53a AktG darstellen. § 53a AktG ordnet an, dass Aktionäre unter gleichen Voraussetzungen gleich zu behandeln sind (sog. aktienrechtlicher Gleichbehandlungsgrundsatz). Diese Vorschrift stellt eine Generalklausel dar und enthält einen Maßstab, nach dem sich die Aktiengesellschaft bei der Gestaltung aller das Gesellschaftsverhältnis betreffenden Beziehungen zu ihren Aktionären zu richten hat.[152] Insbesondere gilt dies auch für die Art und Weise, wie Rechten und Ansprüchen der Aktionäre entsprochen wird.[153] § 53a AktG verbietet eine Ungleichbehandlung sowohl in formaler als auch materieller Hinsicht. Formale Ungleichbehandlung liegt vor, wenn Aktionäre schon äußerlich ungleich behandelt werden. Von materieller Ungleichbehandlung spricht man dagegen, wenn sich eine Maßnahme zwar an alle Aktionäre wendet, sie aber in ihren mitgliedschaftlichen Rechten unterschiedlich trifft.[154] Bei einer Sachausschüttung ist im Gegensatz zur Barausschüttung die Wahrscheinlichkeit groß, dass die Ausschüttungsgegenstände nicht allen Aktionären den gleichen Nutzen bringen und daher nur im Interesse einzelner Aktionärsgruppen vorgenommen werden.

---

[151] Ein solcher Bewertungsansatz lässt sich auch in anderen Rechtsgebieten finden. Im Strafrecht taucht mitunter die Frage auf, ob im Rahmen des Betrugstatbestandes (§ 263 StGB) ein Schaden gegeben ist, wenn jemand durch Täuschung zu einem Kaufvertrag über eine Sache veranlasst wird, die zwar objektiv ihr Geld Wert ist, für den Käufer persönlich aber ohne Nutzen ist. Die Strafrechtswissenschaft hat für diese Fallgruppe den Begriff des „persönlichen Schadenseinschlags" geprägt. Die Rechtsprechung und herrschende Meinung in der Literatur stimmt darin überein, dass hier unter normativer Betrachtung auch der subjektive Wert für den Verletzten zu berücksichtigen ist. Trotz objektiv gleichwertiger Gegenleistung ist dann ein Schaden auf der Seite des Betrugsopfers zu bejahen, vgl. *Tröndle/Fischer*, Strafgesetzbuch, § 263 Rn. 85 ff. Beispiele: Kauf eines für den Besteller nicht verwendbaren Warenautomaten (BGH v. 28.11.1967, NJW 1968, 261), Bestellung eines Fernkurses, der die Bildungsvoraussetzungen des Getäuschten übersteigt (BGH v. 8.5.1962, GA 63, 208), Kauf eines vielbändigen Lexikons ohne Nutzwert für den ungebildeten Käufer (OLG Köln v. 27.1.1976, NJW 1976, 1222).

[152] *Bungeroth*, in: MünchKommAG, § 53 a Rn. 3.

[153] *Bungeroth*, in: MünchKommAG, § 53 a Rn. 3.

[154] *Hüffer*, AktG, § 53 a Rn. 9.

6.3 Zusammenhang zwischen Fungibilität der Ausschüttungsgegenstände und Beeinträchtigung von Aktionärsinteressen

Vor diesem Hintergrund wird die Differenzierung zwischen fungiblen und nicht fungiblen Sachen verständlich. Erhält ein Aktionär im Wege einer Ausschüttung anstelle von Geld eine Sache, die zwar einen entsprechenden Marktwert hat, ihm aber keinen oder nur geringen Nutzen bringt, so kann er seine wirtschaftliche Situation nur folgendermaßen verbessern: statt die Sache zu konsumieren, wird er versuchen, mit ihr ein Gut einzutauschen, dessen Konsum ihm einen größeren Nutzen bringt. Verschiedene Güter eignen sich in unterschiedlichem Maße zum Tausch. Handelt es sich bei den Ausschüttungsgegenständen um nicht fungible, d.h. schlecht verwertbare Sachwerte, so ist eine Ungleichbehandlung der Aktionäre im Wert endgültig, da es den benachteiligten Anteilseignern nicht mehr gelingen wird, ihre individuelle wirtschaftliche Position durch Tausch in Geld zu verbessern. Anders ist dagegen die Situation zu beurteilen, wenn fungible Sachen ausgeschüttet werden. Aufgrund ihrer hervorragenden Konvertierbarkeit in Geld werden die unterschiedlichen Präferenzordnungen der Aktionäre ausgeglichen: je fungibler ein Sachwert ist, desto bedeutungsloser wird die individuelle Wertschätzung des einzelnen Aktionärs. Die Sachausschüttung ist dann keine „Einbahnstraße", die eine endgültige Zuordnung der Sachgüter nach sich zieht, sondern ein dynamischer Vorgang, in dem jeder Aktionär die Möglichkeit hat, seinen Dividendenanspruch problemlos in Geld zu liquidieren.

Eine mögliche Ungleichbehandlung korreliert daher negativ mit dem Liquiditätsgrad der Sachgüter. Bei Geld mit dem höchsten Liquiditätsgrad ist eine wertmäßige Ungleichbehandlung ausgeschlossen, da ihm alle Aktionäre die gleiche Wertschätzung entgegenbringen.

Zu Recht wird daher in der Literatur einhellig die Ausschüttung fungibler Sachen ohne weitere Einschränkungen für zulässig gehalten. Dagegen droht bei der Ausschüttung nicht fungibler Sachen ein Eingriff in Aktionärsrechte, was zusätzliche Kontrollmechanismen erfordern kann.

Erforderlich ist somit eine trennscharfe Abgrenzung von fungiblen und nicht fungiblen Sachen i.S.d. § 58 Abs. 5 AktG.

7.   Fungible Sachen i.S.v. § 58 Abs. 5 AktG

7.1   Meinungsstand in der Literatur zum Begriff der fungiblen Sachen i.S.v. § 58 Abs. 5 AktG

Die wirtschaftswissenschaftliche Literatur hat für die Tausch- bzw. Veräußerungsfähigkeit von Gütern den Begriff der „güterwirtschaftlichen Liquidität"[155] geprägt.[156] Güter haben unterschiedliche Liquiditätsgrade. In der Geldwirtschaft ist Geld am liquidesten. Der Liquiditätsgrad anderer Güter richtet sich in der Geldwirtschaft danach, ob und inwieweit sie sich reibungslos in Geld verwandeln lassen. Darin liegt ihre Eignung zum Tausch. Die Möglichkeit der Umwandlung in Geld ist Gradmesser für die Möglichkeit der Umwandlung in jedes andere Gut.[157]
Der Liquiditätsgrad von Gütern hängt insbesondere ab von:
- den technischen oder institutionellen Eigenschaften des Gutes;
- den Kosten der Käufersuche am Markt und von sonstigen Transaktionskosten wie Kosten der rechtlichen Übertragung, Kosten des Transports, Kosten der Vertragsgestaltung, Kosten der Versicherung des Transports etc;
- der Zeitspanne vom Beginn der Käufersuche bis zur Verwertung am Markt;
- der Werteinbuße des Verkäufers bei Verwertung am Markt.[158]

Liquide bzw. fungible Sachen im hier interessierenden Kontext müssen einer Bardividende so nahe kommen, dass eine Beeinträchtigung von Aktionärsinteressen unter keinen Umständen denkbar erscheint. In der Literatur werden verschiedene Meinungen vertreten, welche Sachen dieser Anforderung entsprechen. Eine Ansicht sieht die Vergleichbarkeit mit Bargeld nur bei Wertpapieren börsennotierter Aktiengesellschaften als gewährleistet an. Denn nur für sie bestehe ein für jedermann zugänglicher Markt, eine dauerhafte Nachfrage und minimaler Aufwand bei der Veräußerung.[159]
Andere Ansichten in der Literatur dagegen ziehen den Begriff der liquiden Sachen, die für eine Sachausschüttung in Betracht kommen, weiter. Aus der Tatsache, dass der ursprüngliche Satz 2 von § 58 Abs. 5 AktG („Werden die Sachwerte nicht an einem Markt gemäß § 3 Abs. 2 gehandelt, so ist das Vertrauen auf eine Barausschüttung zu berücksichtigen") nicht Gesetz geworden ist, wird gefolgert, dass der Gesetzgeber die Ausschüttung nicht auf regulierte Märkte beschränken wollte. Liquidität einer Sache liege vielmehr schon dann vor, wenn

---

[155] Liquidität wird hier als Synonym für Fungibilität verwendet.
[156] *Veit*, Theorie des Geldes, 30 ff.
[157] *Veit*, Volkswirtschaftliche Theorie des Geldes, 20.
[158] *Drukarczyk*, Finanzierung, 25 f.
[159] *Leinekugel*, Sachdividende, 136 ff; *Lutter/Leinekugel/Rödder*, ZGR 2002, 210 ff.

sie an liquiden Märkten handelbar sei. Zu den liquiden Sachen zählten demnach auch Kraftstoffe, Gas oder allgemein an einer Börse handelbare Erzeugnisse.[160] Ferner sollen auch Vermögensgegenstände des alltäglichen Lebens, wie z.b. Telefonkarten, in Betracht kommen,[161] soweit diese für die Aktionäre leicht veräußerlich seien.[162]

7.2 Stellungnahme

Der ersten Ansicht ist zuzustimmen. Allein Wertpapiere börsennotierter Aktiengesellschaften i.s.v. § 3 Abs. 2 AktG sind in ihrer Liquidität mit Geld vergleichbar.

7.2.1 Marktgegebenheiten der Wertpapier-Börse

Wie die Bestimmungsmerkmale der Liquidität zeigen, korreliert eine hoher Liquiditätsgrad mit einem für jedermann leicht zugänglichen und funktionsfähigen Markt. Der einzige Markt, der diese Voraussetzungen in vollem Umfang zweifelsfrei erfüllt, ist die Wertpapierbörse. Dieser Markt ist für jeden Aktionär frei zugänglich. Der Anteilseigner kann sich jederzeit ohne größeren zeitlichen und finanziellen Aufwand von den Wertpapieren trennen[163], die er als Sachausschüttung erhalten hat. Der Verkaufsakt erfordert vom Aktionär kein besonderes kaufmännisches Geschick; an die Stelle eines individuell ausgehandelten Preises tritt der aktuelle Wertpapierkurs.[164] Da die Produkte auf dem Wertpapiermarkt standardisiert sind, entfallen auch größere Transaktionskosten, wie etwa die Kosten für das Aushandeln der Verkaufsbedingungen. Ein strenger gesetzlicher Rahmen garantiert die notwendige Markttransparenz. Durch die Bündelung von Angebot und Nachfrage besteht auch in kleineren Marktsegmenten ein so großes Handelsvolumen, dass es - von Ausnahmefällen abgesehen - kein Problem darstellt, einen Käufer für die ausgeschütteten börsennotierten Wertpapieren zu finden.[165]

Allerdings ist die pauschale Gleichsetzung liquider Sachen i.S.d. § 58 Abs. 5 AktG mit börsengehandelten Wertpapieren noch zu unscharf, es bedarf einer weiteren Konkretisierung.

---

[160] *Holzborn/Bunnemann*, AG 2003, 673 und 673 Fn. 18.
[161] *Tübke*, Sachausschüttungen, 41.
[162] *Tübke*, Sachausschüttungen, 41.
[163] BVerfG v. 27.4.1999, WM 1999, 1669.
[164] *Lutter/Leinekugel/Rödder*, ZGR 2002, 212.
[165] *Lutter/Leinekugel/Rödder*, ZGR 2002, 212.

7.2.2 Der Verweis auf § 3 Abs. 2 AktG im Referenten- und Regierungsentwurf

Der Gesetzgeber konkretisiert selbst, was er unter fungiblen Sachwerten versteht. Im geplanten, aber später gestrichenen § 58 Abs. 2 Satz 2 AktG[166] sollte durch einen Verweis auf § 3 Abs. 2 AktG die Differenzierung nach fungiblen und nicht fungiblen Sachen im Wortlaut des § 58 Abs. 5 AktG verankert werden. Die Begründung zum Referentenentwurf führte dazu aus: „Sofern es sich bei den ausgeschütteten Sachen um börsengehandelte Werte handelt, lässt sich dennoch eine mehrheitlich oder gar vollständige Sachdividende rechtfertigen. Der Aktionär kann die fungiblen Werte rasch veräußern. Dies wird durch den Verweis auf § 3 Abs. 2 ausreichend definiert."[167]

Die Begründung zum Regierungsentwurf formuliert: „...Der Aktionär kann die fungiblen Werte (vgl. § 3 Abs. 2 AktG) rasch veräußern..."[168]

Auch wenn der Verweis auf die Legaldefinition liquider Sachen nach § 3 Abs. 2 AktG nicht mehr im Gesetzeswortlaut des § 58 Abs. 5 AktG auftaucht, wird aus den Ausführungen in der Regierungsbegründung deutlich, dass der Gesetzgeber weiterhin zwischen fungiblen und nicht fungiblen Sachen unterscheidet; bei der Definition liquider Sachwerte will er weiterhin auf die marktmäßigen Anforderungen des § 3 Abs. 2 AktG zurückgreifen. Entgegen einer Ansicht in der Literatur[169] ist aus der Streichung des Satzes 2 aus dem Gesetzestext nicht zu schließen, dass der Gesetzgeber die Börsennotierung in § 3 Abs. 2 AktG nicht als geeignetes Abgrenzungskriterium zwischen fungiblen und nicht fungiblen Sachen erachtet. Ansonsten wäre die Bezugnahme in der Regierungsbegründung nicht mehr verständlich. Der Satz 2 wurde vielmehr auf Kritik in der Literatur hin aus dem Gesetzestext genommen, die sich aber nicht gegen die Bezugnahme auf § 3 Abs. 2 AktG richtete, sondern gegen die Formulierung „Vertrauen in eine Barausschüttung".[170]

Wertpapiere i.S.d. § 3 Abs. 2 AktG sind ausschließlich solche, die an einem Markt zugelassen sind, der von staatlich anerkannten Stellen geregelt und überwacht wird, regelmäßig stattfindet und für das Publikum mittelbar oder unmittelbar zugänglich ist. Der Begriff der börsennotierten Gesellschaft stimmt mit dem in § 21 Abs. 2 WpHG überein.[171]

Die genannten Voraussetzungen werden derzeit in Deutschland vom amtlichen Handel (§§ 30 ff. BörsG) und geregelten Markt (§§ 49 ff. BörsG) erfüllt, nicht

---

[166] Siehe 1. Abschnitt, 1. Kapitel, 5.2.3.2.
[167] Begründung zum Referentenentwurf, ZIP 2001, 2194.
[168] BT-Drucks. 14/8769, 13.
[169] *Holzborn/Bunnemann*, AG 2003, 673.
[170] *Lutter/Leinekugel/Rödder*, ZGR 2002, 213 f.
[171] *Ammon*, in: AnwK-AktR, Kapitel 1 § 3 Rn. 5; *Hüffer*, Aktienrecht, § 3 Rn. 6.

dagegen vom sog. Freiverkehr nach § 57 BörsG.[172] Mangels gesetzlicher Vorgabe muss es sich nicht um eine deutsche Börse handeln. Eine mit dem amtlichen Handel oder geregelten Markt vergleichbare Auslandsnotierung genügt ebenfalls den Anforderungen.[173]

7.2.3 § 31 Abs. 2 Satz 1 WpÜG als sachverwandte Regelung

Eine (teilweise) gesetzliche Bestätigung für die vom Gesetzgeber in der Regierungsbegründung vorgegebene Definition fungibler Sachen findet sich in § 31 Abs. 2 Satz 1 WpÜG (Wertpapiererwerbs- und Übernahmegesetz).[174] Danach kann der Bieter im Rahmen eines öffentlichen Übernahmeangebots als Gegenleistung den Aktionären der Zielgesellschaft anstelle einer Geldleistung in Euro auch liquide Aktien anbieten, die zum Handel an einem organisierten Markt zugelassen sind.

Der Zweck dieser Vorschrift besteht darin, den Inhabern der Aktien der Zielgesellschaft eine der Geldleistung in Euro hinsichtlich der Liquidierbarkeit (nahezu) gleichwertige Gegenleistung anzubieten, ohne die entsprechende Liquidität vorhalten zu müssen.[175] Es soll den Aktionären der Zielgesellschaft möglich sein, die für ihre Aktien erhaltene Gegenleistung umgehend gegen einen angemessenen Geldbetrag zu veräußern.[176]

Der Gesetzgeber bringt mit dieser Regelung zum Ausdruck, dass er eine Gegenleistung in Geld und in liquiden Aktien als gleichwertig erachtet. Diese Wertung ist auf den Fall der Sachdividende übertragbar, da hier die Interessenlage der Aktionäre ähnlich ist: die Anteilseigner erhalten von der Aktiengesellschaft anstelle von Geld eine Sachleistung. Sie sind daran interessiert, dass dieser Sachwert im Bedarfsfall leicht und ohne größeren Aufwand in Geld umzusetzen ist.

Indem der Gesetzgeber in § 31 Abs. 2 Satz 1 WpÜG anstelle von Geld als Gegenleistung allein liquide Aktien als weitere Erfüllungsalternative vorsieht, stellt er gleichzeitig klar, dass andere Sachen die Aktionäre für eine entfallene Geldleistung nicht ausreichend kompensieren.[177]

---

[172] Begründung zum Regierungsentwurf, BT-Drucks 13/9712, 12.

[173] Begründung zum Regierungsentwurf, BT-Drucks 13/9712, 12; *Hüffer*, AktG, § 3 Rn. 6.

[174] *Lutter/Leinekugel/Rödder*, ZGR 2002, 211.

[175] *Steinmeyer/Häger*, WpÜG, § 31 Rn. 50.

[176] *Thun*, in: Geibel/Süßmann, WpÜG, § 31 Rn. 10.

[177] So im Ergebnis *Thun*, in: Geibel/Süßmann, WpÜG, § 31 Rn. 21. Zwar dürfen andere Gegenleistungen wahlweise neben Geld oder liquiden Aktien den Aktionären angeboten werden, aber eben nicht als einzige Gegenleistung (Begründung zum Regierungsentwurf, BT-Drucks. 14/7034, 55), da dies dem Schutzzweck des § 31 Abs. 2 WpÜG zuwiderlaufen würde (vgl. *Thun*, in: Geibel/Süßmann, WpÜG, § 31 Rn. 21)

73

§ 31 Abs. 2 WpÜG verlangt zum einen, dass die Wertpapiere, die als Gegenleistung dienen sollen, an einem organisierten Markt zugelassen sind. Der Begriff des organisierten Marktes wird in § 2 Abs. 7 WpÜG legaldefiniert. Organisierter Markt sind danach der amtliche Handel oder geregelte Markt an einer Börse im Inland und der geregelte Markt im Sinne des Artikels 1 Nr. 13 der Richtlinie 93/22/EWG des Rates vom 10. Mai 1993 über Wertpapierdienstleistungen in einem anderen Staat des Europäischen Wirtschaftsraums. Insofern herrscht weitgehend Gleichlauf mit der Vorschrift des § 3 Abs. 2 AktG, was die marktmäßigen Anforderungen betrifft. Ein Unterschied besteht hinsichtlich der Zulassung an ausländischen Börsen. Während § 3 Abs. 2 AktG keinerlei Beschränkungen enthält, unterfallen dem § 31 Abs. 2 Satz 1 WpÜG nur Aktiengesellschaften, die im Europäischen Wirtschaftsraum notiert sind. Weitere Voraussetzung nach § 31 Abs. 2 Satz 1 WpÜG ist, dass es sich bei den als Gegenleistung angebotenen Wertpapieren um liquide Aktien handelt. Aus dem Wortlaut der Vorschrift lässt sich ableiten, dass sich die Eigenschaft der Liquidität nicht mit der Zulassung an einem organisierten Markt deckt.[178] Allerdings bestimmt weder das WpÜG noch die WpÜG-AngVO (Verordnung über öffentliche Angebote zum Erwerb von Wertpapieren und Unternehmensübernahmen), was unter liquiden Aktien zu verstehen ist.[179] In der Literatur wird allerdings als Anhaltspunkt dafür, wann Aktien nicht liquide sind, § 5 Abs. 4 WpÜG-AngVO genannt.[180] Nach dieser Vorschrift sind Börsenkurse dann nicht als maßgeblich für die Berechnung der Gegenleistung heranzuziehen, wenn an weniger als einem Drittel der Börsentage Kurse festgestellt wurden und mehrere nacheinander festgestellte Börsenkurse um mehr als 5% voneinander abweichen. Kriterien sind damit fehlender Handel und hohe Volatilität.[181] Vorgeschlagen wird ferner, die Liquidität eines Marktes nach dem XETRA-Liquiditätsmaß der Deutschen Börse AG zu bestimmen.[182]

Steinmeyer/Häger, WpÜG, § 31 Rn. 50.

[179] *Haarmann*, in: Haarmann/Schüppen, WpÜG, § 31 Rn. 84.

[180] *Haarmann*, in: Haarmann/Schüppen, WpÜG, § 31 Rn. 85; Geibel/Süßmann, WpÜG, § 31 Rn. 11; *Riemer/Schröder*, BB 2001, Beilage 5, 11; *Krieger*, in: Henze/Hoffmann-Becking, RWS-Forum, 296 noch mit Verweis auf den Entwurf von § 5 Abs. 4 AngebotsVO; *Holzborn/Bunnemann*, AG 2003, 673 Fn. 19.

[181] *Haarmann*, in: Haarmann/Schüppen, WpÜG, § 31 Rn. 85.

[182] *Holzborn/Bunnemann*, AG 2003, 673 Fn. 19.

7.2.4 Abschließende Definition der fungiblen Sachen durch § 3 Abs. 2 AktG und § 31 Abs. 2 Satz 1 WpÜG

Dem Gesetzgeber ist grundsätzlich darin zu folgen, dass § 3 Abs. 2 AktG ein geeigneter Ausgangspunkt für eine Definition des Begriffs der Liquidität ist. Allerdings bedarf es mit Blick auf die Vorschrift des § 31 Abs. 2 Satz 1 WpÜG einiger Modifikationen. Liquide Aktien sind nur solche, die im Inland zum amtlichen Handel oder am geregelten Markt bzw. im Europäischen Wirtschaftsraum an einem entsprechenden Börsensegment zugelassen sind. Die Beschränkung auf den Europäischen Wirtschaftsraum sieht § 3 Abs. 2 AktG nicht vor. Der Rückgriff auf die Regelung des § 31 Abs. 2 Satz 1 WpÜG ist hier aber angezeigt. Nach der Begründung zum Regierungsentwurf des WpÜG soll die Beschränkung auf die Zulassung in einem Staat des Europäischen Wirtschaftsraums die Geltung europäischer Standards sicherstellen, die einen Mindestanlegerschutz gewährleisten.[183] Der Gesetzgeber verfolgt mit den geforderten Voraussetzungen des § 31 Abs. 2 WpÜG den Zweck, dem Aktionär die Möglichkeit zu geben, die erhaltenen Aktien umgehend gegen einen Geldbetrag zu veräußern. Die *ratio legis* dieser Vorschrift ist daher enger auf die Schutzinteressen der Anteilseigner zugeschnitten, die eine Sachdividende erhalten sollen, als der allgemeiner gehaltene § 3 Abs. 2 AktG, der eine übergreifende Legaldefinition der Börsennotierung für das gesamte Aktiengesetz enthält. Börsennotierte Aktiengesellschaften nach § 3 Abs. 2 AktG unterliegen strengeren Vorschriften nach dem Aktiengesetz als nicht börsennotierte. Die im Vergleich zu § 31 Abs. 2 Satz 1 WpÜG weitere Fassung des § 3 Abs. 2 AktG dient also grundsätzlich dem Anlegerschutz, da insofern eine größere Zahl von Gesellschaften als börsennotiert zu qualifizieren ist. Dieser Schutz kommt aber dann nicht zum Tragen, wenn es darum geht, den Anlegern gewisse Qualitätsstandards auszuschüttender Wertpapiere zu garantieren; in diesem Fall ist allein eine Einschränkung des Geltungsbereichs der Börsenzulassung in § 3 Abs. 2 AktG im Interesse der Aktionäre.

Keine Bedenken bestehen dabei, auf die Wertung einer Norm außerhalb des Aktiengesetzes zurückzugreifen. Zum einen handelt es sich beim Übernahmerecht um ein dem Aktienrecht sachverwandtes Rechtsgebiet. Zum anderen sind die konkreten Sachverhalte, nämlich einmal die Ausschüttung von Aktien und daneben das Angebot von Aktien als Gegenleistung, in ihrem Kern so ähnlich, dass die Übertragung von Wertungsgesichtspunkten gerechtfertigt erscheint. Ebenfalls aus § 31 Abs. 2 Satz 1 WpÜG lässt sich ableiten, dass die Zulassung von Aktien zum Handel in bestimmten Börsensegmenten noch nicht eine ausreichende Liquidität garantiert, die eine Gleichstellung mit Geldzahlungen recht-

---

[183] *Fleischer/Kalss*, WpÜG, 641.

fertigt. § 3 Abs. 2 AktG enthält demnach nur eine notwendige, aber noch keine hinreichende Voraussetzung für die Qualifizierung von Aktien als liquide.

Zwar existiert auch für den Bereich des WpÜG keine gesetzliche Definition der Liquidität, die von der Literatur vorgeschlagenen Anhaltspunkte können hier aber sicherlich eine sinnvolle Orientierung bieten.

Zu den liquiden Sachen i.S.d. § 58 Abs. 5 AktG sind nicht nur Aktien, sondern auch andere Wertpapiere zu rechnen, welche die eben herausgearbeiteten Voraussetzungen der „bargeldgleichen" Liquidität erfüllen. Der Gesetzgeber spricht in seiner Begründung zum Regierungsentwurf nicht von börsengehandelten Aktien, sondern ganz allgemein von börsengehandelten „Werten".[184] Der Verweis auf § 3 Abs. 2 AktG dient lediglich der Konkretisierung der Anforderungen an einen liquiden Markt, soll aber nicht den Kreis der liquiden Sachen auf Aktien einschränken.

§ 31 Abs. 2 Satz 1 WpÜG lässt dagegen seinem klaren Wortlaut nach nur Aktien als Pflichtgegenleistung zu. Andere Wertpapiere kommen nicht in Betracht.[185] Diese Einschränkung hat aber seinen Grund in der spezifischen Zielsetzung des WpÜG. Der Aktionär soll durch eine Übernahme seiner Gesellschaft durch eine andere seine gesellschaftsrechtliche Stellung als Aktionär nicht einbüßen.[186] Das bestätigt auch § 31 Abs. 2 Satz 2 WpÜG. Diese *ratio* ist auf die Ausschüttung von Sachdividenden nicht übertragbar, da es hier um den Erhalt des vermögensmäßigen und nicht eines gesellschaftsrechtlichen status quo geht. Die Beschränkung des § 31 Abs. 2 WpÜG auf Aktien ist für den Bereich der Sachdividenden damit irrelevant.

Die Anforderungen an die Zulassung zum Handel in bestimmten Börsensegmenten und die Vorschläge der Literatur zur weiteren Konkretisierung von Liquidität i.S.v. § 31 Abs. 2 WpÜG sind problemlos auf sonstige Wertpapiere übertragbar.

Die Definition der liquiden Sachen im oben genannten Sinne ist abschließend. Der Gesetzgeber stellt dies durch den Verweis auf § 3 Abs. 2 AktG in der Begründung des Regierungsentwurfes klar, der nicht etwa nur als Anhaltspunkt für eine Begriffsbestimmung der Liquidität dienen soll.

Andere Ausschüttungsgegenstände, insbesondere eigene Produkte der Aktiengesellschaften, kommen also wertmäßig einer Ausschüttung in Geld nicht gleich. Das gilt auch für Vermögensgegenstände des alltäglichen Lebens. Zwar existiert in diesen Fällen ein Markt und es herrscht auch eine entsprechend große Nach-

---

[184] BT-Drucks. 14/8769, 13.
[185] *Thun*, in: Geibel/Süßmann, WpÜG, § 31 Rn. 9; *Haarmann*, in: Haarmann/Schüppen, WpÜG, § 31 Rn. 82.
[186] Vgl. *Steinmeyer/Häger*, WpÜG, § 31 Rn. 54.

frage; allerdings fehlt es diesen Märkten für Gebrauchsgüter ganz überwiegend an der problemlosen Zugänglichkeit für den einzelnen Aktionär.[187] Um die ausgeschütteten Sachen in Geld umzusetzen, muss der sich der Aktionär - soweit überhaupt möglich - zuerst einen Zugang zum entsprechenden Markt verschaffen. Er muss in Medien inserieren oder Internetplattformen in Anspruch nehmen. Diese Aktivitäten kosten Geld (sog. Transaktionskosten) und/oder Zeit. Nun könnte man argumentieren, dass der Aktionär dann keinen Nachteil erleidet, wenn er die Sache schließlich zu einem angemessenen Preis veräußern kann und für die Verkaufsanstrengungen lediglich Zeit eingebüßt hat. Diese Ansicht würde aber verkennen, dass bei der Beurteilung, ob eine Sachausschüttung einer Ausschüttung in Geld gleichkommt, eine wirtschaftliche Betrachtungsweise anzustellen ist. Entscheidend ist der subjektive Nutzen einer Ausschüttung für den Aktionär.[188] Auch Zeit hat einen wirtschaftlichen Wert und ist bei dieser Bewertung zu berücksichtigen. Muss der Aktionär für den Umsatz der Sache nicht unwesentlich Zeit aufwenden, entstehen Opportunitätskosten.

In jedem Falle wird klar, dass der Dividendenanspruch der Anteilseigner durch Opportunitäts- bzw. Transaktionskosten abgewertet wird, soweit Sachen ausgeschüttet werden, die nicht an einem hochliquiden Markt gehandelt werden. Diese Qualifizierung verdient aber nur ein Wertpapiermarkt unter bestimmten Voraussetzungen. Zwar fallen auch für einen Akteur an der Wertpapierbörse Kosten an (Zeit, Verkaufsspesen). Diese sind ihrer Höhe nach aber noch tolerierbar und können dem Aktionär zugemutet werden.

Zugleich kann festgehalten werden, dass andere als die in § 3 Abs. 2 AktG in Bezug genommenen Börsen nicht die Anforderungen an einen hochliquiden und offenen Markt erfüllen, sei es dass der Marktzugang nicht für jedermann aus rechtlichen oder faktischen Gründen gewährleistet ist, sei es, dass die Umsätze oder Handelstiefen nicht gegeben sind. Diese Ansicht respektiert zum einen den Willen des Gesetzgebers, wie er in der Gesetzesbegründung zum Ausdruck kommt. Im übrigen darf nicht übersehen werden, dass eine Beschränkung auf die in § 3 Abs. 2 AktG i.V.m. § 31 Abs. 2 Satz 1 WpÜG definierten Märkte ein nicht unerhebliches Maß an Rechtssicherheit bei der Abgrenzung von fungiblen und nicht fungiblen Sachen mit sich bringt.

---

[187] So auch *Leinekugel*, Sachdividende, 138 f.
[188] Siehe 1. Abschnitt, 1. Kapitel, 6.1.

7.2.5 Die Ausschüttbarkeit eigener Aktien

In diesem Zusammenhang soll sogleich die Ausschüttbarkeit eigener Aktien als einem Sonderfall liquider Wertpapiere geklärt werden. Eigene Aktien börsennotierter Aktiengesellschaften stellen selbst wiederum liquide Sachwerte dar, die als Wertpapierdividende in Frage kommen.[189] Allerdings ist hinsichtlich der Zulässigkeit der Ausschüttung eigener Aktien zu differenzieren zwischen Aktien, die durch eine Kapitalerhöhung neu geschaffen werden,[190] und derivativ erworbenen eigenen Aktien.

Es liegt bereits begrifflich keine Sachausschüttung i.S.v. § 58 Abs. 5 AktG vor, wenn im Rahmen eines Schütt-aus-hol-zurück-Verfahrens[191] unter Gewährung junger Aktien Dividendenansprüche der Aktionäre gegen Einlageverpflichtungen aus einer Kapitalerhöhung verrechnet werden. Wirtschaftlich gesehen wird dabei der Bilanzgewinn in Kapital umgewandelt und gerade nicht an die Aktionäre ausgeschüttet. Zudem kann die Verrechnung nicht darüber hinwegtäuschen, dass es sich um eine Barausschüttung handelt.[192]

Auch die sog. Stockdividende ist keine Sachausschüttung i.S.v. § 58 Abs. 5 AktG. Es findet lediglich eine Umbuchung von Bilanzgewinn in Kapital statt mit anschließender Gewährung junger Aktien an die Anteilseigner, wobei die Regeln der Kapitalerhöhung aus Gesellschaftsmitteln (§§ 207 ff.AktG) zu beachten sind. Zu einem Vermögensabfluss von der Aktiengesellschaft an die Aktionäre kommt es auch hier nicht.[193]

---

[189] Der Erwerb und die Auskehrung eigener Aktien spielt insbesondere im Rahmen sog. Rückerwerbsprogramme börsennotierter Aktiengesellschaften eine wichtige Rolle. Die Ausschüttung eigener Aktien wird daher im Zusammenhang mit der Ausschüttung liquider Wertpapiere behandelt. Natürlich stellt sich dieselbe Problematik auch hinsichtlich eigener Aktien nicht börsennotierter Aktiengesellschaften. Die hier gefundenen Ergebnisse sind vollumfänglich übertragbar.

[190] So genannte „junge Aktien".

[191] Siehe 1. Abschnitt, 1. Kapitel, 1.2.

[192] A/D/S, § 174 Rn. 57; *Obermüller/Werner/Winden*, Hauptversammlung, H Rn. 85. Der Gewinnverwendungsbeschluss sieht dann auch die Ausschüttung von Barmitteln vor und nicht die Ausschüttung von eigenen Aktien.

[193] Siehe 1. Abschnitt, 1. Kapitel, 1.1. Diesen entscheidenden Unterschied verkennt *Bayer* (in MünchKommAG, § 58 Rn. 112), wenn er ausführt, als Sachdividende kämen eigene Aktien aus einer Kapitalerhöhung aus Gesellschaftsmitteln in Betracht; Gewinnverwendungs- und Kapitalerhöhungsbeschluss könnten in derselben Hauptversammlung gefasst werden. Der Gewinnverwendungsbeschluss hat dann die Einstellung von Teilen des Bilanzgewinns zum Inhalt und begründet damit gerade keinen Anspruch der Aktionäre auf eine Sachleistung. Die Gewährung der jungen Aktien erfolgt aufgrund des zwar in zeitlicher Nähe gefassten, aber rechtlich selbstständigen Kapitalerhöhungsbeschlusses.

Die Ausschüttung junger Aktien kommt daher im Rahmen einer Sachausschüttung nach § 58 Abs. 5 AktG bilanz- und rechtstechnisch nicht in Betracht.[194] Zulässig ist dagegen die Ausschüttung derivativ, also im Rahmen eines Erwerbs eigener Aktien erworbener Anteile.[195] Der Erwerb eigener Aktien ist in den §§ 71 ff AktG geregelt. Wohl häufigster Erwerbsgrund ist eine Ermächtigung durch die Hauptversammlung nach § 71 Abs. 1 Nr. 8 AktG,[196] der einen Rückerwerb ohne gesetzliche Zweckvorgabe gestattet.[197] In der Literatur wird die Ansicht vertreten, dass die Hauptversammlung bei einem Erwerb eigener Aktien nach § 71 Abs. 1 Nr. 8 AktG die spätere Sachausschüttung der Aktien als eine andere Form der Veräußerung nach § 71 Abs. 1 Nr. 8 Satz 5 AktG beschlossen haben muss. Dieser Ansicht kann in dieser Weite nicht zugestimmt werden. Zutreffend ist es, die Sachausschüttung eigener Aktien unter eine „andere Veräußerung" i.S.v. § 71 Abs. 1 Nr. 8 Satz 5 AktG zu subsumieren. Denn es kann keinen Unterschied machen, ob die Anteile im Wege eines Erwerbsgeschäftes oder in anderer Weise auf die Aktionäre übertragen werden. Denn Zweck der Regelung ist es, eine mögliche Ungleichbehandlung der Anteilseigner bei der Verteilung eigener Aktien zu legitimieren.[198]

Ein Beschluss über eine andere Veräußerung nach § 71 Abs. 1 Nr. 8 Satz 5 AktG ist aber nur dann erforderlich, wenn die Veräußerung nicht über die Börse erfolgt und auch sonst die Aktionäre nicht gleichbehandelt werden.[199]

Bei einer Sachausschüttung ist grundsätzlich der Gleichbehandlungsgrundsatz gemäß § 53a AktG zu beachten. Eine Ausschüttung eigener Aktien, welche die Aktionäre bei der Zuteilung der Anteile gleichmäßig berücksichtigt, bedarf daher keines weiteren Beschlusses der Hauptersammlung über die Zulässigkeit der Ausschüttung der eigenen Aktien an die Anteilseigner.

Werden dagegen eigene Aktien nur an einzelne Aktionäre ausgeschüttet, weil dafür etwa ein sachlicher Grund vorliegt, so ist zwar nicht gegen den Gleichbehandlungsgrundsatz oder die mitgliedschaftliche Treuepflicht verstoßen, da kein willkürlicher Eingriff in die Mitgliedschaft vorliegt. Gleichwohl steht eine solche Ausschüttung wirtschaftlich gesehen einem Bezugsrechtsausschluss bei

---

[194] Im Ergebnis auch *Hefermehl/Bungeroth*, in: G/H/E/K, § 58 Rn. 125; *Obermüller/Werner/Winden*, Hauptversammlung, H Rn. 85.

[195] *Bayer*, in: MünchKommAG, § 58 Rn. 112; *Hüffer*, AktG, § 58 Rn. 32; *Hoffmann-Becking*, ZHR 2002 Beiheft 71, 223, jeweils zur neuen Rechtslage; *Obermüller/Werner/Winden*, Hauptversammlung, H Rn. 85; *Lutter/Leinekugel/Rödder*, ZGR 2002, 212; A/D/S, § 174 Rn. 57; *Hefermehl/Bungeroth*, in: G/H/E/K, § 58 Rn. 125, je zur Rechtslage vor Einführung des § 58 Abs. 5 AktG. Missverständlich *Lutter* (in KölnKomm, § 58 Rn. 107), der die Ausschüttung eigener Aktien pauschal ablehnt, dabei aber wohl nur die Ausschüttung junger Aktien im Auge hat.

[196] *Block*, in: AnwK-AktR, Kapitel 1 § 71 Rn. 59.

[197] *Hüffer*, AktG, § 71 Rn. 19c.

[198] *Bayer*, in: MünchKommAG, § 71 Rn. 217.

[199] *Block*, in: AnwK-AktR, 1. Kapitel § 71 Rn. 69; *Bayer*, in: MünchKommAG, § 71 Rn. 217.

neuen Aktien gleich.[200] Folglich bedarf es eines Beschlusses der Hauptversammlung nach § 71 Abs. 1 Nr. 8 Satz 5 AktG, der die asymmetrische Verteilung der eigenen Aktien an die Aktionäre erlaubt.

8. Die Zulässigkeitsvoraussetzungen einer Sachdividende nach neuem Recht

Eine rechtswirksame Sachausschüttung hat nach der Einführung des § 58 Abs. 5 AktG nunmehr zwei Voraussetzungen.

Zunächst muss die Satzung der Aktiengesellschaft eine Regelung enthalten, welche die Hauptversammlung ermächtigt, eine Sachausschüttung zu beschließen.[201] Bei der Neugründung einer Aktiengesellschaft kann eine entsprechende Regelung bei der Errichtung der Gründungssatzung aufgenommen werden. Sollen in einer bestehenden Aktiengesellschaft zukünftig Sachdividenden ausgeschüttet werden können, so bedarf es einer Satzungsänderung gemäß den §§ 119 Abs. 1 Nr. 5, 179 AktG, um eine entsprechende Sachdividendenklausel in die Satzung aufzunehmen.

Ferner bedarf es auf der Grundlage der Satzungsermächtigung eines Gewinnverwendungsbeschlusses der Hauptversammlung. Dieser muss eine Sachausschüttung zum Inhalt haben.[202]

8.1 Die Satzungsermächtigung nach § 58 Abs. 5 AktG

8.1.1 Dogmatische Einordnung der Satzungsermächtigung

Um eine dogmatische Einordnung einer Sachdividendenklausel gem. § 58 Abs. 5 AktG vornehmen zu können, muss man sich über die Entstehung und rechtliche Ausgestaltung des Gewinnanspruchs des Aktionärs im klaren sein.

Der Anspruch auf den Bilanzgewinn ist das wichtigste mitgliedschaftliche Vermögensrecht jedes Aktionärs. Denn die Beteiligung an einer Aktiengesellschaft ist grundsätzlich kapitalistisch geprägt. Jeder Aktionär hat ein zentrales Interesse an Gewinn und damit an der Verzinsung seines in der Aktiengesellschaft angelegten Kapitals.[203]

---

[200] So die Regierungsbegründung, BT-Drucks. 13/9712, 14.

[201] Im folgenden auch „Satzungsermächtigung" oder „Sachdividendenklausel" genannt.

[202] Im folgenden auch „Sachausschüttungsbeschluss" genannt.

[203] *Lutter*, in: KölnKomm, § 58 Rn. 79.

Der allgemeine mitgliedschaftliche Anspruch auf Gewinnbeteiligung aus § 58 Abs. 4 AktG stellt lediglich eine erste Anspruchsstufe[204] dar. Er entsteht mit der Mitgliedschaft und ist für deren Dauer untrennbar mit ihr verknüpft.[205] Inhaltlich ist er völlig abstrakt auf Teilhabe am Bilanzgewinn nach Maßgabe eines entsprechenden Gewinnverwendungsbeschlusses gerichtet. Mit Feststellung des Jahresabschlusses und dem Ausweis eines Bilanzgewinns wandelt sich dieser allgemeine Anspruch zu einem konkreten mitgliedschaftlichen Anspruch auf Verteilung des Bilanzgewinns.[206] Allerdings ist dieser Anspruch vor dem Gewinnverwendungsbeschluss der Hauptversammlung noch nicht auf eine bestimmte Geldzahlung oder - im Falle einer Sachausschüttung - Sachleistung gerichtet, er kann daher nicht mit einer Zahlungs- oder Sachleistungsklage durchgesetzt werden.[207] Der mitgliedschaftliche Gewinnbeteiligungsanspruch gibt dem Aktionär allerdings einen Anspruch darauf, dass ein Gewinnverwendungsbeschluss gefasst wird, auf die Herbeiführung eines solchen Beschlusses kann geklagt werden.[208]

Erst durch einen wirksamen Gewinnverwendungsbeschluss der Hauptversammlung entsteht ein Anspruch auf Leistung der konkreten Dividende. Dieser Ausschüttungsanspruch hat zwar seine Grundlage in der Mitgliedschaft des Aktionärs, er ist aber nach herrschender Auffassung ein selbständiges und von der Mitgliedschaft unabhängiges Gläubigerrecht, das auf eine konkrete Leistung - Zahlung in Geld oder eben eine Sachleistung - gerichtet ist.[209]

Der Gewinnverwendungsbeschluss hat demnach konstitutive Wirkung: der Dividendenanspruch der Aktionäre ergibt sich nicht unmittelbar aus dem Gesetz, sondern bedarf eines rechtsbegründenden Umsetzungsaktes durch die Hauptversammlung.

Der Gewinnverwendungsbeschluss als Umsetzungsakt muss sich aber im Rahmen der Kompetenzen halten, die Gesetz oder Satzung der Hauptversammlung zuweisen.

---

[204] *Hoffmann-Becking*, in: MünchHdbAG, § 46 Rn. 22, bezeichnet die allgemeine Gewinnberechtigung als „Nährboden", aus dem der einzelne Anspruch auf Auszahlung der Dividende erwächst.

[205] *Hefermehl/Bungeroth*, in: G/H/E/K, § 58 Rn. 116; *Lutter*, in: KölnKomm, § 58 Rn. 80.

[206] BGH v. 24. 6. 1957, BGHZ 23, 150, 154; v. 3. 11. 1975, BGHZ 65, 230, 235; v. 28. 10. 1993, BGHZ 124, 27, 31; *Lutter*, in: KölnKomm, § 58 Rn. 80; *Hefermehl/Bungeroth*, in: G/H/E/K, § 58 Rn. 116; *Henze*, in: GK, § 58 Rn. 87.

[207] *Henze*, in: GK, § 58 Rn. 87.

[208] *Henze*, in: GK, § 58 Rn. 87; *Hefermehl/Bungeroth*, in: G/H/E/K, § 58 Rn. 117; *Hüffer*, AktG, § 58 Rn. 26.

[209] BGH v. 8. 10. 1952, BGHZ 7, 263, 264; v. 24. 6. 1957, BGHZ 23, 150, 154; v. 3. 11. 1975, BGHZ 65, 230, 235; *Bayer*, in: MünchKommAG, § 58 Rn. 102; *Lutter*, in: KölnKomm, § 58 Rn. 80 und 99; *Henze*, in: GK, § 58 Rn. 94; *Hefermehl/Bungeroth*, in: G/H/E/K, § 58 Rn. 123.

Dabei lässt sich eine Differenzierung nach Kompetenznormen vornehmen, welche die Frage betreffen, ob und in welchem Umfang ausgeschüttet werden darf, und solchen, welche die Frage betreffen, in welcher Form eine Ausschüttung vorgenommen werden darf.

Zu der ersten Kategorie gehören die Vorschriften der §§ 58 Abs. 3 und 4 und 174 Abs. 2 AktG. Der Bilanzgewinn kann von der Hauptversammlung ganz oder teilweise an die Aktionäre verteilt (§ 58 Abs. 4 i.V.m. § 174 Abs. 2 Nr. 2 AktG), in die Gewinnrücklagen eingestellt (§ 58 Abs. 3 Satz 1 i.V.m. § 174 Abs. 2 Nr. 3 AktG), auf neue Rechnung vorgetragen (§ 58 Abs. 3 Satz 1 i.V.m. § 174 Abs. 2 Nr. 4) oder bei entsprechender Satzungsermächtigung einer anderweitigen Verwendung zugeführt werden (§ 58 Abs. 3 Satz 2 AktG).

Nach der gesetzlichen Regelung in § 58 Abs. 4 AktG kann nur ein Bardividendenanspruch zur Entstehung gebracht werden. Die Beschlusskompetenz der Hauptversammlung hinsichtlich des Gewinnverwendungsbeschlusses reicht ohne weitere Regelung nur soweit wie die inhaltliche Vorgabe in § 58 Abs. 4 AktG.

Will die Hauptversammlung dagegen eine Sachausschüttung beschließen, so bedarf sie dazu einer entsprechenden Beschlussbefugnis, die nicht unmittelbar im Aktiengesetz verankert ist.[210] An dieser Stelle greift der neue § 58 Abs. 5 AktG ein. Danach darf in die Satzung eine Regelung aufgenommen werden, welche die Hauptversammlung ermächtigt, eine Sachausschüttung zu beschließen. Bei der Statuierung einer Sachdividendenklausel in der Satzung handelt es sich somit um einen Akt der Kompetenzerweiterung für die Hauptversammlung. Dies wird auch bereits aus dem Wortlaut der neuen Vorschrift deutlich: bei entsprechender Satzungsregelung kann (im Sinne von „darf") die Hauptversammlung auch eine Sachausschüttung beschließen.

Der auf dieser Satzungsermächtigung beruhende Sachausschüttungsbeschluss bringt dann originär einen Anspruch der Aktionäre auf Ausschüttung der im Beschluss bezeichneten Sachwerte zur Entstehung.

Im Ergebnis handelt es sich damit bei dem neuen § 58 Abs. 5 AktG um eine Kompetenzzuweisung an die Hauptversammlung, die deren Handlungsspiel-

---

[210] *Tübke* (Sachausschüttungen, 39 und 50) ging dagegen unter der alten Rechtslage davon aus, dass sich die Kompetenz der Hauptversammlung zu einer Sachausschüttung aus dem Gesetz ergebe. Das war aus seiner Sicht insoweit konsequent, als er den Standpunkt vertrat, der Dividendenanspruch in § 58 Abs. 4 AktG sei nicht auf eine Barausschüttung beschränkt. Dogmatisch unklar in dieser Beziehung dagegen der Ansatz *Leinekugels*. Diese geht zunächst auch davon aus, dass das Gesetz nicht zwingend einen Dividendenanspruch der Aktionäre in bar vorsieht. Daraus zieht sie aber nicht den Schluss, dass die Hauptversammlung von Gesetzes wegen auch zum Beschluss einer Sachausschüttung berechtigt ist. Vielmehr hält sie aus Vertrauensschutzgesichtspunkten grundsätzlich eine Sachdividendenklausel für erforderlich (Sachdividende, 124 ff. und 136 ff.).

raum bezüglich der inhaltlichen Ausgestaltung von Gewinnausschüttungen erweitert.

8.1.2 Sachdividendenklausel als ausdrückliche Abweichung im Sinne von § 23 Abs. 5 S. 1 AktG

Dies vorangestellt lässt sich die rechtliche Qualität einer Sachdividendenklausel herausarbeiten.

Die Organisationsverfassung einer Aktiengesellschaft wird in erster Linie durch das Aktiengesetz und daneben durch den notwendigen Inhalt der Satzung festgelegt, der sich aus § 23 Abs. 3 AktG ergibt.[211] Für fakultative Satzungsvorschriften ist nur Raum, soweit die gesetzlichen Bestimmungen es zulassen. Dies bringt § 23 Abs. 5 AktG zum Ausdruck und enthält damit das Prinzip der formellen Satzungsstrenge.[212]

§ 23 Abs. 5 AktG unterscheidet zwischen Abweichungen vom Gesetz und Ergänzungen des Gesetzes.[213] Eine Abweichung gem. § 23 Abs. 5 Satz 1 AktG liegt vor, wenn eine gesetzliche Reglung durch eine andere ersetzt wird.[214] Eine Abweichung kann nur dann in der Satzung festgeschrieben werden, wenn das Gesetz sie ausdrücklich zulässt. Dies wiederum bedeutet, dass sich die Abweichungsbefugnis aus dem Wortlaut des Gesetzes - ggf. mittels Auslegung - eindeutig ergeben muss.[215] Bloßes Schweigen des Gesetzes kann eine Abweichungsbefugnis nicht begründen.[216]

Eine Ergänzung gem. § 23 Abs. 5 Satz 2 AktG liegt dagegen vor, wenn das Gesetz einen entsprechenden Regelungsinhalt nicht enthält oder eine gesetzliche Regelung ihrem Gedanken nach weitergeführt wird, also im Grundsatz unberührt bleibt. Ergänzungen sind zulässig, es sei denn, das Gesetz enthält eine abschließende Regelung.[217]

§ 58 Abs. 5 AktG beinhaltet die Ermächtigung, in die Satzung eine sog. Sachdividendenklausel aufzunehmen. Diese Klausel wird in mehr oder wenig konkre-

---

[211] *Lutter*, in: KölnKomm, § 23 Rn. 82.

[212] *Odersky*, Gestaltungsfreiheit, 105.

[213] *Lutter*, in: KölnKomm, § 23 Rn. 82.

[214] *Hüffer*, AktG, § 23 Rn. 35.

[215] *Luther*, in: Freundesgabe Hengeler, 171; *Kraft*, in: KölnKomm, § 23 Rn. 83; *Eckardt*, in: G/H/E/K, § 23 Rn. 108; *Röhricht*, in: GK, § 23 Rn. 168 f.

[216] *Hüffer*, AktG, § 23 Rn. 35; anders aber *Barz*, in: GK, 3. Aufl., § 23 Anm. 18, der dafür plädiert, dem Wort „ausdrücklich" nicht zu große Bedeutung beizulegen und es genügen lässt, wenn eine sinngemäße Gesetzesauslegung die Abweichung als statthaft erkennen lässt.

[217] *Hüffer*, AktG, § 23 Rn. 37.

ter Form[218] zum Inhalt haben, dass die Hauptversammlung auch eine Sachausschüttung beschließen darf.

Fraglich ist, ob eine solche Satzungsregelung als Abweichung vom Gesetz i.S.d. § 23 Abs. 5 Satz 1 AktG oder als Ergänzung des Gesetzes i.S.v. § 23 Abs. 5 Satz 2 AktG zu qualifizieren ist.

Bei der Beantwortung dieser Frage kann auf die bisherigen Ergebnisse zurückgegriffen werden. Nach § 58 Abs. 4 AktG hat die Hauptversammlung ausschließlich die Befugnis, eine Barausschüttung zu beschließen.[219]

Wenn nun § 58 Abs. 5 AktG eine Satzungsmodifikation gestattet, aufgrund derer auch eine Sachausschüttung beschlossen werden kann, so liegt darin eine Abweichung von der gesetzlichen Regelung. Denn eine Sachausschüttung ist ein *aliud* zur Barausschüttung. Das gilt auch im Hinblick darauf, dass eine Sachdividendenklausel der Hauptversammlung zunächst nur die (zusätzliche) Möglichkeit gibt, eine Sachausschüttung zu beschließen, also mit der Einfügung einer Sachdividendenklausel allein noch keine Sachausschüttung rechtswirksam zustande kommt. Entscheidend ist vielmehr, dass der Hauptversammlung mit einer Sachdividendenklausel in der Satzung eine weitere Ausschüttungsalternative an die Hand gegeben wird, die allein nach den gesetzlichen Vorschriften nicht zulässig ist. Fasst die Hauptversammlung in der Folge tatsächlich einen Beschluss über eine Sachausschüttung, so wird die gesetzlich vorgesehene Barausschüttung insoweit[220] völlig verdrängt.

Zweifel an dieser Einordnung könnten sich daraus ergeben, dass zwar § 58 Abs. 5 AktG eine ausdrückliche Abweichungsbefugnis beinhaltet, allerdings die gesetzgeberische Entscheidung, von der abgewichen werden soll - die Ausschüttung des Bilanzgewinns grundsätzlich in bar - nicht explizit im Aktiengesetz geregelt ist. Tatsächlich vertritt *Luther* die Ansicht, dass sich eine ausdrückliche Abweichung nur auf eine ebenfalls ausdrückliche Vorschrift beziehen kann. Zur Begründung wird vorgebracht, es sei nicht möglich, eine ausdrückliche Gestattung zur Abweichung von einer aus dem Schweigen des Gesetzes zu entnehmenden Vorschrift zu formulieren.[221]

Die Gegenansicht hält ausdrückliche Abweichungen auch dort für möglich, wo das Gesetz eine Entscheidung durch (beredtes) Schweigen trifft.[222]

Eine differenzierende Ansicht unterscheidet folgendermaßen: Hat das Gesetz überhaupt keine den Sachverhalt berührende Regelung getroffen, kann keine

---

[218] Zu den Anforderungen an den Konkretisierungsgrad einer Sachdividendenklausel vgl. 1. Abschnitt, 1. Kapitel, 8.1.5.

[219] Siehe 1. Abschnitt; 1. Kapitel, 4.2.

[220] Bezogen auf den Teil des Bilanzgewinns, der als Sachdividende ausgeschüttet wird. Bezüglich des restlichen Bilanzgewinns ist die Ausschüttung einer Bardividende möglich.

[221] *Luther*, in: Freundesgabe Hengeler, 171.

[222] *Mertens*, in: KölnKomm, 1. Aufl., Vorb. § 76, Rn. 8 und *Mertens*, in: KölnKomm, 2. Aufl., Vorb. § 76 Rn. 11.

Abweichung vorliegen. Die „Abweichung" kann dann auch keiner ausdrücklichen Zulassung bedürfen. Hat das Gesetz aber einen bestimmten Fragenkomplex geregelt, schweigt es aber über einen bestimmten Ausschnitt daraus oder über eine damit in Zusammenhang stehende Frage, so muss geprüft werden, ob seine Regelung als abschließend anzusehen ist.[223] Ist dies der Fall, so bedarf es zur Abweichung von der mit Schweigen „behandelten" Frage einer ausdrücklichen Zulassung.[224]

Den beiden letzten Meinungen, die im Kern übereinstimmen, ist zuzustimmen. In § 58 AktG ist Verwendung des Jahresüberschusses geregelt. Speziell § 58 Abs. 4 AktG normiert den Dividendenanspruch der Aktionäre. Damit hat das Gesetz zum Fragenkomplex der Gewinnverwendung Stellung genommen. Nicht ausdrücklich geregelt wurde allerdings die Form der Gewinnausschüttung. Doch lässt sich aus dem Zusammenspiel der Vorschriften des § 58 Abs. 4, Abs. 5 und des § 174 Abs. 2 Nr. 2 AktG schließen, dass das Aktiengesetz von einer Barausschüttung ausgeht und die Hauptversammlung auch nur insoweit eine Beschlusskompetenz zusteht. Insofern kann man schon daran zweifeln, ob das Gesetz zur Frage der Ausschüttungsform tatsächlich schweigt, wenn sich durch Auslegung zwingend dieses Ergebnis erschließt.[225] In jedem Falle muss man diese gesetzliche Entscheidung - mag man sie als beredtes Schweigen oder richtig als konkludente Regelung bezeichnen - als abschließend betrachten. Denn die Zulassung einer Sachausschüttung stellt keine Ergänzung einer Barausschüttung dar. Beide Ausschüttungsformen stehen eigenständig und scharf abgrenzbar nebeneinander.

Demnach handelt es sich beim Übergang von einer Bar- zu einer Sachausschüttung um eine Abweichung von einer gesetzlichen Regelung.[226] Hierfür bedarf es gemäß § 23 Abs. 5 Satz 1 AktG einer ausdrücklichen Zulassung. Die Existenz des neuen § 58 Abs. 5 AktG beweist die Richtigkeit dieser Sichtweise. Diese Norm stellt einen Musterfall für die Fallgruppe dar, in der nur aufgrund ausdrücklicher Zulassung von einer nicht ausdrücklich geregelten gesetzlichen Grundentscheidung abgewichen werden darf.

Der Satzungsermächtigung in § 58 Abs. 5 AktG zur Statuierung einer Sachdividendenklausel kommt daher nicht nur deklaratorischer Charakter zu, sondern sie

---

[223] *Geßler*, Festschrift Luther, 74.

[224] So im Ergebnis *Geßler*, Festschrift Luther, 74; in gleicher Weise interpretiert *Mertens* (in KölnKomm, Vorb. § 76 Rn. 11) die Ausführungen von *Geßler*.

[225] Siehe 1. Abschnitt, 1. Kapitel, 4.2.

[226] In diesem Sinne wohl auch *Müller*, NZG 2002, 757, der erhebliche Zweifel anmeldet, ob eine Sachdividendenklausel nach altem Recht im Hinblick auf § 23 Abs. 5 AktG überhaupt zulässig gewesen wäre.

ist mit Blick auf § 23 Abs. 5 Satz 1 AktG unabdingbare Voraussetzung für die Zulässigkeit einer Sachdividende.[227]
Damit steht auch fest, dass der neue § 58 Abs. 5 AktG keine Ermächtigung zu einer ergänzenden Bestimmung der Satzung i.S.d. § 23 Abs. 5 Satz 2 AktG darstellt.

Eine Ergänzung i.S.v. § 23 Abs. 5 Satz 2 AktG lässt im Gegensatz zu einer Abweichung die gesetzlichen Vorschriften unberührt, ordnet also keine von ihnen abweichenden Rechtsfolgen an, fügt ihnen aber eine oder mehrere weitere Regelungen hinzu, welche die gesetzlichen Bestimmungen konkretisieren oder einen von ihnen nicht geregelten, offenen gelassenen Freiraum ausfüllen. Die Zulässigkeit ergänzender Satzungeregelungen setzt mithin stets voraus, dass das Gesetz einen bestimmten Sachverhalt ungeregelt gelassen hat.[228]

Im Fall einer Sachdividendenklausel bleibt die gesetzliche Regelung nicht unberührt. Soweit auf der Basis einer Sachdividendenklausel eine Sachausschüttung beschlossen wird, wird die gesetzliche Grundregel, die von einer Barausschüttung ausgeht, außer Kraft gesetzt.[229] Mit der Sachdividendenklausel in der Satzung wird die Sachausschüttung als vom Normalfall abweichende Ausschüttungsalternative für zulässig erklärt.

Ebenso wenig lässt sich argumentieren, § 58 Abs. 5 AktG stellt lediglich neben der gesetzlich vorgesehenen Ausschüttungsform eine weitere zur Verfügung, stellt also insoweit nur eine Ergänzung dar.

Diese Sichtweise würde verkennen, dass das Aktiengesetz die Frage nach der Form der Ausschüttung des Bilanzgewinns entgegen anderer Auffassungen gerade nicht offengelassen, sondern sich inzident auf die Barausschüttung festgelegt hat.[230] Das Aktiengesetz hat die Ausschüttungsform nicht ungeregelt gelassen. Demnach enthält eine Sachdividendenklausel auch keine Konkretisierung oder Ergänzung zur Barausschüttung. Barausschüttung und Sachausschüttung stellen grundverschiedene Varianten der Verteilung des Bilanzgewinns dar.

---

[227] Das übersieht *Hoffmann-Becking*, ZHR 2002 Beiheft 71, 222, wenn er äußert, man könne wohl auf die Ermächtigung in der Satzung verzichten.
[228] *Röhricht*, in: GK, § 23 Rn. 186.
[229] Beziehungsweise bei einer teilweisen Sachausschüttung in entsprechender Höhe.
[230] Vgl. 1. Abschnitt, 1. Kapitel, 4.2.

8.1.3 Erforderliche Mehrheiten für den Beschluss einer Sachdividendenklausel

Sofern eine Aktiengesellschaft neu gegründet wird, kann eine Sachdividendenklausel bereits in die Gründungssatzung aufgenommen werden. Will eine bestehende Aktiengesellschaft in Zukunft Sachdividenden ausschütten, so ist hierfür eine Satzungsänderung erforderlich, um eine Sachdividendenklausel in der Satzung zu verankern. Gemäß § 179 Abs. 1, 2 i.V.m. § 133 Abs. 1 AktG bedarf es zu dieser Satzungsänderung eines Beschlusses der Hauptversammlung mit einfacher Stimmenmehrheit, die zugleich einer Mehrheit von mindestens drei Vierteln des vertretenen Grundkapitals entspricht (sog. Kapitalmehrheit). Das Erfordernis der qualifizierten Kapitalmehrheit ist in der Praxis allerdings häufig durch Satzung auf die einfache Mehrheit herabgesetzt, § 179 Abs. 2 Satz 2 AktG.[231]

8.1.4 Sonderbeschluss von Vorzugsaktionären?

In der Literatur wird die Meinung vertreten, dass bei der Existenz von Vorzugsaktien der satzungsändernde Beschluss nach § 58 Abs. 5 AktG der Zustimmung der Vorzugsaktionäre bedürfe. Diese müssten einen Sonderbeschluss gemäß § 141 Abs. 1 und 3 AktG fassen. Denn die Aufnahme einer Satzungsermächtigung zur Sachausschüttung stelle eine Beschränkung des Vorzugs nach § 141 Abs. 2 2. Alt. AktG dar.[232]
Dieser Ansicht kann nicht gefolgt werden.
Zustimmungsbedürftig ist nach ganz h.M. nur die unmittelbare Beseitigung oder Beschränkung des Vorzugs.[233] Durch die Aufnahme einer entsprechenden Ermächtigung in die Satzung der Gesellschaft wird zunächst nur die Möglichkeit einer Sachausschüttung geschaffen. Fest steht damit noch nicht, ob es später tatsächlich zu einer Sachausschüttung kommt. Insofern kann man hier nicht von einer unmittelbaren Beeinträchtigung des Vorzugs sprechen. Dafür fehlt es an einem konkreten Eingriff in die Rechte der Vorzugsaktionäre. Die Satzungsermächtigung als solche verändert nicht den Inhalt des mitgliedschaftlichen Dividendenanspruchs.[234] Bevor ein konkreter Gewinnverwendungsbeschluss gefasst ist, besteht lediglich ein abstrakter Anspruch der Aktionäre auf Gewinnausschüttung, der inhaltlich nicht konkretisiert ist und von daher auch keine Beeinträchtigung der Aktionärsposition bewirken kann.

---

[231] *Winter/Drebes*, FAZ v. 22.6.2002, 19.
[232] *Waclawik*, WM 2003, 2268.
[233] *Hüffer*, AktG, § 141 Rn. 4 mit Nachweisen.
[234] A.A. *Waclawik*, WM 2003, 2268.

Darüber hinaus ist nicht einzusehen, wieso die Möglichkeit der Ausschüttung einer Sachdividende eine Beschränkung oder sogar eine faktische Aufhebung des Vorzugsrechts bedeuten soll.[235] Ein Vorzug i.S.d. § 139 AktG bedeutet die Priorität der Vorzugsaktionäre gegenüber den Stammaktionären bei der Ausschüttung des Bilanzgewinns. Die in der Satzung bestimmte Dividende ist an die Vorzugsaktionäre auszuschütten, bevor eine Ausschüttung an die Stammaktionäre erfolgen darf.[236] Solange bei einer Sachausschüttung der Vorrang der Vorzugsaktionäre bei der Verteilung des Bilanzgewinns berücksichtigt wird, kann nicht von einer Beeinträchtigung des Vorzugsrechts gesprochen werden. Der Vorzug bezieht sich grundsätzlich auf die Reihenfolge der Gewinnverteilung, nicht jedoch auf die konkrete Form.[237]

Anders stellt sich die Situation dagegen dar, wenn der Vorzug nicht wie üblich als fester Prozentsatz vom Nennbetrag der Aktien, sondern ausdrücklich als Festbetrag in der Satzung niedergelegt ist. In diesem Fall bezieht sich der Vorzug konkret auf eine Bardividende. Eine Sachausschüttung würde dieses Vorzugsrecht aufheben. Auch in dieser Konstellation scheidet allerdings ein Sonderbeschluss der Vorzugsaktionäre aus, da die Einfügung einer Sachdividendenklausel in die Satzung wiederum keine unmittelbare Beeinträchtigung des Vorzugs darstellt und § 141 Abs. 1 AktG auf den konkreten Gewinnverwendungsbeschluss, der eine Sachausschüttung vorsieht, nicht anwendbar ist. Es handelt sich dabei um keinen satzungsändernden Beschluss, wie dies § 141 Abs. 1 AktG voraussetzt.[238]

---

[235] So aber *Waclawik*, WM 2003, 2268.

[236] *Hüffer*, AktG, § 139 Rn. 6.

[237] Dies gilt allerdings nur, wenn zur Erfüllung des Vorzugsanspruch die Ausschüttung fungibler Sachen beschlossen wird. Durch die Koppelung des Vorzugs an eine feste Kapitalgröße kann der Vorzugsaktionär auf eine werthaltige Ausschüttung in entsprechender Höhe vertrauen und muss sich nicht die Ausschüttung nicht fungibler Sachen gefallen lassen, die der Höhe nach seinem Vorzugsanspruch nicht gerecht wird.

[238] Ein Gewinnverwendungsbeschluss, der Vorzugsaktionären Sachdividenden aufdrängt, obwohl ihnen in der Satzung eine feste Bardividende zugesagt ist, wäre allerdings wegen Verletzung der Satzung nach § 243 Abs. 1 AktG anfechtbar. Die Anfechtbarkeit lässt sich dadurch vermeiden, dass den Vorzugsaktionären die zugesagte Bardividende und den Stammaktionären die geplante Sachdividende ausgeschüttet wird. Die darin liegende formelle Ungleichbehandlung einzelner Aktionärsgruppen ist durch das satzungsmäßig festgelegte Vorzugsrecht der Vorzugsaktionäre gerechtfertigt.

8.1.5 Anforderungen an den Konkretisierungsgrad einer Sachdividendenklausel

§ 58 Abs. 5 AktG verlangt als Voraussetzung für eine wirksame Sachausschüttung ganz allgemein, dass eine entsprechende Ermächtigung in der Satzung der Aktiengesellschaft enthalten ist. Allerdings schweigt das Gesetz zu der Frage, welche inhaltlichen Anforderungen an eine solche Satzungsermächtigung zu stellen sind, insbesondere inwieweit die ausschüttbaren Sachen konkret bezeichnet bzw. umschrieben sein müssen.

Die Antwort auf diese Frage muss den gesetzlichen Zweck berücksichtigen, der dem zwingenden Erfordernis einer Satzungsermächtigung zugrunde liegt.

Die nach § 58 Abs. 5 AktG erforderliche Satzungsbestimmung dient ausdrücklich dem Überraschungsschutz des Aktionärs.[239]

Die Ausschüttung fungibler Sachen gefährdet nicht das Gewinnbeteiligungsrecht des Aktionärs, da er einen der Bardividende entsprechenden Wert erhält. Es bedarf daher auch keiner großen Anforderungen an die Formulierung einer Sachdividendenklausel, die zur Auskehrung fungibler Sachen ermächtigen soll. Der Warnfunktion der Satzungsregelung ist genüge getan, wenn der Aktionär erkennen kann, dass anstelle von Geld auch (fungible) Sachwerte zur Ausschüttung kommen können. Eine nähere Konkretisierung der möglichen Ausschüttungsgegenstände ist nicht erforderlich. Die von mehreren Aktiengesellschaften wörtlich oder sinngemäß gewählte Formulierung: „Die Hauptversammlung kann auch eine Sachausschüttung beschließen" ermächtigt daher ohne weiteres zur Ausschüttung fungibler Sachen.

Anders könnte dies im Falle der Ausschüttung nicht fungibler Sachen sein. Hier stellt sich die Frage, ob eine derart weite Formulierung der Satzungsermächtigung ausreicht oder eine genauere Konkretisierung der auszuschüttenden nicht fungiblen Sachwerte zwingend erforderlich ist.

8.1.5.1 Meinungsstand in der Literatur

Die Mindermeinung zur alten Rechtslage, die eine Sachdividende bei entsprechender Satzungsermächtigung für zulässig hielt, stellte an eine Sachdividendenklausel strenge inhaltliche Anforderungen. Danach musste eine Satzungsbestimmung, die eine Sachdividende ermöglichen solle, den Ausschüttungsgegenstand dahingehend konkretisieren, dass für den Aktionär zumindest in etwa erkennbar sei, welche Leistungen er von der Gesellschaft erwarten könne. Denn unter dem unbestimmten Begriff der Sachdividende könne sich ein Aktionär

---

[239] BT-Drucks. 14/8769, 12.

nichts Konkretes vorstellen. Der einzige Informationsgehalt einer weitgefassten Satzungsbestimmung sei, dass er seine Dividende möglicherweise in unbarer Form erhalte. Die damit verbundenen Unsicherheiten seien dem Aktionär nicht zumutbar. Die Satzungsbestimmung müsse demnach die auszuschüttenden Sachwerte abgrenzbar präzisieren.[240]

In der Literatur zum neuen § 58 Abs. 5 AktG finden sich zu dieser Frage unterschiedliche Auffassungen.

Teilweise wird gezweifelt, ob eine ganz allgemeine Satzungsermächtigung die beabsichtigte Schutzfunktion hat.[241] Die Ausschüttung nicht fungibler Sachen sei nur zulässig, wenn die Satzungsbestimmung dies klar verständlich zum Ausdruck bringt.[242]

Eine andere Ansicht geht davon aus, dass eine genauere Konkretisierung der auszuschüttenden Sachwerte nicht erforderlich wäre.[243] Allerdings ist diese Stellungnahme kaum aussagekräftig, da ihr die Prämisse zugrunde liegt, dass unter § 58 Abs. 5 AktG nur fungible Sachen ausschüttbar sind und damit die Aktionäre keiner weitergehenden Warnung bedürften. Dass in diesem Fall keine besondere Präzisierung der Ausschüttungsgegenstände notwendig ist, wurde oben bereits klargestellt. Für die hier interessierende Ausschüttung nicht fungibler Sachen gibt diese Ansicht daher nichts her.

Die überwiegenden Stellungnahmen in der Literatur äußern sich dagegen unentschlossen.

Die Tendenz geht dahin, dass die Ausschüttung nicht fungibler Sachen auch bei allgemein gehaltenen Sachdividendenklauseln für zulässig gehalten wird.[244] Um letzte Unsicherheiten auszuräumen und Anfechtungsrisiken zu vermeiden,[245] wird allerdings empfohlen, die auszuschüttenden Sachwerte möglichst konkret in der Satzungsbestimmung zu umschreiben.[246]

8.1.5.2   Stellungnahme

Der Gesetzeswortlaut sieht keine genauere Präzisierung der Ausschüttungsgegenstände vor, obwohl § 58 Abs. 5 AktG auch die Ausschüttung nicht fungibler Sachen zulässt.

Die Gesetzesbegründung nimmt zu dieser Frage nicht klar Stellung.

---

[240] *Leinekugel*, Sachdividende, 131 f.; wohl auch *Hasselbach/Wicke*, NZG 2001, 600.

[241] *Winter/Drebes*, FAZ v. 22.6.2002, 19.

[242] *Holzborn/Bunnemann*, AG 2003, 673; wohl auch *Waclawik*, WM 2003, 2268.

[243] *Tübke*, Sachausschüttungen, 52.

[244] *Heine/Lechner*, AG 2005, 271; *Hirte*, TransPuG, Rn. 79.

[245] *Grage*, RNotZ 2002, 330.

[246] BT-Drucks. 14/8769, 13.; wohl auch *Schüppen*, ZIP 2002, 1277; *Bosse*, DB 2002, 1594 f.

Einerseits führt die Begründung zum Regierungsentwurf aus, dass die Satzungsbestimmung nach § 58 Abs. 5 AktG dem Überraschungsschutz der Aktionäre dienen soll. Insbesondere weist er auf eine mögliche Beeinträchtigung von Aktionärsinteressen durch die Ausschüttung nicht fungibler Sachen hin.[247] Vor diesem Hintergrund soll der satzungsändernde Beschluss einer Inhaltskontrolle unterworfen werden. Andererseits empfiehlt die Gesetzesbegründung lediglich eine möglichst konkrete Fassung der Satzungsklausel.[248] Aus diesen Ausführungen lässt sich schließen, dass der Gesetzgeber die Gefahr sieht, die von der Auskehrung nicht fungibler Sachen ausgehen kann. Insofern hält er eine Warnung der Anteilseigner für notwendig. Allerdings empfiehlt er lediglich eine nähere Konkretisierung der Satzungsermächtigung, woraus man schließen könnte, dass er einer allgemein gehaltenen Sachdividendenklausel offenbar ausreichende Schutzfunktion zumisst.

Nach richtiger Ansicht bedarf die Ausschüttung nicht fungibler Sachen einer ausdrücklichen Gestattung in der Satzung.[249] § 58 Abs. 5 AktG stellt eine Ermächtigung i.S.v. § 23 Abs. 5 AktG da,[250] die in ihrer konkreten Umsetzung ausfüllungsbedürftig ist. Die Vorschrift eröffnet die Möglichkeit, vom gesetzlichen Leitbild der Bardividende abzuweichen, ohne allerdings die Einzelheiten zu regeln. Dies würde die Anforderungen an den Gesetzestext überspannen. Der durchschnittliche Aktionär kann sich unter „Sachen" als abstraktem und sehr weitgehenden Oberbegriff nichts Konkretes vorstellen.[251] Würde man eine allgemein gehaltene Satzungsermächtigung für die Ausschüttung nicht fungibler Sachen ausreichen lassen, so wäre einem beträchtlichen Teil der Aktionäre nicht bewusst, dass sie zukünftig mit der Ausschüttung von Gegenständen rechnen müssten, die sie nur schwer oder gar nicht liquidieren könnten und die daher eine Gefährdung ihres Gewinnbeteiligungsrechtes darstellen können. Die vom Gesetzgeber angestrebte Warnfunktion einer Sachdividendenklausel in der Satzung kann hinsichtlich der Ausschüttung nicht fungibler Sachen nur erfüllt werden, wenn dem Aktionär durch eine konkrete Umschreibung der Kreis der zukünftig ausschüttbaren Sachen vor Augen geführt wird.[252] Diese Anforderungen sind aus Gründen des Schutzes von Aktionärsinteressen und damit letzt-

---

[247] BT-Drucks. 14/8769, 13.

[248] BT-Drucks. 14/8769, 13.

[249] Eine Ausnahme ist für die genossenschaftlich strukturierte Aktiengesellschaft zu machen, deren Zweck gerade darin liegt, eigene Produkte an die Aktionäre auszuschütten. Dort bedarf es keiner näheren Konkretisierung der Ausschüttungsgegenstände.

[250] Siehe 1. Abschnitt, 1. Kapitel, 8.1.2.

[251] Dies belegt im übrigen schon der Streit im Schrifttum, was unter einer Sache i.S.v. § 58 Abs. 5 AktG zu verstehen ist.

[252] A.A. *Tübke*, Sachausschüttungen, 52.

lich der Funktionsfähigkeit und der Transparenz des Kapitalmarktes gerechtfertigt. Insbesondere auch mit Blick auf neu hinzutretende Aktionäre ist die Forderung nach einer konkreten Umschreibung nicht fungibler Ausschüttungsgegenstände berechtigt. Eine fundierte Investitionsentscheidung verlangt nach einer klaren und verständlichen Regelung der zukünftigen Gewinnbeteiligungsrechte. Dürfte die Ausschüttung nicht fungibler Sachen auch auf der Basis weit gefasster Sachdividendenklauseln erfolgen, so hätte der zukünftige Aktionär keine Differenzierungsmöglichkeit zwischen Gesellschaften, die sich nur auf die Ausschüttung fungibler und somit „ungefährlicher" Sachen beschränken wollen und Gesellschaften, die auch eine Ausschüttung nicht fungibler Sachen in Betracht ziehen. Was die Konkretisierungstiefe von Sachdividendenklauseln betrifft, die zur Ausschüttung auch nicht fungibler Sachen ermächtigen sollen, so ist eine möglichst genaue Umschreibung der potentiellen Ausschüttungsgegenstände zu fordern. Sie muss den Aktionären eine hinreichende Vorstellung von der Beschaffenheit einer zukünftigen Sachdividende vermitteln.

8.2 Der Gewinnverwendungsbeschluss

8.2.1 Beschlussmehrheit

Der Sachausschüttungsbeschluss nach § 119 Abs. 1 Nr. 2 i.V.m. § 174 AktG bedarf lediglich der einfachen Stimmenmehrheit. Dies ergibt sich aus § 133 Abs. 1 AktG, da gesetzlich nicht anderes geregelt ist. Die Satzung kann eine größere Mehrheit oder weitere Erfordernisse festlegen, § 133 Abs. 1 2. HS. AktG. Der Gesetzgeber ist damit nicht einem Vorschlag des Deutschen Anwaltvereins gefolgt, der während des Gesetzgebungsverfahrens dafür plädierte, den Sachausschüttungsbeschluss einer ¾-Kapitalmehrheit zu unterstellen. Begründet wurde der Vorschlag damit, dass die Sachdividende thematisch den Rechtsinstituten der Einziehung (§§ 237 ff. AktG) und Abspaltung nahe stehe, für die das Gesetz zwingend eine qualifizierte Mehrheit vorschreibe.[253] Ganz im Gegenteil hat der Gesetzgeber in seiner Begründung zum Regierungsentwurf explizit zum Aus-

---

[253] DAV, NZG 2002, 116; allerdings spricht die Stellungnahme ungenau von einer Mehrheit von drei Vierteln der abgegebenen Stimmen, der Verweis auf die Regelung bezüglich der Institute der Einziehung und Abspaltung macht jedoch deutlich, dass eine ¾-Kapitalmehrheit gemeint ist; in dieser Hinsicht korrekt *Hoffmann-Becking* (ZHR 2002 Beiheft 71, 222).

druck gebracht, dass der Sachausschüttungsbeschluss lediglich einfacher Mehrheit bedarf und keine weiteren Voraussetzungen erfordert.[254] Umstritten ist im Schrifttum, ob sich aus der „Holzmüller"-Rechtsprechung des BGH höhere Anforderungen an die Beschlussmehrheiten ergeben, wenn im Wege einer Sachdividende wesentliche Teile des Betriebsvermögens an die Aktionäre ausgeschüttet werden. Denn wie der BGH mittlerweile ausdrücklich entschieden hat, bedarf der Beschluss der Hauptversammlung über eine Maßnahme, die der „Holzmüller"-Rechtsprechung unterfällt, einer qualifizierten Kapitalmehrheit.[255] Die Entscheidung im Fall Holzmüller betraf die Ausgliederung des wertvollsten Betriebsteils einer Aktiengesellschaft auf eine eigens für diesen Zweck gegründete 100 %ige Tochtergesellschaft. Diese Maßnahme wurde vom Vorstand ohne die Mitwirkung der Hauptversammlung durchgeführt. Der BGH bejahte eine Pflicht des Vorstands, eine Entscheidung der Hauptversammlung über solche Geschäftsführungsmaßnahmen herbeizuführen, die „so tief in die Mitgliedsrechte der Aktionäre und deren im Alleineigentum verkörpertes Vermögensinteresse eingreifen, dass der Vorstand nicht annehmen kann, er dürfe sie ausschließlich in eigener Verantwortung treffen".[256] Ein Teil der Literatur hält die Anwendbarkeit der „Holzmüller"-Rechtsprechung und mit ihr die entsprechenden Beschlussmehrheiten auf Sachausschüttungen nach § 58 Abs. 5 AktG zumindest für denkbar[257] bzw. spricht sich für sie aus.[258] Eine andere Auffassung dagegen lehnt die Anwendung der „Holzmüller"-Grundsätze auf die Ausschüttung von wesentlichen Vermögensteilen im Zuge einer Sachdividende und damit auch die Ableitung anderer Beschlussmehrheiten ab. Denn nach der „Holzmüller"-Rechtsprechung sei der Vorstand bei schwerwiegenden Eingriffen in die Rechte und Interessen der Aktionäre zwar nach § 119 Abs. 2 AktG verpflichtet, eine Entscheidung der Hauptversammlung herbeizuführen; auch fänden diese Grundsätze auf die Verlagerung wesentlicher Vermögensgegenstände Anwendung. Allerdings beträfen die „Holzmüller"-Grundsätze allein eine ungeschriebene Kompetenz der Hauptversammlung für Maßnahmen, die nach den §§ 76 ff. AktG eigentlich ausschließlich selbständig

---

[254] BT-Drucks. 14/8769, 13: „Als Voraussetzung wird für die Zulässigkeit der Sachdividende eine entsprechende Satzungsvorschrift und ein Hauptversammlungsbeschluss (einfache Mehrheit) vorgesehen."

[255] Im „Holzmüller"-Urteil selbst lässt der BGH die Frage offen, welche Mehrheit ein „Holzmüller"-Beschluss erfordert. In seinem Urteil vom 26.4.2004 hat der BGH nun klargestellt, dass ein „Holzmüller"-Beschluss einer qualifizierten Kapitalmehrheit von 75% bedarf, BGH v. 26.4.2004, AG 2004, 384. Vgl dazu auch *Habersack*, in: Emmerich/Habersack, Aktien- und GmbH-Konzernrecht, vor § 311 Rn. 50.

[256] BGH v. 25. 2. 1982, BGHZ 83, 122, 131.

[257] Vgl. *Müller*, NZG 2002, 758; *Drinhausen*, in: AnwK-AktR, Kapitel 1 § 58 Rn. 55, beide allerdings ohne weitere Diskussion der Frage.

[258] *Zätsch/Maul*, in: Beck AG-HB, § 4 Rn. 254; *Hirte*, TransPuG, Rn. 81.

vom Vorstand durchgeführt und verantwortet würden, beschränkten aber die Hauptversammlung nicht bei der Gewinnverwendung, wo sie nach §§ 119 Abs. 1 Nr. 2 AktG ohnehin ausschließlich zuständig sei.[259] Der letzten Ansicht ist zu folgen. Die Anwendung der „Holzmüller"-Rechtsprechung scheitert bereits an ihren erforderlichen Voraussetzungen, da sich die Zuständigkeit der Hauptversammlung für die Gewinnverwendung ausdrücklich aus dem Gesetz, nämlich aus § 119 Abs. 1 Nr. 2 AktG ergibt. Für die Ableitung einer ungeschriebenen Entscheidungskompetenz der Hauptversammlung unter Rückgriff auf § 119 Abs. 2 AktG bzw. im Wege einer Gesamt- oder Einzelanalogie zu einschlägigen Zustimmungserfordernissen[260] mit den jeweils daraus folgenden (unterschiedlichen) Beschlussmehrheiten[261] fehlt es damit bereits am Vorliegen einer planwidrigen Regelungslücke.

Zudem tritt durch eine Sachausschüttung gar nicht der sog. Mediatisierungseffekt auf, also der Verlust von Gesellschaftereinfluss auf wesentliche Unternehmensteile, dem durch das „Holzmüller"-Zustimmungserfordernis entgegengewirkt werden soll.[262] Im Gegenteil: durch eine Sachdividende an die Aktionäre wird Gesellschaftsvermögen nicht „tiefer gehängt" wie bei einer Ausgliederung, sondern gelangt unmittelbar in den Einflussbereich der Anteilseigner. Mit einer Sachausschüttung ist demnach kein Verlust, sondern vielmehr eine Zunahme von Einflussmöglichkeiten der Aktionäre auf die entsprechenden Vermögensteile verbunden.

8.2.2 Entscheidungskompetenz über den Gegenstand einer Sachausschüttung

Eine wichtige Frage im Zusammenhang mit der Ausschüttung einer Sachdividende ist, welches Organ der Aktiengesellschaft die Kompetenz zur Konkretisierung der auszuschüttenden Sachwerte hat. In Frage kommen die Hauptversammlung oder der Vorstand der Aktiengesellschaft.

---

[259] Vgl. *Schnorbus*, ZIP 2003, 513; ähnlich auch *Winter/Drebes*, FAZ v. 22.6.2002, 19.

[260] Nach der neuen Rechtsprechung des BGH wird die „Holzmüller"-Rechtsprechung weder auf § 119 Abs. 2 AktG noch auf eine Analogie zu gesetzlichen Zustimmungserfordernissen, sondern auf eine „beide Elemente berücksichtigende offene Rechtsfortbildung" gestützt (BGH v. 26.4.2004, AG 2004, 387).

[261] *Pluta*, in: AnwK-AktR, Kapitel 1 § 119 Rn. 29 f.; *Hüffer*, AktG, § 119 Rn. 20.

[262] BGH v. 25.2.1982, BGHZ 83, 122, 136, 139.

94

8.2.2.1 Meinungsstand in der Literatur

In der Literatur werden verschiedene Ansätze diskutiert. Angedacht wird, ob
§ 58 Abs. 5 AktG nicht so zu verstehen ist, dass die Hauptversammlung einen
Ausschüttungsbeschluss fasst, der abstrakt eine Sachdividende zum Inhalt hat.
Dem Vorstand käme es dann zu, im Zuge der Erfüllung des Dividendenan-
spruchs die auszuschüttenden Sachwerte zu konkretisieren, im Sinne einer
Leistungsbestimmung durch die Gesellschaft entsprechend §§ 315 ff. BGB.[263]
Die Letztentscheidungskompetenz läge somit beim Vorstand.
Eine andere Auffassung geht davon aus, dass die konkret auszuschüttenden
Vermögensgegenstände Beschlussgegenstand sind. Die Initiative zu einer Sach-
dividende liegt dabei in aller Regel bei der Verwaltung; diese hat gem. § 124
Abs. 3 Satz 1 AktG zu jedem Gegenstand der Tagesordnung, also auch zur Ge-
winnverwendung, nicht nur eine Vorschlagsrecht, sondern sogar eine Vor-
schlagspflicht.[264] Die Ausschüttung einer Sachdividende kann aber auch als
Minderheitenrecht nach § 122 Abs. 2 AktG oder als Gegenantrag nach § 126
Abs. 1 AktG zum Gegenstand der Beschlussfassung der Hauptversammlung
gemacht werden.[265]
Schlägt die Verwaltung die Ausschüttung einer Sachdividende vor, so ist die
Hauptversammlung bei der Beschlussfassung über die Verwendung des Bilanzgewinns an diesen Vorschlag nicht gebunden.[266] Daraus könne sich ein Span-
nungsverhältnis zur Leitungsmacht des Vorstands gem. § 76 Abs. 1 AktG ergeben, wenn gegen den Willen des Vorstands Sachwerte, etwa strategisch wichtige
Beteiligungen an Tochtergesellschaften, Betriebe oder Teilbetriebe, ausgeschüttet werden sollen.[267] In diesen Fällen komme eine Anfechtung des Sachausschüttungsbeschlusses durch den Vorstand nach § 245 Nr. 4 AktG in Betracht.[268] Anfechtungsgrund wäre der Eingriff der Hauptversammlung in die
Leitungskompetenz des Vorstands und damit eine Gesetzesverletzung nach
§ 243 Abs. 1 AktG.
Kompetenzkonkurrenz wäre auch in dem umgekehrten Fall denkbar, wenn die
Hauptversammlung eine Barausschüttung beschließt, obwohl die Verwaltung

[263] Vgl. *Müller*, NZG 2002, 758, der diesen Ansatz aber ablehnt.
[264] Vgl. *Hüffer*, AktG, § 124 Rn. 12.
[265] Vgl. *Müller*, NZG 2002, 758.
[266] Allgemeine Meinung, vgl. statt vieler A/D/S, § 174 Rn. 17.
[267] Vgl. *Müller*, NZG 2002, 758.
[268] Vgl. *Müller*, NZG 2002, 758; zustimmend *Drinhausen*, in: AnwK-AktR, Kapitel 1 § 58
Rn. 54, der allerdings dem Leitungsinteresse des Vorstand nur in besonderen Ausnahmefällen Vorrang vor der Ausschüttungskompetenz der Hauptversammlung einräumen will.

aus strategischen Gründen oder mit Blick auf die Liquiditätslage der Aktiengesellschaft eine Sachausschüttung vorgeschlagen hat.[269]
Eine weitere Ansicht sieht die Kompetenz zur Konkretisierung der auszuschüttenden Sachwerte ausnahmslos bei der Hauptversammlung.[270] Das Aktiengesetz
weise die Kompetenz zum Beschluss über die Gewinnverwendung und damit
auch die Entscheidung über die Ausschüttung einer Sachdividende eindeutig der
Hauptversammlung zu. Im Einzelfall auftretende Kollisionen mit der Leitungsmacht nach § 76 Abs. 1 AktG habe das Gesetz zu Lasten des Vorstands entschieden.[271]

8.2.2.2 Stellungnahme

Die Lösung des Problems ist durch eine nähere Betrachtung der Kompetenzver-
teilungsregeln in der Aktiengesellschaft zu suchen.
Von vorne herein ausgeschieden werden kann der eingangs erwähnte Ansatz,
nach dem die Hauptversammlung allgemein die Ausschüttung einer Sachdividende beschließt und die Verwaltung die nähere Konkretisierung übernimmt.
Diese Sichtweise ist nicht mit dem Gesetz zu vereinbaren. Nach dem Wortlaut
des § 119 Abs. 1 Nr. 2 AktG könnte man sie noch für zulässig halten, da dort der
Hauptversammlung allgemein die Kompetenz zur Entscheidung über die Gewinnverwendung übertragen wird. Mit dem Beschluss einer nicht weiter kon-
kretisierten Sachdividende würde die Hauptversammlung dieser Aufgabe gerecht. Entscheidend ist aber die neu eingefügte Ergänzung in § 174 Abs. 2 Nr. 2
AktG. Danach hat der Gewinnverwendungsbeschluss den an die Aktionäre auszuschüttenden Sachwert anzugeben. Damit kann nicht der Wert als solcher gemeint sein, ansonsten wäre der Begriff neben dem bei der Bardividende anzuge-
benden Ausschüttungsbetrag überflüssig. Mit Sachwert meint der Gesetzgeber
vielmehr die konkrete gegenständliche Bezeichnung der auszuschüttenden Sachen. § 174 Abs. 2 Nr. 2 AktG enthält nach seiner Formulierung nicht nur das
Recht, die Sachausschüttungsgegenstände zu konkretisieren, sondern sogar die
Pflicht dazu. Damit verträgt es sich nicht, die genaue Bezeichnung der auszuschüttenden Sachwerte offenzulassen.
Bleibt die Frage, ob die Letztentscheidungskompetenz bezüglich der Ausschüttungsgegenstände bei der Hauptversammlung oder dem Vorstand liegt.

---

[269] Zu unrecht bezeichnet *Schnorbus* (ZIP 2003, 512) diesen Fall als unproblematisch, wobei
er argumentiert, eine Sachausschüttung dürfe wertmäßig ohnehin nur bis zu dem in Geld
erwirtschafteten Bilanzgewinn erfolgen. Diese Begründung vermag nicht zu überzeugen,
da die Problematik in der Kompetenzverteilung innerhalb der Aktiengesellschaft liegt und
nicht in der Bestimmung von Ausschüttungsgrenzen.

[270] Vgl. *Schnorbus*, ZIP 2003, 512; *Winter/Drebes*, FAZ v. 22.6.2002, 19.

[271] Vgl. *Schnorbus*, ZIP 2003, 512.

§ 119 Abs. 1 Nr. 2 i.V.m. § 174 Abs. 1 Satz 1 AktG überträgt der Hauptversammlung die ausdrückliche Kompetenz, über die Verwendung des Bilanzgewinns Beschluss zu fassen. Wurde in die Satzung eine Sachdividendenklausel eingefügt, so darf die Hauptversammlung auch eine Sachausschüttung beschließen, wobei nach § 174 Abs. 2 Nr. 2 AktG die Ausschüttungsgegenstände zu konkretisieren sind. Grundsätzlich ergibt sich aus den genannten Vorschriften die originäre und ausschließliche Entscheidungsbefugnis der Hauptversammlung darüber, ob eine Sachausschüttung vorgenommen wird und welche Sachwerte konkret zur Ausschüttung kommen sollen.[272]

Dagegen übt nach § 76 Abs. 1 AktG allein der Vorstand die Leitung der Aktiengesellschaft unter eigener Verantwortung aus und nach den §§ 77 Abs. 1, 111 Abs. 4 Satz 1 AktG ist er das ausschließliche Geschäftsführungsorgan. Während Geschäftsführung jede tatsächliche oder rechtsgeschäftliche Tätigkeit für die Aktiengesellschaft ist, beschränkt sich die Leitung auf grundlegende Entscheidungen wie Zielkonzeption, Unternehmensplanung, Strategie, Geschäftspolitik und bildet damit einen herausgehobenen Teilbereich der Geschäftsführung.[273] Bei der Erfüllung seiner Aufgaben unterliegt der Vorstand weder Weisungen anderer Organe noch einzelner Aktionäre.

Ausnahmsweise kann auch die Hauptversammlung über Geschäftsführungsfragen entscheiden, wenn es der Vorstand nach § 119 Abs. 2 AktG verlangt. In diesem Fall handelt die Hauptversammlung nicht aus originär eigener, sondern vom Vorstand abgeleiteter Kompetenz.

Beschließt die Hauptversammlung die Ausschüttung von Sachwerten, die Bestandteil der operativen oder strategischen Planung der Verwaltung sind, so kommt es zum Konflikt zwischen der Gewinnverwendungskompetenz der Hauptversammlung und der Geschäftsführungs-, bzw. Leitungskompetenz des Vorstands nach § 77 Abs. 1 bzw. § 76 Abs. 1 AktG. Die Lösung dieses Konflikts hängt davon ab, welcher Kompetenz das Aktiengesetz in diesem Fall den Vorrang einräumt.

Der systematische Zusammenhang der §§ 77 Abs. 1 Satz 1, 111 Abs. 1, 4 Satz 1, 119 Abs. 1 und 2 AktG zeigt, dass unter den Begriff der Geschäftsführung nur solche Tätigkeiten fallen, die originär in die Zuständigkeit des Vorstands fallen. Negativ formuliert erstreckt sich die Geschäftsführung und Leitungsmacht des Vorstands damit nicht auf Maßnahmen, für welche die Hauptversammlung originär zuständig ist.[274] Die Existenz des § 119 Abs. 2 AktG belegt die ansonsten

---

[272] Vgl. auch *Schnorbus*, ZIP 2003, 512.

[273] Vgl. *Mertens*, in: KölnKomm, § 76 Rn. 4; *Hüffer*, AktG, § 76 Rn. 7; *Oltmanns*, in: AnwK-AktR, Kapitel 1 § 76 Rn. 5.

[274] Vgl. *Mülbert*, in: GK, § 119 Rn. 17 und 40; ähnlich bereits OLG Köln v. 15 6.1959, WM 1959, 1402 (zu § 103 Abs. 2 AktG 1937); zustimmend *Schnorbus*, ZIP 2003, 512.

starre Zuständigkeitsabgrenzung zwischen den beiden Organen Hauptversammlung und Vorstand.[275]
Wenn § 119 Abs. 1 Nr. 2 AktG der Hauptversammlung die Verwendung des Bilanzgewinns überlässt, so ist diese Kompetenzzuweisung eindeutig und ausschließlich. Sind im Rahmen einer Sachausschüttung Fragen der Geschäftführung berührt, so handelt es sich hierbei um einen bloßen Reflex, der nichts daran ändert, dass es sich im Kern um eine Maßnahme der Gewinnverwendung handelt. Eine Zuständigkeit des Vorstands wird dadurch nicht eröffnet. Ein Eingriff in die Geschäftsführungskompetenz des Vorstands kommt daher von vorne herein nicht in Betracht; folglich kann darauf auch keine Anfechtung des Sachausschüttungsbeschlusses gestützt werden.
Vor dem Hintergrund der „Holzmüller"-Rechtsprechung des BGH[276] könnte man allerdings argumentieren, dass die Grenzziehung zwischen den Zuständigkeiten von Vorstand und Hauptversammlung nicht so klar ist, wie es auf den ersten Blick erscheinen mag und Überschneidungen daher möglich sind.
Wie bereits dargelegt[277] ist die Grundaussage dieser Rechtsprechung, dass es Maßnahmen gibt, die zwar formal in die Geschäftsführungskompetenz des Vorstands fallen, aufgrund ihrer Bedeutung für die Aktiengesellschaft allerdings eine ungeschriebene Entscheidungskompetenz der Hauptversammlung eröffnen. Der Ansatz des BGH in der „Holzmüller"-Entscheidung fand im Schrifttum zwar nicht im Hinblick auf seine methodische Begründung, jedoch hinsichtlich seines Ergebnisses überwiegend Zustimmung.[278]
Kompetenzverschiebungen weg vom Vorstand hin zur Hauptversammlung sind demnach in bestimmten Fällen von Rechtsprechung und Schrifttum anerkannt.
Von diesem Ausgangspunkt her könnte es nahe liegen, die Grundsätze der „Holzmüller"-Rechtsprechung sozusagen mit umgekehrten Vorzeichen auf die Ausschüttung strategisch wichtiger Sachwerte zu übertragen. Greift eine Sachausschüttungsentscheidung, für welche die Kompetenz grundsätzlich bei der Hauptversammlung liegt, in schwerwiegender Weise in die Geschäftsführungskompetenz des Vorstands ein, könnte daran gedacht werden, daraus eine Kompetenzeröffnung für den Vorstand abzuleiten.
Die vorgenannte Argumentation ist jedoch aus mehreren Gründen nicht haltbar:
Die konzeptionelle Grundlage ungeschriebener Hauptversammlungskompetenzen ist zwar bis heute noch nicht endgültig geklärt.[279] Zu Recht herrschend ist allerdings die Ansicht, dass die Hauptversammlung immer dann zuständig ist, wenn bedeutende wirtschaftliche Maßnahmen zur Entscheidung anstehen, die

---

[275] *Mülbert*, in: GK, § 119 Rn. 8; *Zimmermann/Pentz*, Festschrift Müller, 161 und 163.
[276] BGH v. 25.2.1982, BGHZ 83, 122 ff.
[277] 1. Abschnitt, 1. Kapitel, 8.2.1.
[278] Vgl. *Mülbert*, in: GK, § 119 Rn. 19; *Hüffer*, AktG, § 119 Rn. 16 ff, jeweils mit weiteren Nachweisen.
[279] Vgl. *Mülbert*, in: GK § 119 Rn. 21.

einen tiefen Eingriff in die Einfluss- und Vermögensrechte der Aktionäre darstellen.[280] Die dogmatische Fundierung wird in der Literatur teilweise in einer Gesamtanalogie zu den §§ 119 Abs. 1, 179, 293 Abs. 2, 319 Abs. 2 AktG und den §§ 125, 65 UmwG,[281] teilweise in einer Einzelanalogie zu geschriebenen Zuständigkeiten der Hauptversammlung gesehen.[282] Der BGH dagegen geht in seiner neuen Rechtsprechung von offener Rechtsfortbildung aus, die sich sowohl auf den Gedanken des § 119 Abs. 2 AktG stützt, als auch Elemente der genannten Gesetzesanalogien berücksichtigt.[283] Die durch Analogien in Bezug genommenen Normen sehen bei wesentlichen Strukturentscheidungen, welche die Rechtsstellung der Aktionäre betreffen, eine Entscheidungskompetenz der Hauptversammlung vor. In diesem Zusammenhang wird von einigen Autoren auch von der Grundzuständigkeit der Hauptversammlung gesprochen.[284] Der Vorstand wird als Verwalter fremden Vermögens tätig und ist durch den von der Hauptversammlung bestimmten Unternehmensgegenstand gebunden. Insoweit unterliegt der Vorstand Einschränkungen hinsichtlich des zulässigen Einsatzes des investierten Kapitals der Aktionäre.[285] Diese sind wirtschaftliche Eigentümer des Vermögens der Aktiengesellschaft.[286] Dem Vorstand einer Aktiengesellschaft nicht die Letztentscheidungsbefugnis bei schwerwiegenden Maßnahmen zu überlassen, gebietet damit letztlich auch der Schutz der Mitgliedschaft der Aktionäre durch Art. 14 GG.[287]

Daraus wird deutlich, dass ungeschriebene Hauptversammlungskompetenzen letztlich dem Aktionärsschutz dienen.[288] Aus diesem Grund scheidet eine Umkehrung der „Holzmüller"-Doktrin, also eine Verlagerung von Kompetenzen von der Hauptversammlung auf den Vorstand, aus. Die Gesamtwertung aus den

---

[280] Vgl. BGH v. 25.2.1982, BGHZ 83, 122, 131; bestätigt nun durch BGH v. 26.4.2004, AG 2004, 387; *Zimmermann/Pentz*, Festschrift Müller, 163; *Habersack*, in: Emmerich/Habersack, Aktien- und GmbH-Konzernrecht, vor § 311 Rn. 34; *Mülbert*, in: GK, § 119 Rn. 32; *Lutter/Leinekugel*, ZIP 1998, 230; *Weißhaupt*, NZG 1999, 806.

[281] Vgl. *Liebscher*, Konzernbildungskontrolle, 84; *Lutter*, Festschrift Stimpel, 840 ff.; *Wiedemann*, in: GK § 179 Rn. 73 ff. Die vom BGH in der „Holzmüller"-Entscheidung auf § 119 Abs. 2 AktG gestützte Lösung wird in der Literatur dagegen überwiegend abgelehnt, vgl. *Mülbert*, in: GK § 119 Rn. 21 mit weiteren Nachweisen. Wieder anders *Zimmermann/Pentz*, Festschrift Müller, 165 f.: „gesetzesübersteigende Rechtsfortbildung" durch eine „in der Natur der Sache" begründete Entscheidung.

[282] *Habersack*, in: Emmerich/Habersack, Aktien- und GmbH-Konzernrecht, Vor § 311 Rn. 39.

[283] BGH v. 26.4.2004, AG 2004, 387.

[284] Vgl. *Zimmermann/Pentz*, in: Festschrift Müller, 163; *Lutter/Leinekugel*, ZIP 1998, 230; *Lutter*, in: Festschrift Stimpel, 847.

[285] Vgl. *Zimmermann/Pentz*, in: Festschrift Müller, 163.

[286] LG Frankfurt, ZIP 1997, 1701.

[287] Zuletzt bestätigt durch das BVerfG, ZIP 2000, 1671; vgl. auch *Zimmermann/Pentz*, in: Festschrift Müller, 163.

[288] Vgl. *Mülbert*, in: GK § 119 Rn. 31 ff.

§§ 119 Abs. 1, 179, 293 Abs. 2, 319 Abs. 2 AktG und den §§ 125, 65 UmwG belegt, dass in wesentlichen Gesellschaftsangelegenheiten die Letztentscheidungsbefugnis bei der Hauptversammlung liegen soll. Eine Rückverlagerung auf den Vorstand würde in direktem Gegensatz zu diesem Grundsatz stehen. Es erscheint sachgerecht, dass in diesen Fällen das Organ eigenverantwortlich beschließt, dessen Mitglieder von der Entscheidung letztendlich auch wirtschaftlich betroffen sind.

Zwar besteht u.U. ein praktisches Bedürfnis dafür, schwerwiegende Grundsatzentscheidungen durch den Sachverstand des Vorstands abzusichern. Daraus ergibt sich allerdings keine rechtliche Verpflichtung der Hauptversammlung, bei der Ausschüttung strategisch oder taktisch relevanter Vermögensteile die Zustimmung des Vorstands einzuholen. Denn dem Aktiengesetz lässt sich keine Wertung entnehmen, dass die Aktionäre bei Entscheidungen, die unternehmerisch fehlerhaft sind, gewissermaßen vor sich selbst zu schützen sind.[289] Soweit man ins Feld führt, dass die Geschäftsführungsbefugnis und Leitungsmacht des Vorstand und die dadurch sichergestellte fachliche Anbindung wichtiger Entscheidungen nicht nur im Interesse der Aktionäre, sondern auch der Arbeitnehmer und der Öffentlichkeit gesetzlich festgeschrieben ist, kann auch dieses Argument an der rechtlichen Bewertung nichts ändern. Denn Grenzen für die Entscheidungsbefugnis der Hauptversammlung ergeben sich insofern aus der Treuepflicht der Aktionäre gegenüber ihrer Gesellschaft. Wird der Aktiengesellschaft durch die Ausschüttung wesentlicher Betriebsteile etwa die Lebensgrundlage entzogen, kann darin ein Anfechtungsgrund für den Vorstand (§ 245 Nr. 4 AktG) liegen.

8.3 Auswirkung der Spaltungsvorschriften des Umwandlungsgesetzes auf Sachausschüttungen

Ein weiteres Problem, das sich im Zusammenhang mit der gesetzlichen Regelung der Sachausschüttung stellt, ist ihr Verhältnis zu den Vorschriften des Umwandlungsgesetzes (UmwG),[290] und hier speziell zu den Vorschriften der Spaltung.

---

[289] Ebenso *Schnorbus*, ZIP 2003, 512.
[290] Unter der alten Rechtslage wurde dieses Problem nicht angesprochen und auch in der bisher zu § 58 Abs. 5 AktG erschienenen Literatur finden sich dazu keine Stellungnahmen.

8.3.1 Sachausschüttung als wirtschaftliche Abspaltung

Die Verbindung zwischen beiden Regelungsbereichen besteht in der thematischen Nähe einer Sachausschüttung nach § 58 Abs. 5 AktG zu einer Abspaltung nach § 123 Abs. 2 UmwG.[291] Umstrukturierungen, die mit dem Instrument der Abspaltung nach § 123 Abs. 2 UmwG umgesetzt werden, können in bestimmten Fällen ebenso mit Hilfe der Sachausschüttung dargestellt werden. Dies soll an folgenden Beispielen verdeutlicht werden:

Eine Aktiengesellschaft habe Anteile an der X-GmbH[292] in ihrem Beteiligungsbesitz. Im Zuge einer Umstrukturierung des Beteiligungsbesitzes sollen die Anteile an der GmbH auf die Aktionäre (natürliche Personen) der Aktiengesellschaft übertragen werden.

Nach § 123 Abs. 2 UmwG kann ein Rechtsträger einen Teil seines Vermögens auf einen anderen Rechtsträger abspalten, der eigens für diesen Zweck gegründet wird (Abspaltung zur Neugründung) oder bereits besteht (Abspaltung zur Aufnahme). Im Gegenzug sind den Anteilsinhabern des übertragenden Rechtsträgers Anteile des aufnehmenden Rechtsträgers zu gewähren.

Die Aktionäre der übertragenden Aktiengesellschaften als natürliche Personen können nicht selbst als aufnehmende Rechtsträger i.S.d. § 123 Abs. 2 UmwG fungieren, vgl. § 125 i.V.m. § 3 UmwG. Handelsrechtlich dürfte es aber zulässig sein, die GmbH, deren Anteile aus dem Vermögen der Aktiengesellschaft abgespalten werden sollen, selbst als aufnehmenden Rechtsträger i.S.v. § 123 Abs. 2 UmwG anzusehen. Gleichzeitig sind deren Anteile den Anteilseignern der übertragenden Aktiengesellschaft zu gewähren. Dogmatisch ist dabei von einem Zwischenerwerb eigener Anteile durch die GmbH für eine juristische Sekunde mit anschließender Weiterübertragung auf die Aktionäre auszugehen.[293]

Im Ergebnis werden nun die GmbH-Anteile, die Vermögen der Aktiengesellschaft gehalten waren, von deren Aktionären gehalten.

Dieselbe Gestaltung lässt sich mit Hilfe einer Sachdividende umsetzen. Die entsprechenden GmbH-Anteile werden als Sachdividende an die Aktionäre ausgeschüttet.[294] Der Bilanzgewinn kann bei Bedarf durch Entnahmen aus den Gewinnrücklagen auf das zur Ausschüttung benötigte Volumen gebracht werden.

Übereinstimmende Ergebnisse lassen sich auch bei der Abspaltung ganzer Geschäftsbereiche erzielen, was sich etwa im Rahmen von Entflechtungsmaßnahmen anbietet. Dabei sei hier angenommen, dass der Geschäftsbereich nicht in

---

[291] *Hoffmann-Becking*, ZHR 2002 Beiheft 71, 222.

[292] Ebenso könnte es sich um Anteile an einer Tochter-Aktiengesellschaft handeln.

[293] Vgl. *Hoffmann-Becking*, ZHR 2002, Beiheft 71, 221 (sog. „Direktabspaltung" oder „Abspaltung kurzer Hand").

[294] Vgl. *Dötsch/Pung* (DB 2003, 1020) zu § 15 UmwStG als dem steuerlichen Pendant zu § 123 Abs. 2 UmwG.

der Beteiligung an einer eigenständigen Kapitalgesellschaft besteht, andernfalls wäre wie oben beschrieben zu verfahren.

Nach den Vorschriften des Umwandlungsgesetzes vollzieht sich die Abspaltung derart, dass der abzuspaltende Geschäftsbereich in eine neu zu gründende (oder bestehende) GmbH oder Aktiengesellschaft eingebracht wird. Die Anteile an dieser Gesellschaft werden den Aktionären der abspaltenden Aktiengesellschaft gewährt.

Die Aktionäre halten dann sowohl ihre alten Anteile an der abspaltenden Aktiengesellschaft als auch Anteile an der neuen Gesellschaft, in die der abgespaltene Geschäftsbereich eingebracht wurde.

Eine unmittelbare Ausschüttung des betreffenden Geschäftbereichs mit der Wirkung, dass alle Aktionäre daran gesellschaftsrechtlich beteiligt sind, ist mit Hilfe der Sachdividende grundsätzlich nicht auf direktem Wege darstellbar. Dafür fehlt es an einem Verband der auszuschüttenden Vermögensgegenstände in einem eigenständigen Gesellschaftsvermögen. Durch eine Direktausschüttung käme es zu einer Zersplitterung des Geschäftsbereichs, wenn eine Verteilung der Vermögensgegenstände an die Aktionäre vorgenommen würde. Aufgrund des heterogenen Kreises der zum Geschäftsbereich gehörenden Vermögensgegenstände dürfte eine solche Ausschüttung darüber hinaus mit Blick auf den Gleichbehandlungsgrundsatz unzulässig sein.[295]

Um das gewünschte Gestaltungsziel bei einer Mehrheit von Aktionären zu erreichen, müsste der abzuspaltende Geschäftsbereich zunächst in eine neu zu gründende Tochterkapitalgesellschaft ausgegliedert werden.[296] Auf diese Weise wird der abzuspaltende Geschäftsbereich sozusagen ausschüttungsfähig „verpackt". Die Anteile an dieser Tochtergesellschaft können dann an die Aktionäre der Muttergesellschaft als Sachdividende ausgeschüttet werden.[297]

Aufgrund der aufgezeigten Ähnlichkeiten trifft es durchaus zu, wenn man bei der Sachausschüttung von einer wirtschaftlichen (Ab-)Spaltung von Gesellschaftsvermögen spricht.

---

[295] Eine direkte Ausschüttung kommt allerdings dann in Betracht, wenn an der Aktiengesellschaft ein Alleinaktionär beteiligt ist. In diesem Fall droht weder eine Zersplitterung des Geschäftsbereichs noch bestehen Probleme der Gleichbehandlung.

[296] In Frage kommt eine Ausgliederung nach § 123 Abs. 3 UmwG oder eine klassische Ausgliederung durch Einzelrechtsnachfolge. Im letzteren Fall sind die „Holzmüller"-Grundsätze zu beachten, soweit die Ausgliederung ein Volumen erreicht, das Strukturmaßnahmen i.S.d. „Holzmüller"-Urteils des BGH gleichkommt.

[297] Eine Transaktion dieser Art wurde aktuell von der Mövenpick-Holding durchgeführt. Zunächst wurden mit Beschluss der Generalversammlung vom 25. April 2004 von der Mövenpick-Holding Immobilien und andere, nicht betriebsnotwendige Vermögenswerte und die dazugehörigen Passiva auf die Clair Finanz Holding AG, eine Tochtergesellschaft der Mövenpick-Holding, übertragen. Anschließend wurde am 17. Juni 2004 den Aktionären der Mövenpick-Holding für jede Aktie der Mövenpick eine Aktie der Clair Finanz Holding AG als Sachdividende ausgeschüttet.

8.3.2   Analoge Anwendung der Abspaltungsvorschriften nach dem UmwG auf eine Sachausschüttung nach § 58 Abs. 5 AktG ?

Die Übereinstimmung von Abspaltung und Sachdividende in ihrem wirtschaftlichen Ergebnis[298] wirft daher die Frage nach der Anwendbarkeit umwandlungsrechtlicher Vorschriften auf. Im Kern geht dabei um die allgemeine Problematik, inwieweit umwandlungsrechtliche Vorschriften auf alternative Gestaltungen nach allgemeinem Zivil- bzw. Handelsrecht zu übertragen sind. So ist seit dem Inkrafttreten des neuen Umwandlungsgesetzes in der Literatur umstritten, ob auf die sog. klassische Ausgliederung die Vorschriften über die Ausgliederung nach dem Umwandlungsgesetz (§§ 123 ff. UmwG) analog anzuwenden sind. Von einer klassischen Ausgliederung spricht man, wenn im Wege der Einzelrechtsnachfolge Teile des Gesellschaftsvermögens auf eine andere Gesellschaft übertragen werden, an der die übertragende regelmäßig allein, bisweilen aber auch gemeinsam mit Dritten beteiligt ist.[299] Während die überwiegende Ansicht eine analoge Anwendung der Vorschriften des Umwandlungsgesetzes auf die klassische Ausgliederung ablehnt,[300] ist die Rechtsprechung teilweise von einer analogen Anwendung ausgegangen.[301] Im Kern wurde dabei argumentiert, dass die wirtschaftliche Ausgliederung durch Einzelrechtsübertragung und die Ausgliederung nach dem UmwG im Ergebnis vergleichbar seien und damit auch gleich behandelt werden müssten.

Hier lässt sich die Brücke zur Regelung der Sachdividende schlagen: eine Sachausschüttung nach § 58 Abs. 5 AktG lässt sich in den hier betrachteten Fällen vom wirtschaftlichen Ergebnis her mit einer Abspaltung nach § 123 Abs. 5 UmwG ebenso vergleichen, wie die klassische Ausgliederung durch Einzelrechtsübertragung einer Ausgliederung nach § 123 Abs. 3 UmwG ähnelt. Es liegt daher nahe, die Frage zu stellen, ob eine analoge Anwendung der Abspaltungsvorschriften nach dem Umwandlungsgesetz auf eine Sachausschüttung nach § 58 Abs. 5 AktG in Betracht zu ziehen ist.

Von wesentlichem Interesse ist die Beantwortung dieser Frage deshalb, weil das Umwandlungsgesetz eine Reihe von Schutzvorschriften zugunsten von Aktionären, Gläubigern und Arbeitnehmern vorsieht. Speziell im Falle der Abspaltung bedarf es des Abschlusses eines Spaltungsvertrages (§ 125 i.V.m. § 4 UmwG), einer Spaltungsprüfung (§ 125 i.V.m. §§ 9 Abs. 1, 60 UmwG bei Beteiligung von Aktiengesellschaften), eines Spaltungsbeschlusses und der notwendigen Zu-

---

[298] *Waclawik* (WM 2003, 2277) spricht von einer Substitutionsbeziehung zwischen Sachausschüttung und Abspaltung.

[299] Vgl. *Priester*, ZHR 1999, 187.

[300] *Sagasser/Sickinger*, in: *Sagasser/Bula/Brünger*, Umwandlungen, 3. Teil N Rn. 166 mit Nachweisen.

[301] LG Karlsruhe v. 6.11.1997, DB 1998, 120 ff; LG Frankfurt v. 29.7.1997, ZIP 1997, 1698 ff.

stimmungserklärungen (§ 125 i.V.m. § 65 UmwG: Dreiviertelmehrheit, bei Beteiligung von Aktiengesellschaften) und schließlich einer Registereintragung (§ 125 i.V.m. § 16 UmwG).

8.3.2.1 Überblick über den Meinungsstand

Für eine Analogie von Vorschriften des Umwandlungsgesetzes auf Umstrukturierungen außerhalb des Umwandlungsgesetzes wird angeführt, dass Art. 3 GG eine Übertragung von Schutzvorschriften gebiete, wenn vergleichbare Sachverhalte vorliegen.[302] Die Schutzinteressen seien bei der Einzelrechtsübertragung nach allgemeinen gesellschaftsrechtlichen Grundsätzen nicht anders und vor allem nicht geringer als bei Übertragungsvorgängen nach dem UmwG; der Unterschied zwischen Gesamtrechtsnachfolge und Einzelrechtsübertragung sei in diesem Zusammenhang bedeutungslos.[303]
Andere argumentieren mit dem Gebot der Wertungsstimmigkeit der Rechtsordnung.[304]
Teilweise wird eine Analogie abgelehnt, jedoch von einer Ausstrahlungs- oder Fernwirkung des Umwandlungsgesetzes auf das allgemeine Zivil- und Gesellschaftsrecht ausgegangen.[305]
Eine Gegenansicht lehnt sowohl eine Analogie als auch eine Ausstrahlungswirkung ab und stützt sich dabei insbesondere auf die Regierungsbegründung zum Umwandlungsgesetz.[306] Ferner habe der Gesetzgeber bei wirtschaftlichen Umstrukturierungen außerhalb des UmwG bewusst auf eine Anpassung an das umwandlungsrechtliche Verfahren verzichtet; damit fehle es bereits an einer planwidrigen Regelungslücke.[307]
Eine vermittelnde Meinung schließlich lehnt zwar eine pauschale analoge Anwendung der umwandlungsrechtlichen Vorschriften, insbesondere eine Übertragung formeller Anforderungen, ab. Allerdings komme eine analoge Anwendung einzelner Bestimmungen des UmwG auf Gestaltungen außerhalb des UmwG in

---

[302] LG Karlsruhe v. 6.11.1997, DB 1998, 120.
[303] Vgl. *Joost*, ZHR 1999, 182; *Kroppensteiner*, Festschrift Zöllner, Band I, 308.
[304] *Kroppensteiner*, Festschrift Zöllner, Band I, 302 f.; zum Gebot der Widerspruchsfreiheit der Rechtsordnung vgl. etwa BVerfG v. 7.5.1998, NJW 1998, 2342; BVerfG v. 7.5.1998, NJW 1998, 2347.
[305] Vgl. *Joost*, ZHR 1999, 181 ff; *Veil*, ZIP 1998, 368; *Lutter*, in: Lutter, UmwG, Einl. A Rn.45 ff.; *Lutter/Drygala*, in: Lutter, UmwG,§ 1 Rn. 37 ff.
[306] Vgl. *Semler*, in: Semler/Stengel, UmwG, § 1 Rn. 78; *Stratz*, in: Schmitt/Hörtnagl/Stratz, UmwG, § 1 UmwG Rn. 28; *Aha*, AG 1997, 356.
[307] Vgl. *Semler*, in: Semler/Stengel, UmwG, § 1 Rn. 79; *Priester*, ZHR 1999, 192; *Heckschen*, DB 1998, 1385.

Betracht, sofern eine planwidrige Regelungslücken ausgemacht werden könnten.[308]

8.3.2.2 Stellungnahme

Eine analoge Anwendung von umwandlungsrechtlichen Vorschriften auf eine Sachausschüttung ist abzulehnen. Ebenso ist eine Ausstrahlungs- oder Fernwirkung des UmwG auf die Gewinnverwendungsvorschriften zu verneinen. Die Regierungsbegründung zum UmwG stellt ausdrücklich klar, dass die vom neuen Umwandlungsrecht eröffneten Möglichkeiten der Umwandlung in all ihren Formen neben die nach allgemeinen Zivil- und Handelsrecht schon jetzt möglichen Methoden treten. Die zwingenden Vorschriften des UmwG müssten nur dann beachtet werden, wenn sich die beteiligten Rechtsträger der Vorteile bedienen wollen, die das UmwG und die mit ihm verbundenen steuerrechtlichen Regelungen mit sich bringen. Dies sei insbesondere für die neuen Umwandlungsarten der Spaltung von Bedeutung.[309] Nach dem Willen des Gesetzgebers sollten mit dem Umwandlungsgesetz Umstrukturierungen erleichtert, aber nicht die bisher bestehenden Möglichkeiten erschwert werden. Dem kann man auch nicht entgegenhalten, dass zum Zeitpunkt der Einführung des neuen UmwG § 58 Abs. 5 AktG noch gar nicht existierte und demzufolge die Ausführungen des Gesetzgebers diese Vorschrift gar nicht in Bezug nehmen konnten. Denn zum einen waren Sachausschüttungen auch vor der Einführung des § 58 Abs. 5 AktG zulässig, wenn auch unter strengeren Voraussetzungen. Zum anderen wird aus der umfassenden Formulierung in der Gesetzesbegründung deutlich, dass die Nichtanwendbarkeit der umwandlungsrechtlichen Vorschriften für jegliche Gestaltungsmöglichkeiten außerhalb des Umwandlungsgesetzes gelten soll.

Hinzu kommt, dass es für eine Analogie an der planwidrigen Regelungslücke fehlt. In der Gesetzesbegründung zu § 58 Abs. 5 AktG spricht der Gesetzgeber ausdrücklich die Ausschüttung von Beteiligungen an Tochterunternehmen an, also einen Sachverhalt, der wirtschaftlich zu einer Abspaltung von Vermögen der Aktiengesellschaft führt. Obwohl also dem Gesetzgeber bewusst war, dass er mit der Sachausschüttung eine Möglichkeit zur Abspaltung von Gesellschaftsvermögen außerhalb des UmwG zur Verfügung stellt, sah er sich weder zu einer Regelung im Gesetzestext noch zu einem nahe liegenden Hinweis auf Schutzvorschriften des UmwG in der Gesetzesbegründung veranlasst.

---

[308] Vgl. *Kallmeyer*, in: Kallmeyer, UmwG, § 1 Rn. 23 mit weiteren Nachweisen und § 123 Rn.2.

[309] Begründung zum Regierungsentwurf, Ganske, 44.

Für eine analoge Anwendung umwandlungsrechtlicher Vorschriften auf die Ausschüttung von Sachdividenden besteht im übrigen kein besonderes Bedürfnis:[310]
Die Vorschriften über den Abschluss eines Spaltungsvertrages liefen bei der Sachausschüttung ins Leere, da an diesem Vorgang nur ein Rechtsträger i.S.d. UmwG beteiligt ist, nämlich die ausschüttende Aktiengesellschaft. Auch ein „Spaltungsplan", wie er bei der Abspaltung zur Neugründung gem. § 136 UmwG vorgesehen ist, macht bei einer Sachausschüttung keinen Sinn. Das nach dem Aktiengesetz streng reglementierte Gewinnverwendungsverfahren sorgt für die notwendige Transparenz. Im Gewinnverwendungsbeschluss sind die Ausschüttungsgegenstände zwingend zu konkretisieren und ihr Sachwert anzugeben, vgl. § 174 Abs. 2 Nr. 2 AktG. Ein darüber hinausgehendes Informationsbedürfnis der Aktionäre zur Fassung des Ausschüttungsbeschlusses ist nicht ersichtlich. Auch sind durch eine Sachausschüttung keine Interessen von Gläubigern beeinträchtigt, da die Ausschüttung aus frei verfügbarem Bilanzgewinn erfolgt. Ebenso besteht für einen Spaltungsbericht „analog" bei einer Sachausschüttung keine Notwendigkeit und damit auch keine planwidrige Regelungslücke. Nach § 127 müssen die Vertretungsorgane der beteiligten Rechtsträger bei einer Abspaltung einen ausführlichen Bericht erstellen, in dem die Spaltung und der Spaltungsvertrag sowie das Umtauschverhältnis und dessen Ermittlung, ferner die Höhe einer ggf. anzubietenden Barabfindung rechtlich und wirtschaftlich zu erläutern sind.[311]
All diese inhaltlichen Vorgaben an eine Spaltungsbericht passen bei einer Sachausschüttung nicht. Es gibt keinen Spaltungsvertrag, über den zu berichten wäre, es werden keine Anteile gewährt oder getauscht und schließlich werden auch keine Barabfindungen gezahlt.
Ebenso wenig erscheint im Zuge einer Sachausschüttung eine Spaltungsprüfung (analog § 125 i.V.m. 60 UmwG) erforderlich. Bei einer Abspaltung nach dem UmwG hat grundsätzlich eine Spaltungsprüfung zu erfolgen, vgl. § 125 i.V.m. 60 UmwG. Denn der Gesetzgeber des UmwG geht davon aus, dass es bei einer Abspaltung stets zu einem Anteilstausch kommt, der eine Prüfung durch Sachverständige erforderlich machen kann.[312] Diese Aussage gilt aber in dieser Allgemeinheit schon nicht für alle Abspaltungen nach dem UmwG und erst recht nicht für die Ausschüttung einer Sachdividende. In der Literatur wird die Anordnung einer Spaltungsprüfung bei Abspaltungskonstellationen für verfehlt

---

[310] Mit gleicher Argumentation spricht sich *Aha* (AG 1997, 356) gegen eine analoge Anwendung der umwandlungsrechtlichen Vorschriften auf eine Ausgliederung im Wege der Einzelrechtsnachfolge aus.

[311] Vgl. *Veil*, ZIP 1998, 362.

[312] Begründung zum Regierungsentwurf, Ganske, 152.

gehalten, bei denen es gar nicht zu einem Anteilstausch kommt.[313] Genau um einen solchen Fall handelt es sich auch bei der dargestellten Direktabspaltung bzw. Abspaltung kurzer Hand, womit eine Spaltungsprüfung überflüssig ist. Dasselbe gilt für eine Sachausschüttung. Hier bedarf es keinerlei Anteilsbewertungen und Festlegung von Tauschrelationen. Wo eine Spaltungsprüfung bereits bei einer Abspaltung nach dem UmwG keinen Sinn macht, verbietet sich umso mehr eine analoge Anwendung auf die wirtschaftliche Spaltung durch Sachausschüttung.

Eine wichtige Frage ist, ob der Beschluss über die Ausschüttung einer Sachdividende durch die Hauptversammlung einer Dreiviertelmehrheit analog § 125 i.V.m. § 65 UmwG bedarf. Wird die Frage in dieser Allgemeinheit gestellt, offenbart sie zugleich eine wesentliche Schwäche dieses Ansatzes: Die umwandlungsrechtliche Regelung schreibt diese Hauptversammlungsmehrheit für jeden Abspaltungsvorgang vor und zwar unabhängig von dessen Bedeutung oder von Schwellenwerten und ohne jede Bagatellklausel.[314]

Das aufwendige Umwandlungsverfahren ist sicherlich nicht bei jeder, insbesondere nicht bei völlig belanglosen Abspaltungen sinnvoll. Dennoch konnte der Gesetzgeber von der Festlegung bestimmter Schwellenwerte für die Geltung des UmwG absehen, da die Annahme berechtigt erscheint, dass die Geschäftsleitung der abspaltungswilligen Gesellschaft die Vor- und Nachteile des umwandlungsrechtlichen Verfahrens abwägen und bei eher unwesentlichen Vorgängen andere Wege gehen wird.[315] Dass das Umwandlungsgesetz in dieser Beziehung keinerlei Wertung für eine materiell notwendige Wesentlichkeitsgrenze enthält, ist ein weiteres Argument gegen die Analogiefähigkeit der umwandlungsrechtlichen Vorschriften.[316] Bei einer konsequenten analogen Anwendung der § 125 i.V.m. § 65 UmwG auf Sachausschüttungen, bedürfte jeder Sachausschüttungsbeschluss einer qualifizierten Mehrheit. Dieses Erfordernis wäre für kleinere bzw. nicht strukturbezogene Ausschüttungen völlig unangemessen.

Doch auch für die Abspaltung von wesentlichen Vermögensteilen der Gesellschaft kommt eine analoge Anwendung von § 125 i.V.m. 65 UmwG nicht in Betracht.

Das stärkste Argument hierfür lässt sich der Regierungsbegründung zu § 58 Abs. 5 AktG entnehmen. Wie bereits oben dargelegt, ergibt sich bereits aus dem Gesetz, dass Gewinnausschüttungsbeschlüsse mit einfacher Stimmenmehrheit gefasst werden, vgl. § 133 Abs. 1 AktG. Das gilt auch für Sachausschüttungsbe-

---

[313] Vgl. *Sagasser/Sickinger* (in Sagasser/Bulka/Brünger, Umwandlungen, 3. Teil Abschnitt N Rn. 142) für den Fall der Abspaltung auf die 100%ige Muttergesellschaft („up-stream"-Spaltung); im Ergebnis ebenso *Kallmeyer*, in: Kallmeyer, UmwG, § 125 Rn. 9.

[314] Vgl. *Joost*, ZHR 1999, 181.

[315] Etwa den Weg der Einzelrechtsnachfolge durch Sacheinlage in eine neu zu gründende Gesellschaft oder eben den Weg der Sachausschüttung.

[316] Vgl. *Joost*, ZHR 1999, 181.

schlüsse, da § 58 Abs. 5 AktG insofern keine weiteren Erfordernisse vorsieht.[317] Dennoch hat der Gesetzgeber in der Regierungsbegründung nochmals ausdrücklich herausgestellt, dass der Ausschüttungsbeschluss (nur) der einfachen Mehrheit bedarf.[318] Dabei war ihm - auch aufgrund vorausgehender Äußerungen in der Literatur[319] - durchaus bewusst, dass Sachausschüttungen zur wirtschaftlichen Abspaltung von Vermögen der Aktiengesellschaft eingesetzt werden können. In der Regierungsbegründung selbst wird die Auskehrung von Beteiligungen an Tochtergesellschaften an die Aktionäre der Muttergesellschaft als Beispiel für eine Sachausschüttung genannt.[320] Damit fehlt es bezüglich der Beschlussmehrheiten bei Sachausschüttungen ebenfalls an einer planwidrigen Regelungslücke, die ausfüllungsbedürftig wäre. Trotz ausdrücklicher Hinweise aus dem Schrifttum, dass aufgrund der Nähe zu den Instituten der Einziehung von Aktien und der Abspaltung nach dem UmwG im Falle der Sachausschüttung allgemein eine Dreiviertelmehrheit angezeigt wäre[321], hat sich der Gesetzgeber gegen erhöhte Mehrheitserfordernisse entschieden. Eine besondere Veranlassung, dem klaren Willen des Gesetzgebers in diesem Punkt die Gefolgschaft zu verweigern, ist nicht zu erkennen.

Ebenso wie eine analoge Anwendung der umwandlungsrechtlichen Vorschriften zur Abspaltung ist auch eine Ausstrahlungs- oder Fernwirkung dieser Normen auf Sachausschüttungen abzulehnen.
Von Fernwirkung[322] spricht man in der Methodenlehre, wenn der Erlass einer neuen Norm oder eines neuen Normenkomplexes Auswirkungen auf die Auslegung oder das Verständnis formal unverändert gebliebener Bestimmungen hat, durch die ein sachlich vergleichbarer Bereich bereits früher geregelt wurde.[323] Um Wertungswidersprüche zu vermeiden, erscheint es u.U. geboten, auch die unveränderten Normen mit Blick auf die aktuelle Interessenbewertung des Gesetzgebers zu interpretieren; dabei wird man aber voraussetzen müssen, dass die der auszulegenden Norm nachfolgende Rechtsentwicklung durch klar abweichende Wertungsprinzipien beherrscht war, dass ein sachlicher Grund für eine

---

[317] Möglich ist natürlich die Festlegung höherer Mehrheitserfordernisse in der Satzung, § 133 Abs. 1 2. HS AktG.

[318] BT-Drucks. 14/8769, 12.

[319] *Hoffmann-Becking*, ZHR 2002, Beiheft 71, 220 ff.; DAI, Stellungnahme, 4; *Fleischer*, ZHR 2001, 548; *Hasselbach/Wicke*, NZG 2001, 599; *Ihrig/Wagner*, BB 2002, 796; *Lutter/Leinekugel/Rödder*, ZGR 2002, 205 ff;

[320] BT-Drucks. 14/8769, 12.

[321] *Hoffmann-Becking*, ZHR 2002, Beiheft 71, 222; DAV, Stellungnahme, 116.

[322] *Semler* (in Semler/Stengel, UmwG, § 1 Rn. 75) bezweifelt bereits, ob es den Grundsätzen zulässiger Gesetzesauslegung entspricht, von einem Analogieverbot für umwandlungsrechtliche Regelungen auszugehen und dieses dann über einen Wertungstranfer zu entkräften.

[323] Vgl. *Bydlinski*, Methodenlehre, 580 f.

unterschiedliche Behandlung der betreffenden Fälle fehlt und dass die drohenden Wertungswidersprüche so schwer sind, dass sie nicht hingenommen werden können.[324]
Aus mehreren Gründen scheidet im Fall der Sachausschüttung eine Fernwirkung umwandlungsrechtlicher Normen aus: zunächst widerspräche ein Wertungstransfer ebenso wie eine Analogie dem klaren Willen des Gesetzgebers, dass die umwandlungsrechtlichen Vorschriften allein auf Umwandlungen nach dem UmwG Anwendung finden sollen.[325]
Ferner liegt im Fall der Sachausschüttungen nicht die typische Konstellation vor, in der die Rechtsdogmatik eine Fernwirkung von einer neueren auf eine ältere Norm annimmt. § 58 Abs. 5 AktG wurde vielmehr erst nach dem Inkrafttreten des neuen UmwG geschaffen. Der Gesetzgeber hat also in Kenntnis der umwandlungsrechtlichen Vorschriften § 58 Abs. 5 AktG eingeführt und damit bewusst von weiteren Ausschüttungsvoraussetzungen abgesehen; in § 58 Abs. 5 AktG spiegelt sich also bereits die aktuelle Interessenbewertung des Gesetzgebers wider.

8.3.3 Ergebnis

Als Ergebnis kann also festgehalten werden, dass die umwandlungsrechtlichen Vorschriften über die Abspaltung auf eine Sachausschüttung gleich welcher Größenordnung und Bedeutung keine analoge Anwendung finden. Das ergibt sich bereits aus dem Verhältnis von Umwandlungsrecht zum allgemeinen Zivil- bzw. Gesellschaftsrecht. Nach dem ausdrücklichen Willen des Gesetzgebers sollte die Schaffung des neuen UmwG die Umwandlungsmöglichkeiten für die Praxis erweitern, aber nicht Gestaltungen außerhalb des UmwG erschweren. Eine Ausstrahlungs- oder Fernwirkung des UmwG auf Sachausschüttungen ist ebenfalls abzulehnen.

---

[324] Vgl. *Bydlinski*, Methodenlehre, 581.
[325] Ebenso *Semler*, in: Semler/Stengel, UmwG, § 1 Rn. 78.

2. Kapitel: Minderheitenschutz bei Sachausschüttungen - der Schutz von Aktionärsinteressen bei der Ausschüttung nicht fungibler Sachen

1. Problemstellung

Über die Ausschüttung einer Sachdividende beschließt die Hauptversammlung nach §§ 58 Abs. 5, 133 Abs. 1 AktG mit einfacher Stimmenmehrheit, soweit die Satzung nicht eine größere Mehrheit bestimmt. Bei der Ausschüttung nicht fungibler Sachen besteht die Gefahr, dass Aktionäre in ihrem Gewinnbeteiligungsrecht als einem wesentlichen Mitgliedschaftsrecht beeinträchtigt werden. Dies wurde bereits ausführlich dargelegt.[326] Typischerweise wird es sich bei dem betroffenen Gesellschafterkreis um die Minderheitsaktionäre handeln, die nicht für die auszuschüttende Sachdividende gestimmt haben, da sie diese für nachteilig halten.

Der Gesetzgeber hat dieses Problem gesehen. In der Gesetzesbegründung führt er dazu aus, dass die Satzungsänderung, die eine Sachausschüttung vorsieht, nicht zum gezielten Aushungern von Minderheitsaktionären führen dürfe. Insofern unterliege der satzungsändernde Beschluss der Inhaltskontrolle.[327] Aus diesen Ausführungen lässt sich zweierlei ableiten: zum einen sieht der Gesetzgeber die sog. Inhaltskontrolle als geeignetes Instrument des Minderheitenschutzes bei der Ausschüttung nicht fungibler Sachen an. Zum anderen soll der Aktionärsschutz nach dem Willen des Gesetzgebers an dem satzungsändernden Beschluss nach § 58 Abs. 4 AktG ansetzen, der die Grundlage nachfolgender Sachausschüttungsbeschlüsse bildet. Auf beide Standpunkte ist im folgenden näher einzugehen.

2. Inhaltskontrolle als Schutzinstrument

Mit dem Begriff der Inhaltskontrolle wird im Gesellschaftsrecht grundsätzlich die inhaltliche Kontrolle des Gesellschaftsvertrages (bei einer Aktiengesellschaft der Satzung) durch die Gerichte bezeichnet.[328] Zugunsten schutzwürdiger Gesellschafter wird in die Privatautonomie eingegriffen und die Regelungen des Vertragswerks auf ihre Angemessenheit überprüft.[329]

---

[326] Vgl. 1. Abschnitt, 1. Kapitel, 6.
[327] BT-Drucks. 14/8769, 13.
[328] Vgl. *Hönn*, JA 1987, 339.
[329] Vgl. *Wiedemann*, Gesellschaftsrecht, Band I, § 3 II 3a.

In der aktienrechtlichen Literatur wird der Begriff der Inhaltskontrolle weitergehend auch für die inhaltliche Überprüfung von Mehrheitsbeschlüssen verwendet, selbst dann, wenn der betreffende Beschluss keinerlei Einfluss auf den Gesellschaftsvertrag (die Satzung) hat.[330] Der Begriff der Inhaltskontrolle wird demnach in einem übergeordneten Sinn verstanden, der als Synonym für gerichtliche inhaltliche Überprüfung gebraucht wird.

Im Rahmen der Inhaltskontrolle von Mehrheitsbeschlüssen wird dabei zum einen geprüft, ob der Beschluss gegen konkrete Einzelvorschriften verstößt. Zum anderen ist Gegenstand der inhaltlichen Überprüfung, ob der Beschluss in angemessener Weise die Interessen der überstimmten Minderheitsaktionäre berücksichtigt. Für diese spezielle Ausprägung der Inhaltskontrolle hat sich der Begriff materielle Beschlusskontrolle etabliert.[331]

3. Abstrakte Inhaltskontrolle des satzungsändernden Beschlusses nach § 58 Abs. 5 AktG versus konkrete Ausübungskontrolle des Sachausschüttungsbeschlusses

3.1 Das Modell des Gesetzgebers und die Ansichten der Literatur

Sollen nicht fungible Sachen zur Ausschüttung kommen, so muss die Satzungsermächtigung dies ausdrücklich vorsehen und die Hauptversammlung muss auf dieser Basis einen entsprechenden Gewinnverwendungsbeschluss fassen.

Sowohl bei dem satzungsändernden Beschluss nach § 58 Abs. 5 AktG als auch bei dem Sachausschüttungsbeschluss handelt es sich um Mehrheitsbeschlüsse, welche eine Ursache zur Benachteiligung der überstimmten Minderheit setzen können, der satzungsändernde Beschluss mittelbar, der Ausschüttungsbeschluss unmittelbar. Vor diesem Hintergrund stellt sich die Frage, welcher Mehrheitsbeschluss richtigerweise einer Inhaltskontrolle unterzogen werden soll.

Nach dem Modell, das der Gesetzgeber in der Regierungsbegründung vorzeichnet, soll der Minderheitenschutz durch die gerichtliche Überprüfung des satzungsändernden Beschlusses nach § 58 Abs. 5 AktG vorverlagert werden. Die Aktionäre müssen diesen Beschluss im Wege der Anfechtungsklage nach § 243 Abs. 1 AktG anfechten, um zu verhindern, dass eine wirksame Ermächtigung zur Ausschüttung nicht liquider Sachen in der Satzung verankert wird. Liege dagegen erst einmal ein wirksamer Satzungsvorbehalt über die Sachausschüttung vor und erstrecke sich dieser auch auf die Möglichkeit, nicht fungible Sachen auszukehren, so komme eine Anfechtung des nachgelagerten Ausschüt-

---

[330] Vgl. die Beispiele bei *Wiedemann*, in: GK, § 179 Rn. 169; *Hüffer*, AktG, § 243 Rn. 28; *Henze*, DStR 1993, 1867.

[331] *Hüffer*, AktG, § 243 Rn. 22. Dazu eingehend 1. Abschnitt, 2. Kapitel, 5.2.1.

111

tungsbeschlusses regelmäßig mangels schutzwürdigen Vertrauens nicht mehr in Betracht.[332]
Die Literatur schließt sich zum Teil der Ansicht des Gesetzgebers an.[333] Teilweise wird die gerichtliche Überprüfung des satzungsändernden Beschlusses nach § 58 Abs. 5 AktG abgelehnt. Der Rechtsschutz potentiell benachteiligter Aktionäre soll sich vielmehr ausschließlich auf den konkreten Ausschüttungsbeschluss durch dessen Anfechtung richten.[334]

3.2 Stellungnahme

Die Ausführungen in der Gesetzesbegründung sind teilweise missverständlich und werden daher in der Literatur auch unterschiedlich interpretiert. Eine Ansicht versteht die Gesetzesbegründung so, dass die Möglichkeit der Anfechtung des satzungsändernden Beschlusses nach § 58 Abs. 5 AktG einen denkbaren Rechtsschutz gegen den konkreten Ausschüttungsbeschluss präkludiert.[335] Künftige Mehrheitsbeschlüsse über Sachausschüttungen sollen daher ohne Inhaltskontrollen möglich sein, wenn sich die Aktionäre nicht gegen die Verankerung der Sachdividendenklausel in der Satzung gewehrt haben. So verstanden müsste man zu Recht das Rechtsschutzmodell des Gesetzgebers ablehnen. Man müsste dann folgerichtig fordern, dass die nachträgliche Einführung einer entsprechenden Satzungsklausel nur einstimmig erfolgen kann,[336] will man den Aktionärsschutz nicht über Gebühr verkürzen. Denn es sind Konstellationen denkbar, in denen die Ermächtigung zur Ausschüttung nicht liquider Sachen an sich noch keine unmittelbare Rechtsbeeinträchtigung darstellt, während sich Rechtsverletzungen aus einem konkreten Ausschüttungsbeschluss ergeben können, der auf der Grundlage dieser Ermächtigung gefasst wird. Es ist nicht begründbar, warum sich Aktionäre, die der Satzungsänderung nicht zugestimmt haben, nicht gegen die Verletzung ihrer Rechtsposition durch die konkrete Ausschüttung wehren können sollten.[337] Aktionäre, die vermeiden wollen, sich nach der Verankerung einer weiten Sachdividendenklausel ohne weiteren Rechtsschutz wieder zu finden, wären gezwungen, vorbeugend bereits gegen den Be-

[332] BT-Drucks. 14/8769, 13.
[333] *Winter/Drebes*, FAZ v. 22.6.2002, 19; *Knigge*, WM 2002, 1736; *Waclawik*, WM 2003, 2268; *Strunk/Kolaschnik*, TransPuG, 68 f; *Schnorbus*, ZIP 2003, 514; *Holzborn/Bunnemann*, AG 2003, 673.
[334] *Schüppen*, ZIP 2002, 1277.
[335] *Schüppen*, ZIP 2002, 1277; *Zätsch/Maul*, in: Beck AG-HB, § 4 Rn. 254.
[336] *Schüppen*, ZIP 2002, 1277.
[337] Dagegen könnte man den zustimmenden Aktionären bei einer Anfechtung des Ausschüttungsbeschlusses entgegenhalten, dass sie bereits in eine zukünftige Beeinträchtigung ihrer Rechtsposition eingewilligt haben.

schluss über die Satzungsänderung zu klagen. Sie müssten sich dabei auf hypothetische Gefährdungslagen berufen, die möglicherweise nicht in dieser Form oder auch gar nicht relevant würden. Diese Konsequenz widerspräche klar der ratio legis des § 58 Abs. 5 AktG, die Ausschüttungsmöglichkeiten in Aktiengesellschaften zu erhöhen. Denn weitgefasste Sachdividendenklauseln wären nach dieser Lesart der Regierungsbegründung in hohem Maße anfechtungsgefährdet. Jedoch besteht kein Grund, die Beteiligten bereits im Vorfeld einer konkreten Ausschüttung über Gebühr zu beschränken und faktisch zu eng gefassten Sachdividendenklauseln zu drängen.[338]

Richtigerweise ist die Gesetzesbegründung so zu interpretieren, dass Fehler, welche die Ermächtigungsgrundlage selbst betreffen, der Inhaltskontrolle im Rahmen einer Anfechtungsklage gegen den satzungsändernden Beschluss nach § 58 Abs. 5 AktG unterliegen. Dagegen sind Rechtsbeeinträchtigungen von Aktionären, die sich aus dem konkreten Ausschüttungsbeschluss ergeben, im Rahmen einer Anfechtungsklage gegen diesen selbst zu überprüfen.
Denn ebenso wenig wie die Auffassung, die den Rechtsschutz allein auf den satzungsändernden Beschluss nach § 58 Abs. 5 AktG konzentrieren will, kann die Ansicht überzeugen, welche allein den konkreten Ausschüttungsbeschluss als Anfechtungsgegenstand sieht.
Zunächst ist es im Sinne der Transparenz und Funktionsfähigkeit des Kapitalmarktes erforderlich, dass Satzungsbestimmungen, die bereits selbst Aktionärsrechte unangemessen gefährden, beseitigt werden können und nicht nur im Rahmen einer Inzidentprüfung beim Angriff gegen einen konkreten Ausschüttungsbeschluss für unzulässig erklärt werden. Für Altaktionäre aber auch gerade für neu eintretende Anteilseigner muss klar und offensichtlich sein, welche Sachen in der betreffenden Gesellschaft ausgeschüttet werden können. Dies kann nur durch eine Vorabkontrolle des satzungsändernden Beschlusses nach § 58 Abs. 5 AktG gewährleistet werden.

---

[338] Denkbar ist auch die Konstellation, dass in einer Aktiengesellschaft, in: der nachträglich eine weite Satzungsklausel eingeführt wurde, alle schutzwürdigen Aktionäre (also solche Aktionäre, die bereits vor der Satzungsänderung an der Aktiengesellschaft beteiligt waren) ausgeschieden sind. Beteiligt sind nur noch Aktionäre, die ihre Mitgliedschaft nach der Satzungsänderung erworben haben; diese sind nicht schutzwürdig, da sie durch die entsprechende Sachdividendenklausel gewarnt sind. In dieser Gesellschaft sind nicht liquide Sachen grundsätzlich ohne weiteres ausschüttbar. Eines Aktionärsschutzes bedarf es in diesem Fall nicht mehr. Man kann sagen, das Problem hat sich erledigt, bevor es überhaupt aktuell geworden ist. Hält man an der angesprochenen Interpretation der Regierungsbegründung fest, hätten sich die Altaktionäre vorsorglich gegen die Satzungsänderung wehren müssen und möglicherweise eine eingeschränkte Sachdividendenklausel erzwungen. Ohne Not wäre die Ausschüttung nicht liquider Sachen in dieser Gesellschaft dann ausgeschlossen.

Ferner entspricht diese Sichtweise am weitesten der Vorstellung des Gesetzgebers, dass die Satzungsermächtigung nach § 58 Abs. 5 AktG dem Überraschungsschutz der Aktionäre dienen soll und er somit die Möglichkeit hat, lange vor einer Ausschüttung auch nicht liquider Sachen zu erfahren, dass dies in seiner Gesellschaft zulässig ist. Wird der Satzungsänderungsbeschluss bestandskräftig, so wird eine Anfechtung des Ausschüttungsbeschlusses, die sich allein auf den Umstand einer Sachausschüttung stützt, keinen Erfolg haben.

Die hier vertretene Auffassung eröffnet einerseits die Möglichkeit, Sachdividendenklauseln eliminieren zu können, die bereits aufgrund ihrer Ausgestaltung zwangsläufig zu unzulässigen Ausschüttungen führen werden.[339] Damit gelingt es, mögliche Fehler, die zur Unwirksamkeit bestimmter Sachausschüttungen führen könnten, bereits frühzeitig abzuschichten.[340]

Auf der anderen Seite zwingt diese Auffassung die Aktionäre nicht dazu, Sachdividendenklauseln angreifen zu müssen, welche keine unmittelbare Beeinträchtigung von Gewinnbeteiligungsrechten beinhalten.

Die Anfechtbarkeit der konkreten Ausschüttungsbeschlüsse bleibt erhalten.

4. Inhaltskontrolle des satzungsändernden Beschlusses nach § 58 Abs. 5 AktG

Im Folgenden wird auf die Inhaltskontrolle des satzungsändernden Beschlusses eingegangen. Dazu ist zunächst die grundsätzliche Frage zu erörtern, ob die Inhaltskontrolle das richtige Instrument zum Schutz von Minderheitsaktionären ist. Im Anschluss daran wird der konkrete Prüfungsmaßstab im Rahmen der richterlichen Überprüfung des satzungsändernden Beschlusses erläutert.

---

[339] Ein Beispiel wäre eine Satzungsregelung, die es entgegen dem Gebot der Gleichbehandlung erlaubt, an eine bestimmte Gruppe von Aktionären Sachdividenden auszuschütten, während die anderen Aktionäre Bardividenden erhalten.

[340] Die eben diskutierte Problematik ist nicht unbekannt. Für das Personengesellschaftsrecht wurde im Zusammenhang mit Kündigungsklauseln die Frage aufgeworfen, ob bei der Überprüfung von Gesellschaftsverträgen eine abstrakte Vertragskontrolle oder eine konkrete Ausübungskontrolle zu befürworten sei (*Wiedemann*, ZGR 1980, 155; derselbe, Gesellschaftsrecht, Band I, § 3 II 3a; *Hönn*, JA 1987, 339; *Koller*, DB 1984, 547). Während der BGH (v. 13.7.1981, BGHZ 81, 263 ff.; BGH NJW 1985, 2421 f.) zugunsten einer Inhaltskontrolle der Ausschlussklausel im Gesellschaftsvertrag entschied, wurde diese Rechtsprechung im Schrifttum überwiegend kritisiert (Vgl. *Hönn*, JA 1987, 342, mit weiteren Nachweisen) und für eine Schwerpunktsetzung auf die Ausübungskontrolle plädiert (*Loritz*, JZ 1986, 1081 f.; *Wiedemann*, ZGR 1980, 155). Denn es genüge in der Regel, im Einzelfall zu überprüfen, ob die Beschlussautonomie oder ein Gestaltungsrecht sachlich ausgeübt würden (*Loritz*, JZ 1986, 1081 f.; *Wiedemann*, ZGR 1980, 155). Die Ausübungskontrolle sei dagegen dort nicht ausreichend, wo bereits die Existenz bestimmter Vertragsklauseln zu Unzulänglichkeiten führe (*Wiedemann*, ZGR 1980, 155).

4.1 Grundsätzliche Zugänglichkeit von satzungsändernden Beschlüssen nach § 58 Abs. 5 AktG für eine Inhaltskontrolle

In der Literatur wird bezweifelt, ob eine Inhaltskontrolle des satzungsändernden Beschlusses nach § 58 Abs. 5 AktG überhaupt das richtige Instrument zum Schutz der Minderheitsgesellschafter sein kann. Eine Inhaltskontrolle als Richtigkeitsgewähr sei nur dort gegeben, wo weitestgehende Satzungsfreiheit bestehe, etwa bei Personengesellschaften, Publikumspersonengesellschaften und Vereinen, nicht aber, wo Satzungsstrenge wie bei der Aktiengesellschaft herrsche.[341] Diese Ansicht ist abzulehnen. Der Grundsatz der Satzungsstrenge, der seinen Niederschlag in § 23 Abs. 5 AktG gefunden hat, steht einer Inhaltskontrolle satzungsändernder Beschlüsse bzw. einer entsprechenden Satzungsregelung in der Gründungssatzung nicht entgegen. Richtig ist, dass dort, wo große Freiheit bei der Gestaltung des Gesellschaftsvertrages gegeben ist, eine entsprechend hohe Kontrolldichte durch gerichtliche Überprüfung gewährleistet sein muss. Entsprechend kann auf eine umfassende Inhaltskontrolle verzichtet werden, wenn das Gesetz den Inhalt von Gesellschaftsverträgen weitgehend vorgibt, wie es bei der Aktiengesellschaft der Fall ist.[342] Völlig entbehrlich ist eine gerichtliche Überprüfung des Satzungsinhalts und insbesondere von Satzungsänderungen bei Aktiengesellschaften aber nicht. Zwar lässt die Satzungsstrenge im Vergleich zu Personengesellschaften weniger Raum für einen Missbrauch der Satzungsautonomie, ausgeschlossen ist ein solcher Missbrauch jedoch nicht. Das wird gerade im Zusammenhang mit Ermächtigungsvorschriften i.S.v. § 23 Abs. 5 AktG deutlich, die der beschließenden Hauptversammlung einen weiten Gestaltungsspielraum einräumen und die potentielle Gefahr der Verletzung von Minderheitsinteressen in sich bergen. So ist man sich in der Literatur darüber einig, dass grundsätzlich auch satzungsändernde Beschlüsse einer Inhaltskontrolle unterliegen.[343] Umstritten ist nur, ob dies für alle Mehrheitsbeschlüsse gilt[344] oder ob dies von Fall zu Fall zu entscheiden ist.[345] Auch die Rechtsprechung unterscheidet bei der Frage nach der Notwendigkeit einer Inhaltskontrolle nicht zwischen satzungsändernden und anderen Mehrheitsbeschlüssen.[346] Im Ergebnis spricht also der Grundsatz der Satzungsstrenge nicht gegen die Inhaltskontrolle einer Satzungsänderung nach § 58 Abs. 5 AktG.

---

[341] Vgl. *Müller*, NZG 2002, 757; mit Zustimmung von *Schnorbus*, ZIP 2003, 511 Fn. 35.

[342] Vgl. *Wiedemann*, Gesellschaftsrecht, Band I, § 3 II 3a.

[343] *Wiedemann*, in: GK, § 179 Rn. 169; im Ergebnis auch *Hüffer*, AktG, § 179 Rn. 29.

[344] Vgl. *Wiedemann*, in: GK, § 179 Rn. 169 ff.; *Bischoff*, BB 1987, 1061; *Zöllner*, Stimmrechtsmacht, 318 ff.

[345] *Hüffer*, AktG, § 179 Rn. 29 und § 243 Rn. 27 ff. mit weiteren Nachweisen; *Lutter*, ZGR 1981, 178.

[346] BGH v. 13.3.1978, BGHZ 71, 40, 44 ff.; BGH v. 19.4.1982, BGHZ 83, 319, 321 ff.; BGH v. 1.2.1988, BGHZ 103, 184, 189 ff.

Bei § 58 Abs. 5 AktG handelt es sich um eine Ermächtigungsnorm i.S.v. § 23 Abs. 5 AktG,[347] die den Aktionären einen weiten Spielraum für die Ausgestaltung ihrer Ausschüttungspolitik gibt. Mit dieser Freiheit korrespondiert die Gefahr, dass die Mehrheit zu Lasten der Minderheit Sachdividendenklauseln in der Satzung verankert, welche eine erhebliche Gefahr für deren Gewinnbeteiligungsrecht darstellen können. Eine inhaltliche Überprüfung des satzungsändernden Beschlusses ist daher nicht ausgeschlossen.

4.2 Prüfungsumfang und Prüfungsmaßstab

Eine Inhaltskontrolle des satzungsändernden Beschlusses nach § 58 Abs. 5 AktG kommt dabei allerdings nur in der Ausprägung der Überprüfung von Verletzungen konkreter Rechtsnormen in Betracht. Dagegen ist eine materielle Beschlusskontrolle als komplexer Abwägungsvorgang von unterschiedlichen Aktionärsinteressen und unter Berücksichtigung bestehender Treuepflichten auf dieser vorgelagerten Ebene ausgeschlossen. Die Satzungsermächtigung nach § 58 Abs. 5 AktG schafft lediglich die Grundlage für eine konkrete Ausschüttung nicht fungibler Sachen. Dagegen steht nicht fest, ob es überhaupt zu einer solchen Ausschüttung kommen und in welcher Form diese vorgenommen wird. Die rein abstrakte Möglichkeit, dass es zur Beeinträchtigung der Interessen von Minderheitsaktionären kommen kann, reicht für eine Geltendmachung der Verletzung von Treuepflichten nicht aus.[348] Insofern ist für eine richterliche Überprüfung kein Raum. Damit lässt sich bereits an dieser Stelle festhalten, dass der Schwerpunkt richterlicher Kontrolle im Zusammenhang mit der Ausschüttungen nicht liquider Sachen auf der Überprüfung des konkreten Sachausschüttungsbeschlusses liegen wird.

4.2.1 Prüfung am Maßstab des § 53a AktG

Nach § 243 Abs. 1 AktG kann ein Beschluss der Hauptversammlung wegen Verletzung des Gesetzes mit der Anfechtungsklage angegriffen werden. Bei der Ausschüttung nicht fungibler Sachen kommt ein Verstoß gegen den in § 53a AktG normierten Gleichbehandlungsgrundsatz in Betracht.[349]

---

[347] Siehe 1. Abschnitt, 1. Kapitel, 8.1.2.
[348] A.A. *Zätsch/Maul*, in: Beck AG-HB, § 4 Rn. 254, die davon ausgehen, dass der satzungsändernde Beschluss auch wegen Verletzung von Treuepflichten angefochten werden kann.
[349] Vgl. auch *Holzborn/Bunnemann*, AG 2003, 672.

Das ist ganz offensichtlich der Fall, wenn die Satzungsermächtigung nach § 58 Abs. 5 AktG eine Sachdividende nur für bestimmte Aktionäre oder Aktionärsgruppen vorsieht, während ein anderer Teil weiterhin eine Bardividende erhalten soll. Hier wäre die diskriminierende Behandlung einzelner Aktionärsgruppen bereits in der Satzung angelegt, ohne dass es noch auf den umsetzenden Ausschüttungsbeschluss ankäme.

In der Literatur wird ferner bereits eine Satzungsermächtigung bei Publikumsaktiengesellschaften als gleichheitswidrig angesehen, welche die Ausschüttung nicht fungibler Sachen erlaubt. Die Ausschüttung dieser Sachen liege nämlich meist nur im Interesse eines einzelnen bzw. einzelner Aktionäre und nicht im allgemeinen Aktionärsinteresse.[350] Dieser Ansicht kann in dieser Weite nicht zugestimmt werden. Erfolgreich angreifbar ist eine solche Satzungsbestimmung nur in wenigen Ausnahmefällen, nämlich dann, wenn eine Ausschüttung nicht fungibler Sachen, die auf der betreffenden Satzungsermächtigung beruht, in jedem Falle gegen den Gleichbehandlungsgrundsatz verstoßen würde. Das dürfte nur selten der Fall sein, da die Frage der Gleichbehandlung regelmäßig - insbesondere im Hinblick auf denkbare Rechtfertigungen derartiger Ausschüttungen – nur am Einzelfall überprüft werden kann.[351]

4.2.2 Prüfung am Maßstab des § 243 Abs. 2 AktG

Eine Anfechtung der Satzungsermächtigung nach § 243 Abs. 2 AktG wird dagegen kaum einmal Erfolg haben können. Dieser Anfechtungsgrund ist dann gegeben, wenn der Mehrheitsaktionär versucht, durch einen gefassten Beschluss Sondervorteile für sich zum Schaden der anderen Aktionäre zu erlangen.
Dies wird sich bereits aus der abstrakten Ermächtigungsgrundlage nur in den seltensten Fällen ersehen lassen. Dafür müsste die Satzungsklausel so eng gefasst sein, dass der Gegenstand der Ausschüttung, der zu einem Sondervorteil für den Mehrheitsaktionär führen wird, bereits konkret feststeht.[352]

---

[350] *Waclawik*, WM 2003, 2268.

[351] Die Frage der Gleichbehandlung in diesen Fällen ist folglich im Rahmen einer Inhaltskontrolle des konkreten Gewinnverwendungsbeschlusses zu überprüfen.

[352] Ungenau daher *Waclawik*, WM 2003, 2268, der von einer Anfechtbarkeit der Satzungsermächtigung nach § 243 Abs. 2 AktG spricht und dabei auf *Müller*, NZG 2002, 757 und *Schnorbus*, ZIP 2003, 514 verweist. Die beiden letzten Autoren gehen allerdings zu Recht von einer Anfechtbarkeit des konkreten Sachausschüttungsbeschlusses nach § 243 Abs. 2 AktG aus.

5.   Inhaltskontrolle des konkreten Sachausschüttungsbeschlusses

Hinsichtlich der Inhaltskontrolle des konkreten Sachausschüttungsbeschlusses kann zwischen der Überprüfung des Verstoßes gegen konkrete Gesetzes- oder Satzungsvorschriften und der materiellen Beschlusskontrolle mit Blick auf Verletzungen von Treuepflichten differenziert werden.

5.1   Überprüfung auf konkrete Verletzungen des Gesetzes oder der Satzung

Ein Gewinnverwendungsbeschluss, der die Ausschüttung von Sachen vorsieht, muss sich an § 53a AktG messen lassen, der die Gleichbehandlung aller Aktionäre vorschreibt. Gleichheitswidrig ist dabei insbesondere die Ausschüttung verschiedenartiger Sachgegenstände an die Aktionäre.[353] In der Literatur wird ferner ausgeführt, dass die Ausschüttung nicht fungibler Sachen bei heterogenem Aktionärskreis, wie er typischerweise bei Publikums-Aktiengesellschaften vorliegt, regelmäßig gegen das Gebot der Gleichbehandlung verstoßen wird, da den Ausschüttungsgegenständen von den Aktionären unterschiedliche subjektive Wertschätzung entgegengebracht wird.[354]

Dem kann jedoch in dieser Allgemeinheit nicht zugestimmt werden. Wenn diese Sichtweise zuträfe, wäre die Ausschüttung nicht fungibler Sachen bei größerem Aktionärskreis stets unzulässig, es sei denn alle Aktionäre würden dem Gewinnverwendungsbeschluss zustimmen und damit ihr Einverständnis in eine eventuelle Ungleichbehandlung bekunden. Damit wäre die Möglichkeit zur Ausschüttung nicht fungibler Sachen bei größeren Aktiengesellschaften faktisch ausgehebelt, die vom Gesetzgeber beabsichtigte Liberalisierung der Gewinnausschüttung würde teilweise leer laufen.

Richtigerweise hat der Gesetzgeber mit der Schaffung des § 58 Abs. 5 AktG den Beteiligten die Möglichkeit gegeben, den Maßstab der Gleichbehandlung zu ändern. Es gilt der Vorrang der Privatautonomie.[355]

Der Aktionär einer Gesellschaft, deren Satzung eine entsprechende Sachdividendenklausel enthält, weiß bzw. muss wissen, dass die Ausschüttung von Sachen möglich ist, die ihm u.U. nicht den gleichen Nutzen stiftet, wie einem anderen Aktionär. Die erforderliche Satzungsermächtigung nach § 58 Abs. 5 AktG

---

[353] So auch *Holzborn/Bunnemann*, AG 2003, 672; *Leinekugel*, Sachdividende, 169; *Hasselbach/Wicke*, NZG 2001, 600.

[354] *Schnorbus*, ZIP 2003, 514; *Waclawik*, WM 2003, 2268; *Schüppen*, ZIP 2002, 1277.

[355] *Hüffer*, AktG, § 53a Rn. 5. Das Aktiengesetz gewährte bereits bisher in erheblichem Umfang Spielraum für Satzungsregelungen, die Ungleichheiten zwischen Aktionären begründen können, vgl. *Bungeroth*, in: MünchKommAG, § 53a Rn. 16.

modifiziert insofern den Anspruch des Aktionärs auf Gleichbehandlung dahingehend, dass er gewisse Benachteiligungen[356] hinnehmen muss, die eine Sachausschüttung nach sich ziehen kann.

Als weitere Gesetzesverletzung mit der Folge der Anfechtbarkeit des Gewinnverwendungsbeschlusses kommt ein Verstoß gegen § 243 Abs. 2 AktG in Betracht. Der Tatbestand ist gegeben, wenn die Hauptversammlungsmehrheit mit der Sachausschüttung Sondervorteile zum Schaden der Minderheitsaktionäre anstrebt. So liegt der Fall etwa, wenn ein Mehrheitsaktionär versucht, die Aktien der Minderheit billig in die Hand zu bekommen. Gerade mit der Ausschüttung nicht liquider Sachen, die für die Minderheitsaktionäre keinen oder nur geringen Wert haben - möglicherweise über Jahre hinweg -, kann eine typische Aushungerungspolitik betrieben werden, die entnervte Aktionäre zum Ausstieg bewegen kann. Der missbräuchliche Charakter eines solchen Vorgehens liegt auf der Hand.

Eine Anfechtung des Ausschüttungsbeschlusses kann sich schließlich aber auch daraus ergeben, dass sich die konkret beschlossene Ausschüttung nicht mehr innerhalb der Satzungsermächtigung hält. Ein Beispiele hierfür wäre eine Ausschüttung nicht fungibler Sachen, obwohl die Sachdividendenklausel auf die Ausschüttung liquider Sachen beschränkt wurde oder auf der Grundlage einer Sachdividendenklausel, welche die liquiden Sachen nicht in ausreichendem Maße konkretisiert hat.

5.2 Bewegliche Schranken für die Ausübung der Mehrheitsmacht

Die Überprüfung des Sachausschüttungsbeschlusses am Maßstab von Gesetzes- oder Satzungsverletzungen reicht in vielen Fällen nicht aus, um das Gewinnbeteiligungsrecht der Minderheitsaktionäre ausreichend zu schützen. Insbesondere die Überprüfung am Gleichbehandlungsgrundsatz allein führt nicht in jedem Fall zu zufrieden stellenden Ergebnissen. Dies hat mehrere Gründe. Zunächst erlaubt eine Sachdividendenklausel eine Ungleichbehandlung der Aktionäre in einem Umfang, der der Ausschüttung nicht liquider Sachen typischerweise innewohnt. Ferner muss sich nicht jeder Eingriff in die Mitgliedschaft eines Akti-

---

[356] Die Grenze zwischen hinzunehmender Benachteiligung und angreifbarer Ungleichbehandlung lässt sich dabei nur im jeweiligen Einzelfall ziehen. Die Entscheidung wird insbesondere abhängen vom Grad der Fungibilität der Ausschüttungsgegenstände und damit vom Maß der Benachteiligung einzelner Aktionäre. Sicherlich ist die Grenze dort erreicht, wo sich eine Ausschüttung für bestimmte Anteilseigner als völlig nutzlos erweist. Im Hinblick auf die Vorwarnung der Aktionäre durch die zwingend erforderliche Satzungsermächtigung dürfen dabei allerdings keine allzu strengen Maßstäbe angelegt werden.

onärs zwingend als Ungleichbehandlung darstellen. Und schließlich kann eine Gleichbehandlung nur von der Aktiengesellschaft gefordert werden, führt also dort nicht weiter, wo es um das Verhältnis der Aktionäre untereinander geht. Um einen umfassenden Minderheitenschutz zu erreichen, bedarf es also einer Ergänzung des Prüfprogrammes auf der Basis von mitgliedschaftlichen Treuepflichten.[357]

5.2.1 Treuepflichten und materielle Beschlusskontrolle

Treuepflichten bestehen in einer Aktiengesellschaft nicht nur für die Gesellschaft gegenüber den Aktionären, sondern auch zwischen den Aktionären untereinander.[358] Dies ist seit der Linotype-Entscheidung des BGH[359] höchstrichterlich abgesichert.

Wesentliche Ausprägung der Treuepflicht ist die materielle Beschlusskontrolle.[360]

Die materielle Beschlusskontrolle ist heute als Rechtsinstitut allgemein anerkannt und wurde vor folgendem Hintergrund entwickelt: in der Aktiengesellschaft gilt grundsätzlich das Mehrheitsprinzip, so dass die Mehrheit der Minderheit ganz legal ihren Willen aufzwingen kann.[361] Nachdem die Rechtsprechung diese gesetzgeberische Entscheidung zugunsten des Mehrheitsprinzips zunächst unkritisch übernommen[362] und damit eine schrankenlose Mehrheitsmacht („Mehrheit ist Mehrheit"[363]) akzeptiert hatte, nahm sie sehr bald Abstand von dieser Haltung. Die überstimmte Minderheit muss Entscheidungen der Mehrheit zwar grundsätzlich hinnehmen; andererseits darf die Mehrheit aber ihre Befugnisse nicht unter unangemessener Beeinträchtigung der Minderheitsinteressen durchsetzen.[364] Die Rechtsprechung entwickelte in der Folge in mehreren Urteilen[365] unter Vorarbeit durch die Literatur[366] bewegliche Schranken der Mehrheitsherrschaft, die den Minderheitenschutz in der Aktiengesellschaft gewährleisten sollen.

---

[357] *Hüffer*, AktG, § 53a Rn. 13 f.
[358] *Hüffer*, AktG, § 53a Rn. 14 mit weiteren Nachweisen.
[359] BGH v. 1.2.1988, BGHZ 103, 184, 194 ff.
[360] *Hüffer*, AktG, § 53a Rn. 17.
[361] *Timm*, ZGR 1987, 404.
[362] RG v. 8.4.1908, RGZ 68, 235, 246.
[363] *Wiedemann*, in: GK, § 179 Rn. 169.
[364] Vgl. *Heidel*, in: AnwK-AktR, Kapitel 1 § 243 Rn. 23.
[365] BGH v. 13.3.1978, BGHZ 71, 40, 44 ff.; v. 19.4.1982, BGHZ 83, 319, 321 ff.; v. 1.2.1988, BGHZ 103, 184, 189 ff.
[366] *Zöllner*, Stimmrechtsmacht, 339 ff.

Materielle Beschlusskontrolle bedeutet damit konkret, dass Mehrheitsbeschlüsse, die in die Rechtstellung der Minderheit oder die Rechte der einzelnen Minderheitsaktionäre[367] eingreifen, durch die Gerichte nicht nur auf ihre formelle Rechtmäßigkeit, insbesondere die Einhaltung der notwendigen Beschlussmehrheiten, hin überprüft werden; vielmehr unterliegen sie auch einer inhaltlichen Kontrolle, die sich am Maßstab der Erforderlichkeit und Verhältnismäßigkeit orientiert.[368] Der betreffende Beschluss muss durch das Gesellschaftsinteresse sachlich geboten und zusätzlich nach Abwägung des Gesellschaftsinteresses und den Interessen der Minderheitsgesellschafter verhältnismäßig sein.[369]

Die Rechtsprechung wendet die materielle Beschlusskontrolle nicht auf alle Mehrheitsbeschlüsse in einer Aktiengesellschaft an. So verzichtet der BGH auf die Voraussetzung einer sachlichen Rechtfertigung, wenn das Gesetz selbst den Eingriff in die Mitgliedschaft der Minderheitsaktionäre erlaubt, ohne hierfür ein besonderes Gesellschaftsinteresse zu fordern.[370] Letzteres ist eine Frage der Auslegung der betreffenden Norm. Keiner sachlichen Rechtfertigung eines Mehrheitsbeschlusses bedarf es zudem, wenn die gesetzliche Zulässigkeit von Eingriffen in die Mitgliedschaft als normative Abwägung gegen die Interessen der Minderheitsaktionäre verstanden werden muss.[371] Im Bereich der Aktiengesellschaft hat der BGH das Vorliegen eines sachlichen Grundes bisher bei Beschlüssen über den Ausschluss des Bezugsrechts der Aktionäre bei Kapitalerhöhungen[372] oder bei der Schaffung eines genehmigten Kapitals[373] gefordert. Dagegen hat er die materielle Beschlusskontrolle abgelehnt bei Auflösungsbeschlüssen[374] und der nachträglichen Einführung eines Höchststimmrechts.[375] In der Literatur herrscht keine Einigkeit in der Frage, welche Mehrheitsbeschlüsse einer materiellen Beschlusskontrolle unterliegen.

---

[367] Einschränkend *Hirte*, der eine materielle Beschlusskontrolle nur bei Beschlüssen für anwendbar hält, die in Herrschaftsverhältnisse in der Aktiengesellschaften eingreifen, vgl. *Hirte*, Bezugsrechtsausschluss, 138 ff.

[368] Vgl. *Heidel*, in: AnwK-AktR, Kapitel 1 § 243 Rn. 24; *Hüffer*, AktG, § 179 Rn. 29; *Bischoff*, BB 1987, 1059; Hirte, Gesellschaftsrecht, Rn. 3.293.

[369] BGH v. 26.2.1996, BGHZ 132, 84, 93; v. 9.11.1992, BGHZ 120, 141, 145 f.; v. 19.4.1982, BGHZ 83, 319, 321; v. 13.3.1978, BGHZ 71, 40, 43.

[370] Entschieden für Auflösungsbeschlüsse, vgl. BGH v. 1.2.1988, BGHZ 103, 184, 192 f.

[371] *Hüffer*, AktG, § 243 Rn. 24; *Henze*, DStR 1993, 1829

[372] BGH v. 13.3.1978 , BGHZ 71, 40, 43 ff.

[373] BGH v. 19.4.1982, BGHZ 83, 319, 321 ff.

[374] BGH v. 1.2.1988, BGHZ 103, 184, 190.

[375] BGH v. 19.12.1977, BGHZ 70, 117, 119 ff.

Die weitestgehende Ansicht[376] geht davon aus, dass grundsätzlich alle Gesellschafterbeschlüsse der materiellen Beschlusskontrolle unterliegen. Der Realstruktur der Gesellschaft kommt dabei entscheidende Bedeutung für Inhalt und Umfang hinsichtlich der Rücksichtnahmepflichten zu, die der Mehrheit gegenüber der Minderheit obliegen.[377]

Eine andere Ansicht schlägt eine zweistufiges Modell vor: auf der ersten Stufe ist zu überprüfen, ob der Mehrheitsbeschluss unter Überschreitung des eingeräumten Ermessens oder unter Verstoß gegen den Grundsatz der Gleichbehandlung gefasst worden ist. Auf der zweiten Stufe erfolge eine Kontrolle aller die Minderheit belastenden Entscheidungen, also bei Eingriffen in die Struktur oder Substanz der Mitgliedschaft, unter den Gesichtspunkten von Erforderlichkeit, Eignung und geringerer Last, soweit sie nicht speziell nach ihrem Gegenstand vom Gesetz oder allgemein wegen ihres Inhalts von dieser Prüfung freigestellt seien.[378]

Nach einer weiteren Meinung unterliegen der materiellen Beschlusskontrolle nur Mehrheitsbeschlüsse, welche in die Herrschaftsverhältnisse innerhalb der Gesellschaft eingreifen. Sonstige die Minderheit belastende Beschlüsse unterliegen nur einer allgemeinen Missbrauchskontrolle.[379]

Sowohl nach den Maßstäben der Rechtsprechung des BGH als auch nach den Maßstäben der überwiegenden Meinung in der Literatur unterliegt der Sachausschüttungsbeschluss bezüglich nicht fungibler Sachen der materiellen Beschlusskontrolle.

Die Ausschüttung nicht fungibler Sachwerte kann die Minderheitsaktionäre in ihrem Dividendenanspruch aus § 58 Abs. 4 i.V.m. § 174 Abs. 1 AktG beeinträchtigen. Dieser Anspruch stellt das wichtigste mitgliedschaftliche Vermögensrecht eines Aktionärs dar.[380] Eine Entwertung des Dividendenanspruchs durch die Ausschüttung nicht fungibler Sachwerte bzw. eine dadurch verursachte Ungleichbehandlung der Aktionäre kann somit einen schwerwiegenden Eingriff in die Mitgliedschaft darstellen, der vom BGH und der h.M. im Schrifttum als Voraussetzung für eine materielle Beschlusskontrolle gefordert wird.[381]

---

[376] *Wiedemann*, ZGR 1980, 157; *Bischoff*, BB 1987, 1061; *Zöllner*, Stimmrechtsmacht, 318 ff.

[377] Vgl. *Wiedemann*, DB 1993, 144.

[378] *Lutter*, ZGR 1981, 178.

[379] Vgl. *Hirte*, Bezugsrechtsausschluss, 138 ff.

[380] *Lutter*, in: KölnKomm, § 58 Rn. 79.

[381] Anders nur *Hirte*, Bezugsrechtausschluss, 138 ff., der als Voraussetzung für eine materielle Beschlusskontrolle einen Eingriff in die Herrschaftsverhältnisse in der Gesellschaft verlangt. Er begründet dies damit, dass Eingriffe in die Herrschaftsverhältnisse nicht durch

Die Ausschüttung nicht fungibler Sachen fällt auch nicht unter eine der Fallgruppen, in denen der BGH Beschlüsse trotz schwerwiegender Eingriffe in die Mitgliedschaft nicht auf ihre sachliche Rechtfertigung hin überprüft. § 58 Abs. 5 AktG als Ermächtigungsgrundlage für die Ausschüttung nicht liquider Sachen regelt weder abschließend die Voraussetzungen für eine derartige Ausschüttung; ebenso wenig kann davon ausgegangen werden, dass § 58 Abs. 5 AktG mit der rechtlichen Zulassung der Ausschüttung nicht liquider Sachwerte gleichzeitig eine normative Abwägung zu Lasten der Interessen von Minderheitsaktionären enthält. § 58 Abs. 5 AktG wurde entsprechend seiner *ratio* weit gefasst, um der Hauptversammlung im Sinne eines modernen Aktienrechts größtmögliche Flexibilität bei der Ausschüttung von Dividenden einzuräumen. Eine abschließende gesetzgeberische Entscheidung über Maß und Umfang eines zuverlässigen Minderheitenschutzes hat sich weder im Gesetzeswortlaut niedergeschlagen, noch kann dies aus anderen Umständen hergeleitet werden.

Ganz im Gegenteil bringt der Gesetzgeber in der Regierungsbegründung selbst zum Ausdruck, dass er bei der Ausschüttung nicht liquider Sachen eine Inhaltskontrolle für notwendig erachtet.[382]

Nachdem geklärt ist, dass Gewinnverwendungsbeschlüsse über die Ausschüttung nicht liquider Sachen der materiellen Beschlusskontrolle unterliegen, gilt es in einem weiteren Schritt die Schranken der Mehrheitsmacht herauszuarbeiten.

5.2.2 Grundsatz: keine Beschränkungen der Mehrheitsmacht bei Sachausschüttungen oberhalb der Mindestausschüttung nach § 254 AktG

Die Ausschüttung nicht fungibler Sachen stellt gemessen an einer Barausschüttung in aller Regel eine wertmäßige Beeinträchtigung des Gewinnbeteiligungsrechts der Aktionäre dar. Wie hoch diese Beeinträchtigung ausfällt, ist davon abhängig, welcher Liquiditätsgrad den ausgeschütteten Sachen zukommt.

Ginge man davon aus, dass eine Sachdividende in jedem Falle wertmäßig einer Barausschüttung gleichkommen müsse, so würde die Ausschüttung nicht liquider Sachen niemals einer gerichtlichen Überprüfung standhalten. Die Ausschüttung wäre unzulässig und zwar unabhängig davon, wie groß das Maß der Beeinträchtigung der Aktionäre wäre.

Ausgleichszahlungen ausgeglichen werden können und daher eine endgültige und nicht kompensierbare Beeinträchtigung der Mitgliedschaft darstellen.
[382] BT-Drucks. 14/8769, 13.

Diese Sichtweise widerspricht aber klar der Intention des Gesetzgebers, der die Ausschüttung nicht liquider Sachen ausdrücklich gewollt hat und damit den Beteiligten erhöhte Flexibilität bei der Gewinnverwendung an die Hand gibt. Auf der anderen Seite müssen dieser Flexibilität aber auch Grenzen gezogen werden, die eine Aushöhlung des Gewinnbeteiligungsrechts der Aktionäre verhindern und sie vor Missbrauch der neugewonnenen Gestaltungsfreiheit schützen. Den Verlauf dieser Grenzen gilt es im folgenden auszuloten.

Einen Hinweis auf die Lösung des Problems liefert bereits die Gesetzesbegründung selbst. Darin weist der Gesetzgeber darauf hin, dass es Aktiengesellschaften vor allem in Wachstumsbranchen gibt, die grundsätzlich überhaupt keine Dividende zahlen. Auch dies unterliege mit Ausnahme des § 254 AktG keiner besonderen Regelung.[383] Weiter führt die Gesetzesbegründung im Zusammenhang mit der Inhaltskontrolle zum Schutz von Minderheitsaktionären aus, dass es sich bei der Problematik um ein generelles Problem des sog. „Aushungerns" von Minderheitsaktionären handelt, das nicht speziell mit der Sachausschüttung verbunden ist.[384]

Die Frage, wann eine Ausschüttung nicht liquider Sachen gegen die Treuepflicht unter den Aktionären einer Aktiengesellschaft verstößt und sich damit im Rahmen der materiellen Beschlusskontrolle als unzulässig erweist, lässt sich widerspruchsfrei nur vor dem Hintergrund der Wertungen des Aktiengesetzes beantworten, die bezüglich der Gewinnverwendung durch die Hauptversammlung zu beachten sind.

Grundsätzlich ist die Hauptversammlung frei in der Verwendung des Bilanzgewinns. Sie kann ohne weiteres[385] den Bilanzgewinn in Gewinnrücklagen einstellen oder auf neue Rechnung vortragen.[386]

Die einzige Beschränkung dieser Dispositionsfreiheit über den Bilanzgewinn ergibt sich aus der Vorschrift des § 254 AktG. Im Gegensatz zum GmbH-Recht enthält das Aktienrecht mit § 254 AktG eine Vorschrift, die den Minderheitsaktionären eine Mindestausschüttung garantieren will. Danach ist ein Gewinnverwendungsbeschluss anfechtbar, wenn an die Aktionäre nicht eine Mindestdivi-

---

[383] BT-Drucks. 14/8769, 12.

[384] BT-Drucks. 14/8769, 13.

[385] Unzutreffend ist daher die Auffassung von *Leinekugel* (Sachdividende, 136), die davon ausgeht, dass die Verteilung des Bilanzgewinns unter die Aktionäre nur aufgrund einer ausdrücklichen Satzungsermächtigung ausgeschlossen werden dürfe. Diese Ansicht ist nicht mit dem Wortlaut des § 58 Abs. 3 Satz 2 AktG vereinbar und widerspricht auch klar dem Willen des Gesetzgebers, wie er in der Regierungsbegründung zu § 58 AktG zum Ausdruck kommt (Kropff, Regierungsbegründung, 77).

[386] BGH v. 28.10.1993, BGHZ 124, 31; *Lutter*, in: KölnKomm, § 58 Rn. 70 f.; *Henze*, in: GK, § 58 Rn. 78. Anders ist dies nur dann, wenn die Satzung eine bestimmte Mindestausschüttung anordnet.

dende von 4% des Grundkapitals ausgeschüttet wird.[387] Das Anfechtungsrecht besteht nur dann nicht, wenn die überhöhte Thesaurierung bei kaufmännischer Beurteilung notwendig ist, um die Lebens- und Widerstandsfähigkeit der Gesellschaft zu sichern. Der Zweck dieser Vorschrift liegt damit im Schutz der Minderheit vor einer Aushungerungspolitik der Mehrheit.[388] Aus dieser Rechtslage lässt sich ableiten, dass der Gesetzgeber das Schutzniveau zugunsten der Minderheitsaktionäre an der Mindestausschüttung des § 254 AktG festmacht. Die Minderheit wird damit grundsätzlich nur in den engen Grenzen des Anfechtungsrechts nach § 254 AktG geschützt.[389] Auch wenn dieser schwache Schutz von zahlreichen Stimmen in der Literatur kritisiert wird,[390] müssen es daher die Minderheitsaktionäre de lege lata hinnehmen, wenn die Mehrheit sich dazu entschließt, zukünftig nur noch die Mindestdividende auszuschütten.

Wenn nun die Hauptversammlungsmehrheit beschließen kann, über die Mindestausschüttung nach § 254 AktG hinaus keine weitere Gewinnausschüttung vorzunehmen und den Rest des Bilanzgewinns zu thesaurieren oder auf neue Rechnung vorzutragen, so ist es ihr erst recht gestattet, jenseits der Schwelle der Mindestdividende nicht fungible Sachen auszuschütten, die einer Bardividende wertmäßig nicht gleichkommen. Denn nach dem geltenden Aktienrecht kann der Aktionär grundsätzlich nicht darauf vertrauen, dass über die Mindestgarantie des § 254 AktG hinaus überhaupt eine Gewinnausschüttung erfolgt. Insofern stellt die Ausschüttung von Sachen, die im Wert an eine entsprechenden Bardividende nicht heranreichen, für den Aktionär immer noch ein Mehr gegenüber einem völligen Ausfall der Dividendenzahlung dar. Damit ist der Auffassung in der Literatur zu widersprechen, die § 58 Abs. 4 AktG als Obersatz zu § 58 Abs. 5 AktG interpretiert und damit von einer Wertgarantie in Höhe einer entsprechenden Bardividende ausgeht. Vielmehr stellt die Sachdividende ein *aliud* zur Barausschüttung dar. Der möglichen wertmäßigen Schlechterstellung der Aktionäre durch eine Sachdividende ist durch den Überraschungsschutz in Form einer ausdrücklichen Satzungsermächtigung ausreichend Rechnung getragen.

Bereits zur alten Rechtslage wurde im Wege einer Argumentation *a majore ad minus* vertreten, dass es zur Ausschüttung von Sachen keiner Satzungsermächtigung bedürfe, da die Sachausschüttung ein Mehr im Vergleich zur Nichtausschüttung darstelle.[391] Konsequent zu Ende gedacht lässt sich mit dieser Argu-

---

[387] Insofern ist es nicht ganz richtig, wenn *Schnorbus* (ZIP 2003, 511) behauptet, es gäbe kein Vertrauen auf Dividendenausschüttungen. Denn die Aktionäre können damit rechnen, dass sie in der Regel die gesetzliche Mindestdividende erhalten.

[388] *Hüffer*, in: MünchKommAG, § 254 Rn. 2.

[389] *Hüffer*, in: MünchKommAG, § 254 Rn. 10 ff.

[390] Vgl. *Marsch*, Kleinaktionärsinteressen, 96; *Drinhausen*, in: AnwK-AktR, Kapitel 1 § 58 Rn. 36; *Hüffer*, in: MünchKommAG, § 254 Rn. 4; *Karsten Schmidt*, in: GK, § 254 Rn. 1.

[391] *Tübke*, Sachausschüttungen, 24 f.

mentation auch rechtfertigen, dass statt einer Nichtausschüttung Sachen minderen Werts ausgeschüttet werden.[392]
Der hier vertretenen Ansicht lässt sich auch nicht entgegenhalten, dass der Aktionär durch die Ausschüttung nicht fungibler Sachen in der Gesamtschau schlechter stehe, da der Bilanzgewinn bei Thesaurierung den inneren Wert der Beteiligung des Aktionärs erhöht hätte, während er bei Ausschüttung in Form nicht fungibler Sachen in der Hand des Aktionärs im Wert dahinter zurückbleibe. Zunächst kann man sagen, dass sich durch die Nichtausschüttung die risikotragende Einlage des Aktionärs erhöht hätte, was bei einem Wertevergleich zu berücksichtigen wäre.[393] Zudem zeigt die Erfahrung, dass ein steigender innerer Wert der Beteiligung des Aktionärs nicht zwingend eine Erhöhung des vom Aktionär durch Verkauf seines Anteils erzielbaren Erlöses nach sich zieht, da sich der innere Wert und der an der Börse festgestellte Kurs in der Regel nicht decken.[394][395]
Ferner könnte man gegen die oben geführte Argumentation einwenden, dass es zwar keinen Anspruch der Aktionäre auf Ausschüttung einer Dividende gibt, dass allerdings ein Sachdividendenanspruch vollwertig[396] zu erfüllen ist, wenn erst mal ein entsprechender Gewinnverwendungsbeschluss gefasst wurde. Diese Sichtweise ist aber zu formal und entspricht auch nicht dem Wesen des Sachdividendenanspruchs. Dieser ist gerade kein Substitut eines Bardividendenanspruchs, sondern entsteht originär als solcher und mit allen Beschränkungen, die eine Sachdividende typischerweise mit sich bringen kann.[397]

---

[392] Die zitierte Ansicht dagegen zieht diesen Schluss nicht, sondern hält im Gegenteil die Ausschüttung nicht fungibler Sachen für unzulässig.

[393] *Tübke*, Sachausschüttungen, S. 24.

[394] *Schwark*, Börsengesetz, § 29 Rn. 9; *Claussen*, Bank- und Börsenrecht, § 9 Rn. 235.

[395] Abgesehen davon sind Konstellationen denkbar, in: denen gerade die Ausschüttung nicht fungibler Sachen den inneren Wert der Beteiligung erhöht, etwa wenn dadurch kostenintensive Lagerbestände abgebaut werden.

[396] Im Sinne einer Orientierung an einer entsprechenden Barausschüttung.

[397] Anders ist dies bei einer Sachleistung an Erfüllungs Statt. In diesem Fall leitet sich der Sachleistungsanspruch vom Baranspruch ab, so dass er wertmäßig diesem gleichkommen muss.

5.2.3   Schranken der Mehrheitsmacht trotz Beachtung der Mindestausschüttung nach § 254 AktG

5.2.3.1   Berücksichtigung des Vertrauens auf eine Barausschüttung

Festzuhalten ist, dass die Ausschüttung nicht fungibler Sachen im Grundsatz einer Inhaltskontrolle standhält, auch wenn sie wertmäßig hinter einer Barausschüttung zurückbleibt. Voraussetzung ist allerdings, dass die Mindestausschüttung nach § 254 AktG gewährleistet ist.[398] Von dieser Basis ausgehend sind die Fälle herauszuarbeiten, in denen die Ausschüttung nicht fungibler Sachen teilweise oder vollständig unzulässig ist.

Den ersten Ansatz liefert wiederum die Regierungsbegründung. Dort wird ausdrücklich herausgestellt, dass die Dividendenzahlung für bestimmte Anteilseigner eine wichtige oder die einzige Einkommensquelle darstellen könne. In diesem Fall könne die Ausschüttung nicht fungibler Sachen nicht ohne weiteres die Bardividende vollständig ersetzen und das Vertrauen auf eine Barausschüttung sei im Rahmen der Inhaltskontrolle zu berücksichtigen.[399]

5.2.3.1.1   Ansichten in der Literatur

Die Formulierung „Vertrauen der (Minderheits-)Aktionäre auf Barausschüttung" wird außer in der Begründung zum Regierungsentwurf bereits in der Begründung zum Referentenentwurf[400] verwendet. Im geplanten § 58 Abs. 5 Satz 2 AktG sollte der Begriff sogar in den Gesetzestext aufgenommen werden, war dann aber wieder fallengelassen wurde. Klärungsbedürftig ist zunächst die Frage, welcher Bedeutungsinhalt dieser Formulierung zukommt.

In der Literatur findet sich der Begriff des „schutzwürdigen Vertrauens des Aktionärs auf eine Barausschüttung" einerseits bei *Leinekugel*[401], *Lutter/Leinekugel/Rödder*[402] und *Hasselbach/Wicke*[403] und hatte dort auch seine Berechtigung. Die genannten Autoren vertraten zur alten Rechtslage nämlich die

---

[398] Diese Voraussetzung ist in jedem Falle erfüllt, wenn eine Bardividende oder fungible Sachen in Höhe der Mindestausschüttung ausgekehrt werden. Denkbar ist auch, dass das die Mindestausschüttung i.S.d. § 254 AktG durch die Auskehrung nicht fungibler Sachen erreicht wird, denen unter Berücksichtigung eines Abschlags wegen erhöhten Verwertungsaufwands ein entsprechender Wert beizumessen ist.

[399] BT-Drucks. 14/8769, 13.

[400] Begründung zum Referentenentwurf, ZIP 2001, 2194.

[401] *Leinekugel*, Sachdividende, 136 ff.

[402] *Lutter/Leinekugel/Rödder*, ZGR 2002, 209 f.

[403] NZG 2001, 599 f.

Ansicht, dass der Dividendenanspruch gem. § 58 Abs. 4 AktG nicht zwingend auf eine Barausschüttung gerichtet sei.[404] Vielmehr sei das Aktiengesetz hinsichtlich der Form der Gewinnausschüttung offen[405], Bar- und Sachausschüttung stünden demnach als gleichberechtigte Alternativen nebeneinander. Aufgrund der gesellschaftsrechtlichen Praxis habe sich über Jahrzehnte hinweg eine „Usance"[406] herausgebildet, dass der Dividendenanspruch des Aktionärs in Geld zu erfüllen sei. Entsprechend sei auch die Erwartungshaltung des Anteilseigners auf eine Barausschüttung gerichtet.[407] Vor diesem Hintergrund war es dogmatisch konsequent, von einem schützenswerten Vertrauen auf eine Barausschüttung zu sprechen: durch jahrzehntelange Übung hatte sich die Ausschüttungserwartung auf eine von zwei möglichen Ausschüttungsvarianten konkretisiert. Der Aktionär hatte nach dieser Ansicht zwar keinen gesetzlichen Anspruch auf eine Barausschüttung, er durfte aber darauf vertrauen, dass auch in Zukunft sein Dividendenanspruch in bar und nicht in Sachwerten erfüllt würde.

Wie oben[408] allerdings ausführlich dargelegt wurde, ist der Dividendenanspruch gem. § 58 Abs. 4 AktG ohne weitere Regelung ausschließlich auf Zahlung in Geld gerichtet. Auch die Begründungen zum Referenten- und Regierungsentwurf gehen ausdrücklich von dieser Prämisse aus.[409] Solange in der Satzung keine Sachdividendenklausel nach § 58 Abs. 5 AktG verankert und diese Ermächtigung in einem Gewinnverwendungsbeschluss umgesetzt wird, steht dem Aktionär ein Anspruch auf Barausschüttung zu, und zwar kraft Gesetzes und nicht aufgrund eines Vertrauenstatbestandes.[410] Vor diesem Hintergrund kann der Ansatz des Vertrauensschutzes als Ausprägung einer jahrelangen „Usance" dogmatisch nicht (mehr) überzeugen.

Eine andere Ansicht in der Literatur geht davon aus, dass ein schutzwürdiges Vertrauen der Aktionäre auf eine Barausschüttung gar nicht existieren könne, weil die Hauptversammlung im Gewinnverwendungsbeschluss auch eine Nichtausschüttung des Gewinns beschließen könne. Selbst wenn man ein schutzwürdiges Vertrauen der Aktionäre auf eine Bardividende annähme, müsste man dies auf alle Aktionäre beziehen. Es komme nicht darauf an, ob die Dividende eine Haupteinkommensquelle des jeweiligen Aktionärs darstelle oder eine persona-

---

[404] *Leinekugel*, Sachdividende, 121 ff.

[405] *Leinekugel*, Sachdividende, 126.

[406] Usance ist in diesem Zusammenhang gleichbedeutend mit Handelsbrauch.

[407] *Leinekugel*, Sachdividende, 137; *Lutter/Leinekugel/Rödder*, ZGR 2002, 209.

[408] Siehe 1. Abschnitt, 1. Kapitel, 4.2.

[409] Vgl. ZIP 2001, 2194; BT-Drucks. 14/8769, 12.

[410] Auch *Tübke* (Sachausschüttungen, 50) lehnt die Existenz eines schutzwürdigen Vertrauens auf eine Barausschüttung ab, allerdings mit grundsätzlich anderer Begründung. Denn seiner Meinung nach bedurfte eine Sachausschüttung - unter der alten Rechtslage - weder einer gesetzlichen Zulassung noch einer besonderen Satzungsermächtigung, war also jederzeit bei entsprechendem Gewinnverwendungsbeschluss zulässig. Demnach konnte sich erst gar kein schützenswertes Vertrauen der Aktionäre bilden.

listisch strukturierte Aktiengesellschaft vorliege. Denn Art und Inhalt des Dividendenanspruchs seien nicht an eine bestimmte Beteiligungshöhe geknüpft.[411] Wieder andere Auffassungen erkennen dagegen in bestimmten Fällen ein schutzwürdiges Vertrauen von Aktionären auf eine Barausschüttung an.[412] Erfasst seien hiervon insbesondere Minderheitsgesellschafter innerhalb personalistisch strukturierter Aktiengesellschaften, die erkennbar auf eine Bardividende angewiesen seien. Die Zulassung einer Sachdividende könne dazu führen, dass das Ziel ihrer Beteiligung, nämlich der Erhalt regelmäßiger Zahlungsströme, vereitelt werden könne und sie sich strategisch neu orientieren und gegebenenfalls ihre Beteiligung aufgeben müssten, sofern sie überhaupt eine reale Möglichkeit zum Desinvestment hätten. Die Fälle schützenswerten Vertrauens seien allerdings die Ausnahme.[413] So wie es kein Vertrauen auf Dividendenausschüttungen gebe, könne es grundsätzlich auch kein Vertrauen auf eine Dividende in Geld anstatt in Natur geben.[414]

5.2.3.1.2 Existenz und Inhalt eines „Vertrauens auf eine Barausschüttung"

Die unterschiedlichen Ansichten in der Literatur belegen, dass der Begriff „Vertrauen auf eine Barausschüttung" klärungsbedürftig ist. Dabei ist zunächst auf die Frage einzugehen, ob es überhaupt ein Vertrauen auf Barausschüttung geben kann und wenn ja, in welchen Konstellationen ein solches typischerweise anzuerkennen und zu berücksichtigen ist.

Wie bereits die Gesetzesbegründung zum Ausdruck bringt, geht es beim Vertrauen auf eine Barausschüttung nicht um einen Vertrauenstatbestand im Sinne einer Anspruchsgrundlage. Vielmehr handelt es sich um einen schutzwürdigen Belang der Minderheitsaktionäre, der im Rahmen der materiellen Beschlusskontrolle in die richterliche Abwägung einzustellen ist. Die Treuepflicht der Hauptversammlungsmehrheit gegenüber der Minderheit kann es gebieten, die Ausschüttung nicht fungibler Sachen zu unterlassen, soweit diese ein konkretes und gewichtiges Interesse an einer Barausschüttung gelten machen kann. Im Grundsatz ist also die Existenz eines Vertrauens in eine Barausschüttung zu bejahen.
Zu Recht geht die Gesetzesbegründung allerdings davon aus, dass ein anerkennenswertes Interesse an einer Barausschüttung eher die Ausnahme ist. Ein Ver-

---

[411] Vgl. *Tübke*, Sachausschüttungen, 50.
[412] *Schnorbus*, ZIP 2003, 511; *Hasselbach/Wicke*, NZG 2001, 600.
[413] *Schnorbus*, ZIP 2003, 511; *Seibert*, NZG 2002, 609.
[414] *Schnorbus*, ZIP 2003, 511.

trauen auf eine Barausschüttung kann sich nur bei Aktionären herausgebildet haben, die über längere Zeit regelmäßig Bardividenden bezogen haben, die bei ihnen eine wichtige oder einzige Einkommensquelle dargestellt haben. Insofern ist der Ansicht zu widersprechen, ein schutzwürdiges Aktionärsvertrauen bestimme sich nicht danach, ob die Dividende eine Haupteinkommensquelle des Aktionärs darstelle. Denn hinsichtlich der gebotenen Rücksichtnahme macht es doch einen Unterschied, ob ein Aktionär aus seiner Beteiligung im wesentlichen seinen Lebensunterhalt bestreitet oder diese für ihn nur eine Kapitalanlage darstellt. Im ersten Fall ist er ungleich schutzwürdiger und eine Beeinträchtigung seines Gewinnbeteiligungsrechts durch die Ausschüttung nicht liquider Sachen wird ihn entsprechend stärker treffen.

Diese Zusammenhänge werden noch deutlicher, wenn man die Konstellationen analysiert, in denen Aktionäre typischerweise in besonderem Maße auf die Ausschüttungen hoher Bardividenden angewiesen sind.
Die Gesetzesbegründung gibt hier bereits einen ersten Anhaltspunkt, indem sie ein schutzwürdiges Vertrauen auf Barausschüttungen insbesondere in nicht börsennotierten Familienaktiengesellschaften für möglich hält. Diese Äußerung des Gesetzgebers richtet den Blick auf eine Differenzierung nach dem jeweiligen Typus einer Aktiengesellschaft.

5.2.3.1.3 Die Situation der Minderheitsaktionäre in Publikums- und personalistischen Aktiengesellschaften

Die Rechtsform der Aktiengesellschaft bietet kein einheitliches Erscheinungsbild. Nach der Beteiligungsstruktur[415] lässt sich zwischen Publikums-Aktiengesellschaften und personalistisch geprägten Aktiengesellschaften unterscheiden.
Die Publikums-Aktiengesellschaft stellt den Idealtypus dar, der dem Aktiengesetz zugrunde liegt. Ihre Aktien befinden sich im Streubesitz einer großen Anzahl von Aktionären, deren überwiegendes Interesse in einer angemessenen Rendite ihrer kapitalmäßigen Beteiligung liegt. Durch die große Streuung der Aktien ist der Einfluss des einzelnen Aktionärs auf die Entscheidungsfindung in der Gesellschaft äußerst gering. Das Stimmrecht der meisten Aktionäre wird in der Hauptversammlung auf der Grundlage des Depotstimmrechts von Bankenvertretern wahrgenommen, die in der Realität den Vorschlägen der Verwaltung folgen. Die Geschäfte der Gesellschaft werden vom Vorstand geführt, der mit

---

[415] Andere Unterscheidungskriterien, nach denen Aktiengesellschaft üblicherweise auch eingeteilt werden (wie z.B. in abhängige und nicht abhängige Gesellschaften) bleiben hier außer Betracht.

Fremdmanagern besetzt ist und nicht der Weisung anderer Gesellschaftsorgane unterliegt. Die Kontrolle des Vorstands erfolgt durch den Aufsichtsrat.[416] Das Gegenstück zur Publikums-Aktiengesellschaft bildet die sog. personalistische Aktiengesellschaft. Die personalistische Aktiengesellschaft weist ähnliche Führungs- und Entscheidungsstrukturen auf wie eine Personengesellschaft. Ihr Aktionärskreis ist begrenzt. Die Gesellschafter finden sich regelmäßig aus beruflichen oder verwandtschaftlichen Gründen zusammen. Durch gesellschafts- und schuldrechtliche Gestaltungen (z.B. Ausgabe vinkulierter Namensaktien, Stimmrechtsbegrenzungen, Vereinbarung von Vorkaufsrechten etc.) wird beabsichtigt, die Aufnahme Fremder in die Gesellschaft zu unterbinden und den ursprünglichen Kreis der Aktionäre geschlossen zu halten. Man spricht daher auch von geschlossenen Aktiengesellschaften.[417] Typisches Merkmal einer personalistischen Aktiengesellschaft ist ferner die Beteiligung der Aktionäre an der Verwaltung der Gesellschaft. Einzelne Aktionäre sind als Mitglied des Vorstands oder des Aufsichtsrates tätig. Allgemein gesprochen besteht in personalistisch organisierten Aktiengesellschaften die Tendenz zur Ersetzung der sonst üblichen Drittorganschaft durch das Prinzip der Selbstorganschaft.[418] Schließlich ist es ein Wesensmerkmal einer personalistischen Aktiengesellschaft, dass ihre Aktien nicht an einem öffentlichen Kapitalmarkt gehandelt werden. Dies hängt eng mit dem Erfordernis der Beschränktheit und Verbundenheit des Gesellschafterkreises zusammen. So legt der öffentliche Aktienhandel die Vermutung nahe, dass es auf die Person des einzelnen Teilhabers nicht ankommt.[419]

Prominenteste Erscheinungsform einer personalistischen Aktiengesellschaft ist die Familien-Aktiengesellschaft. Das Mitbestimmungsrecht definiert Familien-Aktiengesellschaften gem. § 1 Abs. 1 Satz 1 Nr. 1 DrittelbG als solche, deren Aktionäre im Sinne der Abgabenordnung (§ 15 Abs. 1 Nr. 2 bis 8, Abs. 2 AO) untereinander verwandt oder verschwägert sind.

Familiengesellschaften haben in Deutschland eine lange und bedeutende Tradition, deren wirtschaftlicher Einfluss und Bedeutung nicht zu unterschätzen ist.[420] Es kann davon ausgegangen werden, dass der Gesetzgeber die Familien-Aktiengesellschaft in der Gesetzesbegründung nur deshalb explizit erwähnt, da sie eine wichtige und bekannte Ausprägung einer personalistischen Aktiengesellschaft ist. Ausgehend von dieser Überlegung kann man eine Gliederungsstufe höher ansetzen und den Oberbegriff der personalistischen Aktiengesellschaften in Bezug nehmen. Ein schutzwürdiges Vertrauen auf eine Barausschüttung

---

[416] Vgl. *Friedewald*, Aktiengesellschaft, 8 f.

[417] Vgl. *Friedewald*, Aktiengesellschaft, 15 ff; Paulick, Genossenschaft, 63 ff; Wohlmann, Treuepflichten, 132 ff.

[418] *Paulick*, Genossenschaft, 65; Wohlmann, Treuepflichten, 138.

[419] *Friedewald*, Aktiengesellschaft, 18.

[420] *Friedewald*, Aktiengesellschaft, 11.

soll nach den Vorstellungen des Gesetzgebers damit insbesondere in personalistisch strukturierten Aktiengesellschaften denkbar sein.

Erlaubt die Satzung einer personalistisch geprägten Aktiengesellschaft die Ausschüttung nicht fungibler Sachen, so muss der Anteilseigner damit rechnen, dass die Hauptversammlungsmehrheit eine Sachausschüttung beschließt und seinen Anteil am Bilanzgewinn mit nicht fungiblen Sachen erfüllt. Anstelle der gewohnten Bardividende erhält er dann Sachwerte, für die er keine Verwendung hat und die er wegen fehlender Liquidität auch nicht in Bargeld umsetzen kann. Dem Minderheitsaktionär droht u.U. eine empfindliche Entwertung seiner mitgliedschaftlichen Gewinnberechtigung - und das möglicherweise über Jahre hinaus.

Man könnte nun den potentiell benachteiligten Minderheitsaktionär darauf verweisen, seine Beteiligung zu verkaufen und sich damit der Gefährdung seiner mitgliedschaftlichen Position zu entziehen („take it or leave it").

Dieser Vorschlag würde aber die tatsächlichen Verhältnisse, die eine personalistische Aktiengesellschaft prägen, völlig verkennen.

Der typische Gesellschafter in einer personalistischen Aktiengesellschaft arbeitet in irgendeiner Form, sei es als Mitglied der Verwaltung oder als leitender Angestellter mit. Seine Beteiligung an der Aktiengesellschaft stellt unter diesen Bedingungen die Grundlage für seinen Lebensunterhalt dar. Der Aktionär ist somit in erhöhtem Maße auf seinen Verbleib in der Gesellschaft angewiesen.[421]

Das gewichtigste Argument gegen den Verweis auf die Austrittsmöglichkeit besteht aber darin, dass es an einem funktionierendem Markt für Gesellschaftsanteile nicht börsennotierter Aktiengesellschaften fehlt. Das erste ernstzunehmende Problem stellt sich bereits bei der Bewertung solcher Anteile. Aufgrund geringer Publizitätsverpflichtungen kleiner Aktiengesellschaften können die finanziellen und wirtschaftlichen Verhältnisse nur von den Anteilseignern, nicht aber von Außenstehenden realistisch eingeschätzt werden. Eine rationale Bestimmung eines angemessenen Unternehmenswertes ist daher äußerst schwierig. Aus diesem Grund ist es für einen unzufriedenen Minderheitsaktionär nicht leicht, einen Käufer für seine Beteiligung zu finden. Er kann sich also nur unter wesentlich erschwerten Bedingungen durch Verkauf seines Anteils aus der Gesellschaft zurückziehen.[422] Selbst wenn der Minderheitsgesellschafter einen Käufer finden sollte, wird er möglicherweise mit einem empfindlichen Preisabschlag für seine Beteiligung rechnen müssen. Denn ein potentieller Erwerber wird nicht ohne entsprechenden Nachlass im Kaufpreis bereit sein, sich in die Minderheitsposition begeben, in der er den Pressionen der Mehrheit ausgesetzt ist und mit einer dauerhaften Entwertung seines Dividendenrechts rechnen muss. Hinzu

---

[421] *Immenga*, Kapitalgesellschaft, 132.
[422] *Immenga*, Kapitalgesellschaft, 132; *Schnorbus*, ZIP 2003, 511.

132

kommt, dass in der personalistischen Aktiengesellschaft diese faktische Bindung der Aktionäre an die Gesellschaft durch die erwähnten Übertragungsbeschränkungen auch rechtlich abgesichert wird.

In der Praxis kommen aus diesen Gründen oft nur Mitgesellschafter als Erwerber in Betracht. Diese sind als Mehrheit in der Lage, Minderheitsaktionäre wirtschaftlich so lange unter Druck zu setzen, bis sie zum Verkauf - oft zu einem unangemessenen Preis - bereit sind. Die eingeschränkte Möglichkeit, sich Pressionen der Mehrheit durch den Ausstieg aus der Gesellschaft zu entziehen, erhöht die Macht der Mehrheit, eine unbequeme Minderheit durch gezielte Aktionen zu bedrängen.[423] Im Bereich der Gewinnverwendung bedarf es hierzu nicht einmal einer Einflussnahme der Mehrheit auf die Verwaltung, um auf eine Beeinträchtigung von Minderheitenrechten hinzuwirken. Vielmehr sind die Mehrheitsaktionäre in der Hauptversammlung selbst in der Lage, über den Inhalt des Gewinnverwendungsbeschlusses zu bestimmen und auf diese Weise eine mögliche Schädigung der Minderheit herbeizuführen.

Diese ungünstige Lage wird dadurch verschärft, dass derartige Praktiken zu Lasten der Minderheit, selbst wenn sie bekannt werden, mangels Börsennotierung keinen Ausdruck in einem Börsenkurs finden können. Es existiert keine Kontrolle durch den Kapitalmarkt, auf potentielle Anleger muss keine Rücksicht genommen werden.[424]

Diese Hintergründe lassen gerade einen Eingriff in das Gewinnbeteiligungsrecht der Aktionäre einer personalistischen Aktiengesellschaft besonders schwer wiegen. Da seine Beteiligung keinen Marktwert besitzt, ist es für einen Minderheitsgesellschafter in der Regel unmöglich, Wertsteigerungen seiner Aktien zu realisieren. Diese Zwangslage wird von herrschenden Aktionären oftmals ausgenutzt, indem sie als einzige Kaufinteressenten für die Anteile auftreten, ohne allerdings einen angemessenen Preis zu bieten. Ist der Minderheitsaktionär nicht bereit, unter Wert zu verkaufen, stellt der Erhalt von Dividenden grundsätzlich seine einzige Möglichkeit dar, überhaupt finanziellen Nutzen aus seinem Investment zu ziehen.[425]

Völlig anders stellt sich die Situation bei Publikums-Aktiengesellschaften dar, deren Aktien öffentlich gehandelt werden.

Sehen sich die Aktionäre durch eine Ermächtigung zur Ausschüttung nicht fungibler Sachen in ihrem Gewinnbeteiligungsrecht gefährdet, so können sie sich jederzeit durch den Verkauf ihrer Anteile von ihrem Engagement trennen. Durch das zwingende gesetzliche Erfordernis einer Satzungsermächtigung sind die Aktionäre rechtzeitig und ausreichend gewarnt. Die Börse bietet den ausstiegs-

---

[423] *Immenga*, Kapitalgesellschaft, 133.
[424] *Immenga*, Kapitalgesellschaft, 133.
[425] *Immenga*, Kapitalgesellschaft, 135.

willigen Minderheitsaktionären einen funktionsfähigen und transparenten Markt, der es ihnen ohne große Mühe ermöglicht, den momentanen Marktwert ihrer Beteiligungen zu realisieren.[426] Dieser Argumentation steht auch nicht entgegen, dass die Ermächtigung zur Ausschüttung nicht fungibler Sachen möglicherweise zu einem Kursverfall führen kann, da die Beteiligung an der betreffenden Gesellschaft nunmehr mit der drohenden Ausschüttung nicht liquider Sachen belastet ist. Potentielle Anleger werden diese Position u.U. nur gegen einen entsprechenden Kursabschlag einnehmen wollen. Ganz von der Hand zu weisen ist dieser Einwand nicht. Ihm kann aber folgendes entgegengehalten werden: Ein signifikanter Kursrückgang wird sich wohl erst dann einstellen, wenn in einem konkreten Gewinnverwendungsbeschluss die Ausschüttung nicht fungibler Sachen beschlossen wird. Bis dahin steht nicht fest, ob sich für solche Ausschüttungen auch tatsächlich eine Mehrheit wird finden lassen.[427] Allein die Ermächtigung hierzu vermag noch keine relevanten Kursabschläge zu verursachen. Zudem muss man berücksichtigen, dass der typische Anlage-Aktionär heute mehr Wert auf eine gute Performance der Kursentwicklung legt, als auf die in Deutschland ohnehin eher dürftigen Dividenden großer Publikums-Aktiengesellschaften. Vor diesem Hintergrund wird sich eine Kursreaktion auf die Einfügung einer Sachdividendenklausel, die auch die Ausschüttung nicht fungibler Sachen erlaubt, in Grenzen halten.

Ein schützenswertes und im Rahmen der materiellen Beschlusskontrolle zu berücksichtigendes Vertrauen auf eine Barausschüttung ist vor diesem Hintergrund nur für Aktionäre nicht börsennotierter Aktiengesellschaften anzuerkennen. Die fehlende Ausstiegsmöglichkeit ist das entscheidende Kriterium für die erhöhte Schutzwürdigkeit der Gesellschafter im Gegensatz zu Aktionären börsennotierter Aktiengesellschaften.[428] Doch selbst Aktionäre in nicht börsennotierten Gesellschaften werden sich nur ausnahmsweise auf ein schutzwürdiges Vertrauen auf eine Barausschüttung berufen können, nämlich dann, wenn sie über Jahre hinweg Bardividenden in beträchtlicher Höhe bezogen haben, die einen großen Teil ihres Einkommens ausmachen. Der Minderheitsaktionär muss sich in die-

---

[426] Vgl. auch *Winter*, Treuebindungen, 290 f.

[427] Diese Vermutung äußerte auch das DAI in seiner Stellungnahme zum Referentenentwurf des § 58 Abs. 5 AktG (Stellungnahme, 5).

[428] Die Differenzierung zwischen börsennotierten und nicht börsennotierten Aktiengesellschaften fügt sich in eine Entwicklung ein, die der Gesetzgeber mit dem Gesetz für kleine Aktiengesellschaften und zur Deregulierung des Aktienrechts vom 2.8.1994 angestoßen hat. Das Gesetz zur Kontrolle und Transparenz im Unternehmensbereich (KonTraG) vom 27. 4. 1998 (BGBl. I 1998, 786 ff.) führte diese Unterscheidung fort und förderte damit die Herausbildung zweier Typen von Aktiengesellschaften, nämlich zum einen die kapitalmarktbezogene Aktiengesellschaft und zum anderen die nicht börsengehandelte Aktiengesellschaft (geschlossene Aktiengesellschaft) (*Winnefeld*, Bilanz-Handbuch, L Rn. 1155).

sem Fall nicht entgegenhalten lassen, dass die Hauptversammlungsmehrheit den Bilanzgewinn ebenso gut in die Rücklagen einstellen oder auf neue Rechnung vortragen könnte, anstatt nicht fungible Sachen auszuschütten. Wenn der Aktionär über längere Zeit erhebliche Ausschüttungen erhalten hat, hat er sich entsprechend auf die Nachhaltigkeit dieser Zahlungsströme eingerichtet. Die Treuepflicht unter den Aktionären gebietet es dann der Mehrheit, auf diese Gegebenheiten Rücksicht zu nehmen. Die vermehrte Ausschüttung nicht fungibler Sachen oder gar eine beträchtliche Einschränkung der Ausschüttung ist in diesem Fall dann ein starkes Indiz für eine gezielte Aushungerungspolitik der Mehrheit.[429]

5.2.3.1.4 Differenzierung nach dem Zeitpunkt des Erwerbs der Aktionärsstellung

Doch selbst in den wenigen Fällen, in denen ein schutzwürdiges Vertrauen der Aktionäre auf eine Barausschüttung zu bejahen ist, ist eine weitere Differenzierung angezeigt, die auf den Erwerbszeitpunkt der Beteiligung abstellt. Die Ursache für diese weitere Unterscheidung liegt in dem gesetzlichen Erfordernis einer ausdrücklichen und klar verständlichen Satzungsermächtigung für die Ausschüttung nicht fungibler Sachen. Auf diese Weise ist der Schutz der Aktionäre vor überraschenden Sachausschüttungen gewährleistet. Somit ist entscheidend, ob der betreffende Aktionär die entsprechende Satzungsermächtigung bei Beteiligungserwerb kannte oder nicht.

5.2.3.1.4.1 Erwerb in Kenntnis der Sachdividendenklausel

In dieser Fallgruppe sind zwei Konstellationen denkbar. Die eine ist die Neugründung einer Aktiengesellschaft. Hier besteht die Möglichkeit, bereits in der ursprünglichen Satzung, die nach § 23 AktG festgestellt wird, eine Sachdividendenklausel gem. § 58 Abs. 5 AktG vorzusehen.[430] Die Gründungsaktionäre (§ 2

---

[429] Das gilt natürlich nur, wenn keine zwingenden ökonomischen Gründe eine Änderung der Ausschüttungspolitik erfordern.

[430] Um einen Spezialfall dieser Variante handelt es sich bei Aktiengesellschaften, die als Ziel die Erbringung von ganz spezifischen Leistungen an ihre Aktionäre haben. Bei diesen Gesellschaften stellt es gerade den Gesellschaftszweck dar, die Anteilseigner mit bestimmten Sachleistungen zu versorgen; die Interessenlage entspricht der des Genossenschaftsrechts. Die Satzung derartiger Gesellschaften weist auf die Möglichkeit einer Sachausschüttung u.U. bereits bei der Angabe des Unternehmensgegenstandes nach § 23 Abs. 3 Nr. 2 AktG hin, in: jedem Falle muss aber ebenfalls eine Sachdividendenklausel in der Satzung enthalten sein, um den Bilanzgewinn in Form der spezifischen Leistungen ausschütten zu

135

AktG) und alle nachfolgenden Anteilseigner sind dann vom Beginn der Aktiengesellschaft an mit der entsprechenden Sachdividendenklausel konfrontiert.
In der zweiten Konstellation erwirbt ein Aktionär seine Beteiligung an der Aktiengesellschaft, nachdem diese mittels eines satzungsändernden Beschlusses eine Sachdividendenklausel gem. § 58 Abs. 5 AktG in ihre Satzung eingefügt hat.[431] Der Erwerb der Mitgliedschaft kann dabei über den Kauf einer bereits gehandelten Aktie oder durch die Zeichnung neuer Aktien im Rahmen einer Kapitalerhöhung (§ 185 AktG) erfolgen.
Beide Fälle stimmen in dem hier interessierenden Kern überein und sind daher auch im folgenden gleich zu behandeln: Die Gründer einer Aktiengesellschaft sind bei der Feststellung der Satzung als Gesellschaftsvertrages einer Aktiengesellschaft unmittelbar beteiligt (§ 2 AktG). Soweit die Satzung eine Dividendenklausel nach § 58 Abs. 5 AktG enthalten soll, haben die Gründungsaktionäre davon zwangsläufig Kenntnis und sind daher nicht schutzwürdig.
Aber auch Aktionäre, welche ihre Aktien erst nach der Gründung zeichnen bzw. am Kapitalmarkt erwerben, haben die uneingeschränkte Möglichkeit, sich über den Inhalt der Satzung der Aktiengesellschaft zu informieren und dabei auch eine etwa vorhandene Sachdividendenklausel zur Kenntnis zu nehmen und in ihr Anlagekalkül einzubeziehen.[432] Sicherlich wird der durchschnittliche Kapitalan-

---

nen. Ein Beispiel hierfür ist etwa eine Mieter-AG, welche ihren Aktionären als Dividende Wohnrechte einräumt, die zur unentgeltlichen Nutzung gesellschaftseigener Ferienwohnungen berechtigen. Im oberbayerischen Wolnzach wurde 1999 die Bürgerbräu AG gegründet, die als Dividende ausschließlich selbst produziertes Bier „ausschütten" will. Um eine echte Sachdividende handelt es sich allerdings nur, wenn die Leistungen an die Aktionäre mit dem Bilanzgewinn verrechnet werden. Verfehlt ist es daher, wenn *Leinekugel* (Sachdividende, Fn. 496) und *Holzborn/Bunnemann* (AG 2003, 673 Fn. 30) die schweizerische Hapimag AG als Beispiel aufführen, deren Aktionäre mit einer Sachdividende in Form von Wohnpunkten in den gesellschaftseigenen Ferienanlagen rechneten. Tatsächlich wird bei der Hapimag AG der Bilanzgewinn seit Jahren nicht ausgeschüttet, sondern teils in freie Rücklagen eingestellt, teils auf neue Rechnung vorgetragen. Artikel 28 der Statuten der Hapimag AG lautet: „Allfällige erwirtschaftete Ergebnisse werden nicht ausgeschüttet, sondern verbleiben der Gesellschaft zur Erreichung ihres Zwecks" Die gutgeschriebenen Wohnpunkte speisen sich also gerade nicht aus dem Bilanzgewinn, vgl. BFH v. 16.12.1992, BFHE 170, 354, 354 f; BFH v. 26.8.1993, BFH/NV 1994, 318, 319; vielmehr handelt es sich um gewährte Sachvorteile. Ebenso neben der Sache *Hirte* (in Festschrift Peltzer, 199 f.), der zunächst die Sachdividende richtig als Verteilung von Bilanzgewinn definiert, dann aber Leistungen an Aktionäre darunter subsumiert (Zoobesuche, Freikarten für Fußballspiele oder Bergbahnen), die neben einem Bilanzgewinn oder sogar ohne einen solchen ausgeschüttet würden.

[431] Tatsächlich fügten bereits eine ganze Reihe von Aktiengesellschaften nach dem Inkrafttreten des § 58 Abs. 5 AktG eine Sachdividendenklausel in ihre Satzungen ein.
[432] Die Satzung einer Aktiengesellschaft ist gem. § 23 Abs. 1 AktG festzustellen und gem. § 37 Abs. 4 Nr. 1 AktG der Anmeldung zum Handelsregister beizufügen. Zwar handelt es sich bei einer Sachdividendenklausel nach § 58 Abs. 5 AktG nicht um eine eintragungspflichtige Satzungsbestimmung i.S.v. § 39 Abs. 1 und 2 AktG. Allerdings steht es nach

anleger nicht vorher die Satzung einer Aktiengesellschaft einsehen, bevor er sich zum Erwerb der Aktien entschließt. Entscheidend ist aber allein, dass er dazu die Möglichkeit hätte; ob er sie dann auch wirklich nutzt, ist seine Sache.[433] Er kann jedenfalls nicht vorbringen, er wäre von der Möglichkeit von Sachauschüttungen in der Satzung überrascht worden. Mit dem Erwerb seiner Mitgliedschaft begibt sich der Investor unter das Reglement der Aktiengesellschaft, wie es sich in diesem Zeitpunkt darstellt. Er weiß bzw. muss wissen[434], dass eine bestehende Sachdividendenklausel sein Gewinnbeteiligungsrecht beeinträchtigen kann. Es ist ein vielfach anzutreffender Grundsatz in unserer Rechtsordnung, dass das Wissen oder Wissenkönnen bestimmter wertmindernder Umstände eine spätere Geltendmachung von Schadensersatz oder Gewährleistungsansprüchen abschneidet.[435] Der Aktionär erwirbt somit eine Mitgliedschaft, die mit der „Hypothek" einer Sachdividendenklausel belastet ist.[436] Wenn Aktionäre in Kenntnis oder selbst verschuldeter Unkenntnis einer weit gefassten Sachdividendenklausel[437] eine bewusste Anlageentscheidung treffen und sich an der Aktiengesellschaft beteiligen, so kann davon ausgegangen werden, dass sie die Ausschüttung nicht liquider Sachen in Kauf nehmen, bzw. müssen sie sich so behandeln lassen.[438]

---

§ 9 Abs. 1 HGB jedem interessierten Anleger frei, sich über die eintragungspflichtigen Tatsachen des § 39 AktG hinaus über die Satzung der Gesellschaft Kenntnis zu verschaffen

[433] Vgl. *Friedewald*, Aktiengesellschaft, 117 f.

[434] *Holzborn/Bunnemann*, AG 2003, 673.

[435] Vgl. etwa § 442 Abs. 1 BGB.

[436] Dieselbe Konstruktion findet sich im Aktiengesetz bei § 237 Abs. 1 Satz 2 AktG. Dort ist die Einziehung von Aktien nur möglich, wenn bei Zeichnung der Wertpapiere bereits eine Klausel in der Satzung enthalten war, welche eine Einziehung der Aktien anordnet bzw. gestattet. Die betreffenden Aktien sind also gleichsam mit der Einziehungsmöglichkeit „belastet", vgl. *Hüffer*, AktG, § 237 Rn. 7.

[437] Darunter ist eine Sachdividendenklausel zu verstehen, die auch die Ausschüttung nicht liquider Sachen zulässt.

[438] Bei bedeutenden Investitionen kann es daher in der Zukunft ein entscheidendes Qualitätsmerkmal einer Aktiengesellschaft sein, ob und in welchem Umfang ihre Satzung Sachausschüttungen zulässt. Ein Blick in Satzung wird daher für Kapitalanleger zukünftig sehr ratsam sein. In der Praxis wird man dabei nicht in jedem Fall den Weg des Auskunftsersuchens über das Registergericht gehen müssen; sicherlich werden so anlegerrelevante Informationen wie Sachdividendenklauseln jedenfalls bei größeren Aktiengesellschaften im Wege kapitalmarktorientierter Informationspolitik der Gesellschaften und Analystenberichten sehr bald Allgemeingut werden.

137

5.2.3.1.4.2 Erwerb der Beteiligung vor dem satzungsändernden Beschluss gem. § 58 Abs. 5 AktG

Anders stellt sich die Situation dar für Aktionäre, deren Mitgliedschaft zum Zeitpunkt des satzungsändernden Beschlusses bereits besteht, weil sie ihre Aktien vorher erworben haben. Als sie ihre Mitgliedschaft begründeten, mussten sie nicht damit rechnen, dass ihr Gewinnbeteiligungsanspruch u.U. gegen ihren Willen mit etwas anderem als Geld erfüllt werden könnte. Diese Gruppe der Aktionäre begibt sich nicht freiwillig unter das Reglement einer Satzung, die eine Ausschüttung nicht liquider Sachen erlaubt und damit potentiell die Werthaltigkeit des Dividendenanspruchs bedroht. Wenn der Gesetzgeber in der Begründung zum Regierungsentwurf ausführt, dass die Satzungsbestimmung dem Überraschungsschutz des Aktionärs diene und er auf diese Weise die Möglichkeit haben solle, lange vor der Hauptversammlung, in der eine Sachdividende beschlossen werde, zu erfahren, dass dies in der betreffenden Gesellschaft grundsätzlich möglich sei,[439] so greift der intendierte Schutz nur teilweise. Sicherlich kommt die Warnfunktion zur Geltung, soweit der Anleger noch vor dem Erwerb der Beteiligung steht. Ist er dagegen bereits Aktionär, gefährdet ihn eine weite Sachdividendenklausel in seinen mitgliedschaftlichen Rechten, birgt sie doch die Gefahr, dass zukünftig insbesondere nicht fungible und damit u.U. für ihn wertlose Sachen ausgeschüttet werden. Das Wissen um die Möglichkeit der Ausschüttung einer Sachdividende kommt in diesem Fall zu spät, die Warnung geht ins Leere. Denn eine Warnung macht nur dort Sinn, wo realistische Handlungsalternativen bestehen, nicht jedoch, wenn kein oder nur ein sehr enger Markt für Mitgliedschaften existiert und daher ein Ausstieg aus der Gesellschaft gar nicht oder nur zu sehr ungünstigen Konditionen möglich ist.

5.2.3.1.5 Sachdividende neben einer auskömmlichen Bardividende

Soweit sich Aktionäre auf ein berechtigtes Vertrauen auf eine Barausschüttung berufen können, ist die Ausschüttung nicht fungibler Sachen unzulässig. Eine Anfechtungsklage gegen den Gewinnverwendungsbeschluss hätte somit Erfolg. Allerdings hält der Gesetzgeber selbst in diesen Fällen die Ausschüttung nicht fungibler Sachen für unbedenklich, wenn zusätzlich zu einer auskömmlichen Bardividende eine Sachdividende ausgeschüttet wird.[440] Er geht offenbar davon aus, dass in diesem Fall einem schützenswerten Interesse der Aktionäre in aus-

---

[439] BT-Drucks. 14/8769, 12.
[440] BT-Drucks. 14/8769, 13.

reichendem Maße nachgekommen werde und damit ein zusätzlicher Minderheitenschutz obsolet sei.

Fraglich ist zunächst, wie sich der Gesetzgeber eine solche gemischte Ausschüttung vorstellt. In der Literatur wird die Ansicht vertreten, dass Sachdividenden in jedem Fall zulässig seien, wenn sie lediglich als Zusatzleistungen ergänzend zu einer Bardividende und in begrenztem Umfang erbracht würden, also die Aktiengesellschaft – anlässlich einer Hauptversammlung oder zu anderen Gelegenheiten – z.b. eigene Erzeugnisse an die Aktionäre verteile. Interessen von Minderheitsaktionären seien in diesen Fällen nicht beeinträchtigt.[441] Den Aktionären werde nämlich *causa societatis* etwas anderes oder etwas mehr als der Anteil am Bilanzgewinn zugewandt.[442] Den Autoren ist darin zuzustimmen, dass der Anspruch der Minderheitsaktionäre auf den Bilanzgewinn in diesen Fällen nicht gefährdet ist, wenn die Leistungen nicht an die Stelle einer Barausschüttung treten, sondern neben dem Bilanzgewinn zur Ausschüttung kommen.[443]

Bei genauerer Betrachtung wird allerdings deutlich, dass sich die dargelegten Ansichten nicht auf Sachdividenden im hier verstandenen Sinne beziehen. Im Rahmen der Abgrenzungen der Sachdividende zu anderen aktienrechtlichen Instituten[444] wurde herausgearbeitet, dass Wesensmerkmal einer Sachdividende die Verteilung des Bilanzgewinns unter die Aktionäre nach dem streng reglementierten Verfahren der §§ 58, 60, 174 Abs. 1 AktG ist. Demnach handelt es sich gerade nicht um Sachdividenden, wenn Sachen oder Leistungen an die Anteilseigner über den Bilanzgewinn hinaus und/oder nicht entsprechend den aktienrechtlichen Vorschriften bezüglich der Gewinnverwendung ausgekehrt werden. Tatsächlich sind die diskutierten „Zusatzleistungen" als sog. Sachvorteile zu qualifizieren.[445] Sachdividende und Sachvorteil sind zwei grundsätzlich verschiedene Institute mit unterschiedlichen Voraussetzungen und müssen daher begrifflich und inhaltlich strikt getrennt werden, auch wenn einzelne Autoren beide Begrifflichkeiten vermengen. Sachvorteile tangieren aber definitionsgemäß nicht den Anspruch der Aktionäre auf den Bilanzgewinn. Daher lässt sich aus den dargestellten Ansichten in der Literatur nichts für die Zulässigkeit der Ausschüttung nicht liquider Sachen herleiten.

---

[441] *Hasselbach/Wicke*, NZG 2001, 600; *Hirte*, Festschrift Peltzer, 199 f.

[442] *Hirte*, Festschrift Peltzer, 200.

[443] Ob bzw. in welchem Umfang diese Ausschüttungen als verbotene Einlagenrückgewähr zu qualifizieren sind, ist in der Literatur umstritten (vgl. *Tübke*, Sachausschüttungen, 126 ff; *Hirte*, Festschrift Peltzer, 199 f.; *Lutter*, in: KölnKomm, § 58 Rn. 81; *Barz*, in: GK, 3. Aufl.; § 58 Anm. 27).

[444] Vgl. 1. Abschnitt 1, 1. Kapitel, 1.

[445] Zum Begriff vgl. 1. Abschnitt, 1. Kapitel, 1.4. Vgl. auch *Tübke*, Sachausschüttungen, 122, zur Gestattung der Benutzung gesellschaftlicher Einrichtungen und von Vergünstigungen anlässlich der Hauptversammlung.

Der neue § 58 Abs. 5 AktG bezieht sich unmittelbar auf die Ausschüttung des Bilanzgewinns nach § 58 Abs. 4 AktG. Daraus lässt sich ersehen, dass § 58 Abs. 5 AktG allein die Ausschüttung von Sachdividenden regeln will, aber nicht die Auskehrung von Sachvorteilen an die Aktionäre. Damit steht fest, dass die Begründung zum Regierungsentwurf ausschließlich die Ausschüttung von Sachdividenden zum Gegenstand hat.

Vor diesem Hintergrund kann die hier diskutierte Fallvariante des Gesetzgebers nur so interpretiert werden, dass die Ausschüttung eines auskömmlichen Teils des Bilanzgewinns als Bardividende und eines anderen Teils des Bilanzgewinns als Sachdividende in nicht fungiblen Sachen unproblematisch sein soll.

In der Literatur wird diese Sichtweise des Gesetzgebers kritisiert. Vor allem bei börsennotierten Aktiengesellschaften könne die Dividende schon kaum als auskömmlich bezeichnet werden. Ferner müsste sich ein schutzwürdiges Vertrauen der Aktionäre auf eine Barausschüttung konsequenterweise auf den gesamten Dividendenanspruch je Aktie oder je Aktionär beziehen und nicht nur auf einen auskömmlichen Teil der Gesamtdividende. Denn der Aktionär solle ja in seiner Erwartung auf Erhalt einer Bardividende geschützt werden.[446]

Grundsätzlich ist den Ausführungen des Gesetzgebers in der Gesetzesbegründung jedoch zuzustimmen.

Zunächst ist der Kritikpunkt der Literatur irrelevant, bei börsennotierten Aktiengesellschaften könne die Dividende von vorne herein nicht als auskömmlich bezeichnet werden. Das mag so sein, geht aber an der Sache vorbei. Denn Aktionäre börsennotierter Aktiengesellschaften können sich ohnehin nicht auf ein schutzwürdiges Vertrauen auf eine Barausschüttung berufen, somit bedarf es auch keiner Erörterung, in welchen Ausnahmefällen die Ausschüttung nicht fungibler Sachen doch zulässig sein könnte. Sie ist es - von Einschränkungen durch den Grundsatz der Gleichbehandlung und Missbrauchsfällen abgesehen[447] - ohne weiteres.

So geht die Gesetzesbegründung bei aufmerksamer Lektüre auf diese Fallvariante auch nur im Zusammenhang mit den Ausführungen zum Vorliegen eines schutzwürdigen Vertrauens auf Barausschüttung ein, das aber eben nur bei nicht börsennortierten Gesellschaften vorliegen kann.

Ebenso abzulehnen ist das Argument in der Literatur, ein schutzwürdiges Vertrauen bezöge sich zwingend auf den gesamten Dividendenanspruch, eine Mischausschüttung komme daher nicht in Frage. Erkennt man in der Person eines Aktionärs ein Vertrauen auf eine Barausschüttung an, so ist damit nicht gleichzeitig die Aussage verbunden, dass sich sein gesamter Dividendenan-

---

[446] *Tübke*, Sachausschüttungen, 51 und 51 Fn. 186.
[447] Siehe 1. Abschnitt, 2. Kapitel, 4.2.1, 5.1 und 5.2.3.1.5.

spruch tatsächlich auf eine Barausschüttung richtet. Vielmehr muss er akzeptieren, dass ein gewisser Bruchteil des Bilanzgewinns in Form nicht liquider Sachen zur Ausschüttung kommt. Begründen lässt sich dies damit, dass die Inhaltskontrolle des Gewinnverwendungsbeschlusses die Minderheitsaktionäre vor einer Aushungerungspolitik der Mehrheit bewahren will. Von einer gezielten Aushungerung lässt sich aber nicht sprechen, wenn lediglich ein Bruchteil des Gewinnanspruchs in nicht fungiblen Sachen zur Ausschüttung kommt. Weiter lässt sich auch hier wieder ins Feld führen, dass der Aktionär, selbst wenn er über längere Zeit Bardividenden in beträchtlicher Höhe erhalten hat, nicht damit rechnen kann, dass die Ausschüttungen in dieser Höhe konstant bleiben. Insofern muss sich auch ein Anteilseigner, bei dem grundsätzlich ein Vertrauen auf Barausschüttung anzuerkennen ist, gewisse Beeinträchtigungen seines Gewinnbeteiligungsrechtes gefallen lassen. Dies gilt umso mehr, als die Mehrheit ebenfalls nicht fungible Sachen ausgeschüttet erhält, was dafür spricht, dass wirtschaftliche Gründe hinter dieser Ausschüttungsentscheidung stehen.

Klärungsbedürftig ist, was unter einer auskömmlichen Bardividende zu verstehen ist. „Auskömmlich" heißt soviel wie „genügend", „ausreichend".[448] Stellt man darauf ab, ob die Barausschüttung für den einzelnen Aktionär ausreichend ist, so stößt man auf kaum lösbare Probleme. Entscheidend wäre dann doch in jedem Falle, wie viele Anteile ein Aktionär besitzt. Der Anteilsbesitz ist aber bei den jeweiligen Aktionären unterschiedlich, zudem wird der einzelne unterschiedliche Vorstellungen davon haben, was für ihn eine auskömmliche Bardividende ist. Angesichts einer derart inhomogenen Interessenlage wäre ein einheitlicher Gewinnverwendungsbeschluss bereits rechtspraktisch nicht umsetzbar.

Richtig ist die Sachausschüttung neben einer auskömmlichen Bardividende so zu interpretieren, dass ein wesentlicher Anteil der Dividende in jedem Falle in bar ausgeschüttet werden muss, um die Liquiditätsinteressen der Minderheit angemessen zu wahren. Die Ausschüttung nicht fungibler Sachen muss sich in einem Umfang halten, der die Aktionäre nicht übermäßig beeinträchtigt. Sachdividendenanteile von 25% an der Gesamtdividende dürften wohl noch gut vertretbar sein. Jedoch wird auch hier wieder eine Beurteilung im Einzelfall notwendig sein, welche die Gesamtumstände und insbesondere auch den Liquiditätsgrad der ausgeschütteten Sachgüter berücksichtigt.

---

[448] *Wahrig*, Deutsches Wörterbuch, 251, mittlere Spalte.

5.2.3.2 Allgemeines Schädigungsverbot der Mehrheit gegenüber der Minderheit

Neben den Beschränkungen der Hauptversammlungsmehrheit, die aus einem berechtigten Vertrauen auf eine Barausschüttung resultieren können, ergeben sich weitere Restriktionen aus dem allgemeinen aktienrechtlichen Schädigungsverbot. Als ausdrückliche gesetzliche Regelung untersagt § 243 Abs. 2 AktG die Verfolgung von Sondervorteilen durch einzelne Aktionäre zum Schaden der übrigen Anteilseigner. Mittlerweile hat sich in der Literatur die gefestigte Meinung herausgebildet, dass ein über den Tatbestand des § 243 Abs. 2 AktG hinausgehendes allgemeines Schädigungsverbot existiert, das anders als § 243 Abs. 2 AktG keinen Vorsatz seitens des Schädigers erfordert und auch keine Ausgleichsmöglichkeit im Sinne des § 243 Abs. 2 Satz 1 AktG vorsieht.[449] Im Kern handelt es sich bei diesem Schädigungsverbot um eine weitere Ausprägung der Treuepflicht zwischen den Aktionären, deren Verletzung zur Anfechtbarkeit des Gewinnverwendungsbeschlusses führt. Ein Verstoß gegen diese Treuepflicht liegt dabei insbesondere in der illoyalen, grob eigennützigen Ausübung[450] des Stimmrechts durch Mehrheitsaktionäre in der Hauptversammlung. Wie häufig, wenn es um die Konkretisierung gesellschaftrechtlicher Treuepflichten geht, sind auch hier die Grenzen zwischen zulässiger Ausübung des Stimmrechts und unzulässigem Stimmverhalten fließend und können oftmals nur im konkreten Einzelfall gezogen werden. Dennoch lassen sich gewisse Grundmuster darstellen, die eine Anfechtbarkeit des Gewinnverwendungsbeschlusses begründen können.

Die Herleitung des allgemeinen Schädigungsverbotes an dem Tatbestand des § 243 Abs. 2 AktG vorbei zeigt, dass Treuepflichten bereits dann verletzt sein können, wenn noch kein missbräuchliches Stimmverhalten i.S.v. § 243 Abs. 2 AktG gegeben ist. So kann der Beschluss einer Sachdividende durch die Hauptversammlungsmehrheit treuwidrig sein, wenn die ausgeschütteten Sachwerte nur für den Mehrheitsaktionär einen Wert haben, für die Minderheitsaktionäre dagegen völlig unbrauchbar sind. Zu denken wäre dabei etwa an einen Automobilzulieferer, an dem neben einem Autohersteller als Hauptaktionär weitere Minderheitsaktionäre beteiligt sind. Die Ausschüttung von spezifischen Vorprodukten an den Mehrheitsaktionär würde sich auch dann als treuwidrig darstellen, wenn es dem Hauptaktionär gar nicht um die vorsätzliche Erlangung von Sondervorteilen geht.

Erst Recht liegt natürlich eine Verletzung des allgemeinen Schädigungsverbotes vor, wenn von der Hauptversammlungsmehrheit eine Sachausschüttung mit der Absicht beschlossen wird, die für die Minderheitsaktionäre wertlosen Sachwerte

---

[449] *Hüffer*, in: MünchKommAG, § 243 Rn. 72.
[450] *Wiesner*, in: MünchHdbAG, § 17 Rn. 18.

von diesen billig aufzukaufen, weil für diese keine anderweitige Absatzmöglichkeit besteht.

Schließlich kann ein Verstoß gegen das Schädigungsverbot bereits darin liegen, dass ohne sachliche Rechtfertigung schwer liquidierbare Sachwerte ausgeschüttet werden, obwohl fungiblere Ausschüttungswerte vorhanden gewesen wären.

Die angeführten Beispiele zeigen, dass eine abschließende Darstellung und Behandlung von Treuepflichtverletzungen bei der Ausschüttung nicht fungibler Sachen nicht möglich ist. Dazu sind die Beteiligungsstrukturen von Aktiengesellschaften und die Möglichkeiten zur Gestaltung von Sachausschüttungen zu vielfältig.

Ein Gewinnverwendungsbeschluss, der möglicherweise in die Rechte von Minderheitsaktionären eingreift, ist nach dem Maßstab der Erforderlichkeit und Verhältnismäßigkeit zu überprüfen.[451] Bei dieser Abwägung wird insbesondere zu berücksichtigen sein, welchen Grad an Fungibilität die ausgeschütteten Sachen haben,[452] ob eine volle oder nur teilweise Sachausschüttung erfolgt, ob sachliche Gründe die konkrete Sachausschüttung rechtfertigen, insbesondere welche Ziele damit verfolgt werden, und die Häufigkeit, mit der Ausschüttungen nicht liquider Sachen vorgenommen werden.

6. Folgerungen für die Ausgestaltung von Sachdividendenklauseln

Die gefundenen Ergebnisse zeigen, dass die Ausschüttung von nicht fungiblen Sachen im Gegensatz zur Ausschüttung fungibler Sachen einer erhöhten Anfechtungsgefahr unterliegt. Die Grenzen zwischen zulässiger Sachausschüttung und unzulässiger Aktionärsbenachteiligung können fließend sein und sind oftmals nur im konkreten Einzelfall auszumachen.

Dies bringt erhebliche Rechtsunsicherheit mit sich. Dennoch ist die Entscheidung des Gesetzgebers zu begrüßen, Sachausschüttungen nicht von vorne herein auf fungible Sachen zu begrenzen. Die Ausschüttung nicht fungibler Sachen stellt in bestimmten Aktiengesellschaften und unter bestimmten Bedingungen eine sinnvolle Ausschüttungsalternative dar.

Auf der anderen Seite kann es insbesondere für börsennotierte Aktiengesellschaften empfehlenswert sein, den Kreis der ausschüttbaren Sachen auf fungible Sachen zu beschränken. Diese Selbstbeschränkung wird grundsätzlich einen positiven Effekt auf die Wertschätzung des Unternehmens am Kapitalmarkt

---

[451] *Heidel*, in: AnwK-AktienR, § 243 Rn. 24.

[452] Je weniger fungibel die ausgeschütteten Sachen sind, umso größer ist der Eingriff in die Vermögensrechte der Minderheitsaktionäre. Entsprechend schwerwiegender muss der sachliche Grund für diese Ausschüttung sein.

haben, da die Aktionäre zum einen keine Beeinträchtigung ihres Gewinnbeteiligungsrechtes fürchten müssen und zum anderen die Verschwendung finanzieller Ressourcen durch langwierige Anfechtungsprozesse oder Erpressungsversuche seitens räuberischer Aktionäre vermieden wird.

3. Kapitel: Leistungsstörungen bei Sachausschüttungen

Mit dem Sachausschüttungsbeschluss erhält der einzelne Aktionär einen schuldrechtlichen Anspruch auf dingliche Erfüllung der beschlossenen Sachdividende.
Wie bei jedem Schuldverhältnis kann es auch im Rahmen einer Sachausschüttung zu Leistungsstörungen kommen. Dabei treten Probleme auf, die sich bei
einer Barausschüttung nicht stellen. Der Gesetzgeber hat hierzu keine Regelung
getroffen. Er hat sich auch nicht zu möglicherweise anwendbaren Vorschriften
und deren Rechtsfolgen geäußert. Im folgenden werden daher die relevanten
Fragen unter Rückgriff auf allgemeine Vorschriften des Leistungsstörungsrechts
einer Lösung zugeführt.

1. Unmöglichkeit

1.1 Anfängliche Unmöglichkeit

Anfängliche Unmöglichkeit liegt vor, wenn die Hauptversammlung die Ausschüttung von Sachen beschließt, deren Übertragung an die Aktionäre von Anfang an unmöglich ist. Das Übertragungshindernis kann dabei tatsächlicher Art
sein, also darin liegen, dass die Gesellschaft die betreffenden Gegenstände gar
nicht (mehr) in ihrem Vermögen hat. Denkbar ist ferner auch eine Unmöglichkeit aus rechtlichen Gründen, wenn etwa der Gesellschaft für die auszuschüttenden Sachen die Verfügungsberechtigung fehlt.

1.1.1 Nichtigkeit des Sachausschüttungsbeschlusses

Zu untersuchen ist zunächst, welchen rechtlichen Einfluss die anfängliche Unmöglichkeit der Sachdividendenleistung auf den Gewinnverwendungsbeschluss
hat. In der Literatur wird diesbezüglich ohne weiteres die Vorschrift des § 311a
Abs. 1 BGB herangezogen und damit eine Nichtigkeit des Beschlusses abgelehnt.[453]
Eine direkte Anwendung dieser Vorschrift scheidet allerdings aus. Denn § 311a
Abs. 1 BGB regelt die rechtlichen Wirkungen anfänglicher Unmöglichkeit auf
Verträge. Zwar ist heute ganz herrschende Meinung, dass ein gesellschafts-
rechtlicher Beschluss, also auch der Gewinnverwendungsbeschluss der Haupt-

---

[453] Vgl. *Schnorbus*, ZIP 2003, 516.

versammlung, als privatrechtliches Rechtsgeschäft anzusehen ist.[454] Um einen Vertrag handelt es sich jedoch nicht.[455] Statt unmittelbar auf das allgemeine Zivilrecht zurückzugreifen, ist zunächst danach zu fragen, ob das Aktienrecht passende Normen bereithält. Die Nichtigkeit von Gewinnverwendungsbeschlüssen ist abschließend in § 253 AktG geregelt.[456] In Betracht zu ziehen ist im hier interessierenden Fall allein eine Nichtigkeit auf den § 253 AktG verweist, und dabei speziell wieder nur nach den Nrn. 3 und 4 des § 241 AktG, die inhaltliche nach § 241 AktG, Mängel von Hauptversammlungsbeschlüssen betreffen.

Ein Sittenverstoß durch einen Gewinnverwendungsbeschluss nach § 241 Nr. 4 AktG ist kaum denkbar und praktisch irrelevant. Aber auch ein Fall von § 241 Nr. 3 AktG ist bei einem Sachausschüttungsbeschluss, der auf eine anfänglich unmögliche Leistung gerichtet ist, nicht gegeben.[457] Da § 241 AktG durch Einschränkung der Nichtigkeitsgründe gegenüber dem allgemeinen Zivilrecht und deren tatbestandliche Präzisierung Rechtssicherheit bezweckt,[458] sollte er eng ausgelegt und nicht unnötig erweitert werden.[459] Damit gelangt man zu dem Ergebnis, dass der Beschluss einer von Anfang an unmöglichen Sachausschüttung nicht zur Nichtigkeit des Gewinnverwendungsbeschlusses führt.

Dieses Ergebnis wird ferner bestätigt, wenn man nun ergänzend die Wertung des § 311a Abs. 1 BGB heranzieht. Dieser Vorschrift liegt zum einen der Gedanke zugrunde, einen geschlossenen Vertrag als Rechtsgrundlage für Sekundäran-

---

[454] Vgl. *Würdinger*, Aktienrecht, 144; *Hüffer*, in: MünchKommAG, § 241 Rn. 8.

[455] *Hüffer*, in: MünchKommAG, § 241 Rn. 8; *Karsten Schmidt*, Gesellschaftsrecht, § 15 I 2. Dagegen handelt es sich bei einer Vereinbarung einer Sacheinlage gem. § 27 Abs. 1 AktG, die wirtschaftlich gesehen den spiegelbildlichen Fall einer Sachausschüttung darstellt, nach h.M. um einen unselbständigen materiellen Bestandteil des Gesellschaftsvertrages (vgl. *Pentz*, in: MünchKommAG, § 27 Rn. 16), so dass hierauf § 311a BGB direkt Anwendung finden kann.

[456] *Hüffer*, AktG, § 243 Rn. 1.

[457] Etwas anderes gilt auch nicht bei Vorliegen bestimmter Verfügungsbeschränkungen, die im Interesse der Gläubiger oder im öffentlichen Interesse bestehen. Zwar ließe sich argumentieren, dass ein Sachausschüttungsbeschluss, der die Auskehrung eines verfügungsbeschränkten Gegenstandes vorsieht, in: diesen Fällen Vorschriften verletzt, die im öffentlichen Interesse gegeben sind. Damit läge ein Fall von § 241 Nr. 3 3. Alt. AktG vor, da ein Vollzug des Beschlusses (vgl. § 83 Abs. 2 AktG) nur unter Missachtung der bestehenden Verfügungsbeschränkung vorgenommen werden könnte. Allerdings trifft diese Sichtweise nicht zu. Denn der Beschluss selbst führt noch nicht zur Verletzung eines Verfügungsverbotes, sondern hat nur schuldrechtlichen Charakter; und gem. § 275 Abs. 1 BGB ist der Anspruch der Aktionäre auf Übertragung der Sachdividende bei anfänglicher Unmöglichkeit von vorne herein ausgeschlossen. Somit ist ein Verstoß gegen eine Verfügungsbeschränkung unmittelbar oder mittelbar aufgrund eines Sachausschüttungsbeschlusses gar nicht denkbar.

[458] *Hüffer*, AktG, § 241 Rn. 1.

[459] Vgl. *Hüffer*, in: MünchKommAG, § 241 Rn. 52 f.

147

sprüche bestehen zu lassen.[460] Zum anderen trägt § 311a BGB der Tatsache Rechnung, dass der Eintritt der Unmöglichkeit vor oder nach Vertragsschluss oft zufällig sein und sein genauer Zeitpunkt zuweilen auch schwer beweisbar sein kann.[461] Diese Wertungen ergeben auch bei der Übertragung auf Hauptversammlungsbeschlüsse Sinn. Den Aktionären ist eher damit gedient, wenn der Hauptversammlungsbeschluss wirksam bleibt und somit weiterhin die Grundlage für die Gewinnausschüttung bildet, sei es auch im Rahmen von Sekundäransprüchen. Schließlich kann es auch bei Sachausschüttungen durch Aktiengesellschaften mehr oder weniger vom Zufall abhängen, ob die Unmöglichkeit der Sachleistung vor oder nach dem Gewinnverwendungsbeschluss eintritt. Eine unterschiedliche Behandlung dieser Fälle erscheint auch im Aktienrecht nicht angezeigt.

1.1.2 Anfechtbarkeit des Sachausschüttungsbeschlusses

Ebenso ist eine Anfechtbarkeit des Sachausschüttungsbeschlusses bei anfänglicher Unmöglichkeit der Sachleistung abzulehnen. Als Anfechtungsgrund wäre allein § 243 Abs. 1 AktG denkbar. Dann müsste ein Beschluss, der auf eine Ausschüttung gerichtet ist, die sich als von Anfang an unmöglich erweist, gegen das Gesetz oder die Satzung verstoßen. Ein solcher Verstoß ist aber nicht ersichtlich.

1.1.3 Zwischenergebnis

Ein Sachausschüttungsbeschluss, der die Auskehrung von Sachen vorsieht, deren Übertragung auf die Aktionäre von Anfang an unmöglich war, ist also weder nichtig noch anfechtbar.

1.1.4 Rechtsfolgen bei anfänglicher Unmöglichkeit der Sachausschüttung

Mit dem wirksamen Ausschüttungsbeschluss entsteht der Sachausschüttungsanspruch der Aktionäre als unabhängiges Gläubigerrecht. Da es sich hierbei um einen schuldrechtlichen Anspruch handelt, sind die Regelungen des allgemeinen Schuldrechts nach dem BGB anwendbar.

---

[460] Begründung zum Regierungsentwurf, BT-Drucksache 14/6040, 164 f.
[461] Begründung zum Regierungsentwurf, BT-Drucksache 14/6040, 164.

Bei anfänglicher Unmöglichkeit der Sachleistung ist der Primärleistungsanspruch der Aktionäre auf Übertragung der Ausschüttungsgegenstände nach § 275 Abs. 1 BGB ausgeschlossen. Fraglich ist, ob an die Stelle des Primärleistungsanspruchs ein Sekundäranspruch zugunsten der Aktionäre tritt.

In der Literatur wird teilweise vertreten, dass bei einer missglückten Sachausschüttung stets der unterliegende Geldanspruch zum Zuge kommen müsse.[462] Weitergehend wird - wie schon im Falle des § 311a Abs. 1 BGB - ohne weiteres auf den Schadensersatzanspruch nach § 311a Abs. 2 BGB verwiesen.[463] Unzutreffend wäre eine Sichtweise, die davon ausgeht, dass ein Sachausschüttungsanspruch nach § 58 Abs. 5 AktG dem Barausschüttungsanspruch nach § 58 Abs. 4 AktG nur überlagert, bei Unmöglichkeit der Sachausschüttung also der Bardividendenanspruch wieder auflebt. Denn wie dargelegt handelt es sich bei einem Sachausschüttungsanspruch nach § 58 Abs. 5 AktG gerade nicht um eine vereinbarte Leistung an Erfüllungs statt, sondern um eine originäre Sachleistungspflicht. Sach- und Barausschüttung stehen gleichberechtigt und nicht in einem Verhältnis der Subsidiarität nebeneinander.[464] Aus diesem Grund wird auch eine Auslegung des Sachausschüttungsbeschlusses dahingehend scheitern, dass im Falle der Unmöglichkeit der Sachausschüttung eine Barausschüttung in entsprechender Höhe beschlossen sein soll.[465]

Was den vorgeschlagenen Rückgriff auf § 311a Abs. 2 BGB betrifft, ist auch hier zu beachten, dass die Vorschrift direkt nur auf Vertragsverhältnisse anwendbar ist, die im Falle von Sachausschüttungen nicht gegeben sind. Daher kommt allenfalls eine analoge Anwendung von § 311a Abs. 2 BGB in Betracht. § 58 Abs. 5 AktG trifft im Gegensatz zu § 27 Abs. 3 Satz 3 AktG im Fall der Sacheinlage keinerlei Regelungen zur Behandlung von Leistungsstörungen bei Sachausschüttungen. Aus den Materialien ergibt sich kein Anhaltspunkt dafür, dass der Gesetzgeber diesen Problembereich bewusst offengelassen hat. Es kann daher davon ausgegangen werden, dass insofern eine planwidrige Regelungslücke vorliegt.

---

[462] Vgl. *Müller*, NZG 2002, 758; *Hirte*, TransPuG, Rn. 82.

[463] Vgl. *Schnorbus*, ZIP 2003, 516.

[464] So aber *Hirte*, TransPuG, Rn. 82.

[465] Möglicherweise wäre eine Barausschüttung etwa aus Knappheit an Liquidität gar nicht gewollt gewesen.

1.1.5 § 311a Abs. 2 BGB analog bei Verschulden der anfänglichen Unmöglichkeit der Sachausschüttung durch die Aktiengesellschaft

§ 311a Abs. 2 BGB gibt dem Gläubiger einen Schadensersatzanspruch als Kompensation für die nach § 275 Abs. 1 BGB ausgeschlossene Primärleistungspflicht. Der Haftungsgrund liegt bei Verträgen in der Nichterfüllung des Leistungsversprechens.[466]
Die Interessenlage bei anfänglicher Unmöglichkeit einer Sachausschüttung ist dieselbe. Die Sachleistungspflicht der Aktiengesellschaft ist nach § 275 Abs. 1 BGB ausgeschlossen.
Bliebe man bei diesem Ergebnis stehen, käme der Bilanzgewinn nicht zur Verteilung, obwohl dies – wenn auch nicht in barer Form – beschlossen wurde. Die Aktionäre haben grundsätzlich ein Interesse daran, ein Äquivalent für die gescheiterte Sachausschüttung zu erhalten, nachdem ihnen der Vermögenswert des auszuschüttenden Bilanzgewinns durch den weiterhin wirksamen Gewinnverwendungsbeschluss bereits zugewiesen wurde.[467] Der Haftungsgrund bei anfänglicher Unmöglichkeit einer Sachausschüttung ist daher in der Nichterfüllung der rechtlichen Verpflichtung der Aktiengesellschaft zur Sachausschüttung durch den Gewinnverwendungsbeschluss zu sehen. Die analoge Anwendung von § 311a Abs. 2 BGB mit der Folge des Schadensersatzes ist daher interessengerecht.
Der Schadensersatzanspruch nach § 311a Abs. 2 BGB erfordert Vertretenmüssen nach § 276 BGB seitens des Anspruchsschuldners, wobei sich aus dem Wortlaut ergibt, dass es sich um vermutetes Verschulden handelt. Hinsichtlich des Vertretenmüssens stellt § 311a Abs. 2 BGB darauf ab, ob der Schuldner das Leistungshindernis kannte oder kennen musste.[468]
Schuldner des Sachausschüttungsanspruches der Aktionäre ist die Aktiengesellschaft. Folglich muss sie die anfängliche Unmöglichkeit der Sachleistung zu vertreten haben, wenn den Anteilseignern ein Schadensersatzanspruch zustehen soll.
Eine Aktiengesellschaft handelt als juristische Person durch ihre Organe. Problematisch ist nun, auf welches Organ bei der Verschuldensprüfung abzustellen ist. In Frage kommen die Hauptversammlung oder der Vorstand der Aktiengesellschaft.
Für die Hauptversammlung spricht, dass sie allein und eigenverantwortlich für die Gewinnverwendung zuständig ist, § 119 Abs. 1 Nr. 2 AktG. Vor diesem Hintergrund erschiene es konsequent, auf die Kenntnis der Hauptversammlung

---

[466] Vgl. *Faust*, in: Huber/Faust, Schuldrechtsmodernisierung, Rn. 7/12.
[467] Vgl. *Schnorbus*, ZIP 2003, 517.
[468] *Gehrlein*, in: Bamberger/Roth, BGB, § 311a Rn. 8; *Faust*, in: Huber/Faust, Schuldrechtsmodernisierung, Rn. 7 und 12.

als des Organs abzustellen, welches die Konkretisierungskompetenz hat und entscheidet, welche Sachen letztlich zur Ausschüttung kommen. Gegen diese Sichtweise lässt sich allerdings eine ganze Reihe von Argumenten vorbringen. Die Hauptversammlung als Organ kann selbst keine Kenntnis oder Unkenntnis von Leistungshindernissen haben. Abzustellen wäre also auf die Aktionäre[469] als Teile des Organs Hauptversammlung. Die Gesamtheit der Aktionäre verkörpert aber keinen homogenen Wissensstand. Mithin wäre völlig unklar, bei welchen Aktionären bzw. bei welcher Gruppe von Aktionären im Rahmen einer Verschuldensprüfung anzusetzen wäre. Zudem wäre es äußerst zweifelhaft, ob überhaupt eine Wissenszurechnung der Hauptversammlung auf die Aktiengesellschaft erfolgen kann. Denn die Hauptversammlung ist für die interne Willensbildung in der Aktiengesellschaft zuständig; der im Beschluss gebildete Wille der Hauptversammlung ist kraft organschaftlicher Zurechnung der Wille der Gesellschaft selbst.[470] Das gilt aber nicht in gleicher Weise für relevante Tatsachenkenntnis in der Aktiengesellschaft. Die Hauptversammlung ist zwar ein Willensbildungs- aber eben kein „Wissens"-Organ.

Das entscheidende Argument gegen eine Verschuldensprüfung in Richtung auf die Hauptversammlung ist allerdings, dass ihr in der Regel die entsprechenden Informationsmöglichkeiten fehlen werden, um festzustellen, ob die Ausschüttung bestimmter Sachen tatsächlich und rechtlich machbar ist. Selbst wenn einzelne Aktionäre Vorstandsaufgaben wahrnehmen, wie es in Familienaktiengesellschaften durchaus üblich ist, besitzen sie die entscheidenden Kenntnisse über den Vermögensbestand und eventuelle rechtliche Verfügungsbeschränkungen nicht in ihrer Eigenschaft als Aktionär, sondern in ihrer Stellung als Vorstandsmitglied.

Auf den ersten Blick erscheint es ungewöhnlich, wenn man bei der Frage nach der Verantwortlichkeit für die Unmöglichkeit einer Sachausschüttung auf den Kenntnisstand des Vorstands abstellen will. Denn er hat auf den Beschluss einer Sachausschüttung letztendlich keinen Einfluss. Dennoch ist dieser Ansatz richtig. Als Bezugspunkt einer Verschuldensprüfung ist dabei auf die Fassung des Gewinnverwendungsvorschlags abzustellen, den der Vorstand nach § 124 Abs. 3 AktG der Hauptversammlung zu unterbreiten hat. Als Leitungsorgan der Gesellschaft kann er am besten beurteilen, welche Sachen für eine Ausschüttung in Frage kommen und auch ausschüttbar sind.

Damit ist folgende Differenzierung vorzunehmen: Schlägt der Vorstand eine Sachausschüttung vor, die von Anfang an unmöglich ist, und folgt die Hauptversammlung diesem Vorschlag im Gewinnverwendungsbeschluss, so kann man dem Vorstand vorwerfen, dass er die ihm obliegende Pflicht verletzt hat, sich

---

[469] Bei juristischen Personen als Aktionäre wäre wiederum auf deren Vorstände abzustellen.

[470] *Hüffer*, AktG, § 118 Rn. 3.

hinreichend über die Durchführbarkeit der Ausschüttung zu informieren und der Hauptversammlung einen zulässigen Gewinnverwendungsvorschlag zu unterbreiten. In diesem Fall ist ein Verschulden des Vorstands bei der Verrichtung einer ihm im Rahmen seiner Geschäftsführung obliegenden Tätigkeit anzunehmen, das der Gesellschaft gem. § 31 BGB zuzurechnen ist.[471]

Beschließt die Hauptversammlung dagegen eine anfänglich unmögliche Sachausschüttung abweichend vom Vorschlag des Vorstands (der etwa eine Barausschüttung oder die Ausschüttung anderer Sachen vorgeschlagen hat), so kann man dem Vorstand keinen Verschuldensvorwurf machen. Denn in dieser Konstellation hatte der Vorstand nicht die Möglichkeit und damit auch nicht die Pflicht, die Machbarkeit der konkret beschlossenen Sachausschüttung zu überprüfen. In diesem Fall entfällt ein Schadensersatzanspruch zugunsten der Aktionäre, da es am nötigen Verschulden der Aktiengesellschaft fehlt.
In der Literatur wird dieses Ergebnis für nicht interessengerecht erachtet. Bei nicht zu vertretender Unmöglichkeit einer Sachausschüttung müsse der Dividendenanspruch in Geld wieder aufleben. Es sei von der Übernahme einer Garantie i.S.v. § 276 Abs. 1 BGB seitens der Aktiengesellschaft auszugehen, dass im Rahmen des nach § 58 Abs. 4 AktG den Aktionären zustehenden Bilanzgewinns Sachwerte anstatt Geld nur dann als Dividende ausgeschüttet werden, wenn die Gesellschaft rechtlich und tatsächlich dazu in der Lage ist.[472]
Dieser Ansicht kann nicht in dieser Weite zugestimmt werden.
Nicht in jeden Sachausschüttungsbeschluss kann eine derartige Garantie hineininterpretiert werden, insbesondere wenn dafür keinerlei Anhaltspunkte vorliegen.
Oft werden mit dem Beschluss einer Sachausschüttung Zwecke verfolgt, die eben nur mit einer Sachausschüttung erreicht werden können. So sind die Schonung von Liquidität oder bestimmte Umstrukturierungsmaßnahmen gerade nicht mittels einer Bardividende zu verwirklichen. Eine Ausschüttung von Barmitteln stand vielleicht gar nicht zur Diskussion. Wäre das Ausschüttungshindernis bekannt gewesen, wäre gar keine oder nur die Mindestausschüttung nach § 254 AktG vorgenommen worden. Die Substitution des Sachdividendenanspruchs durch einen Ersatzanspruch in Geld kann für die Gesellschaft u.U. sehr nachteilige Folgen haben. In diesen Fällen von der Garantie einer ersatzweisen Barausschüttung auszugehen, hieße, der beschließenden Hauptversammlung einen Willen zu unterstellen, den sie u.U. gar nicht hatte. Für diese Sichtweise spricht im übrigen, dass bei der Annahme einer konkludenten Garantie Zurückhaltung geboten ist.[473]

---

[471] Vgl. *Hüffer*, AktG, § 78 Rn. 3 und Rn. 23.
[472] Vgl. *Schnorbus*, ZIP 2003, 517.
[473] Vgl. *Grüneberg*, in: Bamberger/Roth, § 276 Rn. 40.

Schließlich lässt sich eine verschuldensunabhängige Haftung auch nicht mit einem Vergleich zur Situation bei Sacheinlagen gem. § 27 AktG begründen. Dort geht die überwiegende Meinung davon aus, dass bei anfänglicher Unmöglichkeit der zu erbringenden Einlageleistung der Aktionär entsprechend § 27 Abs. 3 Satz 3 AktG zur Geldleistung verpflichtet ist.[474] Zwar könnte man argumentieren, dass eine Sacheinlage gleichsam der spiegelbildliche Vorgang zu einer Sachausschüttung sei und diese Tatsache eine rechtliche Gleichbehandlung nahe legen könnte. Ein näherer Blick auf die Grundlagen des Haftungssystems bei Sacheinlagen zeigt jedoch, dass ein solcher Wertungstransfer nicht in Frage kommt. Zum einen wird die subsidiäre Bardeckungspflicht bei Sacheinlagen richtigerweise damit begründet, dass es sich bei einer Sacheinlagevereinbarung lediglich um die Gestattung für den Gründer handelt, die in der Aktienübernahmeerklärung festgelegte Bareinzahlungspflicht durch Sacheinlage zu erfüllen.[475] Demnach handelt es sich bei der Sacheinlagevereinbarung um eine spezialgesetzliche Abrede einer Leistung an Erfüllungs statt.[476] Dies ist bei einer Sachdividende nach § 58 Abs. 5 AktG gerade nicht der Fall, wie oben bereits dargelegt wurde.[477] Zum anderen wird bei Sacheinlagen das übliche zivilrechtliche Instrumentarium durch das Gebot der realen Kapitalaufbringung überlagert,[478] das eine subsidiäre Bardeckung der Einlageschuld auch bei unverschuldeter Unmöglichkeit begründet.[479] Der Grundsatz der Kapitalaufbringung spielt aber im umgekehrten Fall der Sachausschüttung keine Rolle und kann daher auch nicht als Begründungsansatz für eine Bardeckungspflicht herangezogen werden.[480]
Soll trotz allem verschuldensunabhängig auf eine subsidiäre Bardividende gehaftet werden, so muss dies in ausreichender Weise im Sachausschüttungsbeschluss zum Ausdruck kommen.[481]

---

[474] *Pentz*, in: MünchKommAG, § 27 Rn. 50; *Röhricht*, in: GK, § 27 Rn. 169; *Kraft*, in: KölnKomm, § 27 Rn. 70; *Hüffer*, AktG, § 27 Rn. 18.

[475] Vgl. *Kraft*, in: KölnKomm, § 27 Rn. 10 und 70.

[476] Vgl. *Lutter*, Kapital, 285.

[477] Vgl. 1. Abschnitt, 1. Kapitel, 1.6.

[478] Vgl. *Hüffer*, AktG, § 27 Rn. 18.

[479] Vgl. *Hüffer*, AktG § 27 Rn. 18; *Pentz*, in: MünchKommAG, § 27 Rn. 51.

[480] Das übersieht *Hirte*, TransPuG, Rn. 82.

[481] So dürfte etwa die Formulierung genügen, dass die konkrete Sachausschüttung „anstelle" einer Barausschüttung zur Ausschüttung kommen soll. Will man allerdings den sichersten Weg gehen, wird man eine unzweideutige Formulierung in den Gewinnverwendungsbeschluss aufnehmen.

1.1.6 Einschränkungen des Schadensersatzanspruchs

1.1.6.1 Grundsätzlich keine Limitierung auf den individuellen Anteil am Bilanzgewinn

§ 311a Abs. 2 BGB gewährt dem Gläubiger der unmöglichen Leistung Schadensersatz auf das Erfüllungsinteresse. In der Literatur wird die Ansicht vertreten, Schadensersatzansprüche wegen ausgefallener Sachdividende seien der Höhe nach auf den individuellen Anteil am auszuschüttenden Bilanzgewinns zu beschränken. Diese Limitierung sei mit Blick auf § 58 Abs. 4 AktG aus Gründen des Gläubigerschutzes geboten. Der Bilanzgewinn stelle die Obergrenze für Leistungen dar, die dem Anspruchsteller als Dividendenempfänger und Aktionär zufließen dürften. So sei etwa entgangener Gewinn nach § 252 BGB nicht ersatzfähig.[482] Dieser Meinung kann nicht gefolgt werden, denn sie überspannt den Gläubigerschutz. Der Dividendenanspruch, der mit Fassung des Gewinnverwendungsbeschlusses entsteht, ist ein unabhängiges Gläubigerrecht. Die Anteilseigner stehen der Gesellschaft grundsätzlich wie Dritte gegenüber.[483] Insbesondere am Beispiel größerer Aktiengesellschaften, in denen der Aktionär nur die Stellung eines Kapitalanlegers hat, wird deutlich, dass eine Abwertung von Dividendenansprüchen gegenüber anderen Drittgläubigeransprüchen nicht angebracht ist. Das gilt konsequenterweise auch für Schadensersatzansprüche als Surrogat von Dividendenansprüchen. Im Grundsatz ist danach bei verschuldeter anfänglicher Unmöglichkeit einer Sachausschüttung ohne weitere Beschränkung Schadensersatz auf das positive Interesse zu leisten.[484] Dennoch ist zu berücksichtigen, dass im Einzelfall aus der Treuepflicht der Aktionäre gegenüber der Gesellschaft bestimmte Restriktionen resultieren, die im folgenden dargelegt werden.

1.1.6.2 Auswirkungen der Treuepflicht

Wie erwähnt kann anfängliche Unmöglichkeit einer Sachausschüttung auf rechtlichen Übertragungshindernissen beruhen. Ebenso denkbar ist aber auch die Unmöglichkeit der Sachausschüttung aus tatsächlichen Gründen, nämlich dann, wenn sich die auszuschüttende Sache zum Zeitpunkt des Gewinnverwendungs-

---

[482] Vgl. *Schnorbus*, ZIP 2003, 517.

[483] Ebenso *Holzborn/Bunnemann*, AG 2003, 676.

[484] Die Aufwendungen für den Schadensersatz, die über die Dividendenverbindlichkeit gegenüber den Aktionären hinausgehen, sind als Aufwand im laufenden Geschäftsjahr zu berücksichtigen.

beschlusses nicht oder nicht mehr im Gesellschaftsvermögen befindet. Wurde sie etwa veräußert oder hat die Gesellschaft aufgrund des Untergangs einen Ersatzanspruch gegen einen Dritten erlangt, so gelten keine Besonderheiten, da sich die Vermögenssituation der Gesellschaft nicht geändert hat.

Fraglich ist aber, ob eine Verteilung des Bilanzgewinns noch zulässig ist, wenn die auszuschüttenden Sachen vor Fassung des Gewinnverwendungsbeschlusses ersatzlos untergegangen sind.[485] Denn in diesem Fall hat die Gesellschaft zwischen Bilanzstichtag[486] und Gewinnverwendungsbeschluss einen Verlust erlitten, der den gesamten Bilanzgewinn eliminiert. Insofern liegt hier ein Spezialfall der Diskussion vor, welchen Einfluss Verluste zwischen Bilanzstichtag und Gewinnverwendungsbeschluss auf die Ausschüttungsfähigkeit des Bilanzgewinns haben.

Eine Ansicht geht davon aus, dass ein Verlust nach dem Bilanzstichtag den Bilanzgewinn des abgelaufenen Geschäftsjahres grundsätzlich nicht berühre und daher auch nicht dem Beschluss seiner Ausschüttung entgegenstehe.[487]

Eine andere Meinung hält die nachträgliche Berichtigung des Jahresabschlusses für die richtige Lösung.[488]

Die herrschende Meinung schließlich differenziert nach der Höhe der Verluste. Sind der Bilanzgewinn und Teile der Gewinnrücklagen aufgezehrt, so stehe es im Ermessen der Hauptversammlung, anstelle einer Ausschüttung weitere Beträge zur Verlustdeckung in die Gewinnrücklagen einzustellen. Werden darüber hinaus die Kapitalrücklagen oder gar das Grundkapital angegriffen,[489] so überwiege das Interesse der Gesellschaft an Rücklagenbindung das Interesse der Aktionäre an einer Gewinnausschüttung. Der Kapitalbindung nach § 57 Abs. 1, Abs. 3 AktG komme ein höherer Rang als dem Grundsatz der Periodizität der Jahresrechnung zu.[490]

Der herrschenden Meinung ist zu folgen. Richtigerweise muss das Interesse der Aktionäre auf Gewinnausschüttungen zurücktreten, wenn eine Verletzung von

---

[485] Es sei hier der Einfachheit halber angenommen, dass der ganze Bilanzgewinn in Form einer Sachausschüttung ausgeschüttet werden sollte, die sich nach Fassung des Gewinnverwendungsbeschlusses dann als anfänglich unmöglich erweist.

[486] Wären die Sachen vor dem Bilanzstichtag ersatzlos untergegangen, hätte aufgrund des eintretenden Verlustes im alten Wirtschaftsjahr gar kein entsprechender Bilanzgewinn ausgewiesen werden können. Ungenau in diesem Zusammenhang *Bayer* (MünchKommAG, § 58 Rn. 117), der vom Zeitraum zwischen Feststellung des Jahresabschlusses und dem Gewinnverwendungsbeschluss spricht.

[487] Vgl. *Hefermehl/Bungeroth*, in: G/H/E/K, § 58 Rn. 130.

[488] Vgl. *Baumbach/Hueck*, AktG, § 58 Rn. 20; *Barz*, in: GK, 3. Aufl., § 58 Anm. 32.

[489] So etwa im Fall der Herstatt-Bank, die zwischen ihrem letzten Bilanzstichtag, zu dem sie einen Bilanzgewinn auswies, und dem geplanten Termin ihrer Hauptversammlung so hohe Spekulationsverluste erlitt, dass sie in Konkurs gehen musste.

[490] Vgl. *Lutter*, in: KölnKomm, § 58 Rn. 106; *Bayer*, in: MünchKommAG, § 58 Rn. 117; *Henze*, in: GK, § 58 Rn. 102.

Grundsätzen des Gläubigerschutzes droht. Überzeugend ist auch die Grenzziehung zwischen Aufzehrung von Gewinnrücklagen einerseits und von Kapitalrücklagen bzw. dem Grundkapital andererseits. Die Gewinnrücklagen sind weit weniger stark gebunden und können im Gegensatz zum übrigen Kapital durch einen Hauptversammlungsbeschluss für Ausschüttungen bereit gestellt werden. Insofern müssen Aktionärsinteressen nicht den Gläubigerinteressen weichen, wenn von einer Ausschüttung nur die Gewinnrücklagen betroffen sind. Auf die Problematik der Sachausschüttung übertragen bedeutet dies, dass ein Schadensersatzanspruch nach § 311a Abs. 2 BGB analog wegen ersatzlosem Untergang der auszuschüttenden Sachen nur dann zur Entstehung gelangt, wenn der Schadensersatz vollständig aus den Gewinnrücklagen gezahlt werden kann. Denn wirtschaftlich gesehen stellt auch der Schadensersatzanspruch eine Gewinnausschüttung dar, die den gleichen Grundsätzen wie der originäre Sachausschüttungsanspruch folgen muss.

Würde dagegen die Auszahlung eines Schadensersatzanspruchs die Kapitalrücklagen oder gar das Grundkapital angreifen, so sind die Aktionäre aufgrund ihrer Treuepflicht gegenüber der Aktiengesellschaft solange an der Durchsetzung ihres Anspruchs gehindert, bis wieder ausreichend freie Gewinnrücklagen vorhanden sind.

1.1.7 Neuer Gewinnverwendungsbeschluss bei unverschuldeter anfänglicher Unmöglichkeit der Sachausschüttung

Liegt unverschuldete anfängliche Unmöglichkeit einer Sachausschüttung vor, so ist der Dividendenanspruch gem. § 275 Abs. 1 BGB ausgeschlossen und zugleich scheidet ein Schadensersatzanspruch der Aktionäre aus. Mit anderen Worten: der gefasste Gewinnverwendungsbeschluss ist zwar weder nichtig noch anfechtbar, entfaltet aber keinerlei Rechtswirkungen. Über die Verwendung des Bilanzgewinns ist damit faktisch noch nicht entschieden. In dieser Situation bedarf es daher einer nochmaligen Beschlussfassung über die Verwendung des Bilanzgewinns. Dem stehen auch nicht die Gewinnverwendungsvorschriften des AktG (§§ 119 Abs. 1 Nr. 2, 174 AktG) entgegen, aus denen hervorgeht, dass grundsätzlich nur einmal pro Jahr über die Gewinnverwendung Beschluss gefasst wird. Bei Nichtigkeit eines Gewinnverwendungsbeschlusses liegt es auf der Hand, dass eine zweite Beschlussfassung notwendig ist, um die Verwendung des Bilanzgewinns festzulegen. Nichts anderes kann aber gelten, wenn ein Gewinnverwendungsbeschluss zwar rechtlich existent, aber inhaltlich gegenstandslos ist. Bei richtiger materieller Interpretation von § 174 Abs. 1 AktG ist auch in diesem Fall noch nicht über die Verwendung des Bilanzgewinns entschieden.

1.2   Nachträgliche Unmöglichkeit

Im Falle der nachträglichen Unmöglichkeit ist der Anspruch der Aktionäre auf die Sachausschüttung ebenfalls nach § 275 Abs. 1 BGB ausgeschlossen. Zugunsten der Aktionäre resultiert ein Schadensersatzanspruch in Geld aus § 283 i.V.m. § 280 Abs. 1 BGB. Allerdings setzt dieser Anspruch Verschulden voraus, § 280 Abs. 1 Satz 2 BGB.

Der im Schrifttum vertretenen Ansicht, über die dogmatische Figur einer Garantie gelange man zu einer verschuldensunabhängigen Haftung, kann auch in diesem Zusammenhang nicht gefolgt werden. Insoweit kann hier nach oben verwiesen werden.

1.2.1   Einschränkungen des Schadensersatzanspruchs

Auch wie im Fall der anfänglichen Unmöglichkeit ist der Schadensersatzanspruch aus § 283 i.V.m. § 280 Abs. 1 BGB grundsätzlich nicht auf den individuellen Anteil der Aktionäre am Bilanzgewinn beschränkt; ausnahmsweise kann die Treuepflicht der Aktionäre gegenüber ihrer Aktiengesellschaft der Durchsetzbarkeit eines Schadensersatzanspruchs entgegenstehen.[491]

Fraglich ist, ob den Aktionären bei nachträglicher Unmöglichkeit des Sachausschüttungsanspruch ein Schadensersatzanspruch in Geld gänzlich zu versagen ist, wenn die auszuschüttenden Sachen untergegangen sind.

Denn in diesem Fall hat bereits ein Abfluss von Gesellschaftsvermögen in Höhe des Bilanzgewinns stattgefunden. Das Problem ist dem bei anfänglicher Unmöglichkeit sehr ähnlich. Wieder geht es um die Frage, welchen Interessen der Vorrang einzuräumen ist, dem Interesse der Aktionäre auf Erfüllung ihres Dividendenanspruchs oder den Interessen der Gläubiger auf Schutz des Gesellschaftskapitals.

Die bisher herrschende Meinung geht davon aus, dass die Dividendenansprüche der Aktionäre selbst dann bestehen bleiben, wenn die Gesellschaft in dem kurzen Zeitraum zwischen Gewinnverwendungsbeschluss und Auszahlung der Dividende so hohe Verluste erleidet, dass eine Gewinnausschüttung faktisch zu Lasten des gebundenen Vermögens, also des Grundkapitals und der Kapitalrücklagen nach § 150 AktG, ginge.[492] Der Dividendenanspruch sei mit dem Gewinnverwendungsanspruch als normales Gläubigerrecht entstanden und daher

---

[491] Vgl. 1. Abschnitt, 3. Kapitel, 1.1.6.2
[492] Vgl. *Lutter*, in: KölnKomm, § 58 Rn. 105; *Hefermehl/Bungeroth*, in: G/H/E/K, § 58 Rn. 131 f.; *Baumbach/Hueck*, AktG, § 58 Rn. 20; *Barz*, in: GK, 3. Aufl., § 58 Anm. 32.

allen mitgliedschaftlichen Bindungen frei, insbesondere solchen aus § 57 AktG.[493]

Eine im Vordringen befindliche Meinung tritt dieser Ansicht entgegen. Nach der Konzeption des AktG genieße der Gläubigerschutz Vorrang vor Dividendenausschüttungen an die Aktionäre. Zwar entstehe mit dem Gewinnverwendungsbeschluss ein selbständiger Dividendenanspruch der Aktionäre, dennoch dürfe nicht übersehen werden, dass dieser in der Mitgliedschaft wurzele. Insofern unterscheide er sich qualitativ von anderen Gläubigerrechten, die durch außergesellschaftliche Verträge entstanden sind. Die Abspaltung des Dividendenanspruchs vom allgemeinen Gewinnanspruch habe allein den Zweck, dessen Verkehrsfähigkeit sicherzustellen. Aufgrund der Treuepflicht der Aktionäre gegenüber ihrer Gesellschaft seien diese gehindert, ihre begründeten Dividendenansprüche durchzusetzen, soweit durch die Gewinnausschüttung die Kapitalrücklagen nach § 150 Abs. 3 und 4 AktG oder gar das Grundkapital angegriffen würden.[494]

Der letzten Ansicht ist zu folgen. Insofern gelten die gleichen Argumente wie beim Parallelproblem im Falle der anfänglichen Unmöglichkeit. Ein Schadensersatzanspruch ist durchsetzbar, wenn durch die Auszahlung allein die Gewinnrücklagen berührt werden. Dagegen müssen die Interessen der Aktionäre zurücktreten, wenn durch die Zahlung von Schadensersatz die Kapitalrücklagen oder gar das Grundkapital angegriffen würden.

1.2.2 Neuer Gewinnverwendungsbeschluss bei unverschuldeter nachträglicher Unmöglichkeit der Sachausschüttung

Liegt unverschuldete nachträgliche Unmöglichkeit der Sachausschüttung vor, so ist die Leistungspflicht des Gesellschaft nach § 275 Abs. 1 BGB ausgeschlossen, ohne dass dem Aktionär ein Schadensersatzanspruch für seine ausgefallene Dividende zusteht. Wie im Falle der unverschuldeten anfänglichen Unmöglichkeit entfaltet der Gewinnverwendungsbeschluss faktisch keinerlei rechtliche Wirkung. Daher ist auch in dieser Situation erneut über die Verwendung des Bilanzgewinns Beschluss zu fassen.

Dabei scheidet eine Ausschüttung wiederum aus, wenn durch den Vermögensabfluss aufgrund eines neuen Gewinnverwendungsbeschlusses gesetzliche Rücklagen oder sogar das Grundkapital angegriffen wäre.

---

[493] Vgl. *Lutter*, in: KölnKomm, § 58 Rn. 105.

[494] Vgl. *Henze*, in: GK, § 58 Rn. 102; *Bayer*, in: MünchKommAG, § 58 Rn. 116, der allerdings die Begründung dieser Lösung über die Treuepflicht in Frage stellt; nur in Ausnahmefällen ein Ausschüttungsverbot bejahend: *Obermüller/Werner/Winden*, Abschnitt H Rn. 98.

2. Verzug

Mit dem Sachausschüttungsbeschluss wird ein konkreter Anspruch des Aktionärs auf Übertragung der auszuschüttenden Sache als autonomes Gläubigerrecht begründet.[495]
Der Anspruch auf die konkrete auszuschüttende Sache wird mit Fassung des Ausschüttungsbeschlusses sofort fällig (271 BGB), sofern Satzung oder Gewinnverwendungsbeschluss nichts anderes bestimmen. Die Gesellschaft kann nach herrschender und richtiger Ansicht während der für die Auszahlung erforderlichen Frist nicht in Verzug geraten.[496] Denn in diesem Fall hat die Aktiengesellschaft als Schuldnerin die Verzögerung der Leistung nicht zu vertreten (§ 286 Abs. 4 BGB), da sie alles Erforderliche unternimmt, um den Dividendenanspruch des Aktionärs zu erfüllen.[497]
Der Aktiengesellschaft ist für eine Sachausschüttung je nach Umfang und Gegenstand der auszuschüttenden Sachen i.d.R. eine Frist von mehreren Tagen zuzugestehen. Erfolgt die Übertragung der Ausschüttungsgegenstände nicht innerhalb dieser angemessenen Frist, gerät die Gesellschaft gegenüber dem Aktionär in Verzug, wobei das Verschulden der Gesellschaft vermutet wird. Zusätzlich bedarf es einer Mahnung von Seiten des Anteilseigners, vgl. §§ 280 Abs. 2, 286 BGB.
Als Rechtsfolge ergibt sich für den Aktionär ein Anspruch auf Schadensersatz wegen Verzögerung der Leistung, § 280 Abs. 2, 286 BGB. Auch in diesem Rahmen stellt sich wiederum die Frage, ob die Höhe dieses Anspruchs durch den individuellen Anteil des Aktionärs am Bilanzgewinn limitiert ist. Das ist abzulehnen. Ansonsten liefe nämlich ein Anspruch auf den Verzugsschaden leer, da der „Schadensersatzfond" in Höhe des Bilanzgewinnanteils bereits durch die (verspätete) Sachausschüttung oder einen an deren Stelle tretenden Schadensersatzanspruch wegen nachträglicher Unmöglichkeit[498] ausgeschöpft wäre. Ein Anspruch auf Verzugsschaden schiede damit faktisch aus. Damit würde aber die vom Gesetzgeber bezweckte Disziplinierung zu rechtzeitiger Leistung vollständig unterlaufen.
Eine Gefährdung von Gläubigerinteressen relativiert sich dadurch, dass sich der Vorstand bei Verschulden hinsichtlich der verspäteten Sachausschüttung, das der Gesellschaft zugerechnet wird, i.d.R. schadensersatzpflichtig macht, § 93 Abs. 2 AktG. Denn gemäß § 83 Abs. 2 AktG ist der Vorstand verpflichtet, die beschlossene Sachdividende ordnungsgemäß zu organisieren und damit auch rechtzeitig auszuschütten.

---

[495] *Lutter*, in: KölnKomm, § 58 Rn. 80.
[496] *Drinhausen*, in: AnwK-AktR, Kapitel 1 § 58 Rn. 44; *Hüffer*, AktG, § 58 Rn. 28.
[497] So auch *Hüffer*, AktG, § 58 Rn. 28.
[498] Bei anfänglicher Unmöglichkeit besteht keine Primärleistungspflicht, so dass es auch nicht zum Leistungsverzug kommen kann.

Bei Verzug der Gesellschaft mit der Auskehrung der Sachdividende steht dem Aktionär demnach neben seinem Sachdividendenanspruch ein Anspruch auf Ersatz seines Verzögerungsschadens zu. Eine Beschränkung auf den Anteil am Bilanzgewinn ist abzulehnen.[499] Da im Falle einer beschlossenen Sachausschüttung seitens der Aktiengesellschaft eine Sach- und keine Geldschuld vorliegt, sind allerdings keine Verzugszinsen gem. § 288 BGB zu zahlen.[500]

3. Gewährleistung bei Sach- und Rechtsmängeln

Ebenfalls nicht vom Aktiengesetz geregelt ist die Frage, welche Vorschriften bei Sach- und Rechtsmängeln der ausgeschütteten Sachen zur Anwendung kommen. Dem Aktionär steht jedenfalls eine mangelfreie Leistung zu, da er andernfalls in seinem Interesse auf werthaltige Erfüllung seines Dividendenanspruchs beeinträchtigt wäre.

In der Literatur werden zur Frage der anwendbaren Vorschriften unterschiedliche Ansichten vertreten.

3.1   § 280 BGB

Eine Ansicht geht davon aus, dass die Vorschriften der § 433 ff. BGB weder direkt noch analog angewendet werden könnten. Denn bei einer Gewinnausschüttung handele es sich nicht um ein kaufähnliches Geschäft, dass auf den Leistungsaustausch zweier Parteien gerichtet ist.[501] Für eine analoge Anwendung der kaufrechtlichen Gewährleistungsvorschriften bedürfte es einer planwidrigen Regelungslücke. Eine solche sei aber spätestens nach der Schuldrechtsreform und der in diesem Rahmen vorgenommenen Modernisierung des allgemeinen Leistungsstörungsrechts nicht mehr erkennbar.[502] § 280 BGB stelle nun die zentrale Norm des Leistungsstörungsrechts dar.[503] Insbesondere bei Verträgen ohne besondere Mängelhaftung richte sich die Gewährleistung ausschließlich nach dieser Vorschrift.[504] Erbringe die Gesellschaft die Sachleistung nicht so, wie sie im Gewinnverwendungsbeschluss vorgesehen ist, so kommt für den Aktionär allein ein Schadensersatzanspruch gem. § 280 Abs. 3 i.V.m. § 281 Abs. 1 BGB in Betracht. Aus § 281 Abs. 1 Satz 1 i.V.m. § 280 Abs. 1 BGB er-

---

[499] Anders *Schnorbus*, ZIP 2003, 517.
[500] Unzutreffend daher *Schnorbus*, ZIP 2003, 516.
[501] *Schnorbus*, ZIP 2003, 517.
[502] Vgl. *Schnorbus*, ZIP 2003, 517.
[503] Vgl. *Grüneberg* , in: Bamberger/Roth, § 280 Rn. 1.
[504] Vgl. *Putzo*, in: Palandt, § 280 Rn. 16.

gibt sich, dass ein Schadensersatzanspruch wegen Mangelhaftigkeit der Sache Verschulden seitens der Aktiengesellschaft voraussetzt. Dies lässt den Schutz des Aktionärs lückenhaft erscheinen, da ein Rechts- oder Sachmangel nicht in allen Fällen auf ein Verschulden der Gesellschaft zurückzuführen sein wird.[505] Eine Lösung dieses Problems wird in der Annahme eines konkludenten Garantieversprechens seitens der Gesellschaft gesehen, nach § 58 Abs. 4 AktG Sachwerte anstatt Geld nur dann auszuschütten, wenn sie mangelfrei und somit wertmäßig einer Geldleistung gleichwertig sind.[506] Aus diesem Garantieversprechen würde sich gem. § 276 Abs. 1 Satz 1 BGB eine Haftung der Gesellschaft gegenüber den Aktionären auch ohne Verschulden ergeben.

3.2 § 365 BGB analog

Die Gegenansicht lehnt die Anwendung von § 280 BGB ab. Die Konstruktion über die Annahme eines konkludenten Garantieversprechens wird abgelehnt. Dies sei reine Fiktion und bringe erhebliche Rechtunsicherheit mit sich, da sich der Inhalt einer solchen Garantie nur durch eine Auslegung des Parteiwillens ermitteln lasse.[507]

Sachgerecht sei eine analoge Anwendung von § 365 BGB, womit der Rückgriff auf die kaufrechtlichen Gewährleistungsvorschriften[508] eröffnet sei. Zum einen bestehe bei einer Sachdividende eine vergleichbare Interessenslage mit den Fällen der Annahme einer Leistung an Erfüllungs statt. Durch eine mangelhafte Ersatzleistung könne das Interesse des Gläubigers in beiden Fällen nicht erfüllt werden.[509]

Zudem bestehe eine Regelungslücke. Im Rahmen der Neuregelung der Sachdividende im AktG hat der Gesetzgeber keine speziellen Regelungen zur Gewährleistung bei Rechts- und Sachmängeln getroffen. Hinsichtlich der Problematik sei ein Problembewusstsein des Gesetzgebers nicht gegeben gewesen.[510]

---

[505] Zu weitgehend wohl *Holzborn/Bunnemann*, AG 2003, 676, die davon ausgehen, dass sich ein Rechts- oder Sachmangel in den seltensten Fällen auf ein Verschulden der Gesellschaft zurückführen lässt.

[506] *Schnorbus*, ZIP 2003, 517.

[507] *Holzborn/Bunnemann*, AG 2003, 676 f.

[508] *Müller* (NZG 2002, 758) schneidet die Frage nach der Anwendbarkeit der §§ 433 ff. BGB nur an, lässt sie aber ausdrücklich offen.

[509] *Holzborn/Bunnemann*, AG 2003, 677.

[510] *Holzborn/Bunnemann*, AG 2003, 677.

3.3 Stellungnahme

Die entscheidende Schwäche des Lösungsansatzes über § 280 BGB liegt im Verschuldenserfordernis dieser Norm. Die Ansicht in der Literatur, im Falle einer Sachdividende sei stets von einer Garantiehaftung für Sachmängel auszugehen, so dass den Aktionären bei Mängeln der Sache verschuldensunabhängig ein Schadensersatzanspruch zustehe, ist abzulehnen.[511] Von einer so weitreichenden Garantie kann nicht ohne weitere Anhaltspunkte ausgegangen werden. Zu Recht wird in der Literatur die dogmatische Fundierung eines solchen Garantieversprechens kritisiert.[512] Denn die auf ein Garantieversprechen gerichtete Willenserklärung seitens der Gesellschaft wäre reine Fiktion. Dem steht auch nicht entgegen, dass die Ausschüttungsverbindlichkeit der Gesellschaft durch einen Beschluss der Hauptversammlung als Willensbildungsorgan der Aktionäre entsteht. Man könnte aus diesem Blickwinkel argumentieren, dass es sicherlich dem Willen der Aktionäre entspreche, dass die Gesellschaft verschuldensunabhängig für die Mangelfreiheit der Ausschüttungsgegenstände haften soll und dies konkludent im Gewinnverwendungsbeschluss seinen Niederschlag findet. Diese Überlegungen können allerdings nicht darüber hinweghelfen, dass es an einer tatsächlichen und konkreten Willenseinigung zwischen der Gesellschaft und ihren Aktionären fehlt. In Anbetracht der Tatsache, dass in der Literatur hinsichtlich der Annahme konkludenter Garantieversprechen zu Recht Zurückhaltung geübt wird, kann dieser Lösungsansatz auch im Rahmen der Sachausschüttung nicht überzeugen.[513]

Ein Schadensersatzanspruch nach den §§ 280 ff. BGB käme demnach nur dann zum Tragen, wenn ein Verschulden seitens der Gesellschaft vorläge. Ein ausreichender Schutz der Aktionäre vor ersatzloser Entwertung ihrer Dividendenansprüche wäre unter diesem Haftungsregime nicht gewährleistet. Der Aktionär kann erwarten, dass sein anteiliger Anspruch auf den Bilanzgewinn ohne Rücksicht auf ein Verschulden der Aktiengesellschaft erfüllt wird. Zwar besteht bei der aktienrechtlichen Dividendenausschüttung kein auf einem Leistungsaustausch beruhendes Gegenseitigkeitsverhältnis,[514] aus wirtschaftlicher Sicht stellt die Sachausschüttung jedoch ein Substitut der Barausschüttung dar, bei der der Aktionär in jedem Falle mit einer werthaltigen Erfüllung seiner Dividendenansprüche rechnen kann. Vor diesem Hintergrund ist eine weitreichende Gewähr-

---

[511] Vgl. *Schnorbus*, ZIP 2003, 517.

[512] *Holzborn/Bunnemann*, AG 2003, 676.

[513] *Holzborn/Bunnemann*, AG 2003, 676, mit dem überzeugenden Hinweis, dass im Auftragsrecht die Konstruktion eines konkludenten Garantievertrages zugunsten der Risikozurechnung bei Tätigwerden im fremden Interesse aufgegeben wurde.

[514] *Holzborn/Bunnemann*, AG 2003, 677.

leistungsregelung zugunsten des Aktionärs zu befürworten, um eine Gleichstellung der beiden Ausschüttungsalternativen zu erreichen.

Überzeugend ist die Ansicht in der Literatur, die Gewährleistungsansprüche bei mangelhaften Sachausschüttungen auf eine Analogie zu § 365 BGB stützen will. § 365 BGB lässt den Schuldner einer Leistung, die er an Erfüllungs statt erbringt, wie einen Verkäufer haften. Zweck der Vorschrift ist es, den Gläubiger, der die Erfüllung seiner Forderung mit einer anderen als der geschuldeten Leistung zulässt, in seinem Erfüllungsinteresse zu schützen. Wie bereits erläutert, handelt es sich bei einer Sachausschüttung nach § 58 Abs. 5 AktG zwar gerade nicht um eine Vereinbarung einer Leistung an Erfüllungs statt. Vielmehr entsteht durch den Gewinnverwendungsbeschluss ein originärer Anspruch der Aktionäre auf die Auskehrung von Sachen. Dennoch lässt sich in beiden Fällen eine vergleichbare Interessenlage ausmachen: der Gläubiger ist daran interessiert, dass sein Anspruch durch eine werthaltige Leistung erfüllt wird, die im Falle der Sachdividende ihren Bezugspunkt im entsprechenden Anteil am Bilanzgewinn und im Falle der Leistung an Erfüllungs statt ihren Bezugspunkt in der ursprünglich vereinbarten Leistung hat.

Entscheidende Voraussetzung für eine analoge Anwendung von § 365 BGB auf mangelhafte Sachausschüttungen ist jedoch das Vorliegen einer planwidrigen Regelungslücke. Der Gesetzgeber hat keine spezielle Reglungen für das Vorliegen eines Rechts- oder Sachmangels bei Sachdividenden getroffen. Umstritten ist in der Literatur, ob man vor diesem Hintergrund von einer Regelungslücke ausgehen kann. Während dies die eine Ansicht mit dem Hinweis auf den neuen § 280 BGB als gewährleistungsrechtliche Zentralnorm verneint,[515] geht die andere Ansicht aufgrund mangelnden Problembewusstseins des Gesetzgebers von einer planwidrigen Lücke im Gesetz aus.[516]

Richtig ist, dass sich bei Verträgen bzw. Schuldverhältnissen ohne spezialgesetzliche Mängelhaftung die Schadensersatzpflicht für eine Schlechtleistung grundsätzlich allein nach den §§ 280 ff. BGB richtet.[517] Insofern hat der Gesetzgeber im Zuge der Schuldrechtsmodernisierung eine Haftungsnorm geschaffen, die gerade in den Fällen von Pflichtverletzungen greift, die nach alter Rechtslage mit dem ungeschriebenen Tatbestand der positiven Vertragsverletzung zu bewältigen waren. Das bedeutet aber nicht, dass durch die Existenz der §§ 280 ff. BGB die (analoge) Anwendung von spezialgesetzlichen Gewährleistungsvorschriften auf Sachverhalte gesperrt wäre, die sachgerechte und differenzierte Lösungen erfordern. Die §§ 280 ff. BGB regeln ausschließlich die verschuldensab-

---

[515] *Schnorbus*, ZIP 2003, 517.

[516] *Holzborn/Bunnemann*, AG 2003, 677, ohne jedoch näher auf eine mögliche Sperrwirkung für eine Analogie durch die §§ 280 ff. BGB einzugehen.

[517] *Heinrichs*, in: Palandt, § 280 Rn. 16; *Schnorbus*, ZIP 2003, 517.

hängige Schadensersatzhaftung. Es würde zu weit gehen, daraus eine Sperrwirkung für nicht verschuldensabhängige Gewährleistungsnormen abzuleiten. In Anbetracht der Vielfalt der Schuldverhältnisse ohne spezielle Mängelhaftung erscheint eine ausschließliche Verweisung auf das Haftungssystem nach den §§ 280 ff. BGB in vielen Fällen zu pauschal. Es kann somit nicht davon ausgegangen werden, dass der Gesetzgeber die Regelung des Gewährleistungsproblems bei Sachdividenden mit bewusstem Blick auf das Haftungsregime der §§ 280 ff. BGB unterlassen hat. Die Gegenansicht legt die Unzulänglichkeit der Mängelhaftung ausschließlich über die §§ 280 ff. BGB selbst offen, indem sie versucht, mit dem fragwürdigen Konstrukt eines konkludenten Garantieversprechens offenkundige Haftungslücken zu schließen.[518]

Nach § 365 BGB analog stehen dem Aktionär bei mangelhafter Sachausschüttung die Gewährleistungsrechte nach § 437 BGB zu. Dabei bedarf es allerdings noch einiger Modifikationen, zum einen, da der Sachausschüttung kein Vertragsverhältnis zwischen Aktionär und Gesellschaft zugrunde liegt, zum anderen, um im Hinblick auf das besondere Verhältnis zwischen der Aktiengesellschaft und ihrem Aktionär zu sachgerechten Ergebnissen zu kommen. Der Aktionär kann gem. § 437 Nr. 1 BGB zunächst Nacherfüllung (Nachbesserung bzw. Nachlieferung der mangelhaften Ausschüttungsgegenstände) verlangen. Schlägt diese fehl oder wird sie schuldhaft verweigert, so stehen dem Aktionär die Minderung (§ 437 Nr. 2 BGB) und bei Verschulden auch Schadensersatzansprüche nach § 437 Nr. 3 BGB zu. Ein Recht des Aktionärs zum Rücktritt ist dagegen abzulehnen. Zum einen wären die Rechtsfolgen eines Rücktritts unklar. Anders als in den Fällen der direkten Anwendung von § 365 BGB existiert hier keine originäre Geldforderung, die wieder aufleben könnte bzw. zu deren Neubegründung die Gesellschaft verpflichtet sein könnte. Der Anspruch des Aktionärs war von Anfang an auf eine Sachleistung gerichtet.[519] Zum anderen ist ein Recht auf Rücktritt auch nicht sachgerecht. Die Gesellschaft wäre in voller Höhe zu einer

---

[518] Würde man die Gegenansicht beim Wort nehmen, so wäre nach der Einführung der §§ 280 ff. BGB etwa auch die Anwendung kaufrechtlicher Gewährleistungsvorschriften bei mangelhaften Sacheinlagen unzulässig, die von der h.M. vertreten wird (vgl. den Überblick mit entsprechenden Literaturhinweisen bei *Pentz*, in: MünchKommAG, § 27 Rn. 53, mit allerdings eigener abweichender Ansicht). Der einbringende Aktionär würde bei mangelhafter Sachenlageleistung nur bei Verschulden haften; ein Ergebnis, das mit dem Grundsatz der realen Kapitalaufbringung nicht zu vereinbaren wäre.

[519] Zwar wird auch für den Fall der Sacheinlage teilweise vertreten, dass Bar- und Sacheinlagen gleichrangig nebeneinander stehen (*Pentz*, in: MünchKommAG, § 27 Rn. 13) und dennoch von einer Bareinzahlungsverpflichtung des Aktionärs bei Scheitern der Sacheinlage ausgegangen. Diese Verpflichtung wird allerdings aus dem Grundsatz der realen Kapitalaufbringung hergeleitet. Dieser Grundsatz gilt aber im „umgekehrten" Fall der Sachausschüttung nicht und kann daher auch nicht als Anspruchsgrundlage dienen.

Geldleistung verpflichtet, obwohl die Ausschüttung in Sachleistungen bestehen und keine liquiden Mittel abfließen sollten. Wählt der Aktionär die Minderung, so steht ihm in der Höhe der Wertminderung aufgrund der Mangelhaftigkeit der Sache ein Barzahlungsanspruch gegen die Gesellschaft zu.[520] Denn in dieser Höhe wurde sein anteiliger Anspruch auf den Bilanzgewinn durch die Sachausschüttung nicht erfüllt. Bei Verschulden der Gesellschaft kann der Aktionär nach § 280 Abs. 3, § 281 BGB Schadensersatz verlangen. Der so genannte kleine Schadensersatz gibt dem Aktionär das Recht, den Wertunterschied zwischen Sachdividendenanspruch und mangelhafter Sache zu fordern. Der so genannte große Schadensersatz berechtigt den Aktionär, die angenommene Sache zurückzugeben und statt dessen Schadensersatz wegen Nichterfüllung des gesamten Anspruchs zu fordern. Der große Schadensersatz ist allerdings ausgeschlossen, wenn die Pflichtverletzung unerheblich ist, § 281 Abs. 1 Satz 3 BGB.[521]

3.4 Keine Beschränkung der Gewährleistungsansprüche durch den Bilanzgewinn

Ebenso wie im Falle anfänglicher oder nachträglicher Unmöglichkeit sind auch Schadensersatzansprüche wegen Sach- und Rechtsmängeln grundsätzlich nicht auf den individuellen Anteil des Aktionärs am Bilanzgewinn limitiert, so dass auch Mangelfolgeschäden nach § 280 Abs. 1 BGB ersatzfähig sind.[522] Denn es ist nicht ersichtlich, warum einem Aktionär, der durch einen fehlerhaften Ausschüttungsgegenstand in seinen Rechtsgütern verletzt wird, ein Schadensersatzanspruch neben seinem Erfüllungsinteresse versagt werden soll. Genauso wenig wie einem Aktionär ein deliktsrechtlicher Schadensersatzanspruch mit der Begründung abgesprochen werden kann, der Bilanzgewinn sei die Obergrenze der Leistungen, die dem Anspruchsteller als Dividendenempfänger und Aktionär zufließen dürfe, verfängt diese Argumentation bei Mangelfolgeschäden nach § 280 Abs. 1 BGB. In diesem Zusammenhang überwiegt die Stellung des Aktionärs als Gesellschaftsgläubiger.

---

[520] *Olzen*, in: Staudinger, § 365 Rn. 26.
[521] Vgl. auch *Schnorbus*, ZIP 2003, 517.
[522] Anders *Schnorbus*, ZIP 2003, 517.

2. Abschnitt: Sachausschüttung und Bilanzrecht

1. Kapitel: Bewertung der auszuschüttenden Sachwerte

1. Problemstellung

Im Gegensatz zur Bardividende bringt die Sachausschüttung ein komplexes Bewertungsproblem mit sich. Bei einer Bardividende entspricht der im Gewinnverwendungsbeschluss zur Ausschüttung vorgesehene Bilanzgewinn zugleich den in Erfüllung des Dividendenanspruchs der Aktionäre auszuschüttenden Barmitteln. Bewertungsfragen stellen sind in diesem Fall nicht. Anders verhält es sich bei einer Sachausschüttung: der Bilanzgewinn wird in einer Geldgröße, nämlich Euro, ausgedrückt. Zur Ausschüttung sollen aber Sachwerte gelangen. Im Vorfeld des Gewinnverwendungsbeschlusses ist daher eine Rechenoperation notwendig: der auf eine einzelne Aktie entfallende Ausschüttungsbetrag muss in eine bestimmte Anzahl der auszuschüttenden Vermögensgegenstände umgerechnet werden. Diese Transformation erfordert eine Bewertung der Ausschüttungsgegenstände. Das Bilanzrecht kennt für Vermögensgegenstände unterschiedliche Bewertungsansätze. Demzufolge kommen für die Ausschüttung einer Sachdividende auch unterschiedliche Bewertungskonzeptionen in Betracht.

2. Bewertungskonzeptionen

In diesem Abschnitt werden zunächst die beiden denkbaren Bewertungskonzeptionen, die Buchwert- und die Verkehrswertmethode, erläutert.

2.1 Buchwertmethode

Bei der Buchwertmethode wird bei gegebenem Bilanzgewinn die Zahl der ausschüttbaren Sachwerte auf der Basis ihrer bilanzierten Buchwerte festgelegt.
An einem Beispiel soll die Buchwertmethode erläutert werden:
Ausgegangen wird von einem Bilanzgewinn von 100 Euro[523], der in voller Höhe ausgeschüttet werden soll. Es existieren 50 gewinnberechtigte Aktien. Auf eine Aktie entfällt somit eine Dividende von 2 Euro. Es existieren 100 Vermögens-

---

[523] Die gewählten Zahlen im Beispiel entsprechen natürlich nicht den realistischen Verhältnissen in einer Aktiengesellschaft. Sie tragen aber zum einfacheren Verständnis bei.

gegenstände. Diese haben jeweils einen Buchwert von 1 Euro. Der am Markt erzielbare Verkehrswert dagegen beträgt 2 Euro pro Vermögensgegenstand. Beim Buchwertansatz würde man bei der Umrechung des Bilanzgewinns in das Volumen der ausschüttbaren Vermögensgegenstände deren Buchwert zugrunde legen, d.h. jeder Aktionär hätte Anspruch auf 2 Vermögensgegenstände, insgesamt könnten demnach alle Vermögensgegenstände ausgeschüttet werden.

2.2 Verkehrswertmethode

Beim Verkehrswertansatz wird dagegen bei der Umrechung des Bilanzgewinns in die Zahl der ausschüttbaren Vermögensgegenstände deren Verkehrswert zugrunde gelegt. Im Beispiel beträgt der Verkehrswert 2 Euro. Jeder Aktionär hat Anspruch auf 2 Euro Dividende. Auf der Basis von Verkehrswerten steht jedem Anteilseigner damit ein Vermögensgegenstand zu. Zur Ausschüttung gelangen somit lediglich 50 Vermögensgegenstände. Die restlichen 50 Vermögensgegenstände können bei Anwendung der Verkehrswertmethode nicht an die Aktionäre ausgekehrt werden.

3. Kernproblem: Ausschüttung stiller Reserven im Rahmen der Buchwertmethode

Während in der Literatur die Verkehrswertmethode als unproblematisch zulässig erachtet wird, konzentriert sich die Diskussion auf die Frage nach der Zulässigkeit der Buchwertmethode. Denn bei der Ausschüttung zu Buchwerten werden vorhandene stille Reserven in den Ausschüttungsgegenständen „still" mitausgeschüttet. Handelsrechtlich kommt es dabei zu keiner offenen Gewinnrealisierung. Hieran entzündet sich die Kritik an der Bewertung einer Sachausschüttung zu Buchwerten.

Als stille Reserven bezeichnet man die Differenz zwischen Buchwert und Verkehrswert von Vermögensgegenständen.[524] Die Diskrepanz beider Wertansätze ist in dem System des deutschen Bilanzrechts begründet.

Der Buchwert eines Vermögensgegenstandes resultiert aus der Bilanzierung nach dem Anschaffungskostenprinzip als Ausprägung des Vorsichtsprinzips gem. § 252 Abs. 1 Nr. 4 HGB. Danach soll der Kaufmann bei der Aufstellung des Jahresabschlusses die Risiken stärker berücksichtigen als die Chancen.[525]

[524] *Lang*, in: Tipke/Lang, Steuerrecht, § 9 Rn. 410.
[525] *Kübler*, ZHR 1995, 553.

Gemäß § 253 Abs. 1 Satz 1 HGB sind Vermögensgegenstände höchstens mit ihren Anschaffungs- oder Herstellungskosten (§ 255 HGB) ggf. vermindert um Abschreibungen in der Bilanz anzusetzen.

Eine höhere Bewertung ist nach deutschem Bilanzrecht auch dann nicht zulässig, wenn der Verkehrswert des Vermögensgegenstandes gestiegen ist.[526] Gewinne dürfen in der Bilanz vielmehr erst dann ausgewiesen werden, wenn ein entsprechender Umsatzakt am Markt stattgefunden hat und dabei der tatsächliche Wert des Vermögensgegenstandes bestätigt wurde (sog. Gewinnrealisierung).[527] Dieser wichtige Grundsatz des deutschen Bilanzrechts ist als sog. Realisationsprinzip in § 252 Abs. 1 Nr. 4 HGB niedergelegt und hat seinen Ursprung ebenfalls im Vorsichtsprinzip. Solange also keine Gewinnrealisation erfolgt, bilden die Anschaffungs- oder Herstellungskosten die absolute Obergrenze für die Bewertung von Vermögensgegenständen im Jahresabschluss.[528]

Auf der anderen Seite sind von den ursprünglichen Anschaffungs- oder Herstellungskosten zwingende oder wahlweise zulässige Abschreibungen vorzunehmen.

Bei abnutzbaren Vermögensgegenständen des Anlagevermögens sind zunächst planmäßige Abschreibungen anzusetzen (§ 253 Abs. 2 Satz 2 HGB). Zusätzlich können gem. § 253 Abs. 2 Satz 3 1. HS. HGB außerplanmäßige Abschreibungen vorgenommen werden, wenn der Marktwert der Vermögensgegenstände am Abschlussstichtag unter die fortgeführten Anschaffungs- oder Herstellungskosten gesunken ist. Diese Abschreibungen sind dagegen zwingend, wenn die Wertminderung voraussichtlich dauernd ist (§ 253 Abs. 2 Satz 3 2. HS. HGB).

Bei Vermögensgegenständen des Umlaufvermögens gilt das Niederstwertprinzip nach § 253 Abs. 3 HGB. Danach müssen Vermögensgegenstände auf den Börsen- oder Marktpreis abgeschrieben werden, wenn dieser am Abschlussstichtag niedriger als die Anschaffungs- oder Herstellungskosten ist. Diese Bilanzierungsgrundsätze führen oftmals dazu, dass die Buchwerte einzelner Vermögensgegenstände von ihren Verkehrswerten teilweise erheblich abweichen.

Im oben gewählten Beispiel betragen die stillen Reserven demnach 1 Euro[529] pro Vermögensgegenstand. Bei der Anwendung der Buchwertmethode scheiden alle 50 Vermögensgegenstände als Dividende aus dem Vermögen der Aktiengesellschaft aus und mit ihnen auch die darin ruhenden stillen Reserven in Höhe von insgesamt 50 Euro.

---

[526] *Coenenberg*, Jahresabschluss, 40.
[527] *Claussen/Korth* , in: KölnKomm, § 252 HGB Rn. 28.
[528] *Claussen/Korth*, in: KölnKomm, § 253 HGB Rn. 13.
[529] Differenz zwischen Buchwert in Höhe von 1 Euro und Verkehrswert in Höhe von 2 Euro.

4. Überblick über den Meinungsstand zur Frage der Bewertung einer Sachdividende

Unter der alten Rechtslage wurde das Problem der Bewertung einer Sachausschüttung lange Zeit überhaupt nicht diskutiert. Das mag daran liegen, dass die herrschende Meinung davon ausging, dass eine Sachausschüttung der Zustimmung aller Aktionäre bedürfe.[530] In Anbetracht von Berufsopponenten und geringer Hauptversammlungspräsenz bei größeren Aktiengesellschaften waren einstimmige Zustimmungsbeschlüsse von vorne herein ausgeschlossen,[531] so dass man sich über die Frage der Bewertung einer Sachausschüttung keine Gedanken machen musste. Die Lage änderte sich, als in der Literatur die Zulässigkeitsvoraussetzungen einer Sachausschüttung weniger streng gesehen wurden.[532] Damit schien die Durchsetzung einer Sachausschüttung wesentlich realistischer, so dass nun auch die Bewertung der Ausschüttungsgegenstände ins Blickfeld rückte.

Der Gesetzgeber hat es unterlassen, im Zuge der Einfügung des neuen § 58 Abs. 5 AktG zur Frage der Bewertung der Sachausschüttung eine Regelung zu treffen.

In der Begründung des Regierungsentwurfs[533] heißt es dazu wörtlich: „Die Frage der Bewertung der ausgekehrten Gegenstände (Buch- oder Marktwert) kann in diesem Gesetz nicht beantwortet werden; ihre Beantwortung kann der wissenschaftlichen Literatur und gegebenenfalls der weiteren rechtspolitischen Erörterung überlassen werden." Dies entsprach der Empfehlung der Regierungskommission „Corporate Governance".[534] Auch Stimmen in der Literatur waren dieser Ansicht.[535]

Es wäre allerdings wünschenswert gewesen, wenn der Gesetzgeber zur Frage der Bewertung Stellung genommen hätte. Die Praxis sieht in der fehlenden Regelung zur Bewertungsmethode zu Recht eine große Gefahr für die Akzeptanz der Sachausschüttung, da die Rechtsunsicherheit im Bereich der (schwer rückabwickelbaren) steuerlichen und bilanziellen Auswirkungen für die Gesellschaften große Risiken mit sich bringt.[536]

---

[530] Siehe 1. Abschnitt, 1. Kapitel, 3.1.

[531] Vgl. *Lutter/Leinekugel/Rödder*, ZGR 2002, 207.

[532] Vgl. dazu die Auffassungen von *Leinekugel* und *Tübke*, 1. Abschnitt, 1. Kapitel, 3.1.

[533] BT-Drucks. 14/8769, 13. Ähnlich bereits der Referentenentwurf, ZIP 2001, 2194.

[534] *Baums*, Regierungskommission, Rn. 200.

[535] DAV, NZG 2002, 116.

[536] Vgl. *Grage*, RNotZ 2002, 330. *Willeke*, StuB 2002, 228, bemängelte schon zum Regierungsentwurf, dass der aus dem Kommissionsbericht übernommene schlichte Hinweis, dass man die Frage der Bewertung der wissenschaftlichen Literatur überlassen könne, nicht dem entspreche, was man an dieser Stelle von einem fundierten Gesetzesvorschlag erwarten dürfe - zumal dann nicht, wenn doch offenbar andere (Bilanz-) Rechtsordnungen

Dies gilt umso mehr, als sich die einzelnen Auffassungen zur Frage der Bewertung teilweise konträr gegenüberstehen und die Problematik bislang erst andiskutiert ist.[537] Teile der Literatur vertreten die Auffassung, dass ausschließlich eine Ausschüttung zum Verkehrswert zulässig ist. Da es bei der Anwendung der Buchwertmethode insbesondere zu einem Verstoß gegen das Kapitalerhaltungsprinzip gem. § 57 AktG komme, sei sie unzulässig.[538] In der - soweit ersichtlich - einzigen Stellungnahme von Seiten der Rechtsprechung zum Thema der Bewertung von Sachausschüttungen spricht sich der BFH ebenfalls gegen die Zulässigkeit des Buchwertansatzes aus.[539] Die Gegenauffassung hält neben der Verkehrswertmethode auch die Buchwertmethode für zulässig.[540] Diese Meinung sieht gerade in der Möglichkeit der Ausschüttung zum Buchwert die große Attraktivität einer Sachausschüttung für die Aktionäre. Ein Verstoß gegen das Kapitalerhaltungsprinzip nach § 57 AktG könne in der Anwendung der Buchwertmethode grundsätzlich nicht gesehen werden. Es sei vielmehr unbedenklich, den Aktionären im Rahmen der von der Hauptversammlung beschlossenen Gewinnausschüttung nicht in der Bilanz ausgewiesenes Vermögen der Aktiengesellschaft, eben stille Reserven, zukommen zu lassen.[541] Teilweise wird als Zulässigkeitsvoraussetzung für die Anwendung der Buchwertmethode gefordert, dass im Rahmen der Formulierung des Gewinnverwendungsbeschlusses auf die Transparenz der Mittelverwendung geachtet wird. Demnach muss im Gewinnverwendungsbeschluss neben dem

---

Pate gestanden hätten. Das Deutsche Aktieninstitut (Stellungnahme, 5) mahnte ebenfalls bereits vor Verabschiedung des § 58 Abs. 5 AktG eine gesetzliche Regelung dringend an.

[537] *Bayer*, in: MünchKommAktG, § 58 Rn. 109.

[538] *Tübke* Sachausschüttungen, 57 ff.; *Müller*, NZG 2002, 758 f.; *Drinhausen*, in: AnwK-AktienR, Kap. 1 § 58 Rn. 58; *Schnorbus*, ZIP 2003, 514 ff.; *Hüffer*, AktG, § 58 Rn. 33, anders noch in der 5. Auflage, in: der er auch die Buchwertmethode für zulässig hielt; *Waclawik*, WM 2003, 2269 ff.; *Orth*, WPg 2004, 784; *Prinz/Schürner*, DStR 2003, 183; Memento Gesellschaftsrecht, Rn. 4496; *Strunk*, UM 2003, 50; *Strunk/Kolaschnik*, TransPuG, 58 ff.; *Heine/Lechner*, AG 2005, 270; Hirte, TransPuG, Rn. 83; wohl auch *Hasselbach/Wicke*, NZG 2001, 599 und *Ihrig/Wagner*, BB 2002, 796.

[539] BFH v. 26.1.1972, BFHE 105, 115, 120.

[540] *Kropff* (in MünchKommAG, § 170 Rn. 55 f.) hält sowohl den Buchwert- als auch den Verkehrswertansatz für zulässig, will die Zweckmäßigkeit des Wertansatzes allerdings von der noch ungeklärten steuerlichen Behandlung der einzelnen Bewertungsmethoden abhängig machen.

[541] *Leinekugel*, Sachdividende, 148 ff.; *Lutter/Leinekugel/Rödder*, ZGR 2002, 215 ff.; *Bayer*, in: MünchKommAktG, § 58 Rn. 110; *Schüppen*, ZIP 2002, 1277 (dieser erachtet ohne eigene Begründung unter Berufung auf *Lutter/Leinekugel/Rödder*, ZGR 2002, 218 ff., die Buchwertmethode als zulässig, hält aber offenbar die Verkehrswertmethode zu Recht für unproblematisch und damit für nicht erwähnenswert); *Holzborn/Bunnemann*, AG 2003, 673 ff.; wohl auch DAV, NZG 2002, 116.

Buchwert der auszuschüttenden Vermögensgegenstände auch deren Verkehrswert angegeben werden.[542]
Selbst im europäischen Ausland, wo eine wesentlich längere Erfahrung mit Sachausschüttungen besteht, zeigt sich bei der Frage der Bewertung ein uneinheitliches Bild. Während in einigen Ländern die Buchwertmethode vorherrscht, präferierten andere Rechtsordnungen die Verkehrswertmethode.[543]

5. **Anhaltspunkte für eine Lösung der Bewertungsfrage mit Blick auf § 174 Abs. 2 AktG**

Der Gesetzgeber hat sich in der Gesetzesbegründung zum TransPuG ausdrücklich einer Antwort nach der richtigen Bewertungskonzeption im Rahmen einer Sachausschüttung enthalten. Daraus könnte man folgern, dass jedes Bewertungskonzept zulässig ist, das in sich stimmig und konsequent ist. Andererseits muss sich die Bewertung einer Sachdividende widerspruchslos in das System bestehender aktien- und bilanzrechtlicher Vorschriften einfügen.[544]
In der Literatur wird die Frage aufgeworfen, ob aus der geänderten Fassung von § 174 Abs. 2 AktG eine Wertentscheidung des Gesetzgebers für die eine oder andere Bewertungsmethode abgeleitet werden könne. Im Rahmen der Bewertung einer Sachausschüttung zu Verkehrswerten entsteht bei der Existenz stiller Reserven durch den Gewinnverwendungsbeschluss ein zusätzlicher Ertrag.[545] In § 174 Abs. 2 Nr. 5 i.V.m. § 174 Abs. 3 AktG ist geregelt, dass zusätzlicher Aufwand, der aufgrund des Gewinnverwendungsbeschlusses entsteht, weder in alter noch in neuer Rechnung zu erfassen ist, sondern zu Lasten des Bilanzgewinns geht.[546] Der Fall, dass durch den Gewinnverwendungsbeschluss zusätzlicher Ertrag entsteht, ist dagegen nicht geregelt.
Aus der Tatsache, dass im Zuge der gesetzlichen Regelung der Sachausschüttung § 174 Abs. 2 Nr. 2 AktG geändert wurde, der Fall zusätzlichen Ertrages

---

[542] *Bayer*, in: MünchKommAG, § 58 Rn. 110.
[543] In Italien und Schweden werden sowohl die Buch- als auch die Verkehrswertmethode für zulässig gehalten (vgl. die Nachweise bei *Leinekugel*, Sachdividende, 76 ff. und 90 ff.). In Frankreich und Spanien wird bei der Ausschüttung von Wertpapieren im Rahmen einer Sachdividende nur der Verkehrswert des Ausschüttungsgegenstandes berücksichtigt (Nachweise bei *Leinekugel*, Sachdividende, 52 ff. und 86). In Großbritannien schreibt das Gesetz zwingend den Ansatz des Buchwertes vor. In den Niederlanden dagegen scheint die Verkehrswertmethode als zutreffend angesehen zu werden. Für die Schweiz kommt *Tübke* (Sachausschüttungen, 256 ff.) zu dem Ergebnis, dass ausschließlich die Verkehrwertmethode mit dem schweizerischen Aktienrecht vereinbar sei.
[544] *Waclawik*, WM 2003, 2270 f.
[545] Siehe dazu näher 2. Abschnitt, 2. Kapitel, 2.
[546] *Claussen/Korth*, in: KölnKomm, § 174 AktG Rn. 12; *Brönner*, in: GK, § 174 Rn. 48. Zumindest missverständlich *Waclawik*, WM 2003, 2271.

aufgrund des Gewinnverwendungsbeschlusses dagegen nach wie vor keine Regelung erfahren hat, könnte man ableiten, dass die Bewertung einer Sachausschüttung zum Verkehrswert nicht zulässig sein soll, was folglich zwingend für die Buchwertmethode sprechen würde. Dieser Schluss würde nach einer Ansicht in der Literatur allerdings voraussetzen, dass der Gesetzgeber bei der Ergänzung von § 174 Abs. 2 Nr. 2 AktG den Abs. 2 insgesamt neu überdacht hat.[547] Da dies aber nicht mit Sicherheit feststehe, könnten aus dem Wortlaut von § 174 Abs. 2 AktG letztendlich keine Schlussfolgerungen gezogen werden.[548]

Dieser Ansicht ist im Ergebnis zuzustimmen, allerdings mit anderer Begründung.

Selbst wenn man davon ausgeht, dass der Gesetzgeber § 174 Abs. 2 AktG im Ganzen neu überdacht hat, spräche diese Prämisse nicht gegen die Zulässigkeit der Verkehrswertmethode. Denn durch die Aufdeckung stiller Reserven entsteht durch den Gewinnverwendungsbeschluss zwar zusätzlicher Ertrag, dieser ist aber in laufender Rechnung des Ausschüttungsjahres zu verbuchen. Für einen gesonderten Ausweis im Gewinnverwendungsschema des § 174 Abs. 2 AktG ist in systematischer Hinsicht kein Raum. Die erfolgsneutrale Verrechnung zusätzlichen Aufwands mit dem Bilanzgewinn stellt sicher, dass nicht mehr ausgeschüttet wird, als unter Zugrundelegung des vollständigen Aufwands erwirtschaftet wurde. Diese Zielsetzung spielt im Falle zusätzlichen Ertrages keine Rolle. Vielmehr verlangt weder das Einblicksgebot (§ 264 Abs. 2 S. 1 HGB) noch der Grundsatz der Vorsicht (§ 252 Abs. 1 Nr. 4 HGB) einen gesonderten Ausweis dieser Erträge im Gewinnverwendungsschema des § 174 Abs. 2 AktG.[549]

Die Neufassung von § 174 Abs. 2 AktG lässt also keinen Schluss auf die Präferenz des Gesetzgebers für eine bestimmte Bewertungsmethode zu.

6. Zulässigkeit der Buchwertmethode vor dem Hintergrund von § 57 AktG

Im Schrifttum wird die Frage kontrovers diskutiert, ob die Ausschüttung einer Sachdividende zu Buchwerten bei Existenz stiller Reserven in den Ausschüttungsgegenständen gegen § 57 AktG verstößt. Einschlägig ist in diesem Zusammenhang § 57 Abs. 3 AktG. Darin wird bestimmt, dass vor der Auflösung der Gesellschaft unter die Aktionäre nur der Bilanzgewinn verteilt werden darf.

---

[547] *Waclawik*, WM 2003, 2271.
[548] *Waclawik*, WM 2003, 2271.
[549] *Carsten/Korth* in, KölnKomm, § 174 Rn. 14; *Brönner*, in: GK, § 174 Rn. 50.

Eine Sachdividende stellt Gewinnverteilung dar, ein Rückgriff auf die allgemeinere Vorschrift des § 57 Abs. 1 Satz 1 AktG ist daher nicht angezeigt.[550] § 57 AktG, in diesem Zusammenhang speziell dessen Abs. 3, ergänzt durch die §§ 59, 62, 66 Abs. 2 und 71 ff AktG, ist die zentrale Vorschrift der Kapitalerhaltung im deutschen Aktienrecht.[551] Die Aufbringung und Erhaltung des Grund- und Stammkapitals ist ein Wesensmerkmal der Kapitalgesellschaften.[552] Der durch § 57 Abs. 3 AktG intendierte Schutz des Gesellschaftsvermögen vor Schmälerungen dient in erster Linie dem Schutz der Gläubiger der Gesellschaft, darüber hinaus aber auch dem Schutz der (Minderheits-)Aktionäre.[553] Als weiterer Zweck von § 57 Abs. 3 AktG wird in der Literatur zudem der Schutz potentieller Kapitalanlegern vor falschen Signalen durch überhöhte Dividenden angegeben.[554]

6.1 Buchwertmethode und Gläubigerschutz

Als Gegengewicht zur fehlenden persönlichen Haftung der Aktionäre (§ 1 Abs. 1 Satz 2 AktG) muss sichergestellt sein, dass das im Handelsregister ausgewiesene Kapital auch tatsächlich aufgebracht wird und dieser Haftungsfond im Interesse der Gläubiger auch erhalten bleibt. Es muss also Sorge dafür getragen werden, dass die Aktiengesellschaft ihr Kapital nicht durch Rückfluss an die Anteilseigner wieder einbüßt.[555] Möglicherweise kollidiert eine Sachausschüttung zu Buchwerten mit den Grundsätzen der Kapitalerhaltung in der Aktiengesellschaft.

6.1.1 Der Umfang der Kapitalbindung in der Aktiengesellschaft

Es besteht heute Einigkeit, dass nach § 57 Abs. 1 Satz 1 i.V.m. § 57 Abs. 3 AktG jede Leistung aus dem Vermögen der Aktiengesellschaft unzulässig ist, die an einen Aktionär erbracht wird, wenn sie außerhalb der ordnungsgemäßen Ausschüttung des Bilanzgewinns oder außerhalb einer zulässigen Abschlags-

---

[550] *Waclawik*, WM 2003, 2271 Fn. 58; *Prinz/Schürner*, DStR 2003, 183 und *Schnorbus*, ZIP 2003, 515 führen dagegen auch § 57 Abs. 1 Satz 1 AktG ins Feld.

[551] *Bayer*, in: MünchKommAG, § 57 Rn. 1.

[552] *Bayer*, in: MünchKommAG, § 57 Rn. 1.

[553] *Henze*, in: GK, § 57 Rn. 7.

[554] *Henze*, in: GK, § 57 Rn. 7.

[555] *Henze*, in: GK, § 57 Rn. 5.

zahlung nach § 59 AktG erfolgt und ausnahmsweise nicht gesetzlich zugelassen ist.[556]

Die Vermögensbindung nach § 57 AktG ist demnach sehr weitgehend. Kernpunkt des Grundsatzes der Kapitalerhaltung ist dabei die Bereitstellung eines Garantiefonds für die Gläubiger als Korrelat der fehlenden persönlichen Haftung der Gesellschafter.[557] Erfasst sind zum einen das Grundkapital (§§ 1 Abs. 2, 7, 23 Abs. 3 Nr. 3 AktG) und die gesetzlichen Rücklagen (§§ 150, 300 AktG) als zusätzlicher Sicherungsring um das Grundkapital.[558] Darüber hinaus sind aber auch die freien Rücklagen so lange gebunden, bis sie in Bilanzgewinn verwandelt und zur Ausschüttung beschlossen sind (§§ 57 Abs. 3, 174 Abs. 2 Nr. 2 AktG).[559]

6.1.2 Stille Reserven als Bestandteil des nach § 57 AktG gebundenen Kapitals

Wird eine Sachdividende beschlossen und nach der Buchwertmethode ausgeschüttet, so werden zwangsläufig stille Reserven mitausgeschüttet, die in den Ausschüttungsgegenständen ruhen. In diesem Fall hält sich die Ausschüttung hinsichtlich der Buchwerte zwar in dem nach § 57 Abs. 3 AktG gesteckten Rahmen, stellt man allerdings auf Verkehrswerte ab, so übersteigt die Ausschüttung den ausgewiesenen Bilanzgewinn. Dies soll wieder am Beispiel erläutert werden. Bei einem Bilanzgewinn von 100 Euro können alle 100 Vermögensgegenstände mit einem Buchwert von insgesamt 100 Euro ausgeschüttet werden. Auf der Basis von Buchwerten verstößt diese Ausschüttung also nicht gegen § 57 Abs. 3 AktG. Bezieht man aber die Verkehrswerte in die Betrachtung ein, ergibt sich ein anderes Bild: Bei der Ausschüttung aller 100 Vermögensgegenstände werden auch 100 Euro an stillen Reserven mitausgeschüttet. Um diesen Betrag übersteigt die vorgenommene Ausschüttung den ausgewiesenen Bilanzgewinn. Darin könnte ein Verstoß gegen § 57 Abs. 3 AktG liegen. Wesentlich ist daher die Frage, ob auch die stillen Reserven zum Kapital der Aktiengesellschaft zu rechnen sind und falls dies der Fall sein sollte, ob dieses Kapital der Vermögensbindung nach § 57 AktG unterliegt.

---

[556] *Henze*, in: GK, § 57 Rn. 8; *Hüffer*, AktG, § 57 Rn. 2; *Lutter*, in: KölnKomm, § 57 Rn. 5.
[557] *Lutter*, Kapital, 38 ff.
[558] *Fabritius*, ZHR 1980, 631.
[559] *Lutter*, in: KölnKomm, § 57 Rn. 5.

6.1.2.1 Stille Reserven als Kapitalbestandteil

Ein Verstoß der Ausschüttung zu Buchwerten gegen Grundsätze der Kapitalerhaltung käme schon dann nicht in Frage, wenn stille Reserven nicht zum Kapital der Aktiengesellschaft zu rechnen wären. Man könnte die Auffassung vertreten, dass der Kapitalbegriff vielmehr auf in der Bilanz ausgewiesene Vermögensbestandteile zu beschränken sei. Die Ausschüttung stiller Reserven als „unsichtbares" Vermögen wäre dann von vorne herein nicht durch den Ausweis eines Bilanzgewinns beschränkt. Vielmehr handelte es sich bei der Auskehrung stiller Reserven um einen gesellschaftsrechtlich neutralen Vorgang.[560] Diese Ansicht würde verkennen, dass stille Reserven aufgrund des deutschen Anschaffungskostenprinzips in der Bilanz zwar nicht ausgewiesen werden dürfen, aber dennoch existentes Gesellschaftsvermögen darstellen. Dies zeigt sich daran, dass sie ohne weiteres durch einen Umsatzakt in bilanzierungspflichtiges Vermögen und damit auch nach außen sichtbares Kapital umgewandelt werden können. Der Unterschied zwischen „offenen" und „stillen" Reserven ist wirtschaftlich gesehen also nur ein formeller, bilanzrechtlicher, kein materieller.[561] Stille Reserven werden in der Literatur daher zu Recht auch als zusätzliches Eigenkapital bezeichnet.[562]

6.1.2.2 Stille Reserven und Kapitalbindung

Die Frage, ob auch die stillen Reserven der strengen aktienrechtlichen Kapitalbindung unterliegen, wurde vor der Einfügung des neuen § 58 Abs. 5 AktG allgemein und insbesondere im Rahmen der Gewinnausschüttung kaum diskutiert. Ursache hierfür war, dass aufgrund einer fehlenden gesetzlichen Regelung der Sachdividende die Barausschüttung der absolute Regelfall war. Über eine Barausschüttung ist es nicht möglich, stille Reserven (mit-)auszukehren, da Buch- und Verkehrswert von Barmitteln typischerweise[563] übereinstimmen. Mit der Einfügung von § 58 Abs. 5 AktG und der sich aus dieser Vorschrift ergebenden Bewertungsproblematik ist die Frage, ob stille Reserven von der aktienrechtlichen Kapitalbindung erfasst sind, in den Mittelpunkt der Diskussion gerückt. Im Schrifttum werden dazu zwei gegensätzliche Ansichten vertreten. Eine Meinung geht davon aus, dass sich der Kapitalschutz nach § 57 AktG auf

---

[560] So eine Überlegung von *Ballerstedt*, Kapital, 50, der diese Ansicht selbst allerdings nicht vertritt.

[561] *Zügel*, BFuP 1958, 161.

[562] *Schlegelberger/Quassowski*, in: Kommentar zum Aktiengesetz, § 129 Anm. 23.; *Zügel*, BFuP 1958, 161.

[563] Ausgenommen natürlich bilanzierte Fremdwährungen.

das gesamte Gesellschaftsvermögen einschließlich der stillen Reserven beziehe.[564]
Der nach handelsrechtlichen Grundsätzen festgestellte Bilanzgewinn erfülle im Hinblick auf die §§ 174 Abs. 1 Satz 2, 57 Abs. 1, 58 Abs. 3, 4 AktG die Funktion einer Ausschüttungssperre für die aktienrechtliche Gewinnverwendung. Der Ausweis als Bilanzgewinn führe dazu, dass das entsprechende Gesellschaftsvermögen in dieser Höhe nicht mehr in der Gesellschaft gebunden sei und nur aufgrund eines Gewinnverwendungsbeschlusses nach § 58 Abs. 3, 4 AktG - jetzt auch § 58 Abs. 5 AktG - ausgeschüttet werden dürfe.[565] Daher sei eine Buchwertausschüttung regelmäßig unzulässig, wenn es dabei zu einer Ausschüttung stiller Reserven komme.[566] Sie führe zur Überschreitung der Ausschüttungssperre, weil die Aktionäre mit den stillen Reserven Vermögenswerte außerhalb der Gewinnausschüttung erhielten. Die Aktionäre bekämen mit der Ausschüttung zum Buchwert tatsächlich mehr, als ihnen formell als Gewinnanteil zustehe.[567] Es sei bei der Frage nach dem Umfang der Kapitalbindung in der Aktiengesellschaft demnach nicht auf bilanzielle Größen abzustellen, vielmehr dürfe „bei wirtschaftlicher Betrachtungsweise" nicht mehr als der Bilanzgewinn ausgeschüttet werden.[568]
Die Gegenauffassung hält dem entgegen, dass stille Reserven nicht bilanziell ausweisbar seien. Dies folge aus dem Grundsatz der Anschaffungskostenbilanzierung im deutschen Bilanzrecht. Kapitalerhaltungsvorschriften könnten aber nur auf bilanzielle Größen abzielen, stille Reserven würden dagegen nicht erfasst. Damit verstoße eine Mitausschüttung stiller Reserven im Rahmen der Buchwertmethode auch nicht gegen bestehende Ausschüttungssperren[569] und könne somit auch nicht den Grundsatz der Kapitalerhaltung verletzten.

Wie die folgende Analyse zeigt, werden stille Rücklagen tatsächlich nicht von der aktienrechtlichen Vermögensbindung umfasst.
Die aktienrechtlichen Bilanzierungsvorschriften enthalten einen einfachen, aber wirkungsvollen Mechanismus der Kapitalerhaltung, der in § 57 Abs. 3 AktG zum Ausdruck kommt. Ausgeschüttet werden darf nur, was vorher als Bilanzgewinn ausgewiesen wurde. Dies bedeutet umgekehrt, dass die restlichen bilan-

---

[564] *Tübke*, Sachausschüttungen, 58 f.; *Drinhausen*, in: AnwK-AktR, Kap. 1 § 58 AktG Rn. 58; *Waclawik*, WM 2003, 2271; *Strunk*, in: UM 2003, 50; *Strunk/Kolaschnik*, TransPuG, 63 f.; *Schnorbus*, ZIP 2003, 515; *Heine/Lechner*, AG 2005, 269.

[565] *Tübke*, Sachauschüttungen, 59.

[566] *Orth*, WPg 2004, 784.

[567] *Tübke*, Sachausschüttungen, 59 f; *Ihrig/Wagner*, BB 2002, 796; *Müller*, NZG 2002, 758; *Waclawik* (WM 2003, 2271) spricht davon, dass es ansonsten zur Ausschüttung von „Supersachdividenden" kommen könne.

[568] *Drinhausen*, in: AnwK-AktR, Kap.1 § 58 Rn. 58.

[569] *Leinekugel*, Sachdividende, 158 ff., *Lutter/Leinekugel/Rödder*, ZGR 2002, 218 ff.

ziellen Eigenkapitalpositionen, nämlich das Grundkapital, die gesetzlichen Rücklagen und - soweit sie nicht aufgelöst werden - auch die Gewinnrücklagen gegen eine Ausschüttung gesperrt sind. Das deutsche Bilanzrecht arbeitet also mit Ausschüttungssperren, um der Gesellschaft einen Mindestkapitalfond zu erhalten, der den Gläubigern als Haftungsmasse zur Verfügung steht.

Der Bilanzgewinn ist somit die entscheidende Größe, welche die Ausschüttbarkeit von Eigenkapitalanteilen der Aktiengesellschaft bestimmt. Für die Bewertung einer Sachausschüttung stellt sich damit Frage, ob der Bilanzposten „Bilanzgewinn" auf Buch- oder Verkehrswerte abstellt:

Das deutsche Bilanzrecht folgt dem Anschaffungskostenprinzip. Aus Gründen der Vorsicht werden in der Bilanz die fortgeführten historischen Anschaffungs- oder Herstellungskosten angesetzt. Eine Bilanzierung nach Verkehrswerten ist unzulässig. Gem. § 158 Abs. 1 AktG wird der Bilanzgewinn aus einer Weiterrechnung des Jahresüberschusses ermittelt. Der Jahresüberschuss selbst ist wiederum eine bilanzielle Größe, die aus der Gegenüberstellung von bilanziellen Buchwerten resultiert. Bei den hinzuzurechnenden bzw. abzuziehenden Bilanzposten handelt es sich ebenfalls sämtlich um Positionen, die mit Buchwerten im Jahresabschluss ausgewiesen sind. Wie man aus dieser Systematik unschwer erkennen kann, stellt der Bilanzgewinn eine Größe dar, die sich nur auf Buchwerte beziehen kann. Denn ein Rechnungslegungssystem, das ausschließlich auf der Basis von Buchwerten arbeitet, kann als Residualgröße nicht einen Verkehrswert hervorbringen.

Der Bilanzposten „Bilanzgewinn" in den §§ 57 und 58 AktG bezieht sich demnach auf bilanziell erfasste Werte, also ausschließlich Buchwerte. Daraus folgt, dass die Bemessung einer Sachausschüttung nach Buchwerten mit Blick auf das Bilanzrecht nicht unzulässig sein kann. Etwas anderes könnte nur dann gelten, wenn man davon ausgeht, dass Buchwerte nur für die Gewinnermittlung gelten, dagegen nicht im Rahmen der Gewinnverwendung maßgeblich sein dürfen. Tatsächlich wird diese Auffassung in der Literatur von *Tübke* vertreten.[570] Dieser Ansicht kann nicht gefolgt werden. Sie entbehrt jeglicher Grundlage im Gesetz. Richtig ist, dass zwischen Gewinnermittlung (normiert in den §§ 252 ff., 275 HGB, 158, 172, 173 AktG) und Gewinnverwendung (geregelt in den §§ 57 Abs. 3, 58 Abs. 3, 4, 5 und 174 AktG) zu trennen ist.[571] Allein aus dieser formalen Trennung kann aber nicht gefolgert werden, dass der rechtstechnische Begriff „Bilanzgewinn" in § 158 Abs. 1 Satz 1 Nr. 5 AktG anders auszulegen wäre als in den §§ 57 Abs. 3, 58 Abs. 3, 4 AktG.[572] Dies ergibt sich zudem aus

---

[570] Vgl. *Tübke*, Sachausschüttungen, 61 f.; wohl auch *Waclawik*, WM 2003, 2269 und 2271.

[571] *Brönner*, in: GK, § 174 Rn. 2; *Claussen/Korth*, in: KölnKomm, § 174 Rn. 4.

[572] Auch *Claussen/Korth*, in: KölnKomm, § 275-277 HGB, 158 AktG Rn. 138, geht davon aus, dass sich Gewinnverwendungsvorschlag des Vorstandes und Hauptversammlungsbeschlussfassung betragsmäßig auf den in der Ergänzungsgliederung der Gewinn- und Verlustrechnung und in der Bilanz ausgewiesenen Bilanzgewinn beziehen.

§ 174 Abs. 1 AktG. Danach beschließt die Hauptversammlung über die Verwendung des Bilanzgewinns. Dabei ist sie an den festgestellten Jahresabschluss gebunden. Diese Vorschrift schlägt die Brücke zwischen Feststellung des Jahresabschlusses und Gewinnverwendung. Indem die Norm die Bindung an den Jahresabschluss vorgibt, stellt sie klar, dass damit auch alle Ansatz- und Bewertungsvorschriften betreffend die Bilanz in Bezug genommen sind. Es erscheint damit fern liegend, den Begriff „Bilanzgewinn" innerhalb eines Gesetzes unterschiedlich zu interpretieren.[573]

Damit lässt sich festhalten, dass eine Bewertung der Ausschüttungsgegenstände nach Buchwerten nicht gegen § 57 Abs. 3 AktG verstoßen kann, da der Bilanzgewinn als Obergrenze für eine Gewinnausschüttung nach richtiger Ansicht als bilanzielle Residualgröße zu interpretieren ist. Folglich kann er auch nur eine Aussage über die Ausschüttungsfähigkeit bilanzierten Vermögens treffen.

Dieses Ergebnis wird durch die folgenden Ausführungen bestätigt, die belegen, dass eine Ausschüttung zu Buchwerten nicht gegen Grundsätze des Gläubigerschutzes verstößt.

Die Gesellschaftsgläubiger sollen sich bei Kapitalgesellschaften darauf verlassen können, dass für die Erfüllung ihrer Forderungen ein Haftungsfonds zu Verfügung steht und auch in seinem Bestand erhalten bleibt. Das Grundkapital und

---

[573] *Tübke* will seine Auffassung mit der Fallvariante stützen, dass der Buchwert von Vermögensgegenständen über dem Verkehrswert liegt. Dieser Fall kann zum Beispiel bei Gegenständen des Anlagevermögens auftreten, die nur kurzfristige Wertverluste erleiden und daher nicht auf den tatsächlichen Wert abgeschrieben wurden. Er führt aus: „Würde hier zum Buchwert ausgeschüttet, erhielten die Aktionäre doch gerade nicht den ihnen nach dem Gewinnausschüttungsbeschluss zustehenden Betrag." (Sachausschüttungen, 62). Dieses Argument überzeugt nicht. An einem Beispiel wird dies deutlich. Der Bilanzgewinn betrage wieder 100 Euro. Nach der Buchwertmethode können Vermögensgegenstände im Buchwert von ebenfalls 100 Euro ausgeschüttet werden. Diese haben vielleicht einen Verkehrswert von 50 Euro. In der Tat erhalten die Aktionäre dann faktisch nur einen Gegenwert von 50 Euro für ihren Dividendenanspruch von 100 Euro. Das muss man wohl so hinnehmen, schließlich haben die Aktionäre die Sachausschüttung selbst beschlossen, sie hätten auch eine Barausschüttung wählen können. Offensichtlich legen sie der Sachausschüttung einen höheren Wert bei, als dies der Markt tut. Legt man mit *Tübke* in dieser Konstellation dem Begriff Bilanzgewinn Verkehrswerte zugrunde, um die Aktionäre in den vollwertigen Genuss ihres Dividendenanspruchs zu bringen, wie es *Tübke* vorschwebt, so müssten ihnen Vermögensgegenstände im Buchwert von 200 Euro ausgeschüttet werden, die dann einen Verkehrwert von 100 Euro haben. Dass dieses Ergebnis nicht zulässig sein kann, zeigt ein kurzer Blick auf die Bilanz. Ausgebucht werden Vermögensgegenstände im Buchwert von 200 Euro gegen Dividendenverbindlichkeiten von 100 Euro. Damit ist aber das Bilanzgleichgewicht noch nicht hergestellt. Um zu diesem zu gelangen, müsste noch eine Buchung in Höhe von 100 Euro gegen die freien Rücklagen erfolgen. Dies ist nicht zulässig, da dann offene Rücklagen ausgeschüttet würden, die nicht als Bilanzgewinn ausgewiesen wurden. Es wäre damit gegen § 57 Abs. 3 AktG verstoßen. Somit kommt für die angesprochene Fallkonstellation allein die Buchwertmethode in Frage, sofern eine Vollausschüttung in Sachwerten vorgesehen ist.

die gesetzlichen Rücklagen sind am stärksten gebunden. Ihre Ausschüttung ist, abgesehen von Kapitalherabsetzungen, grundsätzlich verboten. Die vorgeschriebenen oder freiwillig gebildeten Rücklagen stellen eine zusätzliche Sicherung des Gesellschaftskapitals dar. Sie sind solange gegen Ausschüttung gesperrt, wie sie nicht in Bilanzgewinn umgewandelt und offen gelegt sind. Allerdings können sich Ausschüttungssperren immer nur auf bilanziertes Vermögen beziehen.[574] Denn sie geben gerade an, welches Vermögen der Aktiengesellschaft, das bilanzmäßig ausgewiesen ist, gegen eine Ausschüttung gesperrt ist. Bei stillen Rücklagen stellt sich diese Frage erst gar nicht. Sie sind für die Gläubiger nicht aus dem Jahresabschluss ersichtlich. Sie können nicht formal aufgelöst und ausgeschüttet werden. Erst durch eine Realisation der stillen Reserven finden sie ihren bilanzmäßigen Niederschlag.[575] Hinzu kommt, dass stille Reserven den Gläubigern typischerweise nicht bekannt oder von diesen schwer abzuschätzen sind. Gläubiger können sich auf ihren Bestand nicht verlassen, da er u.U. starken Marktschwankungen unterliegt. Stille Rücklagen unterscheiden sich daher in einem wesentlichen Punkt von den offenen Eigenkapitalbestandteilen. Ihr Bestand ist nicht durch eine vorsichtige Bewertung auf Anschaffungskostenbasis abgesichert, sondern setzt sich aus nicht realisierten und damit nicht am Markt bestätigten Vermögenspolstern zusammen. Ebenso still wie sich stille Reserven aufbauen, können sie auch wieder zusammenschrumpfen, ohne dass dies irgendeiner Publizität unterläge.

Damit sind stille Rücklagen für den Gläubigerschutz, wie er im deutschen Bilanz- und Aktienrecht angelegt ist, ungeeignet. Die Gläubiger haben keine Veranlassung dazu, sich auf die Existenz der stillen Rücklagen zu verlassen, also bei ihren Entscheidungen darauf zu vertrauen. Das deutsche Rechnungslegungssystem bringt mit der Bilanzierung nach dem Anschaffungskostenprinzip und der Ausprägung im Vorsichts- und Realisationsprinzip die gesetzgeberische Wertung zum Ausdruck, dass stille Rücklagen zu unsicher sind, als dass sie offengelegt werden dürften.

Die Richtigkeit dieser Auffassung wird zudem durch folgende Argumentation gestützt: Die Kapitalerhaltungsregeln gestatten es, dass stille Reserven durch eine Gewinnrealisierung mittels eines vorausgehenden Verkaufs aufgedeckt werden, den Bilanzgewinn erhöhen und abschließend an die Aktionäre ausgeschüttet werden.[576] Bei wirtschaftlicher Betrachtungsweise kann es dann keinen

---

[574] A.A. *Prinz/Schürner*, DStR 2003, 183, die davon ausgehen, dass auch die stillen Reserven der aktienrechtlichen Vermögensbindung im Hinblick auf den Gläubigerschutz unterliegen; ebenso *Strunk*, UM 2003, 48.

[575] Vgl. *Leinekugel*, Sachdividende, 156 f.

[576] Das sehen auch *Prinz/Schürner* (DStR 2003, 183) so, wollen daraus aber nicht den Schluss ziehen, dass stille Reserven nicht der aktienrechtlichen Vermögensbindung unterliegen.

Unterschied machen, wenn die stillen Reserven in anderer Form, nämlich als Sachdividende das Unternehmen verlassen.[577] Diese Sichtweise harmoniert mit der Erkenntnis, dass der Gläubigerschutzgedanke eine über das nominelle Grundkapital und das gesetzliche Reservekapital hinausgehende Kapitalbindung nicht zu erklären vermag.[578] Wenn es zulässig ist, das Reinvermögen der Aktiengesellschaft unter Auflösung aller Gewinnrücklagen bis zur Grenze des Grundkapitals zuzüglich des gesetzlichen Reservekapitals als Gewinn auszuweisen und an die Aktionäre auszuschütten, so kann nicht der Gläubigerschutz die Ursache für bestehende Zuständigkeits- und Verfahrensregeln des Aktienrechts sein, die eine Bindungswirkung bezüglich der freien Rücklagen entfalten.[579]

Stille Rücklagen werden nach alledem nicht von der Kapitalbindung, die in den §§ 57, 58 AktG angeordnet ist, erfasst. Sie unterliegen keiner Ausschüttungssperre und sind daher unter dem Aspekt des Gläubigerschutzes[580] frei an die Anteilseigner ausschüttbar.[581]

6.2 Buchwertmethode und Aktionärsschutz

6.2.1 Vergleich zwischen Gewinnausschüttungen und Rechtsgeschäften zwischen Gesellschaftern und Gesellschaft

Mit dem gefundenen Ergebnis scheint man sich aber in Widerspruch zum Verbot der Buchwertauskehrung zu setzen, das nach ganz herrschender Meinung[582] bei Umsatzgeschäften zwischen der Aktiengesellschaft und ihren Anteilseignern gilt. Danach muss die Gesellschaft ihre Gesellschafter bei normalen Umsatzgeschäften so behandeln, als würde sie mit einem Dritten kontrahieren (sog. „at arm's length"-Prinzip), d.h. sie muss als Verkäuferin dem Aktionär den Verkehrswert der verkauften Sache in Rechnung stellen, bzw. sie darf als Käuferin

---

[577] *Lutter/Leinekugel/Rödder*, ZGR 2002, 220 f.

[578] *Bommert*, Vermögensverlagerungen, 98.

[579] *Bezzenberger*, Erwerb, 13.

[580] Auch nach *Bayer*, in: MünchKommAG, § 58 Rn. 110, stehen der Buchwertmethode Aspekte des Gläubigerschutzes nicht entgegen, soweit die Erfordernisse des § 150 Abs. 2 AktG eingehalten sind.

[581] Unverständlich ist in diesem Zusammenhang die Aussage *Tübkes* (Sachausschüttungen, 63), es sei bei der Buchwertmethode nicht garantiert, dass das Grundkapital unberührt bleibe. Infolge einer Sachausschüttung zum Buchert kann es nie zu einer Verminderung des Grundkapitals kommen, da der Buchwert der auszuschüttenden Vermögensgegenstände seine Deckung in einem mindestens ebenso hohen Bilanzgewinn findet.

[582] *Bayer*, in: MünchKommAG, § 58 Rn. 110.

nicht mehr als den angemessenen Preis für die Sache zahlen, die sie erwirbt. Regelmäßig ist daher ein Drittvergleich anzustellen. Auch dieser Grundsatz ist Ausfluss der Regelungen von § 57 AktG. Würde man Umsatzgeschäfte zwischen Aktionär und seiner Gesellschaft nicht einer derartigen Angemessenheitskontrolle unterziehen, so wäre es ein leichtes, eine von § 57 AktG verbotene Leistung an den Aktionär in die Form eines Rechtsgeschäfts zu günstigen Konditionen einzukleiden.[583]

Die Gegner der Buchwertmethode ziehen die Parallele zwischen einer Sachausschüttung und einem entsprechenden Umsatzgeschäft, nämlich dem Verkauf der Sache. Bei letzterem sei es der Aktiengesellschaft untersagt, an den Aktionär zum Buchwert zu verkaufen, wenn der Verkehrswert höher liege. Ansonsten liege eine verdeckte Gewinnausschüttung und damit ein Verstoß gegen § 57 AktG vor. Folglich sei es auch unzulässig, im Rahmen einer Sachausschüttung Vermögensgegenstände zum Buchwert an die Anteilseigner auszukehren, soweit diese stille Reserven enthalten. Hier wie dort käme es zu einer unzulässigen Verlagerung von stillen Reserven von der Gesellschaft auf den Gesellschafter.[584]

Dem halten die Befürworter der Buchwertmethode entgegen, dass eine Sachausschüttung mit einem normalen Umsatzgeschäft nicht vergleichbar sei. Dementsprechend seien beide Fälle auch nicht zwingend gleich zu behandeln.[585]

Weder die Ansicht der Befürworter der Buchwertmethode noch die Auffassung der Gegner überzeugt.

Erstere argumentieren, es müsse zwischen der Verteilung stiller Reserven im Rahmen einer Sachdividende einerseits und im Rahmen eines Umsatzgeschäfts mit dem Gesellschafter andererseits unterschieden werden. Nur in der ersten Konstellation sei ein Ansatz zum Buchwert zulässig. Denn anders als ein Kaufgeschäft mit der Gesellschaft setze die Verteilung stiller Reserven im Rahmen einer Sachdividende immer voraus, dass jedenfalls ein ausschüttungsfähiger Gewinn in Höhe des Buchwertes der ausgekehrten Gegenstände ausgewiesen worden sei. Damit sei garantiert, dass der Vermögensgegenstand in der Aktiengesellschaft jedenfalls in Höhe des Grundkapitals gesichert sei. Folglich könne man es ohne Bedenken zulassen, dass die Hauptversammlung beschließe, auch den verdeckten höheren Gewinn auszuschütten. Anders als beim Umsatzgeschäft bestehe hier nicht die Gefahr, dass in einer Situation, in der die Gesellschaft noch nicht einmal einen Gewinn in Höhe des Buchwertes oder gar Verluste erzielt habe, stille Reserven zum Nachteil der Gläubiger auf die Gesellschafter verlagert würden.[586]

---

[583] *Lutter*, in: KölnKomm, § 57 Rn. 15.
[584] *Tübke*, Sachausschüttungen, 59, insbesondere Fn. 214; *Müller*, NZG 2002, 758.
[585] *Leinekugel*, Sachdividende, 165 f.; *Lutter/Leinekugel/Rödder*, ZGR 2002, 221 f. Fn. 45.
[586] *Leinekugel*, Sachdividende, 165 f.; *Lutter/Leinekugel/Rödder*, ZGR 2002, 221 f. Fn. 45.

Diese Argumentation ist bei näherer Betrachtung inkonsequent und nicht nachvollziehbar. Zunächst ist nicht einzusehen, warum in diesem Zusammenhang zwischen der Auskehrung von stillen Reserven im Rahmen einer Sachausschüttung und im Rahmen eines Verkehrsgeschäftes zu differenzieren ist. Sicherlich ist die Rechtsgrundlage jeweils eine völlig andere, nämlich ein Gesellschaftsakt in Form eines Gewinnverwendungsbeschlusses bei der Sachausschüttung und ein Kaufvertrag bei einem Umsatzgeschäft. Dieser formale Unterschied berechtigt bei wirtschaftlicher Betrachtungsweise jedoch nicht zu einer anderen Beurteilung. In beiden Fällen kommt es im Ergebnis zu einem Abfluss stiller Reserven.

Unzutreffend ist auch die Begründung, im Gegensatz zum Umsatzgeschäft sei eine Sachdividende ein gesellschaftsinterner Akt, der gar nicht gegenüber Dritten vorgenommen werden könne; demzufolge lasse sich ein entsprechender Angemessenheitsvergleich zur Identifizierung einer verdeckten Gewinnausschüttung gar nicht ziehen.[587] Dabei wird übersehen, dass neben dem Steuerrecht auch das Gesellschaftsrecht schon seit längerem Fälle kennt, in denen es eines Fremdvergleichs nicht bedarf und dieser nicht möglich ist, weil Empfänger der Leistung der Kapitalgesellschaft nur ein Gesellschafter sein kann.[588] Dazu zählt der unzulässige Erwerb eigener Aktien[589] ebenso wie der „Abkauf" des Rechtes zur Erhebung und Durchführung einer Anfechtungsklage, der überwiegend als verbotene Einlagenrückgewähr angesehen wird.[590] Als neue Fallgruppe lässt sich nun die Sachausschüttung hinzufügen.

Fehl geht auch die weitere Argumentation, dass der wesentliche Unterschied darin liege, dass bei der Sachausschüttung im Gegensatz zum Umsatzgeschäft ein ausschüttungsfähiger Gewinn in Höhe des Buchwerts der ausgeschütteten Gegenstände ausgewiesen worden sei und somit die Kapitalerhaltung nicht beeinträchtigt werde. Solange bei einem Umsatzgeschäft zwischen Gesellschaft und Aktionär die Sache nicht unter Buchwert verkauft wird, wird ebenfalls das ausgewiesene Kapital nicht angegriffen. An die Stelle des Buchwerts der verkauften Sache tritt der entsprechende Geldbetrag; es liegt ein sog. Aktivtausch vor. Damit tangiert das Umsatzgeschäft in diesen Fällen nicht mehr oder weniger die Kapitalbasis der Gesellschaft als die Sachausschüttung. Unklar ist auch die Aussage, dass bei der Sachdividende der Ausschüttungsgegenstand im Falle eines Gewinnausweises jedenfalls in Höhe des Grundkapitals gesichert sei. Das ist auch bei einem Verkauf von Vermögensgegenständen zum Buchwert der Fall. Dennoch stellt ein solcher Umsatzakt nach allgemeiner Meinung eine unzulässige verdeckte Gewinnausschüttung dar, weil stille Reserven „still" auf den

---

[587] *Leinekugel*, Sachdividende, 152 f.
[588] *Döllerer*, Verdeckte Gewinnausschüttungen, 102.
[589] *Lutter*, in: KölnKomm, § 57 Rn. 32.
[590] *Lutter*, in: KölnKomm, § 57 Rn. 29; *Hirte*, BB 1988, 1473 f.

Aktionär übertragen werden. Wieso im Falle der Sachausschüttung anderes gelten soll, bleibt im Dunkeln.

Schließlich erweist sich die kritisierte Ansicht im Kern als inkonsequent. Sie hält die Veräußerung eines Vermögensgegenstandes zum Buchwert für unzulässig, weil in diesem Fall u.U. stille Reserven zum Nachteil der Gläubiger auf die Gesellschafter verlagert werden könnten, obwohl die Gesellschaft keinen Gewinn oder gar Verlust gemacht hat. Diese Sichtweise wäre nur dann gerechtfertigt, wenn stille Reserven der Kapitalbindung unterliegen würden und damit dem Gläubigerschutz dienten. Das ist aber, wie oben gezeigt[591], nicht der Fall.[592] Wenn stille Reserven aber nicht in die Kapitalbindung einbezogen sind, ist es auch völlig irrelevant, ob sie in Jahren ohne Gewinn oder gar mit Verlusten zur Ausschüttung kommen. In keinem Fall wird das in der Bilanz ausgewiesene Kapital der Aktiengesellschaft angegriffen.

Im Ergebnis bedeutet dies, dass an eine Auskehrung stiller Reserven im Rahmen einer Sachausschüttung die gleichen Maßstäbe anzulegen sind wie an Umsatzgeschäfte zwischen der Gesellschaft und ihren Aktionären. Daraus folgt aber nicht, dass der Gegenansicht zu folgen ist und etwa die Buchwertmethode unzulässig wäre, weil nach h.M. Umsatzgeschäfte zu Buchwerten für unzulässig gehalten werden. Umgekehrt soll nicht pauschal bezweifelt werden, dass Verkäufe an Aktionäre unter dem Verkehrswert gegen § 57 AktG verstoßen.

Die Lösung des scheinbaren Widerspruchs ist, dass zwar Buchwertverkäufe mit der h.M. im Ergebnis in der Regel gegen § 57 AktG verstoßen. Abweichend wird hier allerdings die Meinung vertreten, dass die bisherige Begründung für dieses Ergebnis unzutreffend ist. Umsatzakte zu Buchwerten verstoßen in den meisten Fällen gegen Grundsätze, die im Rahmen einer Sachausschüttung gewahrt sind.

Bei Umsatzakten mit Gesellschaftern unter dem Verkehrswert verlassen stille Reserven die Gesellschaft, ohne vorher realisiert worden zu sein. Hierbei muss man zwei Fälle unterscheiden[593]: Verkauft die Gesellschaft zu einem Preis unter dem Buchwert[594], so ist der Grundsatz der Kapitalerhaltung verletzt. Die offenen Rücklagen vermindern sich[595], ohne dass vorher eine Umwandlung in Bilanzgewinn erfolgte. Diese Fallgruppe stellt damit eindeutig mit der h.M einen Verstoß gegen § 57 Abs. 1 und 3, § 58 Abs. 3 AktG dar. Problematisch sind aber die

---

[591] Siehe 2. Abschnitt, 1. Kapitel, 6.1.2.2.

[592] Gerade *Lutter* und *Leinekugel* sehen dies ebenso, erblicken aber im Abfluss von stillen Reserven im Rahmen eines Umsatzgeschäftes zum Buchwert dann überraschenderweise doch eine Beeinträchtigung der Kapitalerhaltungsgrundsätze (ZGR 2002, S. 221 f Fn. 45).

[593] Vgl. zu dieser Differenzierung bereits *Müller*, Verdeckte Gewinnausschüttungen, 297.

[594] Ausgenommen sind hier natürlich die Fälle, in: denen der Verkaufspreis den tatsächlichen Wert des Vermögensgegenstandes darstellt.

[595] Der durch das Geschäft realisierte Verlust geht zu Lasten des Eigenkapitals der Gesellschaft.

Fälle, in denen zu einem Preis größer bzw. gleich Buchwert, aber unter dem Verkehrswert an den Gesellschafter verkauft wird. Hierbei kommt es nämlich nicht zu einer Verringerung der offenen, sondern allein der stillen Rücklagen. Geht man richtigerweise davon aus, dass stille Rücklagen nicht der Kapitalbindung unterliegen, stellt sich die Frage, warum derartige Geschäfte nicht zulässig sein sollen. Denn Gläubigerinteressen sind dann jedenfalls nicht betroffen.

Entgegen der überwiegenden Meinung[596] ist das Verbot solcher Geschäfte nicht im Grundsatz der Kapitalerhaltung begründet.[597] Vielmehr verstößt ein Umsatzgeschäft zum Buchwert mit einem Gesellschafter in der Regel gegen einen weiteren Normzweck, den § 57 AktG verfolgt, nämlich den Schutz von (Minderheits-)Aktionären; im Interesse der Aktionäre unterbindet § 57 AktG verdeckte Vermögensverlagerungen, mit denen das Gebot der Gleichbehandlung der Aktionäre (§ 53a AktG) und die Ausschüttungskompetenz der Hauptversammlung (§§ 119 Abs. 1 Nr. 2, 174 Abs. 1 Satz 2, Abs. 2 Nr. 2 AktG) verletzt werden.[598]

In Fortführung der eben dargelegten Argumentation soll im folgenden untersucht werden, unter welchen Gesichtspunkten sonstige verdeckte Vermögensverlagerungen von der Gesellschaft auf ihre Aktionäre gegen Aktionärsinteressen verstoßen und ob diese Ergebnisse auch auf Sachausschüttungen zu Buchwerten übertragbar sind.

6.2.2 Ungleichbehandlung der Aktionäre

§ 53a AktG verbietet eine Ungleichbehandlung der Aktionäre. Wird an einen Aktionär ein Vermögensgegenstand zum Buchwert verkauft, obwohl sein Verkehrswert darüber liegt, so werden diesem Gesellschafter stille Reserven zuge-

---

[596] Vgl. *Hüffer*, AktG, § 57 Rn. 7 f.; *Henze*, in: GK § 57 Rn. 30; *Hefermehl/Bungeroth*, in: G/H/E/K, § 57 Rn. 4, die alle überwiegend auf den Grundsatz der Kapitalerhaltung abstellen. Abweichend hiervon aber bereits *Flume*, ZHR 1980, 25; *Barz*, in: GK, 3. Aufl., § 57 Anm. 3; *Ballerstedt*, Kapital, 132 ff., die den übrigen Normzwecken des § 57 AktG bei der Beurteilung von Umsatzakten mit Gesellschaftern erheblich mehr Bedeutung zumessen. Ähnlich wie hier *Müller* (Verdeckte Gewinnausschüttungen, 296) der davon ausgeht, dass sich der Grundsatz der Kapitalerhaltung auf den Vermögensbestand, aber nicht auf Möglichkeiten der verhinderten Vermögensmehrung bezieht.

[597] Um Missverständnisse zu vermeiden, sei hier nochmals darauf hingewiesen, dass die folgenden Ausführungen nur für die Fallgruppe Verkauf zu einem Preis gleich oder über dem Buchwert, aber unter dem Verkehrswert des Vermögensgegenstandes gelten.

[598] *Hefermehl/Bungeroth*, in: G/H/E/K, § 57 Rn. 2; *Henze*, in: GK § 57 Rn. 7; *Ballerstedt*, Kapital, 132 ff.; *Bayer*, in: MünchKommAG, § 57 Rn. 2.

184

wendet und damit ein Vermögensvorteil, den die anderen Aktionäre nicht erhalten. Typischerweise werden solche Umsatzgeschäfte in der Regel nur mit einem oder wenigen Gesellschaftern getätigt, so dass grundsätzlich immer ein Verstoß gegen das Gleichbehandlungsgebot vorliegt.

Anders liegt der Fall dagegen bei der Sachdividende. Das streng formalisierte Ausschüttungsverfahren bei der Aktiengesellschaft bietet grundsätzlich ausreichend Gewähr dafür, dass die Aktionäre bei der Gewinnverwendung gleich behandelt werden.

Für den Fall der Ausschüttung zu Buchwerten wird dieser Standpunkt allerdings in der Literatur in Frage gestellt. Die auszuschüttenden Vermögensgegenstände seien oft mit unterschiedlichen Buchwerten bilanziert, da sie zu verschiedenen Zeitpunkten angeschafft oder hergestellt würden. Demgemäß würden diejenigen Aktionäre bevorzugt, denen die Gegenstände mit niedrigerem Buchwert zugeteilt würden.[599] Bei gleich hohem Dividendenanspruch würden ihnen mehr Vermögensgegenstände zugeteilt als den übrigen Aktionären und somit auch ein Mehr an stillen Reserven.[600]

Dem kann nicht gefolgt werden. Die Problematik ist in der praktischen Handhabung weit weniger relevant als es zunächst erscheint. Denn das deutsche Bilanzrecht lässt die Bewertung von gleichartigen Vermögensgegenständen zu Durchschnittspreisen zu (in Anlehnung an § 240 Abs. 4 HGB)[601], wovon in der Praxis überwiegend gebraucht gemacht wird. Insbesondere bei Wertpapieren des Anlage- oder Umlaufvermögens, die sich für eine Sachausschüttung besonders anbieten, ist diese Bewertungsmethode durchwegs üblich.[602] Die Folge dieses Vorgehens ist, dass die Wertpapiere einer Gattung mit einem aus den verschiedenen Zukäufen gebildeten Durchschnittskurs in der Bilanz aktiviert sind. Eine Ungleichbehandlung der Aktionäre bei der Zuteilung ist somit ausgeschlossen. Aber selbst wenn die Ausschüttungsgegenstände zu unterschiedlichen Buchwerten in der Bilanz stehen, steht nichts dagegen, für die gleichartigen Ausschüttungsgegenstände einen Durchschnittsbuchwert zu ermitteln und diesen der Verteilung des Bilanzgewinns auf die Aktionäre zugrunde zu legen.[603] Im Ge-

---

[599] *Tübke*, Sachausschüttungen, 57.

[600] Schlussfolgerung des Verfassers. Denn die Auffassung *Tübkes* ist schief dargestellt. Er geht nämlich offensichtlich davon aus, dass die Aktionäre die gleiche Anzahl an Ausschüttungsgegenständen zugeteilt bekommen, nur zu unterschiedlichen Buchwerten. Daraus folgert er, das die in den Gegenständen enthaltenen stillen Reserven bei gegebenen Marktwert unterschiedlich hoch sind. Richtig ist jedoch, dass die Aktionäre bei unterschiedlichen Buchwerten bereits unterschiedliche Mengen an Ausschüttungsgegenständen erhalten würden. Dieses Problem übersieht im übrigen *Leinekugel*, Sachdividende, 168 ff.

[601] *Ellrott/Schmidt-Wendt*, in: BeckBilKomm, § 255 Rn. 209 f.

[602] *Coenenberg*, Jahresabschluss, 164 und 229.

[603] *Bayer* (in MünchKommAG, § 58 Rn. 110) sieht dies ebenso, wenn er in einem Formulierungsbeispiel für einen Gewinnverwendungsbeschluss von einer Ausschüttung zum mittleren Buchwert spricht.

185

genteil: der Gleichbehandlungsgrundsatz gem. § 53 a AktG verlangt sogar ein solches Vorgehen, um eine Benachteiligung einzelner Aktionärsgruppen zu verhindern.[604] Der Grundsatz der Gleichbehandlung steht demnach der Buchwertmethode nicht entgegen.

6.2.3 Die Ausschüttungskompetenz der Hauptversammlung

Aus den §§ 119 Abs. 1 Nr. 2, 174 Abs. 1 Satz 2, Abs. 2 Nr. 2 AktG ergibt sich, dass die Gewinnverteilung im deutschen Aktienrecht ausschließlich der Hauptversammlung übertragen ist.[605] Damit entscheidet allein die Hauptversammlung, ob und in welcher Höhe Vermögen die Gesellschaft verlässt und an die Gesellschafter fließt. Auch stille Reserven stellen Vermögen der Gesellschaft dar. Umsatzgeschäfte zu Buchwerten greifen daher in die Zuständigkeitsverteilung der Aktiengesellschaft ein. Denn dort ist es der Vorstand bzw. dessen Vertreter, die unter dem Deckmantel eines Verkehrsgeschäftes den Aktionären Vermögen in Form stiller Reserven zukommen lassen. Anders wiederum ist die Situation bei einer Sachausschüttung. Wenn hier im Rahmen der Buchwertmethode stille Reserven die Gesellschaft verlassen, so geschieht dies aufgrund eines Gewinnverwendungsbeschlusses der Hauptversammlung, womit die Kompetenzverteilung gewahrt bleibt.

6.2.4 Verteilungsschlüssel und Zeitpunkt der Vermögensübertragung auf die Aktionäre

Bei einer Sachausschüttung ist zudem gewährleistet, dass der für Gewinnausschüttungen in Betracht kommende Verteilungsschlüssel (§ 60 AktG) und schließlich der für die Gewinnverteilung maßgebliche Zeitpunkt, nämlich der Ablauf des Geschäftsjahres (*argumentum e* § 59 AktG), eingehalten werden. Bei Verkäufen an Aktionäre zu Buchwert sind diese gesetzlichen Vorgaben typischerweise nicht sichergestellt.

---

[604] Erwirbt etwa die Aktiengesellschaft 1000 Aktien der X-AG zu einem Anschaffungspreis von je 50 Euro und zu einem späteren Zeitpunkt weitere 1000 Aktien zu einem Anschaffungspreis von 100 Euro, so ist bei der Ausschüttung der Aktien der X-AG als Sachdividende von einem mittleren Buchwert von 75 Euro auszugehen. Auf diese Weise ist gewährleistet, dass jeder Aktionär pro zustehendem Anteil am Bilanzgewinn die gleiche Anzahl an Sachwerten bekommt und damit auch eine gleich hohe Zuweisung an stillen Reserven.
[605] *Hüffer*, AktG, § 174 Rn. 2; *Bayer*, in: MünchKommAG, § 57 Rn. 2; *Ballerstedt*, Kapital, 133.

6.2.5 Zusammenfassung

Während Umsatzgeschäfte zu Buchwerten regelmäßig verdeckte Gewinnausschüttungen darstellen, ist dies bei der Auskehrung stiller Reserven bei Sachausschüttungen grundsätzlich nicht der Fall. Die Ursache für die abweichende Beurteilung ist aber nicht in den unterschiedlichen Wesensmerkmalen beider Vorgänge zu suchen. Diese formale Argumentation lässt sich bei wirtschaftlicher Betrachtungsweise nicht aufrechterhalten.

Es konnte gezeigt werden, dass die Ursache für die (im Ergebnis richtige) unterschiedliche Behandlung beider Fälle nicht in den Grundsätzen der Kapitalbindung und -erhaltung liegen kann. Denn daran gemessen müssten Umsatzgeschäft zu Buchwerten und Sachausschüttungen identisch beurteilt werden. Der entscheidende Punkt ist vielmehr, dass Umsatzgeschäfte zu Buchwerten gegen andere Normziele des § 57 AktG verstoßen, die dagegen im Rahmen einer Sachausschüttung gewahrt werden.[606] Die Richtigkeit dieser Sichtweise bestätigt auch ein Blick ins GmbH-Recht. Dort wird ein Verkauf zum Buchwert nicht aus Gründen des Kapitalschutzes nach § 30 GmbHG als verdeckte Gewinnausschüttung qualifiziert, solange das Stammkapital nicht angegriffen wird oder bereits ist. Allerdings werden solche Geschäfte grundsätzlich als Verstoß gegen das Gebot der Gleichbehandlung der Gesellschafter oder gegen die Zuständigkeitsordnung in der Gesellschaft gewertet.[607] Konsequent ist daher eine entsprechende Behandlung im Recht der Aktiengesellschaft, wenn durch ein Umsatzgeschäft zum Buchwert lediglich die stillen Rücklagen beeinträchtigt werden, die nicht der Kapitalbindung unterliegen.

Nach alledem lässt sich aus dem grundsätzlichen Verbot der Buchwertauskehrung bei Umsatzgeschäften zwischen der Gesellschaft und ihren Aktionären kein Argument gegen die Zulässigkeit der Buchwertmethode bei Sachdividenden herleiten.

6.3 Buchwertmethode und Schutz des Kapitalmarktes

Als weiterer Normzweck von § 57 AktG wird in der Literatur der Schutz des Kapitalmarktes genannt. Die Zahlung von „Dividenden" aus Mitteln außerhalb des Bilanzgewinns bringe die Gefahr mit sich, dass der Kurs der Aktien nicht ihren wahren, sondern einen überhöhten Ertragswert widerspiegeln und damit

---

[606] Daher trifft es auch nicht zu, wenn *Tübke* (Sachausschüttungen, 64) meint, die Zulässigkeit einer Sachausschüttung zu Buchwerten habe zur Folge, dass man dann jede verdeckte Gewinnausschüttung entgegen § 57 Abs. 1 AktG rechtfertigen könne.

[607] *Döllerer*, Verdeckte Gewinnausschüttungen, 40; *Scholz/Westermann*, GmbHG, § 30 Rn. 22; *Hachenburg/Goerdeler/Müller*, GmbHG, § 29 Rn. 130.

Anleger zum Erwerb des Papiers verleiten würde, von dem sie bei Kenntnis des wahren Sachverhalts abgesehen hätten.[608]

Die Bewertung von Sachdividenden zu Buchwerten würde die Ausschüttung von Supersachdividenden ermöglichen und so falsche Signale für den Kapitalmarkt setzen.[609]

So wird zum Schutz des Kapitalmarktes teilweise auch von Befürwortern der Buchwertmethode gefordert, dass im Rahmen der Formulierung des Gewinnverwendungsbeschlusses auf eine Transparenz der Mittelverwendung zu achten ist. *Bayer* schlägt dazu vor, bei einer Ausschüttung zum Buchwert im Gewinnverwendungsbeschluss neben dem Buchwert auch den Verkehrswert der Ausschüttungsgegenstände anzugeben.[610]

Eine solche Handhabung ist wünschenswert, wenn auch nicht erforderlich. Nach hier vertretener Auffassung beeinträchtigt eine Ausschüttung zum Buchwert ohne weitere Angaben im Gewinnverwendungsbeschluss den Kapitalmarkt nicht so stark, dass deswegen die Buchwertmethode für unzulässig erklärt werden müsste. Zum einen täuscht eine Ausschüttung zum Buchwert nicht über die wahre Ertragskraft der Gesellschaft, da sich am erwirtschafteten und ausgewiesenen Bilanzgewinn nichts ändert. Hinzu kommt, dass der Bilanzgewinn selbst kein verlässlicher Parameter für die Ertragsstärke einer Gesellschaft ist, da er durch die Bildung und Auflösung von freien Gewinnrücklagen im Grunde beliebig beeinflusst werden kann.

Zum anderen wird die Signalwirkung von Dividendenausschüttungen im Hinblick auf die wirtschaftliche Lage einer Gesellschaft in der betriebswirtschaftlichen Literatur zu Recht äußerst skeptisch eingeschätzt. Bekannt sind zahlreiche Fälle, in denen Unternehmen Dividenden in gleich bleibender Höhe auszahlten, obwohl sie bereits erhebliche Mittelbeschaffungsprobleme hatten. Es ist ein häufig zu beobachtendes Phänomen, dass Manager schlechte Nachrichten zunächst nicht durch eine Anpassung der Ausschüttungen signalisieren, in der Hoffnung, die Verlustquelle beseitigen zu können, ohne das Umfeld unnötig in Unruhe versetzen zu müssen.[611] Insgesamt lässt sich behaupten, dass Unternehmensführungen nicht generell lauterste Informationsabsichten haben und dementsprechend auch die Ausschüttungspolitik zu Zwecken einsetzen können, die nicht im Interesse eines Signals unverzerrter künftiger Überschusserwartungen interpretierbar sind.

---

[608] *Henze*, in: GK, § 57 Rn. 7; *Waclawik*, WM 2003, 2271; *Lutter*, in: KölnKomm, § 57 Rn. 2; *Bayer*, in: MünchKommAG, § 57 Rn. 3, der allerdings nur von einem kapitalmarktrechtlichen Nebeneffekt spricht.

[609] *Waclawik*, WM 2003, 2271.

[610] *Bayer*, in: MünchKommAG, § 58 Rn. 110.

[611] *Drukarczyk*, Theorie und Politik, 453 ff., mit weiteren Hinweisen auf internationale Untersuchungen zu dieser Frage.

Wenn man demnach davon ausgeht, dass die Höhe der Dividendenzahlungen einen sehr beschränkten Aussagehalt für (zukünftige) Aktionäre hat, stehen einer Ausschüttung zu Buchwerten keine wesentlichen Interessen des Kapitalmarktes entgegen.

7. Zulässige Bewertungsmethoden bei der Existenz stiller Lasten

Stille Lasten liegen dann vor, wenn Vermögensgegenstände mit einem Buchwert bilanziert sind, der über ihrem Verkehrswert liegt. Eine solche Konstellation ist bei Vermögensgegenständen des Umlaufvermögens praktisch nicht denkbar, da bezüglich des Umlaufvermögens das sog. strenge Niederstwertprinzip gem. § 253 Abs. 3 Satz 1 HGB gilt. Danach sind Vermögensgegenstände am Bilanzstichtag zwingend auf den niedrigeren beizulegenden Wert abzuschreiben. Bei Vermögensgegenständen des Anlagevermögens gilt das sog. gemilderte Niederstwertprinzip. Bei nur vorübergehenden Wertminderungen besteht ein Wahlrecht, Abschreibungen auf den niedrigeren beizulegenden Wert vorzunehmen, § 253 Abs. 2 Satz 3 1. HS. HGB. Bei Kapitalgesellschaften erstreckt sich dieses Wahlrecht allerdings nur auf Finanzanlagen, § 279 Abs. 1 Satz 2 HGB, bei anderen Vermögensgegenständen des Anlagevermögens dürfen keine Abschreibungen auf den niedrigeren beizulegenden Wert vorgenommen werden. Bei einer voraussichtlich dauernden Wertminderung ist dagegen bei allen Vermögensgegenständen des Anlagevermögens zwingend auf den niedrigeren beizulegenden Wert abzuschreiben, § 253 Abs. 2 Satz 3 2. HS HGB. Stille Lasten treten also im Anlagevermögen dann auf, wenn nur vorübergehende Wertminderungen vorliegen, die bei sonstigen Vermögensgegenständen nicht zur Abschreibung berechtigen bzw. wenn bei Finanzanlagen das vorhandene Wahlrecht nicht ausgeübt wird.

In der Literatur wird vertreten, dass bei der Ausschüttung von Vermögensgegenständen, die mit stillen Lasten behaftet sind, allein die Verkehrswertmethode zulässig sein kann. Würde in dieser Konstellation zum Buchwert ausgeschüttet, so komme es zu einer Benachteiligung des Gesellschafters, da ihm nicht der vollständige Bilanzgewinn ausgekehrt werde, sonder nur ein Teil, während ein anderer Teil im Unternehmen verbleibe.[612] Hierdurch sei die autonome Entscheidung der Gesellschafterversammlung beeinträchtigt, da diese einen Gewinnverwendungsbeschluss über eine vollständige Geinnausschüttung gefasst habe und nicht davon ausgehen müsse, dass durch die jeweils vorgenommene Art der Gewinnausschüttung eine andere Gewinnverwendung, nämlich ein Gewinnvortrag statt einer Gewinnausschüttung, vorgenommen werde.[613]

---

[612] *Tübke*, Sachausschüttungen, 62; *Strunk/Kolaschnik*, TransPuG, 62.
[613] *Strunk/Kolaschnik*, TransPuG, 62.

Diese Ansicht ist abzulehnen, da sie gegen das Gesetz verstößt. Die Sachlage verhält sich genau umgekehrt: sollen Vermögensgegenstände mit stillen Lasten ausgeschüttet werden, so ist allein die Buchwertmethode zulässig. Die Befürworter der Verkehrswertmethode fordern, dass den Aktionären der Bilanzgewinn bewertet zu Verkehrswerten zukommen muss. Bei Ausschüttungen unter der Existenz stiller Lasten hätte dies zur Folge, dass Vermögensgegenstände mit Buchwerten ausgeschüttet werden müssten, die den Bilanzgewinn übersteigen, um zu Verkehrwerten gerechnet den Bilanzgewinn zu erreichen. Dieser Ansatz mag zwar aus wirtschaftlicher Sicht nachvollziehbar sein, er verstößt aber eindeutig gegen § 57 Abs. 3 AktG. Es dürfen keine Ausschüttungen vorgenommen werden, die den Bilanzgewinn übersteigen. Da oben ausführlich hergeleitet wurde, dass es sich bei beim Begriff des Bilanzgewinns in § 57 Abs. 3 AktG um eine bilanzielle Größe handelt, ist beim Ausschüttungsverbot ebenfalls auf bilanzielle Werte, also Buchwerte, abzustellen. Die Aktionäre müssen dabei hinnehmen, dass sie unter wirtschaftlicher Betrachtungsweise nicht den Wert erhalten, den der Bilanzgewinn zahlenmäßig ausdrückt. Dies erscheint aber gerechtfertigt, da die Hauptversammlung als Gesamtheit der Aktionäre sich selbst in dieser Konstellation für die Ausschüttung einer Sachdividende entschieden hat.

8. Wertansatz im Rahmen der Buch- und Verkehrswertmethode

Völlig unproblematisch stellt sich die Bewertung der Sachausschüttungsgegenstände bei Anwendung der Buchwertmethode dar. Die Buchwerte sind der Bilanz zu entnehmen.

Beim Verkehrswertansatz müssen die Ausschüttungsgegenstände mit ihrem tatsächlichen am Markt erzielbaren Preis bewertet werden, um den zur Ausschüttung kommenden Bilanzgewinn in das konkrete Volumen an Ausschüttungsgegenständen umrechnen zu können. Richtiger Bewertungszeitpunkt ist dabei der Tag der Beschlussfassung der Hauptversammlung über die Verwendung des Bilanzgewinns.[614] Das ergibt sich aus § 174 Abs. 2 Nr. 2 AktG, wonach im Gewinnverwendungsbeschluss bei Sachausschüttungen der auszuschüttende Sachwert anzugeben ist. Unter Sachwert sind dabei die konkret nach Anzahl und Art

---

[614] Unzutreffend sind die Ausführungen von *Holzborn/Bunnemann* (AG 2003, 674), Bewertungszeitpunkt sei die Feststellung des Bilanzgewinns. Zum einen ist der Begriff ungenau. Festgestellt wird nach § 172 AktG der Jahresabschluss, zum anderen ist die Feststellung des Jahresabschlusses durch Vorstand und Aufsichtsrat – was die Regel ist - dem Beschluss der Hauptversammlung zeitlich vorgelagert. Fehlgehend auch *Leinekugel* (Sachdividende, 166 f.), die eine Neubewertung der Ausschüttungsgegenstände bei der Aufstellung des Jahresabschlusses durchführen will. Dafür existiert keine gesetzliche Grundlage.

zu benennenden Ausschüttungsgegenstände[615] und nicht dessen in Euro ausgedrückter Wert zu verstehen. Mit der Angabe des Sachwertes steht implizit das Umrechnungsverhältnis des Bilanzgewinns in das zu beschließende Ausschüttungsvolumen fest. Das endgültige Volumen an auszuschüttenden Sachen kann erst auf der Basis des tagesaktuellen Wertes der Ausschüttungsgegenstände festgelegt werden. Allerdings ist nicht zu verkennen, dass aufgrund der notwendigen Rechenoperationen zur Ermittlung der Zahl der Ausschüttungsgegenstände die Vorbereitung eines Sachausschüttungsbeschlusses eines größeren Aufwands bedarf als die Ausschüttung einer Bardividende.[616] Man wird es daher als zulässig ansehen müssen, wenn für die Bewertung der Ausschüttungsgegenstände Wertfeststellungen vom Vortag des Gewinnverwendungsbeschlusses herangezogen werden.[617]

Vergleichsweise einfach ist die Bewertung börsennotierter Wertpapiere. Diese sind grundsätzlich mit ihrem aktuellen[618] Börsenkurs i.S.v. § 253 Abs. 3 Satz 1 HGB anzusetzen, der börsentäglich festgestellt wird.

In der Literatur wird darüber hinaus auch der Ansatz von börsennotierten Wertpapieren zu ihrem anteiligen Ertragswert[619] für zulässig gehalten.[620] Dem ist zu-

---

[615] Anders interpretieren dagegen *Heine/Lechner* (AG 2005, 271) (Noch näher Literatur zu Sachwert überprüfen) den Begriff des „Sachwertes" i.S.d § 174 Abs. 2 AktG. Als Sachwert seien die zur Ausschüttung anstehenden Gegenstände nebst dem zur Ausschüttung anstehenden Betrag anzugeben. Eine Umrechnung dürfe im Sachausschüttungsbeschluss noch nicht erfolgen, da andernfalls bei einer positiven Entwicklung des Verkehrswertes der Gegenstände bis zur Ausschüttung eine Verletzung des Kapitalerhaltungsgrundsatzes unvermeidbar sei. Dem ist nicht zuzustimmen. Die zitierte Ansicht geht von der Prämisse aus, dass stille Reserven vom Kapitalschutz bei der Aktiengesellschaft umfasst seien. Dass dem nicht so ist, wurde oben (2. Abschnitt, 1. Kapitel, 6.1.2.2) ausführlich dargelegt. Bei einer Erhöhung des Verkehrswertes bis zur Ausschüttung erhöht sich damit lediglich das Volumen der ausgeschütteten stillen Reserven, stellt jedoch keinen Verstoß gegen den Kapitalerhaltungsgrundsatz dar. Andernfalls wäre eine Ausschüttung zu Buchwerten von vorne herein unzulässig.

[616] Vgl. auch *Tübke*, Sachausschüttungen, 71.

[617] Diese Vorgehensweise wurde bereits in einem Urteil vom BFH (v. 26.1.1972, BFHE 105, 115, 120) gebilligt. Soweit der Wert der Ausschüttungsgegenstände am Tag des Gewinnverwendungsbeschlusses im Vergleich zum Vortag gestiegen ist, ergeben sich keine Bedenken. Zwar erhalten die Aktionäre in Verkehrswerten gerechnet dann mehr als den Bilanzgewinn, da die Zahl der Ausschüttungsgegenstände auf der Basis eines niedrigeren Wertansatzes berechnet wurde. Gegen dieses Ergebnis ist aber nichts einzuwenden, da beim zulässigen Buchwertansatz in Verkehrswerten gerechnet ebenfalls mehr als der Bilanzgewinn ausgeschüttet wird. Ist dagegen der Wert der Sachen im Vergleich zum Vortag gefallen, erhalten die Aktionäre sowohl in Buchwerten als auch in Verkehrswerten gerechnet weniger als den Bilanzgewinn, obwohl sie diesen vollumfänglich ausschütten wollten. Aber auch diesen Teilverzicht auf Ausschüttung wird man noch vom Willen der Aktionäre umfasst ansehen können, soweit die Wertdifferenzen unwesentlich sind.

[618] *Leinekugel* schlägt dagegen vor, auf den durchschnittlichen Börsenkurs in den letzten sechs Monaten zurückzugreifen (Sachdividende, 166).

zustimmen, soweit der anteilige Ertragswert unter dem aktuellen Börsenkurs liegt. Denn wenn man wie hier neben dem Verkehrswertansatz auch den Ansatz zu Buchwerten für zulässig hält, die in der Regel unter den Verkehrswerten liegen, muss man konsequenterweise auch die Unterschreitung der Verkehrswerte aufgrund anderer Bewertungskonzepte für unproblematisch halten. Zudem wird der Aktionär nicht benachteiligt, weil er bei Zugrundelegung eines niedrigeren Bewertungsmaßstabes im Ergebnis eine höhere Ausschüttung erhält. In diesem Zusammenhang stellt sich weiter die Frage, ob folglich jeder beliebige Wertansatz zwischen dem Buchwert der Wertpapiere als Untergrenze und dem aktuellen Börsenkurs als Obergrenze als zulässig zu erachten ist. Die Frage ist zu verneinen. Ein Bewertungsvorgang darf nicht willkürlich sein, sondern muss einem bestimmten Konzept folgen, um die nötige Transparenz der Mittelverwendung in der Aktiengesellschaft zu wahren. Dieses Konzept ist sowohl bei der Bewertung zu Buchwerten also auch bei der Bewertung zu Verkehrswerten ersichtlich, sachlich gerechtfertigte Zu- bzw. Abschläge eingeschlossen. Ein frei gewählter Zwischenwert ist dagegen nicht vermittelbar und würde das Vertrauen des Kapitalmarkts in die Kalkulierbarkeit der aktienrechtlichen Gewinnausschüttung nachhaltig stören. Dem steht auch nicht entgegen, dass § 24 UmwG nach h.M. bei Verschmelzungen den Ansatz von Zwischenwerten bei der Bilanzierung der übernommenen Vermögensgegenstände zulässt. Dieses Wahlrecht lässt sich mit dem Anschaffungscharakter bei einer Verschmelzung unter Gewährung von Gegenleistungen erklären und damit letztlich auf die Vertragsfreiheit der Vertragspartner zurückführen. Bei einer Sachausschüttung kommt es dagegen nicht zu einem vertragsmäßigen Austausch von Gegenleistungen, der mit einem klassischem Anschaffungsvorgang vergleichbar wäre.

Bleibt noch die Frage zu klären, ob die Zugrundelegung eines anteiligen Ertragswerts zulässig wäre, der über dem aktuellen Börsenkurs liegt. Auch dies ist zu verneinen. Erfolgt die Umrechnung des Bilanzgewinns auf der Grundlage des höheren anteiligen Ertragswertes, so werden insgesamt weniger Wertpapiere ausgeschüttet als auf der Grundlage des niedrigeren Börsenkurses. Der höhere Ertragswert ist aber gerade nicht durch einen Verkauf an der Börse zu realisieren, auf was es einem Aktionär aber möglicherweise gerade ankommt, der die Wertpapiere nicht halten will. Folglich erreicht die Ausschüttung an den Aktionär unter Liquiditätsgesichtspunkten nicht den Anteil am Bilanzgewinn, der ihm zusteht und stellt somit eine Beeinträchtigung seines Gewinnbeteiligungsrechtes dar.

---

[619] Vgl. zu diesem Bewertungskonzept die Ausführungen und Nachweise bei *Hüffer*, AktG, § 305 Rn. 19 f.
[620] *Hüffer*, AktG, § 58 Rn. 33.

Nicht fungible Sachen, insbesondere eigene Produkte der Gesellschaft, sind mit dem jeweils erzielbaren Marktpreis auf dem spezifischen Absatz- bzw. Letztverbrauchermarkt zu bewerten. Denn für den Aktionär ist entscheidend, zu welchem Preis er die erhaltene Sachdividende liquidieren kann, sofern er sie nicht behalten will.[621]

Existiert kein Markt für die ausgeschütteten Sachen, so wird ein tatsächlicher Wert zu schätzen sein bzw. muss im Wege eines Sachverständigengutachtens ermittelt werden.[622]

Sowohl bei der Ausschüttung börsennotierter Wertpapiere als auch bei der Ausschüttung nicht fungibler Sachen sind Aufwendungen, die durch die Liquidierung an der Börse bzw. am Absatzmarkt entstehen, bei der Ermittlung des Verkehrswertes zu berücksichtigen. Sie sind vom Börsen- bzw. Marktpreis abzuziehen. Auf diese Weise wird erreicht, dass sich das Ausschüttungsvolumen um den Betrag der Verkaufsspesen erhöht und der Aktionär durch Liquidierung des Sachwertes am Markt netto einen Betrag in Höhe einer entsprechenden Bardividende erlöst.[623]

9. Bewertung einer Sachdividende beim Dividendenempfänger

Beim Aktionär stellt sich die Frage nach der handelsrechtlichen Bewertung einer erhaltenen Sachdividende nur, wenn der Anteilseigner selbst gemäß den §§ 238 ff. HGB buchführungspflichtig ist.

Problematisch ist hierbei, dass der Aktionär für den Erhalt der Sachwerte keine konkreten Anschaffungsaufwendungen getätigt hat. Die Investitionsaufwendungen für den Erwerb der Aktien stellen keine konkrete Gegenleistung für den später entstehenden Sachausschüttungsanspruch dar. Mit seiner Beteiligung erwirbt der Anteilseigner ein ganzes Bündel von Gesellschafterrechten. Das Divi-

---

[621] *Tübke*, Sachausschüttungen, 67; offengelassen von *Holzborn/Bunnemann*, AG 2003, 674.

[622] Soweit für die ausgeschütteten Sachen kein Markt existiert, kann die Ausschüttung aber bereits unzulässig sein, da sie u.U. für den Aktionär überhaupt keinen Wert hat und damit ein Missbrauchsfall vorliegt.

[623] Abzulehnen ist die Ansicht von *Tübke* (Sachausschüttungen, 69), wonach Verkaufsspesen in der Regel unberücksichtigt bleiben sollen. Die Argumentation, bei der Investition einer Bardividende müsse der Aktionär auch die entsprechenden Spesen tragen, überzeugt nicht. Denn Vergleichsmaßstab ist die Vermögensposition des Aktionärs nach Erhalt einer Bardividende und nicht nach Investition des erhaltenen Geldbetrages. Unzutreffend ist weiter die Ansicht *Tübkes* (Sachausschüttungen, 69), nach der erhebliche Verkaufsspesen ausnahmsweise dadurch Berücksichtigung finden sollen, dass diese dem Börsen- oder Marktpreis hinzuzurechnen sind. Dadurch würde genau das Gegenteil, nämlich eine Verkürzung des Ausschüttungsvolumens erreicht.

denrecht ist zwar ein Ausfluss aus der Beteiligung, wird aber nicht als isolierter Vermögenswert durch die Investition des Anteilseigners erworben. Ebenso wenig kann in dem Verzicht auf eine Barausschüttung bzw. in der Hingabe des Dividendenanspruchs ein konkretes Entgelt für die erhaltene Sachausschüttung gesehen werden. Im Falle der Sacheinlage wird in der Literatur zwar die Ansicht vertreten, das Entgelt für die Sacheinlage des Gesellschafters sei in der Befreiung von der Einlageverbindlichkeit zu sehen.[624] Dies könnte für den gleichsam spiegelbildlichen Fall der Sachausschüttung zu der Annahme verleiten, Entgelt für die Ausschüttung sei die Befreiung der Aktiengesellschaft von ihrer Dividendenverbindlichkeit gegenüber dem Aktionär. Dieser Ansatz kann allerdings nicht überzeugen. Ausschüttung der Sachdividende und Erlöschen der Dividendenforderung sind zwei Seiten der gleichen Medaille, nämlich des dinglichen Erfüllungsgeschäftes. Betrachtet man die Vermögensbilanz auf Seiten des Aktionärs, so kann kein Abfluss von Vermögenswerten und damit auch keine Entgeltleistung festgestellt werden: zunächst hat der der Aktionär den Sachausschüttungsanspruch inne. Durch die Lieferung der Sache erlischt zwar dieser Anspruch, an seine Stelle tritt aber der Sachwert, so dass im Saldo keine Gegenleistung erfolgt.[625] Wollte man wirklich die Auffassung vertreten, dass die Befreiung von einer Verbindlichkeit ein Entgelt darstelle, so käme man zu dem Ergebnis, dass sogar die Erfüllung einer Schenkungsanspruchs ein entgeltliches Geschäft wäre; denn schließlich erlischt durch Übertragung des Geschenks die Verbindlichkeit auf Seiten des Schenkenden.

Die Tatsache, dass für die erhaltene Sachdividende keine direkt zurechenbaren Aufwendungen getätigt wurden, bedeutet allerdings nicht zwangsläufig, dass die Sachgegenstände nicht zu bilanzieren wären. Ein Anschaffungsvorgang setzt nicht zwingend einen entgeltlichen Erwerb voraus. So geht die herrschende Meinung im Falle unentgeltlich erworbener Vermögensgegenstände zumindest von einem Aktivierungswahlrecht aus und setzt als Bewertungsmaßstab sog. fiktive Anschaffungskosten an, also den Betrag, den der Bilanzierende bei entgeltlichem Erwerb zur Anschaffung hätte aufwenden müssen. Wirtschaftlich gesehen stellt eine Sachausschüttung allerdings keinen unentgeltlichen Erwerb dar. Der Aktionär erhält die Ausschüttung als Gegenleistung im weiteren Sinne für die Kapitalüberlassung an die Gesellschaft.[626] Die Sachdividende ist Entgelt

---

[624] *Schön*, DStJG 13, 107 f.

[625] Im ganzen betrachtet hat sich das Vermögen des Aktionärs um die Sachdividende erhöht. Läge wirklich ein entgeltliches Geschäft vor, so dürfte sich bei angenommener Ausgeglichenheit von Leistung und Gegenleistung die Vermögensbilanz des Aktionärs vor und nach dem Gewinnverwendungsbeschluss nicht verändert haben.

[626] Ebenso *Waclawik*, WM 2003, 2272, allerdings im Zusammenhang mit der Gewinnermittlung nach § 15 EStG. Dieser Zusammenhang ist bei Anleger-Aktiengesellschaften mit Streubesitz besonders deutlich, in: denen Hauptziel der Anleger eine angemessene Verzin-

für die Investition des Aktionärs in die Aktiengesellschaft. Der Aktionär hat zwar nur einmal den Kapitalbetrag für die Aktie aufgebracht. Er trifft jedoch jedes Jahr aufs neue die Entscheidung, das Kapital in der Gesellschaft investiert zu lassen, um im Gegenzug als Rendite einen Anteil vom erwirtschafteten Gewinn zu erhalten.

Mit Einschränkungen lassen sich allerdings die Bilanzierungsregeln im Falle unentgeltlichen Erwerbs weitgehend auf den Bilanzansatz ausgeschütteter Sachen übertragen.

Was die Frage nach dem Bilanzansatz betrifft, ist das Vollständigkeitsgebot des § 246 Abs. 1 HGB zu beachten. Dieses besagt, dass sämtliche Vermögensgegenstände in den Jahresabschluss aufzunehmen sind, soweit gesetzlich nichts anderes bestimmt ist. Soweit es sich also um bilanzierungsfähige Sachwerte handelt[627], besteht somit Aktivierungspflicht. Ein Bilanzierungswahlrecht ist in diesem Fall also abzulehnen.

Ferner findet das Bilanzierungsverbot für unentgeltlich erworbene Vermögensgegenstände des Anlagevermögens gemäß § 248 Abs. 2 HGB im Rahmen einer Sachausschüttung keine Anwendung. Begründen lässt sich sowohl die Aktivierungspflicht als auch die Nichtanwendbarkeit von § 248 Abs. 2 HGB damit, dass das aktienrechtliche Ausschüttungsverfahren eine ausreichende Gewähr für die Werthaltigkeit der Ausschüttungsgegenstände bietet, die einer marktmäßigen Bestätigung des Wertes im Rahmen eines Umsatzaktes nahe kommt. Die Mehrheit der Aktionäre bringt im Sachausschüttungsbeschluss zum Ausdruck, dass den auszuschüttenden Sachen mindestens[628] ein Wert in Höhe des verteilten Bilanzgewinns zukommt.[629]

Zu bewerten sind die erhaltenen Sachwerte[630] grundsätzlich mit fiktiven Anschaffungskosten. Dabei ist zwischen einer Ausschüttung nach der Buchwertmethode und nach der Verkehrswertmethode zu differenzieren. Bei einer Ausschüttung zum Buchwert rechtfertigt der Grundsatz der Vorsicht eine Bilanzie-

---

sung des eingesetzten Kapitals in Form von Dividenden und nicht etwa der Erwerb von Mitspracherechten ist.

[627] Nicht aktivierungsfähig sind etwa Dienstleistungen.

[628] Bei der Ausschüttung nach der Buchwertmethode liegt der Wert durch die enthaltenen stillen Reserven in der Regel über der Bilanzgewinnziffer.

[629] Sicherlich besteht bei Gesellschaften, deren Anteile sich in der Hand eines oder zumindest weniger Aktionäre befinden, die Gefahr, dass der Wertansatz im Gewinnverwendungsbeschluss u.U. gewissen Manipulationen unterliegt. Dieses Problem ist allerdings nicht spezifisch für die Sachdividende, sondern stellt sich allgemein auch im Zusammenhang mit Veräußerungsgeschäften innerhalb von Unternehmensverbunden.

[630] Mit der Fassung des Gewinnverwendungsbeschlusses entsteht ein Anspruch des Aktionärs auf die auszuschüttenden Sachwerte. Daher ist zunächst eine entsprechende Forderung zu bilanzieren, die bei Erfüllung gegen die Einbuchung der Ausschüttungsgegenstände auszubuchen ist (Aktivtausch). Die Forderung ist daher so zu bewerten wie die Sachwerte selbst, auf die ein Anspruch begründet wird.

rung der Sachwerte beim Dividendenempfänger ebenfalls mit dem Buchwert, wie er in der Bilanz der ausschüttenden Gesellschaft angesetzt war. Nur in dieser Höhe wurde die Werthaltigkeit der Ausschüttungsgegenstände im Ausschüttungsbeschluss dokumentiert.[631] Alternativ ist aber auch eine Bewertung der Ausschüttungsgegenstände mit vorsichtig[632] ermittelten Verkehrswerten als zulässig zu erachten.

Bei der Ausschüttung nach der Verkehrswertmethode sind die ausgeschütteten Sachwerte beim Dividendenempfänger mit Verkehrswerten anzusetzen. Eine Bewertung zum Buchwert ist nicht vertretbar. Das Vorsichtsprinzip kann in diesem Fall nicht als Rechtfertigung herangezogen werden, da im Vorfeld des Gewinnverwendungsbeschlusses eine Bewertung der Ausschüttungsgegenstände mit Marktwerten stattgefunden hat, die im Beschluss von den Aktionären bestätigt wurde.

---

[631] Entgegen *Bayer* (in MünchKommAG, § 58 Rn. 110) ist bei der Buchwertausschüttung eine Feststellung über die Verkehrswerte der Ausschüttungsgegenstände im Gewinnverwendungsbeschluss nicht zwingend erforderlich.

[632] A/D/S, § 255 Rn. 84.

2. Kapitel: Bilanzierung der Sachausschüttung

Nachdem im vorhergehenden Kapitel geklärt wurde, dass bei der Ausschüttung von Sachdividenden wahlweise[633] nach der Buchwert- als auch nach der Verkehrswertmethode verfahren werden kann, soll im folgenden die bilanzielle Behandlung der Sachdividende bei beiden Alternativverfahren dargestellt werden.

1. Buchwertmethode

Das HGB gewährt drei unterschiedliche Möglichkeiten des Ausweises des Unternehmensergebnisses in der Bilanz. Die Bilanz kann entweder unter Berücksichtigung der vollständigen oder der teilweisen Verwendung des Jahresergebnisses, aber auch ohne Berücksichtigung der Ergebnisverwendung aufgestellt werden (§ 268 Abs. 1 HGB). Die zu wählende Darstellung ist nach h.M. von der tatsächlichen Situation der Ergebnisverwendung zum Zeitpunkt der Bilanzerstellung abhängig zu machen.[634]

Für Aktiengesellschaften ist die Bilanzerstellung nach teilweiser Gewinnverwendung der übliche Fall, da zumeist gesetzliche bzw. statutarische Verpflichtungen zur Einstellung in die Rücklagen bestehen.[635]

In der Bilanz tritt an die Stelle der Posten Gewinn-/Verlustvortrag und Jahresüberschuss/-fehlbetrag der Posten Bilanzgewinn/-verlust. Er wird aus dem Jahresüberschuss/-fehlbetrag durch die in § 158 Abs. 1 AktG angeordnete Weiterrechnung entwickelt.

Wird eine Sachausschüttung zum Buchwert beschlossen, so schlägt sich dies folgendermaßen in der Rechnungslegung der Aktiengesellschaft nieder:

Ausgangspunkt ist zunächst der Eigenkapitalposten Bilanzgewinn im Jahresabschluss, über dessen Ausschüttung ausschließlich die Hauptversammlung beschließt.[636] Mit dem Gewinnverwendungsbeschluss der Hauptversammlung entsteht ein von der Mitgliedschaft unabhängiger Dividendenanspruch als unabhängiges Gläubigerrecht.[637] Dieser Anspruch der Aktionäre auf die Sachdividende ist inhaltlich auf die konkreten Ausschüttungsgegenstände konkretisiert, die im Gewinnverwendungsbeschluss zur Ausschüttung vorgesehen und be-

---

[633] Mit der Einschränkung, dass beim Vorhandensein stiller Lasten in den Ausschüttungsgegenständen allein die Buchwertmethode zulässig ist.

[634] *Coenenberg*, Jahresabschluss, 305.

[635] *Coenenberg*, Jahresabschluss, 306; *Claussen/Korth*, in: KölnKomm, § 268 HGB Rn. 3.

[636] Hier soll aus Vereinfachungsgründen von einer Vollausschüttung ausgegangen werden, wobei auch eine Teilausschüttung grundsätzlich nicht anders zu behandeln ist.

[637] *Lutter*, in: KölnKomm, § 58 Rn. 80; *Winnefeld*, Bilanz-Handbuch, Abschnitt M 738.

zeichnet sind. Er stellt für die Aktiengesellschaft eine sonstige Verbindlichkeit entsprechend des Bilanzgliederungsschemas des § 266 Abs. 3 Pos. C. 8. HGB dar.[638] Mit der Fassung des Ausschüttungsbeschlusses ist der Bilanzgewinn daher in den Posten „Sonstige Verbindlichkeiten" bzw. als Unterposten „Dividendenverbindlichkeiten" umzubuchen. Aus Eigenkapital wird dadurch Fremdkapital, das den Aktionären zusteht. In diesem Zusammenhang stellt sich die Frage, mit welchem Betrag die Sachdividendenverbindlichkeiten zu bewerten sind, wenn die Ausschüttungsgegenstände stille Reserven enthalten. In Frage kommen der Buchwert und der Verkehrswert der Vermögensgegenstände. Für den Verkehrswert könnte sprechen, dass Verbindlichkeiten in der Handelsbilanz grundsätzlich mit dem Rückzahlungsbetrag zu bewerten sind (§ 253 Abs. 1 Satz 2 HGB). Rückzahlungsbetrag ist der Betrag, der zur Tilgung der Verbindlichkeit aufgewendet werden muss. Der Aktionär hat Anspruch auf die ihm zustehenden Ausschüttungsgegenstände inklusive der stillen Reserven. Bei einer Beschaffung am Markt müsste die Aktiengesellschaft daher die Beschaffungskosten aufwenden, um den Anspruch des Aktionärs zu befriedigen. Dies würde den Ansatz der tatsächlichen Beschaffungskosten rechtfertigen.

Abweichend vom Grundsatz der Bewertung von Verbindlichkeiten mit dem Rückzahlungsbetrag wird im Bilanzrecht bei der Bilanzierung von Sachleistungsverpflichtungen allerdings danach unterschieden, ob die geschuldeten Sachwerte zum Stichtag bereits im Vermögen der Aktiengesellschaft vorhanden oder noch anzuschaffen oder herzustellen sind. Sind die Gegenstände noch zu beschaffen, sind deren Beschaffungskosten anzusetzen, die den Rückzahlungsbetrag i.S.d. § 253 Abs. 1 Satz 2 HGB darstellen. Ist hingegen der Gegenstand am Abschlussstichtag vorhanden, ist der Wert durch seine (fortgeführten) Anschaffungs- oder Herstellungskosten, also seinen Buchwert, vorgegeben.[639] Soll die Buchwertmethode überhaupt anwendbar sein, so müssen sich die Ausschüttungsgegenstände zum Zeitpunkt der Fassung des Gewinnverwendungsbeschlusses zwingend im Vermögen der Aktiengesellschaft befinden. Denn andernfalls sind keine zu Buchwerten bilanzierten Sachwerte vorhanden, über die Beschluss gefasst werden könnte. Wird dagegen die Ausschüttung von Sachen beschlossen, die sich noch gar nicht im Vermögen der Aktiengesellschaft befinden, so ist ein Beschaffungsvorgang zu Marktwerten notwendig. Dies führt zwangsläufig zur Anwendung der Verkehrswertmethode.

Die bilanzielle Behandlung einer Sachausschüttung auf der Basis von Buchwerten ist demnach denkbar einfach. Die Dividendenverbindlichkeit ist in Höhe der Buchwerte der auszuschüttenden Sachwerte anzusetzen. Werden zur Erfül-

---

[638] *Ellrott/Ring*, in: BeckBilKomm, § 266 Rn. 246; *Coenenberg*, Jahresabschluss, 342; A/D/S, § 266 HGB Rn. 235.

[639] *Winnefeld*, Bilanz-Handbuch, E 1512; A/D/S § 253 HGB Rn. 123; *Berger/Ring*, in: Beck-BilKomm, § 253 Rn. 55, für den Fall von Sachleistungsverpflichtungen im Rahmen einer Betriebsverpachtung.

lung der Sachdividendenansprüche die entsprechenden Vermögensgegenstände ausgekehrt, so sind auf der Aktivseite die Buchwerte der Ausschüttungsgegenstände und auf der Passivseite die entsprechende Dividendenverbindlichkeit in gleicher Höhe auszubuchen. Eine Realisation der mitausgeschütteten stillen Reserven findet demnach nicht statt, der ganze Ausschüttungsvorgang gestaltet sich handelsrechtlich ergebnisneutral.[640]

2. Verkehrswertmethode

2.1 Auffassungen im Schrifttum

Bezüglich der bilanziellen Behandlung einer Sachdividende bei Anwendung der Verkehrswertmethode bestehen im Schrifttum unterschiedliche Auffassungen. Nach einer Ansicht[641] ist vor der beabsichtigten Sachausschüttung eine Neubewertung der auszuschüttenden Vermögensgegenstände durchzuführen. In der Bilanz werden dabei die entsprechenden Buchwerte bis zur Höhe der Verkehrswerte aufgestockt. Erfolgt diese Neubewertung noch vor Feststellung des Jahresabschlusses, so könne der resultierende Mehrwert (positive Differenz aus Buchwert und ermitteltem Verkehrswert)[642] noch in den zu ermittelnden Bilanzgewinn für das abgelaufene Geschäftsjahr einfließen. Damit ergibt sich zugunsten der Aktionäre ein höheres Ausschüttungspotential, nämlich genau in der Höhe der aufgedeckten stillen Reserven.[643] Erfolge die Neubewertung dagegen erst nach der Feststellung des Jahresabschlusses, etwa im Rahmen des Gewinnverwendungsbeschlusses, so hätte der mögliche Ausweis eines Mehrbetrages keinen Einfluss mehr auf die Höhe der Ausschüttung für das abgelaufene Ge-

---

[640] Missverständlich daher *Lutter/Leinekugel/Rödder* (ZGR 2002, 222); die davon sprechen, dass „Realisationsgeschäft" und Gewinnauskehrung zeitlich zusammenfallen. Tatsächlich kommt es zu keiner Gewinnrealisierung i.S.d. der handelsbilanziellen Vorschriften. Denn die Sachausschüttung findet bei der Buchwertmethode keinen Niederschlag in der Gewinn- und Verlustrechnung, was das Wesensmerkmal der Ergebniswirksamkeit ist. Unverständlich auch die Ausführungen bei *Strunk* (UM 2003, 48). Demnach soll der über den Bilanzgewinn hinausgehende Betrag zu einer Reduzierung der Kapitalrücklage oder gar zu einer Herabsetzung des Stammkapitals führen.

[641] *Orth*, WPg 2004, 791; *Leinekugel*, Sachdividende, 166 f.; zusammen mit *Lutter* und *Rödder* (in *Lutter/Leinekugel/Rödder*, ZGR 2002, 222) vertritt sie dagegen eine andere bilanzielle Behandlung (siehe dazu gleich).

[642] Dieser Neubewertungs-Mehrwert entspricht den aufgedeckten stillen Reserven, die in den Ausschüttungsgegenständen enthalten sind.

[643] Für eine Realisierung der stillen Reserven noch im Geschäftsjahr, für das ausgeschüttet wird, spricht sich auch *Kropff* (in MünchKommAG, § 170 Rn. 57) aus, allerdings ohne weitere Begründung.

schäftsjahr. Denn wie sich aus § 174 Abs. 3 AktG ergebe, führe der Gewinnverwendungsbeschluss nicht mehr zu einer Änderung des Jahresabschlusses. In diesem Fall müsste der durch eine Neubewertung ausgewiesene Mehrwert in eine Gewinnrücklage[644] überführt werden, über deren Verwendung erst im nächsten Rechnungslegungsjahr entschieden werden könne. Begründet wird die Gewinnrealisierung durch Neubewertung noch im alten Geschäftsjahr mit einer Analogie zur Regelung in § 278 Satz 1 HGB.[645] Die stillen Reserven in den Ausschüttungsgegenständen würden bereits durch den in der vorgeschlagenen Ausschüttung liegenden Umsatzakt realisiert.[646] Für den Zeitpunkt der Gewinnrealisierung bei Sachausschüttungen sei von einer verdeckten Regelungslücke auszugehen, die durch eine analoge Anwendung des § 278 HGB geschlossen werden könne.[647] Nur bei dieser Sachbehandlung sei ein widerspruchsfreier Vollzug von Sachausschüttungen unter Beachtung des Grundsatzes der Kapitalerhaltung möglich. Ohne eine Rückbeziehung der Gewinnrealisation in das alte Geschäftsjahr in Anlehnung an § 278 Satz 1 HGB käme es zu einer sachlich nicht gerechtfertigten Beschränkung der Gewinnverwendung trotz vorhandenen Ausschüttungsvolumens.[648]

Nach einer anderen Auffassung[649] ist die Ausschüttung einer Sachdividende ebenso wie eine Bardividende erfolgsneutral als Gewinnverwendung nach § 174 Abs. 2 Nr. 2 AktG zu verbuchen. Sie erhöhe daher nicht den festgestellten Bilanzgewinn. Konkret sei die Ausschüttung einer Sachdividende wie ein Realisationsgeschäft zu verbuchen. Im Zeitpunkt der Ausschüttung erhalte die Aktiengesellschaft zwar keinen Veräußerungserlös, sie erfülle jedoch den Ausschüttungsanspruch der Aktionäre. Daher seien die als Sachdividende ausgeschütteten Vermögensgegenstände bei der Gesellschaft zum Verkehrswert auszubuchen. Dies führe dazu, dass die in den zur Sachdividende verwendeten Vermögensgegenständen enthaltenen stillen Reserven zum Zwecke der Ausschüttung als realisiert betrachtet werden müssen.

Auch nach einer dritten Meinung im Schrifttum führe der Beschluss einer Sachdividende nicht zu einer Änderung des festgestellten Jahresabschlusses (§ 174

---

[644] Dies entspricht von der Konzeption her der sog. Neubewertungsrücklage gem. Art. 33 Abs. 2 Buchstabe a) der Zweiten Gesellschaftsrechtlichen Richtlinie 77/91/EWG - Kapitalrichtlinie.

[645] Die Vorschrift besagt, dass die Steuern vom Einkommen und Ertrag auf der Grundlage des Gewinnverwendungsbeschlusses zu berechnen sind; liegt ein solcher noch nicht vor, so ist vom Vorschlag des Vorstands über die Gewinnverwendung auszugehen.

[646] *Kropff*, in: MünchKommAG, § 170 Rn. 57.

[647] *Orth*, WPg 2004, 791, unter Verweis auf *Kropff* (in MünchKommAG, § 170 Rn. 57).

[648] *Orth*, WPg 2004, 791. Nach dessen Ansicht begrenze eine phasenverschobene Gewinnrealisierung eine Sachausschüttung ihrer Höhe nach auf den Bilanzgewinn vor Gewinnrealisierung aufgrund der Sachausschüttung. Ebenso *Kropff*, in: MünchKommAG, § 170 Rn. 57.

[649] *Tübke*, Sachausschüttungen, 78 f.

Abs. 3 AktG). Die Gewinnrealisierung schlage sich wie folgt erst im Folgeabschluss nieder[650]: Dort würden die Dividendenverbindlichkeiten in Höhe des Bilanzgewinns[651] durch die Auslieferung von Aktiva zu niedrigeren Buchwerten erfüllt, was automatisch zu einer Gewinnrealisierung führe.[652]

2.2 Kritik und eigener Ansatz

Keine der vorgestellten Auffassungen kann überzeugen.

Die erste Meinung entbehrt jeglicher gesetzlichen Grundlage. Eine Neubewertung von Vermögensgegenständen zur Aufstockung auf den Verkehrswert ist im deutschen Bilanzrecht nicht vorgesehen. Es herrscht das strenge Prinzip der Bilanzierung nach Anschaffungs- bzw. Herstellungskosten. Zwar gewährte Art. 33 Abs. 1 Buchstabe c) der Kapitalrichtlinie den Mitgliedstaaten das Wahlrecht, den nationalen Gesellschaften die Bilanzierung nach der sog. Neubewertungsmethode zu gestatten oder vorzuschreiben. Demnach wäre es erlaubt, die Aktiva bei entsprechenden Wertsteigerungen neu zu bewerten, d.h. stille Reserven auch ohne Realisationsakt bilanziell offen zu legen.[653] Aus Kapitalschutzgründen sollte dann auf der Passivseite eine sog. Neubewertungsrücklage in Höhe der aufgedeckten stillen Reserven gebildet werden müssen (Art. 33 Abs. 2 Buchstabe a) der Kapitalrichtlinie), um eine Ausschüttung unrealisierter Gewinne zu verhindern. Die Bundesrepublik Deutschland hat dieses Wahlrecht allerdings nicht ausgeübt, eine Bilanzierung nach der Neubewertungsmethode ist für deutsche Gesellschaften nach wie vor unzulässig.[654] Es spricht vieles dafür, dass im Zuge der Anpassung des deutschen Rechnungslegungssystems an internationale Bilanzierungsmethoden (IFRS) eine Orientierung an Zeitwerten Einzug halten wird. Bis dahin allerdings ist eine Offenlegung stiller Reserven in der Bilanz unzulässig.

---

[650] *Tübke*, Sachausschüttungen, 62 f.; *Prinz/Schürner*, DStR 2003, 183; *Strunk*, UM 2003, 49 f.; *Waclawik*, WM 2003, 2270 f.; Heine/Lechner, AG 2005, 270.

[651] Von Steuerbelastungen sei hier der Einfachheit halber abgesehen.

[652] *Müller*, NZG 2002, 759; ebenso wohl *Lutter/Leinekugel/Rödder*, ZGR 2002, 222.

[653] So sieht das englische Gesellschaftsrecht eine Regelung vor, nach der bei Sachausschüttungen die stillen Reserven in den Ausschüttungsgegenständen als realisiert anzusehen sind, vgl. *Orth*, WPg 2004, 786.

[654] Widersprüchlich daher *Orth* (WPg 2004, 785 und 791), der zunächst darauf hinweist, dass der deutsche Gesetzgeber von der in der Vierten Richtlinie (EG-Bilanzrichtlinie) eingeräumten Möglichkeit, abweichend vom Anschaffungskostenprinzip Neubewertungen zuzulassen, keinen Gebrauch gemacht hat. Ferner führt er aus, dass auch der Umstand, dass ein Gegenstand für eine Sachausschüttung vorgeschlagen sei, nach geltendem Recht nicht zu einer Neubewertung führen könne. Schließlich hält er aber doch eine Neubewertung von Gegenständen, die zur Ausschüttung vorgesehen sind, für möglich.

Abzulehnen ist insbesondere die Begründung, in einer vorgeschlagenen Ausschüttung liege ein gewinnrealisierender Umsatzakt. Denn es ist nicht einzusehen, warum allein der Vorschlag der Verwaltung, bestimmte Sachen auszuschütten, zu einer Aufdeckung stiller Reserven führen soll. Selbst wenn in der Mehrzahl der Fälle davon ausgegangen werden kann, dass die Hauptversammlungsmehrheit diesem Vorschlag folgen und die vorgeschlagene Sachausschüttung beschließen wird, verbietet es der Grundsatz der Vorsicht, auf der Grundlage einer noch mit Unsicherheit behafteten Gewinnverwendungshypothese Gewinne auszuweisen.[655]

Ebenso wenig überzeugt die Analogie zu § 278 Satz 1 HGB, auf die eine Rückbeziehung der Gewinnrealisierung im alten Geschäftsjahr gestützt wird. Es muss bereits bezweifelt werden, ob hinsichtlich des Zeitpunkts der Gewinnrealisierung bei Ausschüttungen tatsächlich eine ausfüllungsbedürftige Regelungslücke vorliegt. Wie im folgenden gezeigt wird, lässt sich die bilanzielle Behandlung der Gewinnrealisierung im Rahmen der Verkehrswertmethode problemlos darstellen; allerdings mit dem Ergebnis, dass die Aufdeckung der stillen Reserven dem Jahr der Ausschüttung zuzurechnen ist. Der Zeitpunkt der Gewinnrealisierung von Ausschüttungsgewinnen ergibt sich ohne weiteres aus den geltenden Bilanzierungsvorschriften. Allein aus einer Meinungsverschiedenheit über den richtigen Zeitpunkt des Gewinnausweises heraus von einer Regelungslücke auszugehen, erscheint der falsche Weg zu sein. Vielmehr bedürfte es für eine Realisation von Ausschüttungsgewinnen noch im alten Geschäftsjahr einer ausdrücklichen gesetzlichen Regelung.

Fehlgehend ist in diesem Zusammenhang auch das Argument, ohne eine phasengleiche Gewinnrealisierung von Ausschüttungsgewinnen käme es zu einer nicht gerechtfertigten Verkürzung des Ausschüttungsvolumens. Bei näherer Betrachtung impliziert diese Aussage, die Verkehrwertmethode müsste zum glei-

---

[655] Selbst die Befürworter der Gewinnrealisierung auf der Basis eines Sachausschüttungsvorschlags sehen die Gefahr der Ausschüttung tatsächlich unrealisierter Gewinne, falls die Hauptversammlung abweichend vom Vorschlag der Verwaltung eine Barausschüttung beschließt, vgl. *Orth*, WPg 2004, 793; *Kropff*, in: MünchKommAG, § 150 Rn. 14. Als Abhilfe wird hier teilweise eine nachträgliche Korrektur des Bilanzgewinns um die zu Unrecht aufgedeckten stillen Reserven vorgeschlagen (*Orth*, WPg 2004, 793, allerdings mit nicht nachvollziehbarer bilanzieller Behandlung dieser Korrektur). *Kropff* (in Münch-KommAG, § 150 Rn. 14) hält es sogar für möglich, auch den Gewinn , der durch eine Gewinnrealisierung im ruhenden Vermögen entstanden ist, mitauszuschütten. Er begründet dies damit, dass für die in erster Linie ausschüttungsgeeigneten Sachwerte die Tendenz ohnehin zum Zeitwertansatz gehe. Doch selbst wenn internationale Bilanzierungsgrundsätze eine Bewertung mit dem Zeitwert (*fair value*) erlauben, darf nicht übersehen werden, dass ein nur zu erwartender Paradigmenwechsel im Zuge der Internationalisierung der Rechnungslegung es nicht gestattet, gegen geltendes Recht zu verstoßen: die Bilanzierung nach den HGB-Vorschriften gestattet keine Bewertung von Vermögensgegenständen über deren Anschaffungs- bzw. Anschaffungskosten.

chen Ausschüttungsvolumen führen wie die Buchwertmethode.[656] Für einen solchen Gleichlauf der Bewertungsmethoden gibt es allerdings keinen zwingenden Grund. Es ist gerade bezeichnend für die Verkehrswertmethode, dass der gegebene Bilanzgewinn mit den Verkehrswerten der Ausschüttungsgegenstände verrechnet wird; umgekehrt ist es ein Vorzug der Buchwertmethode, dass ein höheres Ausschüttungsvolumen realisiert werden kann.

Im übrigen ist eine entsprechende Anwendung von § 278 Satz 1 HGB im Hinblick auf dessen Regelungsgehalt abzulehnen.

Zunächst sieht die Vorschrift ausdrücklich nur eine Rückbeziehung der Steuern vom Einkommen und Ertrag in das alte Geschäftsjahr vor. Damit handelt es sich bei § 278 Satz 1 HGB um eine Spezialvorschrift, deren Regelungsgehalt nicht auf andere Sachverhalte übertragbar ist und erst recht nicht im Wege der Analogie zu einer Durchbrechung fundamentaler Bilanzierungsprinzipien wie dem Prinzip der Vorsicht und dem Realisationsprinzip (§ 252 Abs. 1 Nr. 4 HGB) führen kann.

Mit dem Gewinnverwendungsbeschluss der Hauptversammlung bzw. dem Gewinnverwendungsvorschlag des Vorstands gibt § 278 Satz 1 HGB eine Grundlage vor, auf deren Basis die Steuerrückstellungen das vergangene Jahr zu berechnen sind. Rechtfertigung für die angeordnete Rückbeziehung ist die enge Verknüpfung zwischen Steuerbelastung und dem Gewinn des abgelaufenen Geschäftsjahres als Besteuerungsgrundlage. Völlig anders verhält es sich bei der Realisation von Ausschüttungsgewinnen. Diese entstehen wirtschaftlich und rechtlich erst durch den konkreten Ausschüttungsbeschluss. Eine Verknüpfung mit dem abgelaufenen Geschäftsjahr und damit eine Veranlassung für eine Rückbeziehung dieser Gewinne besteht nicht.

Schließlich erlaubt § 278 Satz 1 HGB lediglich die Rückbeziehung der Steuerbelastung als Aufwandsposition. Die Vorverlagerung einer Ergebnisbelastung erscheint mit Blick auf das Gebot einer vorsichtigen Bilanzierung unbedenklich. Ein Analogieschluss aus dieser Norm auf Ertragspositionen mit der Gefahr des vorzeitigen Ausweises unrealisierter Gewinne scheidet aber aus.

---

[656] Bei einem Bilanzgewinn von 100 können im Rahmen der Buchwertmethode Vermögensgegenstände mit einem Buchwert von ebenfalls 100 ausgeschüttet werden. Fordert man im Rahmen der Ausschüttung nach der Verkehrswertmethode, dass die Ausschüttungsgewinne noch im alten Geschäftsjahr als realisiert anzusehen sind, so erhöht sich beim Beschluss über die Ausschüttung von Vermögensgegenständen zum Buchwert von 100 und zum Verkehrswert von tatsächlich 200 der Bilanzgewinn um die stillen Reserven in Höhe von 100, und zwar noch im Jahresabschluss für das Jahr, für das ausgeschüttet wird. Gegen den erhöhten Bilanzgewinn von 200 könnten somit sämtliche Vermögensgegenstände mit Verkehrswerten zu 200 ausgekehrt werden. Zwischen Buch- und Verkehrswertmethode gäbe es -abgesehen von einem buchungstechnischen Zwischenschritt über die Erhöhung des Bilanzgewinns- keinen Unterschied mehr.

Im Ergebnis ist daher eine Rückbeziehung von Ausschüttungsgewinnen in das vergangene Geschäftsjahr abzulehnen, was sich auch mit dem Regelungsinhalt von § 174 Abs. 3 AktG deckt, wonach der Gewinnverwendungsbeschluss bei Aktiengesellschaften nicht zu einer Änderung des festgestellten Jahresabschlusses führen darf. Im Kern wird damit eine klare Trennlinie zwischen Gewinnerzielung im abgelaufenen Geschäftsjahr und Gewinnverwendung im Ausschüttungsjahr gezogen.

Die zweite Ansicht in der Literatur zur Frage des Realisationszeitpunktes von Ausschüttungsgewinnen differenziert nicht klar zwischen den einzelnen Stufen einer Sachausschüttung, nämlich Beschluss einer Sachausschüttung und (zeitlich späterer) tatsächlicher Ausschüttung der Sachwerte. Infolgedessen bleibt die vertretene bilanzielle Behandlung größtenteils im Dunkeln. Unklar bleibt, wann genau die Realisation der stillen Reserven erfolgen soll, schon im Zeitpunkt des Gewinnverwendungsbeschlusses oder später bei der Erfüllung der Sachdividendenansprüche. Einerseits wird von der Gleichstellung der Sachausschüttung mit einem Realisationsgeschäft gesprochen, andererseits soll die Ausschüttung der Vermögensgegenstände erfolgsneutral zu verbuchen sein.[657] Zur Klärung trägt auch nicht die Aussage bei, dass die als Sachdividende ausgeschütteten Vermögensgegenstände bei der Aktiengesellschaft zum Verkehrswert auszubuchen seien[658]; denn in einer deutschen Handelsbilanz stehen nur Buchwerte, dies ist ein Ausfluss des Anschaffungskostenprinzips. Nicht nachvollziehbar ist daher, wie man sich eine Ausbuchung zu Verkehrswerten bilanziell vorzustellen hat.

Die dritte Ansicht schließlich überzeugt im Ansatz, sieht aber unzutreffend den Realisationszeitpunkt der stillen Reserven in der Ausschüttung der Vermögensgegenstände.

Nach hier vertretener Ansicht ist eine Sachausschüttung zu Verkehrswerten folgendermaßen bilanziell zu behandeln: Auch bei der Verkehrswertmethode entsteht mit dem Beschluss einer Sachausschüttung der Hauptversammlung ein selbständiges Dividendenrecht der Aktionäre und dementsprechend eine Verbindlichkeit der Aktiengesellschaft. Fraglich ist, mit welchem Wert diese Sachdividendenverbindlichkeit bei der Gesellschaft zu passivieren ist. Wie im Rahmen der Buchwertmethode erläutert, sind Sachleistungsverpflichtungen mit dem Buchwert der geschuldeten Gegenstände[659] zu bewerten, wenn sich die auszuschüttenden Vermögensgegenstände bereits im Vermögen der Gesellschaft be-

---

[657] *Tübke*, Sachausschüttungen, 78 f, insbesondere das Beispiel in der Fn. 277.

[658] *Tübke*, Sachausschüttungen, 78.

[659] Zur Erinnerung: bei der Verkehrswertmethode ist ein Umrechnungsakt notwendig, um die Buchwerte und damit auch die Anzahl der ausschüttbaren Vermögensgegenstände zu ermitteln. Ausgehend vom Bilanzgewinn, der das Ausschüttungspotential in Verkehrswerten ausdrückt, ist zu fragen, wie vielen Vermögensgegenständen zu Buchwerten zuzüglich den zugehörigen stillen Reserven dies entspricht.

finden. Denn in diesem Fall besteht nicht die Notwendigkeit, am Markt ein Deckungsgeschäft zum aktuellen Verkehrswert der Ausschüttungsgegenstände tätigen zu müssen. Das führt zu dem Ergebnis, dass die Sachdividendenansprüche der Aktionäre mit dem Buchwert der Ausschüttungsgegenstände zu passivieren sind. Der Bilanzgewinn dagegen bezieht sich nach der Systematik der Verkehrswertmethode auf die Verkehrswerte der Ausschüttungsgegenstände. Wenn nun aufgrund des Gewinnverwendungsbeschlusses der Hauptversammlung, der die Dividendenansprüche der Aktionäre zur Entstehung bringt, eine Umbuchung des Bilanzgewinns in den Posten Dividendenverbindlichkeiten zu erfolgen hat, so entsteht bei Vorhandensein stiller Reserven[660] in den Ausschüttungsgegenständen eine Buchungsdifferenz. Diese ist auch ökonomisch interpretierbar: sie stellt einen bilanziellen Gewinn der Aktiengesellschaft aufgrund der Sachausschüttung zu Verkehrswerten dar. Dieser Gewinn rührt daher, dass Ansprüche der Aktionäre in Höhe des Bilanzgewinns - auf der Basis von Verkehrswerten - mit Vermögensgegenständen zu niedrigeren Buchwerten erfüllt werden. Realisiert wird dieser Gewinn zum Zeitpunkt des Gewinnverwendungsbeschlusses. Diese Sichtweise ist konsequent. Denn die Aktionäre bringen mit diesem Beschluss ihr Einverständnis zum Ausdruck, dass ihre Ansprüche in Höhe des Bilanzgewinns mit - rein formal gesehen - minderwertigen Vermögensgegenständen, nämlich zu deren Buchwert, erfüllt werden können.[661] Folgerichtig werden die Verbindlichkeiten der Aktiengesellschaft gegenüber ihren Gesellschaftern entsprechend niedriger angesetzt. Sobald der Beschluss über die Ausschüttung einer Sachdividende gefasst wurde, ist der Bilanzgewinn in Höhe der Buchwerte der vorgesehenen Ausschüttungsgegenstände in den Bilanzposten Dividendenverbindlichkeiten umzubuchen. Die Differenzgröße stellt bilanziell sonstigen betrieblichen Ertrag (§ 275 Abs. 2 Nr. 4 bzw. Abs. 3 Nr. 6 HGB)[662] dar, und ist in der Gewinn- und Verlustrechnung für das Folgejahr anzusetzen.[663] Dies entspricht der Vorgabe in § 174 Abs. 3 AktG, dass der Gewinnverwendungsbeschluss keinen Einfluss auf den festgestellten Jahresabschluss mehr hat. Kommt es dann zur Auskehrung der Ausschüttungsgegenstände und damit zur Erfüllung der Dividendenverbindlichkeiten, so ist dieser Vorgang ergebnisneut-

---

[660] Entsprechen die Buchwerte der Ausschüttungsgegenständen ihren Verkehrswerten oder existieren keine Buchwerte, da die Ausschüttungsgegenstände erst noch beschafft werden müssen, so entsteht keine Buchungsdifferenz. In diesen Fällen ist auch die Verkehrswertmethode ergebnisneutral.

[661] Unter Berücksichtigung der mitausgeschütteten stillen Reserven besteht natürlich kein Missverhältnis zwischen dem Anspruch auf den Bilanzgewinn und den auszuschüttenden Sachwerten.

[662] *Orth*, WPg 2004, 786; *Waclawik*, WM 2003, 2271.

[663] *Ellrott/Ring*, in: BeckBilKomm, Vor § 325 Rn. 96; A/D/S § 174 Rn. 47 f.; *Claussen/Korth*, in: KölnKomm, § 174 AktG Rn. 14.

ral: die Sachwerte werden zum Buchwert aus der Bilanz ausgebucht; in gleicher Höhe entfallen auf der Passivseite die Dividendenverbindlichkeiten.

3. Sonderproblem: Bilanzierung der Ausschüttung nicht aktivierungsfähiger Vermögensgegenstände und Dienstleistungen

Für nicht aktivierungsfähige Vermögensgegenstände und Dienstleistungen existieren keine Bilanzansätze und damit auch keine Buchwerte. Eine Ausbuchung gegen den Bilanzgewinn bzw. die nach dem Gewinnverwendungsbeschluss entstandene Dividendenverbindlichkeit kommt daher nicht in Betracht. Möglicherweise scheint dies der Grund zu sein, weshalb für die Frage der Ausschüttbarkeit teilweise die Aktivierungsfähigkeit der potentiellen Ausschüttungsgegenstände gefordert wird. In der Tat würde man auf den ersten Blick erwarten, dass die Verteilung des Bilanzgewinns auch die bilanziell sichtbare Auskehrung von bilanziertem Vermögen der Gesellschaft nach sich ziehen muss, und zwar unabhängig davon, ob die Buchwert- oder die Verkehrswertmethode zur Anwendung kommt.

Bei näherer Betrachtung wird allerdings deutlich, dass der Ausschüttung nicht aktivierungsfähiger Vermögensgegenstände und Dienstleistungen auch aus bilanztechnischer Sicht keine Bedenken entgegenstehen. Die Verteilung des Bilanzgewinns erfolgt auch in diesen Fällen aus dem Vermögen der Gesellschaft. Durch den Gewinnverwendungsbeschluss entsteht eine Dividendenverbindlichkeit der Gesellschaft gegenüber den Aktionären. Bei der Ausschüttung von nicht aktivierungsfähigen Vermögensgegenständen wird der Anteil des Aktionärs am Bilanzgewinn wie gehabt in eine Sachleistungsverbindlichkeit umgebucht. Die „Umrechnung" des Bilanzgewinns in die Sachleistungsverpflichtung erfolgt dabei in Höhe der Herstellungskosten des nicht bilanzierten Gegenstandes. Wird in der Folge die Sachleistungsverbindlichkeit seitens der Gesellschaft durch die Übertragung des nicht bilanzierten Vermögensgegenstandes auf den Aktionär erfüllt, so wird die entsprechende Verbindlichkeit ausgebucht, und zwar gewinnerhöhend gegen den Posten „sonstige betriebliche Erträge" (§ 275 Abs. 2 Nr. 4 bzw. Abs. 3 Nr. 6 HGB) in der Gewinn- und Verlustrechnung. Die Gewinnerhöhung aufgrund der Erfüllung der Dividendenverbindlichkeit ist auch aus ökonomischer Sicht ohne weiteres erklärbar. Die Gesellschaft erfüllt eine Verbindlichkeit mit einem Vermögensgegenstand, der zum Vermögen der Gesellschaft gehörte, aber nicht bilanziell ausgewiesen war. Insofern handelt es sich auch hierbei um stille Reserven, die im Zuge der Gewinnausschüttung aufgedeckt werden. Durch die Annahme des nicht bilanzierten Vermögensgegenstandes als Erfüllungsobjekt durch den Aktionär wird dessen Wert durch einen gesellschaftsexternen Vorgang bestätigt und kann somit zurecht erfolgswirksam ausgewiesen werden.[664]

Bei der Ausschüttung von Dienstleistungen der Gesellschaft erfolgt ebenfalls mit dem Gewinnverwendungsbeschluss die Umbuchung des Bilanzgewinns in eine entsprechende Dividendenverbindlichkeit. Es handelt sich um eine Dienstleistungsverpflichtung. Die „Umrechnung" des Bilanzgewinns in die Sachleistungsverpflichtung erfolgt hier mit dem Preis, der am Markt zum Erwerb der geschuldeten Dienstleistung aufgewendet werden müsste.[665] Wird die Verbindlichkeit gegenüber dem Aktionär erfüllt, so wird der jeweilige Aufwand, der zur Erbringung der Dienstleistung notwendig ist, direkt gegen die Dienstleistungsverbindlichkeit gebucht, berührt also die Gewinn- und Verlustrechnung nicht. Diese bilanzielle Behandlung ist aber nur darstellbar, soweit die entsprechenden Aufwandspositionen der Leistungserbringung direkt zuordenbar sind. Ist dies nicht der Fall[666], so werden die angefallenen Aufwendungen in voller Höhe unter den jeweiligen Aufwandsposten ausgewiesen. Wird die Dienstleistung an den Aktionär erbracht, so ist ein Ausgleichsposten unter den sonstigen betrieblichen Erträgen auszuweisen, der seiner Höhe nach der aufgelösten Verbindlichkeit entspricht.[667] Im Ergebnis werden auf diese Weise die Aufwendungen, die auf die ausgeschütteten Dienstleistungen entfallen, nicht erfolgswirksam.[668]

---

[664] Dasselbe bilanzielle Ergebnis würde sich auch einstellen, wenn der betreffende Vermögensgegenstand zunächst an einen Dritten verkauft und anschließend der Erlös bar an den Aktionär ausgeschüttet würde. Bei einer direkten Sachausschüttung kann aus wirtschaftlicher Betrachtungsweise nichts anderes gelten.

[665] Beträgt etwa der anteilige Gewinnanspruch eines Aktionärs 1000 Euro, und kostet ein Kilometer Bahnfahrt am Markt 2 Euro, so kann an den Aktionär die Berechtigung zu 500 Kilometern Freifahrt mit der Bahn ausgeschüttet werden.

[666] So lässt sich etwa bei einer Fluggesellschaft nicht feststellen, welcher konkret angefallene Aufwand für Personal, Kerosin etc. auf die Flugreise eines Aktionärs entfällt, die dieser unter Inanspruchnahme seiner ausgeschütteten Flugkilometer antritt.

[667] Insofern kann hier die Parallele zur bilanziellen Behandlung bei der Auflösung von Dienstleistungsrückstellungen gezogen werden (vgl. A/D/S, § 275 Rn. 78).

[668] Ein praktisches Problem stellt sich insbesondere bei großen Aktiengesellschaften hinsichtlich der Informationsgewinnung, wenn die ausgeschütteten Dienstleistungen durch die Aktionäre in Anspruch genommen werden. Mit der Ausgabe von Berechtigungsscheinen ist die Verpflichtung jedenfalls noch nicht erfüllt. Zulässig dürfte hier sicherlich ein Rückgriff auf Erfahrungswerte bzw. Wahrscheinlichkeiten sein.

3. Kapitel: Behandlung der aufgrund der Sachausschüttung entstehenden Steuerwirkungen

Bezüglich des bei einer Sachausschüttung auftretenden Steuerwirkungen ist wie folgt zu differenzieren:

Gewinnausschüttungen und damit auch Sachdividenden können unter bestimmten Voraussetzungen wie bisher zu einer ausschüttungsbedingten Korrektur der Körperschaftsteuerbelastung führen.[669]

Davon zu unterscheiden ist die Belastung mit Körperschaftsteuer, die auf die Gewinne anfällt, die im Zuge einer Sachausschüttung realisiert werden.

1. Ausschüttungsbelastung

Nach den §§ 37 und 38 KStG kann eine Sachausschüttung für Aktiengesellschaften, die bereits vor dem 1.1.2001 bestanden, während eines 15-jährigen Übergangszeitraums eine Körperschaftsteuerminderung oder -erhöhung auslösen.

Eine mögliche Körperschaftsteuerminderung ist dabei beschränkt auf 1/6 des Körperschaftsteuerguthabens das zum Schluss des Geschäftsjahres, für das ausgeschüttet wird, festgestellt wird, verteilt auf die jeweils noch verbleibenden Wirtschaftsjahre des Übergangszeitraumes (§ 37 Abs. 2a Nr. 2 KStG).

Im Unterschied zur früheren Regelung unter dem Anrechnungsverfahren wirkt eine Änderung der Körperschaftsteuerbelastung nicht mehr auf das Geschäftsjahr zurück, für das die Ausschüttung erfolgt, sondern wirkt sich in dem Geschäftsjahr aus, in dem die Ausschüttung erfolgt (§ 37 Abs. 2 Satz 1 KStG). Die Änderung des steuerlichen Erfassungszeitpunkts von Körperschaftsteuerkorrekturen wirft die Frage nach der weiteren Anwendbarkeit von § 278 HGB auf. Nach dieser Vorschrift waren ausschüttungbedingte Änderungen der Körperschaftsteuerbelastung noch im alten Geschäftsjahr zu berücksichtigen, was bisher auch mit der steuerlichen Behandlung übereinstimmte. Der Streit geht somit im Kern darum, ob ausschüttungsbedingte Körperschaftsteuerminderungen oder -erhöhungen nunmehr in alter oder neuer Rechnung ihren Niederschlag finden.

Eine Ansicht geht davon aus, dass die Steuerminderung oder –erhöhung weiterhin in dem Jahresabschluss zu berücksichtigen ist, an dessen Ergebnis sie an-

---

[669] Diese Regelung hat ihren Ursprung in dem gespaltenen Körperschaftsteuersatz, der unter dem bis 2001 geltenden Anrechnungsverfahren Anwendung fand. Danach wurden thesaurierte Gewinne mit einem anderen Steuersatz belegt als Gewinne, die zur Ausschüttung kamen. Dementsprechend minderte oder erhöhte sich bei Herstellen der sog. Ausschüttungsbelastung die Körperschaftssteuerbelastung, je nachdem welcher Teilbetrag des verwendbaren Eigenkapitals für die Ausschüttung als verwendet galt.

knüpft, weil der Ursachenzusammenhang mit dem Vorgang der Gewinnerzielung und -verwendung unverändert geblieben ist.[670] Bei § 278 HGB handle es
sich um eine allgemein gültige Bilanzierungsanweisung, die nach der wirtschaftlichen Verursachung eine ausschüttungbedingte Belastung dem Geschäftsjahr zuordnet, für das die Gewinnausschüttung erfolgt.[671]

Die Gegenmeinung argumentiert, das Anknüpfen einer Körperschaftsteuerminderung oder -erhöhung sei nach der neuen Regelung im Körperschaftsteuergesetz rein technischer Natur und habe keinen rechtlichen Einfluss mehr auf das
Geschäftsjahr, für das ausgeschüttet wird. Folglich sei auch in der Handelsbilanz
die Körperschaftsteuerkorrektur erst im Jahr der Ausschüttung zu berücksichtigen.[672]

Der letzten Auffassung ist der Vorzug zu geben. Unter dem Anrechnungsverfahren mit seinem gespaltenen Körperschaftsteuersatz gab § 278 HGB die Berechnungsgrundlage für die Körperschaftsteuer vor. Die Steuerbelastung des Jahresergebnisses hing vom Ausschüttungsverhalten der Gesellschaft ab. Da die Art
der Gewinnverwendung bei Aufstellung des Jahresabschlusses i.d.R. noch nicht
feststand, ordnete § 278 HGB den Gewinnverwendungsvorschlag des Vorstands
als geeignete Gewinnverwendungshypothese an.

Seit der Abschaffung des gespaltenen Körperschaftsteuersatzes wird das Jahres-
ergebnis mit einem einheitlichen Steuersatz belegt, unabhängig davon, ob Gewinne ausgeschüttet oder thesauriert werden. Somit lässt sich die Steuerbelastung für das abgelaufene Geschäftsjahr bestimmen, ohne das es Annahmen über
das Ausschüttungsverhalten der Gesellschaft bedarf. Der Regelungsinhalt von
§ 278 HGB ist damit obsolet geworden, die Norm sollte ersatzlos gestrichen
werden.[673] Die rechtliche Verlagerung einer Körperschaftsteuerminderung oder -
erhöhung in das Ausschüttungsjahr belegt, dass der auch der Gesetzgeber keine
Notwendigkeit für eine Rückbeziehung einer steuerlichen Mehr- oder Minder-

---

[670] HFA IDW Fachnachrichten 2001, 688 (Bericht über die Sitzung des HFA vom
30. 10.2001); HFA IDW Fachnachrichten 2003, 22 (Bericht über die Sitzung des HFA
vom 3.12.2002); *Orth*, WPg 2001, 947; ders., WPg 2004, 788; *Förschle/Taetzner*, in:
BeckBilKomm, § 278 Rn. 19 ff.; im Ergebnis auch *Kropff* (in MünchKommAG, § 174 Rn.
29)

[671] *Orth*, WPg 2001, 955 ff.

[672] BMF-Schreiben vom 16.5.2002, DB 2002, 1565; *Kessler/Strnad*, in: MünchKommAG,
§ 278 HGB Rn. 72.

[673] In dem Referentenentwurf eines Bilanzrechtsreformgesetzes war bereits die Streichung
von § 278 HGB aus diesen Gründen vorgesehen (abrufbar unter http://www.bmj.bund.de/
images/ 11736.pdf). Allerdings sieht der inzwischen vorliegende Regierungsentwurf eines
Bilanzrechtsreformgesetzes vom 30.4.2004 (BT-Drucks. 15/3419) die Aufhebung von
§ 278 HGB nicht mehr vor. Die hier vertretene Ansicht, dass die steuerlichen Auswirkungen von Gewinnausschüttungen erst im Jahr der Ausschüttung zu berücksichtigen sind,
deckt sich im übrigen mit der Regelung in den IAS. Vgl. dazu die Ausführungen bei *Orth*,
WPg 2004, 789 f.

belastung in das alte Geschäftsjahr sieht. Vielmehr ist die wirtschaftliche Verursachung der Körperschaftsteueränderung eher im konkreten Ausschüttungsbeschluss zu sehen als in der (notwendigerweise) vorangegangenen Gewinnerzielung. Körperschaftsteuerminderungen oder -erhöhungen stellen demnach Steuerertrag bzw. Steueraufwand des Ausschüttungsjahres dar.[674]

2. Ertragsteuerbelastung des Ausschüttungsgewinns

Klärungsbedürftig ist ferner die Frage, in welchem Jahresabschluss die auf einen realisierten Ausschüttungsgewinn entfallende Körperschaftsteuer zu berücksichtigen ist.

In der Literatur wird dazu die Auffassung vertreten, dass der durch den Beschluss einer Sachdividende entstehende zusätzliche Steueraufwand auf Gesellschaftsebene[675] den ausschüttbaren Bilanzgewinn verkürze,[676] demnach also noch im alten Geschäftsjahr, für das ausgeschüttet wird, seinen Niederschlag findet.

Begründet wird diese bilanzielle Behandlung wiederum mit der Regelung in § 278 HGB. Auch ausschüttungsbedingter Ertragsteueraufwand werde noch vom Wortlaut dieser Vorschrift erfasst und sei daher im Geschäftsjahr, für das ausgeschüttet werde, zu erfassen.[677]

Dieser Ansicht kann nicht gefolgt werden. Richtig ist, dass sowohl bei Anwendung der Verkehrswertmethode als auch bei Anwendung der Buchwertmethode Steueraufwand auf die aufgedeckten bzw. ausgeschütteten stillen Reserven entsteht, soweit nicht ein Steuerbefreiungstatbestand eingreift. Die Belastung mit Körperschafts- und Gewerbesteuer fällt allerdings erst im Ausschüttungs- und damit in einem neuen Geschäftsjahr an.[678] Es liegt damit kein zusätzlicher Auf-

---

[674] Zu der weitergehenden Streitfrage, ob bei Anwendung der Buchwertmethode für die Berechnung einer Körperschaftsteuerminderung nur die Ausschüttung zu Buchwerten zugrunde zu legen ist oder auch die mitausgeschütteten stillen Reserven zu berücksichtigen sind, vgl. *Orth*, WPg 2004, 845 f.

[675] Vgl. dazu 3. Abschnitt, 1. Kapitel, 1.

[676] Vgl. Beispielsberechnung für die Verkehrswertmethode bei *Müller*, NZG 2002, 759; derselbe, in: BeckHB-AG, § 8 Rn. 30.

[677] *Orth*, WPg 2004, 788.

[678] Widersprüchlich daher *Müller*, NZG 2002, 759, nach dem einerseits eine Gewinnrealisierung erst bei Erfüllung der Dividendenverbindlichkeiten erfolgt, andererseits aber bereits aufgrund des Gewinnverwendungsbeschlusses - also zeitlich früher - zusätzlicher Steueraufwand auf die aufzudeckenden stillen Reserven entstehen soll. Soweit er davon ausgeht, dass es sich dabei um Aufwand für eine Steuerrückstellung im Hinblick auf den zukünftigen Ertrag bei Ausschüttung der Sachdividende handelt, kann auch diese Ansicht nicht überzeugen. Denn Rückstellungen dürfen gem. § 249 HGB nur dann gebildet werden, wenn

wand i.S.d. § 174 Abs. 2 Nr. 5 AktG vor,[679] der zu Lasten des Bilanzgewinns gehen würde. Diese Position wurde geschaffen, um die nachträgliche Änderung des Jahresabschlusses zu vermeiden. Nach dem Bilanzstichtag entstehender Aufwand, der auf das Ergebnis des abgelaufenen Jahres zurückgeht, wird daher schlicht mit dem Bilanzgewinn verrechnet. Typische Fälle nachträglichen Aufwands waren zusätzlicher Steueraufwand aufgrund des früher gespaltenen Körperschaftsteuersatzes und ausschüttungsabhängige Tantiemen. Vor der Steuerreform im Jahre 2000 galt ein gespaltener Körperschaftsteuersatz, der Ausschüttungen niedrigerer besteuerte als Gewinnthesaurierungen. Bei der Aktiengesellschaft ist zum Zeitpunkt der Aufstellung der Bilanz grundsätzlich ungewiss, wie die Hauptversammlung über die Verwendung des Bilanzgewinns entscheidet. Insoweit konnte es zu einer Abweichung mit dem Vorschlag der Verwaltung zur Gewinnverwendung gem. § 278 Abs. 1 2. Halbsatz HGB kommen, auf dessen Grundlage die Steuern vom Einkommen und Ertrag (Körperschaftsteuer, Gewerbesteuer) berechnet wurden. Dadurch ergaben sich u.U. Steuer-Mehrbelastungen. Da es bei der Aktiengesellschaft nach dem neuen Körperschaftsteuergesetz jetzt unabhängig von Ausschüttung oder Thesaurierung zu einer 25% igen Definitivbelastung mit Körperschaftsteuer kommt, hat sich diese Fallgruppe allerdings erledigt.[680] Nach wie vor relevant ist § 174 Abs. 2 Nr. 5 AktG im Falle der ausschüttungsabhängigen Tantiemen. Denn bei Erstellung des Jahresabschlusses ist nicht gesichert, in welcher Höhe diese anfallen, da die Ausschüttungen wiederum vom Gewinnverwendungsbeschluss der Hauptversammlung abhängen.

Vergleicht man die Erscheinungsformen von zusätzlichem Aufwand nach § 174 Abs. 2 Nr. 5 AktG, so wird folgende Gemeinsamkeit deutlich: es handelt sich stets um Aufwandspositionen, die wirtschaftlich dem abgelaufenen Geschäftsjahr zuzurechnen sind[681] aber ihrer Höhe nach vom Gewinnverwendungsbeschluss abhängen.

Anders liegt dagegen der Fall beim Steueraufwand auf die ausgeschütteten bzw. aufgedeckten stillen Reserven. Hier schafft der Gewinnverwendungsbeschluss nicht die notwendige Klarheit, um die korrekte Höhe der dem abgelaufenen Geschäftsjahr zuzurechnenden Aufwendungen zu ermitteln, sondern er setzt im Gegenteil erst die Ursache für den entstehenden Steueraufwand. Denn die ge-

---

die Verpflichtung im abgelaufenen Geschäftsjahr wirtschaftlich verursacht wurde. Das ist bei Sachausschüttungen zum Verkehrswert nicht der Fall, da der außerordentliche Ertrag und die daraus resultierende Steuerbelastung dem neuen Geschäftsjahr zuzurechnen sind.

[679] A.A. *Müller*, in: Beck AG-HB, § 8 Rn. 30.

[680] Was § 174 Abs. 2 Nr. 5 AktG aber nicht gänzlich obsolet macht, wie *Steiner* (in AnwK-AktR, Kapitel 1 § 174 Rn. 25) meint.

[681] Die Gewinne, auf welche die Gewinnsteuern anfallen, wurden im abgelaufenen Jahr erwirtschaftet; die Tantiemen, die von der Ausschüttung abhängen, wurden im abgelaufenen Jahr verdient.

winnrealisierende Ausschüttung bzw. Aufdeckung stiller Reserven im Rahmen einer Sachdividende liegt wirtschaftlich gesehen nicht im abgelaufenen Geschäftsjahr begründet; die Entscheidung der Hauptversammlung, eine Sachdividende auszuschütten, stellt einen Geschäftsvorfall des neuen Rechnungsjahres dar. Der durch die Sachausschüttung entstandene Steueraufwand ist demzufolge im Jahresabschluss des Ausschüttungsjahres zurückzustellen. Dieser bilanziellen Behandlung steht auch nicht § 278 HGB entgegen. Diese Vorschrift ist entgegen der teilweisen Ansicht in der Literatur nicht auf eine Körperschaftsteuerbelastung von Ausschüttungsgewinnen anwendbar. Von der Konzeption her gibt § 278 HGB lediglich eine Berechnungsgrundlage für die Berechnung der Ertragsteuern vor, welche auf Gewinne entfallen, die noch im alten Geschäftsjahr realisiert wurden bzw. diesem Geschäftsjahr wirtschaftlich zuzurechnen sind. Durch Sachausschüttungen entstehende Gewinne sind dagegen in neuer Rechnung anzusetzen und entziehen sich damit dem Regelungsbereich des § 278 HGB.

4. Kapitel: Vor- und Nachteile der einzelnen Bewertungsmethoden

1. Bewertungsaufwand

Als wesentlicher Vorteil der Sachausschüttung zu Buchwerten lässt sich anführen, dass die Bewertung der Ausschüttungsgegenstände grundsätzlich einfacher ist als bei einer Ausschüttung zu Verkehrswerten, da sich die Buchwerte ohne weiteres der Bilanz entnehmen lassen.[682] Bei einer Ausschüttung zu Verkehrswerten stellt sich die Bewertungssituation dagegen von vorne herein komplexer dar. Relativ einfach sind Verkehrswerte noch zu ermitteln, wenn die betreffenden Sachen auf funktionierenden Märkten gehandelt werden. Schwierig ist das Bewertungsproblem dagegen zu lösen, wenn für die Ausschüttungsgegenstände kein oder kein funktionierender Markt existiert. In diesen Fällen wird man sich mit Schätzungen behelfen bzw. an den Anschaffungs- oder Herstellungskosten orientieren müssen.[683]

2. Ausschüttungsvolumen

Eine Ausschüttung zu Buchwerten erlaubt bei gegebenem Bilanzgewinn und Vorhandensein stiller Reserven ein höheres Ausschüttungsvolumen als eine Ausschüttung zu Verkehrswerten. Insofern lässt sich durch die Wahl der Ausschüttungsmethode der Vermögensabfluss auf Seiten der Aktiengesellschaft steuern. Für Aktionäre kann sich die Attraktivität und Akzeptanz einer Sachdividende gerade aus der Möglichkeit ergeben, dass ihnen neben ihrem rechnerischen Anteil am Bilanzgewinn ein weiterer Vermögensvorteil in Form der mitausgeschütteten stillen Reserven zugewendet wird.

Ferner erlaubt die Anwendung der Buchwertmethode, bei gegebenem Bilanzgewinn u.U. ein Vielfaches dessen an Gesellschaftsvermögen an die Aktionäre auszuschütten, ohne dass es einer vorhergehenden Auflösung von Gewinnrücklagen bedarf, soweit solche überhaupt verfügbar wären. Dieser „Vervielfachereffekt" einer Ausschüttung zu Buchwerten bei Vorhandensein hoher stiller Reser-

---

[682] Nicht nachvollziehbar ist daher die Aussage von *Orth* (WPg 2004, 783), wonach eine Bewertung des Gegenstands der Sachausschüttung nicht vermieden werden könne, weil deren „Sachwert" im Gewinnverwendungsbeschluss anzugeben sei. Bei Anwendung der Buchwertmethode ist der Sachwert i.S.d. § 174 Abs. 2 Nr. 2 AktG der Buchwert der auszuschüttenden Sachen.

[683] Vgl. auch *Waclawik*, WM 2003, 2270.

ven kann insbesondere bei umfangreichen Umstrukturierungen in Konzernver-
hältnissen von Vorteil sein.

3. Kaskadeneffekt

Gegen die Anwendung der Buchwertmethode wird in der Literatur eingewandt,
dass hierdurch ein sog. Kaskadeneffekt entstehen könne. Durch die Ausschüttung zu Buchwerten käme es im Ausschüttungsjahr zu einer Gewinnrealisierung
in Höhe der in den Ausschüttungsgegenständen enthaltenen stillen Reserven.
Dadurch würde der operative Gewinn des Ausschüttungsjahres erhöht, was dazu
führen könnte, dass für die Ausschüttung des Bilanzgewinns insgesamt nicht
mehr genügend Barmittel zur Verfügung ständen. Würden nun wiederum Sachdividenden ausgekehrt, so verstärke sich der eben beschriebene Effekt,[684] was
letztlich zu Liquiditätsengpässen führen könnte.
Die vorgebrachte Kritik an der Buchwertmethode basiert auf falschen Annahmen. Tatsächlich kommt es bei einer Ausschüttung zu Buchwerten zu keiner
handelsrechtlichen Gewinnrealisierung. Die stillen Reserven verlassen still und
ohne weiteren bilanziellen Niederschlag die ausschüttende Gesellschaft. Demzufolge führt die Sachausschüttung nach der Buchwertmethode auch nicht zu einer
Erhöhung des Bilanzgewinns im Ausschüttungsjahr.
Die Sache verhält sich genau andersherum: zu einer Realisierung stiller Reserven kommt es nur bei einer Sachausschüttung zu Verkehrswerten. Nur in diesem
Fall kann der oben beschriebene Kaskadeneffekt auftreten. Die Schlussfolgerung, dass daraus Liquiditätsengpässe resultieren, trifft in dieser Allgemeinheit
allerdings nicht zu. Die Erhöhung des Bilanzgewinns im Jahr der Ausschüttung
resultiert daraus, dass der Anspruch der Aktionäre auf den Bilanzgewinn in Höhe der stillen Reserven mit nicht bilanziertem Vermögen befriedigt wird. In
gleichem Maße verbleibt bilanziertes Vermögen bei der Gesellschaft, das nach
wie vor ausschüttbar ist und auch bleibt. Dieses Ausschüttungspotential wird in
die nächste Periode weiter vorgetragen und nur durch die Ausschüttung bilanzierten Vermögens „verbraucht".[685] Der beschriebene Kaskadeneffekt spricht

---

[684] *Strunk*, UM 2003, 49; *Strunk/Kolaschnik*, TransPuG, 61 f.
[685] An einem Beispiel werden die Zusammenhänge deutlich: der Bilanzgewinn im Jahr 1
betrage 100. Es existieren Sachwerte, die mit 100 bilanziert sind, deren Verkehrswert sich
aber auf 200 beläuft. Bei einer Ausschüttung zu Verkehrswerten können Sachen mit einem
Buchwert von 50 ausgeschüttet werden, ihr Verkehrswert beträgt 100. Im Ausschüttungsjahr 2 resultiert aus dieser Ausschüttung ein Bilanzgewinn von 50. Dabei handelt es sich
um den Teil des Bilanzgewinns des Jahres 1, der durch die Auskehrung stiller Reserven
bedient wurde. Der Bilanzgewinn von 50 erlaubt eine Sachausschüttung von Sachwerten
mit einem Buchwert von 25, deren Verkehrswert 50 beträgt. Im Ausschüttungsjahr 3 resultiert aus dieser Ausschüttung ein Bilanzgewinn von 25, der wiederum eine Sachaus-

somit tatsächlich nicht gegen die Anwendung der Buchwertmethode, sondern belegt, dass Buch- und Verkehrswertmethode über die Perioden gesehen zum selben Ergebnis bezüglich des Ausschüttungsumfangs führen.

4. Problem des Spitzenausgleichs

Bei der Ausschüttung nach der Buchwertmethode treten Probleme der Gleichbehandlung auf, wenn erst mehrere Aktien zum Bezug des nicht weiter teilbaren Ausschüttungsgegenstandes berechtigen und ein Aktionär nicht die erforderliche Anzahl von Anteilen besitzt. Geht es um die Ausschüttung von Wertpapieren, dann erscheint die in der Literatur vorgeschlagene Lösung über die Ausschüttung von Teilbezugsrechten möglich. Diese wären an der Börse handelbar und könnten vom Aktionär in Geld umgesetzt oder durch Zukauf auf ein komplettes Bezugsrecht aufgestockt werden.[686] Diese Lösung versagt jedoch bei nicht fungiblen Sachen, für die kein funktionierender Markt existiert, auf dem Bezugsrechte gehandelt werden könnten.[687] Ein Spitzenausgleich in Form eines Barausgleiches kommt in diesem Fall aus mehreren Gründen nicht in Betracht: zu Recht wird in der Literatur dagegen vorgebracht, dass ein Barausgleich dem wirtschaftlichen Ziel einer Sachdividende zuwiderlaufe, da sich die Hauptversammlung ausdrücklich für die Ausschüttung von Sachen entschieden hätte. Auch sei dieses Verfahren unter Gleichbehandlungsgesichtspunkten bedenklich, da in der Folge einige Aktionäre Barleistungen erhielten, während an andere Aktionäre die beschlossene Sachdividende ausgeschüttet würde.[688] Ein weiteres gewichtiges Argument steht einem Barausgleich entgegen. Sobald die Ausschüttungsgegenstände stille Reserven enthalten, benachteiligt ein Barausgleich die abzufindenden Aktionäre. Um sie wertmäßig mit den Anteilseignern gleich zu behandeln, die tatsächlich eine Sachdividende erhalten, müsste ihnen ein Barausgleich in Höhe ihres Anteils am Bilanzgewinn zuzüglich der in den Ausschüttungsgegenständen enthaltenen stillen Reserven gewährt werden. Dies würde allerdings gegen die Vorschrift des § 57 Abs. 3 AktG verstoßen, da Barmittel zur Ausschüttung kämen, die im Gegensatz zu den stillen Reserven der Kapitalbindung unterliegen.

---

schüttung im Folgejahr ermöglicht. Die Reihe lässt sich fortsetzen, bis alle Sachwerte ausgeschüttet sind. Die Buchwertsumme der Ausschüttungsgegenstände beträgt 100.

[686] Vgl. dazu näher *Holzborn/Bunnemann*, AG 2003, 675.

[687] *Holzborn/Bunnemann*, AG 2003, 675.

[688] *Holzborn/Bunnemann*, AG 2003, 675.

Als Lösung bietet sich in dieser Situation folgendes an: die aufgeworfene Problematik lässt sich vermeiden, wenn man die Sachauschüttung auf der Basis der Verkehrswertmethode vornimmt.[689] Erfolgt dagegen die Ausschüttung dennoch nach der Buchwertmethode, ist von einer Verwertungsverpflichtung der Aktiengesellschaft auszugehen: die Gesellschaft muss die vorgesehenen Ausschüttungsgegenstände für die Aktionäre in Barmittel umsetzen, die anschließend auszukehren sind.[690] Die Verpflichtung hierzu lässt sich mit dem Gleichbehandlungsgebot des § 53a AktG begründen. Die Übernahme der Verwertung der Sachwerte und die Realisation der stillen Reserven durch die Gesellschaft ist ein geeignetes Verfahren, um eine wertmäßige Gleichbehandlung der Aktionäre sicherzustellen und gleichzeitig den Grundsatz der Kapitalerhaltung zu wahren.[691] Dem steht nicht entgegen, dass der Aktiengesellschaft insofern eine Handlungspflicht auferlegt wird. Es ist in der Literatur seit längerem anerkannt, dass Aktiengesellschaften auch zu sog. aktiver Gleichbehandlung verpflichtet sein können.[692]

Allerdings erfolgt die Verwertung der Sachwerte für die Aktionäre durch die Gesellschaft lediglich treuhänderisch. Der Sachwert ist ab dem Tag der Dividendenauskehrung an die übrigen Aktionäre wirtschaftlich dem Vermögen der bar abzufindenden Anteilseigner zuzuordnen. Der Vorgang ist so zu beurteilen, als hätte die Gesellschaft die Sache an den Aktionär ausgeschüttet und dieser die Sache umgehend wieder der Gesellschaft zur Verwertung überlassen. Der Gleichbehandlungsgrundsatz verpflichtet zwar die Gesellschaft zur Verwertung der Sachdividende für den Aktionär, bürdet ihr aber nicht zusätzlich das Verwertungsrisiko auf. Die Gesellschaft muss demnach die Verwertung sorgfältig organisieren und durchführen, das wirtschaftliche Ergebnis trifft allerdings den einzelnen Aktionär; eine Erlösgarantie steht ihm nicht zu.

---

[689] Die Ausschüttungsgegenstände enthalten dann keine stillen Reserven, die auszugleichen wären.

[690] *Holzborn/Bunnemann*, AG 2003, 675 f.

[691] Zur Veranschaulichung ein Beispiel: Jeweils 10 Aktien sollen zum „Bezug" eines bestimmten Sachausschüttungsgegenstandes berechtigen. Der Sachausschüttungsgegenstand sei mit einem Buchwert von 10 bilanziert, die stillen Reserven betragen ebenfalls 10. Hält ein Aktionär lediglich 9 Anteile, so kommt eine Sachausschüttung an ihn nicht in Betracht. Die Gesellschaft ist jedoch verpflichtet, den Sachgegenstand zu verwerten und an den Aktionär insgesamt Barmittel in Höhe von 18 auszuschütten (entspricht 9/10 des Buchwertes zuzüglich 9/10 der stille Reserven).

[692] *Hüffer*, AktG, § 53a Rn. 12; z.B. hält *Lutter* (ZGR 1978, 368 f.) die Gesellschaft für verpflichtet, bei unzulässigen Sonderzahlungen an einen Aktionär Teile der Gewinnrücklagen in ausschüttungsfähigen Bilanzgewinn zu überführen, um entsprechende Zahlungen auch an alle anderen Aktionäre leisten zu können.

3. Abschnitt: Sachausschüttung und Steuerrecht

Vorbemerkung

Der Gesetzgeber hat bewusst darauf verzichtet, der aktienrechtlichen Regelung in § 58 Abs. 5 AktG zugleich eine steuerliche Flankierung an die Seite zu stellen.[693] Der Rechtsausschuss hat in seinem Bericht die Bundesregierung aufgefordert, die steuerlichen Folgen einer Sachausschüttung zu prüfen und dem Parlament Vorschläge hierzu zu unterbreiten.[694] Auch aus den Reihen der Literatur wird eine steuerliche Regelung der Sachausschüttung angemahnt.[695] Es wird zu Recht befürchtet, dass die Unklarheit über die steuerliche Behandlung von Sachdividenden die Akzeptanz der aktienrechtlichen Normierung in der Praxis beeinträchtigen werde.[696] Im folgenden soll untersucht werden, wie eine Sachausschüttung auf der Grundlage des geltenden Steuerrechts zu behandeln ist, um vor diesem Hintergrund beurteilen zu können, ob gesetzgeberischer Handlungsbedarf besteht.

1. Kapitel: Steuerliche Behandlung von Sachausschüttungen auf Ebene der ausschüttenden Aktiengesellschaft

1. Körperschaftsteuer

Aktiengesellschaften sind nach § 1 Abs. 1 Nr. 1, Abs. 2 KStG mit ihren in- und ausländischen Einkünften unbeschränkt körperschaftsteuerpflichtig. Besteuerungsgrundlage für die Körperschaftsteuer ist das zu versteuernde Einkommen, § 7 Abs. 1 KStG. Dieses wird nach den Vorschriften des EStG und des KStG ermittelt (§§ 7 Abs. 2, 8 Abs. 1 KStG). Aktiengesellschaften sind bilanzierungspflichtig und ermitteln nach § 8 Abs. 1 KStG i.V.m. § 5 Abs. 1 Satz 1 EStG ihr Einkommen daher auf der Grundlage einer Steuerbilanz, die nach dem Grundsatz der Maßgeblichkeit aus der Handelsbilanz entwickelt wird.

---

[693] Seibert, NZG 2002, 609.
[694] Beschlussempfehlung und Bericht des Rechtsausschusses, BT-Dr. 14/9079.
[695] DAI, Stellungnahme, 8; Schüppen, ZIP 2002, 1277; BDI, Gemeinsame Stellungnahme, 4.
[696] BDI, Gemeinsame Stellungnahme, 4; Grage, RNotZ 2002, 330.

Wie im Handelsrecht ist auch im Steuerrecht zwischen Gewinnermittlung und Gewinnverwendung zu unterscheiden. Die Gewinnverwendung folgt der Gewinnermittlung zeitlich nach und kann daher grundsätzlich keinen Einfluss mehr auf letztere haben. Bei einer Sachausschüttung gemäß § 58 Abs. 5 AktG handelt es sich zwar um Gewinnverwendung. Im Gegensatz zur Barausschüttung stellt sich aber die Frage, ob bei der Ausschüttung von Sachdividenden nicht gleichzeitig auch eine steuerliche Realisation eventuell enthaltener stiller Reserven in den Ausschüttungsgegenständen eintritt, die damit der Körperschaftsteuer unterliegen würden. Handelsrechtlich ist bei einer Sachausschüttung sowohl die Buchwert-, als auch die Verkehrswertmethode zulässig. Beide Methoden führen wie gezeigt zu unterschiedlichen bilanziellen Auswirkungen. Da das Steuerrecht über das Maßgeblichkeitsprinzip an das Handelsrecht angekoppelt ist, ist auch bei der steuerrechtlichen Analyse zwischen der Anwendung der Buchwert- und der Verkehrswertmethode zu unterscheiden.

1.1. Buchwertmethode

1.1.1 Handelsrechtlicher Realisationstatbestand

Die Bilanzierung einer Sachausschüttung nach der Buchwertmethode ist handelsbilanziell erfolgsneutral. Die auszuschüttenden Sachen werden mit ihrem Buchwert gegen den Posten Bilanzgewinn ausgebucht.

1.1.2 Steuerrechtlicher Realisationstatbestand

Nach dem in § 5 Abs. 1 EStG verankerten Maßgeblichkeitsprinzip gelten für die steuerliche Gewinnermittlung die handelsrechtlichen Bilanzierungsgrundsätze, sofern in den Steuergesetzen nicht abweichende Regelungen enthalten sind. Eine Sachausschüttung stellt handelsrechtlich keinen Realisationstatbestand, insbesondere kein Umsatzgeschäft dar. Die erfolgsneutrale Behandlung in der Handelsbilanz schlägt damit grundsätzlich auch auf die steuerliche Beurteilung durch, es sei denn, es liegt ein spezieller steuerlicher Realisationstatbestand vor,[697] der durch eine Sachausschüttung zu Buchwerten erfüllt wäre.

---

[697] Im deutschen Steuerrecht gibt es derzeit kein allgemeines Entstrickungsprinzip, wonach stille Reserven immer dann aufzudecken und zu versteuern wären, wenn sie - gleich auf welche Weise - das Betriebsvermögen verlassen, vgl. *Lang, in:* Tipke/Lang, Steuerrecht,

1.1.2.1 Aufstockung der auszuschüttenden Sachen vom Buchwert auf den Verkehrswert in der Steuerbilanz

In der Literatur wird diskutiert, ob aus steuerlicher Sicht nicht die Pflicht besteht, die auszuschüttenden Sachen mit dem höchsten, nach Handelsrecht zulässigem Wert, also dem Verkehrswert, im Jahresabschluss anzusetzen.[698] Dies würde zu einer Aufdeckung der stillen Reserven und damit zu einer Erhöhung des steuerlichen Gewinns führen.

Ausgangspunkt für solche Überlegungen ist die Tatsache, dass Handelsrecht und Steuerrecht bei bilanziellen Ansatzfragen teilweise unterschiedliche Wege gehen. Sieht das Handelsrecht für bestimmte Vermögensgegenstände ein Aktivierungswahlrecht vor, während das Steuerrecht ein solches Wahlrecht nicht kennt, so ist nach ständiger und gefestigter Rechtsprechung des BFH von einem steuerlichen Aktivierungsgebot auszugehen.[699] Denn es solle nicht im Belieben des Kaufmanns stehen, sich durch Nichtaktivierung von Wirtschaftsgütern, die nach Handelsrecht aktiviert werden dürfen, ärmer zu rechnen, als er ist.[700] Teilweise wird dieser Grundsatz auch auf Bewertungswahlrechte übertragen, was dazu führen würde, dass bei handelsrechtlichem Bewertungswahlrecht ohne korrespondierendem steuerlichen Wahlrecht immer der höchste steuerlich zulässige Wert anzusetzen wäre.[701]

Geht man wie hier davon aus, dass handelsrechtlich ein Wahlrecht besteht, die auszuschüttenden Gegenstände nach Buch- oder Verkehrswerten auszukehren, während steuerrechtlich keine ausdrückliche Regelung gegeben ist, könnte man geneigt sein, in der Steuerbilanz eine Pflicht zur Bewertung der Ausschüttungsgegenstände mit Verkehrswerten anzunehmen.

Diese Sichtweise ist aber abzulehnen, da sie bereits im Ansatz auf einem falschen Verständnis der bilanziellen Behandlung einer Sachausschüttung zu Buchwerten aufbaut.

Vor einer Sachausschüttung wird nicht etwa eine Neubewertung der auszuschüttenden Gegenstände vorgenommen.[702] Dies ist auch gar nicht möglich, da

---

§ 9 Rn. 447.

[698] *Menner/Broer*, DB 2003, 1078 f.

[699] BFH v. 3.2.1969, BStBl. II 1969, 291, 293; v. 28.4.1971, BStBl. II 1971, 601, 603; v. 26.5.1971, BStBl. II 1971, 704, 707; v. 20.3.1980, BStBl. II 1980, 297; v. 18.6.1980, BStBl. 1980, 741, 742; v. 20.1.1983, BStBl. II 1983, 375.

[700] BFH v. 3.2.1969, BStBl. II 1969, 291, 293.

[701] *Winnefeld*, Bilanz-Handbuch, Abschnitt C Rn. 669; BFH v. 21.10.1993, BStBl. II 1994, 176, 178.

[702] Davon scheinen allerdings *Menner/Broer* (DB 2003, 1078 f.) auszugehen, wenn sie diskutieren, ob die handelsrechtliche Bewertung und damit auch die Behandlung von Sachdividenden im Jahresabschluss der ausschüttenden Kapitalgesellschaft auch für den steuerlichen Wertansatz maßgeblich ist. Auch die Finanzverwaltung geht davon aus, dass bei der Ermittlung des Einkommens die Ausschüttungsgegenstände mit dem gemeinen Wert an-

die Gewinnverwendung der Feststellung des Jahresabschlusses nachfolgt und daher zu diesem Zeitpunkt noch nicht feststeht, ob und welche Sachen zur Ausschüttung kommen werden. Nach der Fassung des Gewinnverwendungsbeschlusses werden die Ausschüttungsgegenstände in der laufenden Buchführung mit ihrem im Jahresabschluss ausgewiesenen Buchwert ausgebucht. Für eine neue Bewertung der Ausschüttungsgegenstände besteht weder ein Anlass noch eine Rechtsgrundlage im deutschen Bilanzrecht. Die Frage nach der richtigen steuerlichen Bewertung bei handelsrechtlichem Bewertungswahlrecht stellt sich daher in Wirklichkeit gar nicht. Diese Problematik tritt nur bei Vermögensgegenständen auf, die erstmals in der Bilanz aktiviert und somit auch erstmals bewertet werden müssen, was aber gerade bei Ausschüttungsgegenständen im Rahmen einer Sachausschüttung nicht der Fall ist.

Für eine steuerrechtliche Aufwertung von den Buch- auf die Verkehrswerte der auszuschüttenden Sachen können im Ergebnis daher weder allgemeine bilanzrechtliche Erwägungen herangezogen werden, noch existieren steuerliche Spezialvorschriften, die eine solche Aufwertung vorschreiben.

1.1.2.2 Entnahmetatbestand

Erörterungswürdig erscheint es, ob die Übertragung stiller Reserven auf die Aktionäre im Rahmen einer Sachausschüttung als Entnahme zu sehen ist. Der Entnahmetatbestand ist in § 4 Abs. 1 Satz 2 EStG formuliert. Entnommen sind danach alle Wirtschaftsgüter, die der Steuerpflichtige für sich, für seinen Haushalt oder für andere betriebsfremde Zwecke im Laufe des Wirtschaftsjahres entnommen hat. Sie sind nach den Regelungen in den §§ 4 Abs. 1 Satz 1, 6 Abs. 1 Nr. 4 EStG mit ihrem Teilwert dem Gewinn des Wirtschaftsjahres hinzuzurechnen, wodurch es zur Realisation stiller Reserven kommt.

Im Schrifttum wird vertreten, dass es sich hinsichtlich mitausgeschütteter stiller Reserven bei Sachdividenden um Entnahmen aus dem Betriebsvermögen der Aktiengesellschaft handelt, die folglich dem Gewinn hinzuzurechnen, damit realisiert und zu besteuern wären.[703]

Dieser Sichtweise stehen aber grundsätzliche dogmatische Bedenken entgegen. Für das Institut der Entnahme ist im Körperschaftsteuerrecht kein Raum. Denn die Entnahme dient der Abgrenzung der betrieblichen von der privaten Vermö-

---

zusetzen sind (vgl. BMF, Anwendung des § 8b KStG 2002 und Auswirkungen auf die Gewerbesteuer, Schreiben vom 28. April 2003, IV A 2 – S 2750a -7/03, BStBl. 2003 I, 295 Rn. 22), also offenbar eine Aufwertung in der Steuerbilanz vorzunehmen ist. Dafür existiert aber keine gesetzliche Grundlage.

[703] *Klingebiel*, in: Dötsch/Eversberg/Jost/Pung/Witt, KStG, Anhang zu § 8 Abs. 3 Stichwort „Sachdividenden"; in diese Richtung geht auch eine Überlegung von *Wassermeyer* (GmbHR 2002, 4).

genssphäre eines Steuerpflichtigen und macht nur dort Sinn, wo ein Steuersubjekt zwei Vermögenssphären hat.[704] Das ist bei Kapitalgesellschaften nicht der Fall. Diese haben nur eine einheitliche betriebliche Vermögenssphäre.[705] Bei Wertabgaben einer Aktiengesellschaft an ihre Aktionäre handelt es sich daher nicht um einen Wertetransfer zwischen den verschiedenen Vermögenssphären eines Steuersubjekts, sondern zwischen verschiedenen Steuersubjekten.[706] Selbst wenn man das Institut der Entnahme auch im Körperschaftssteuerrecht unbeschränkt für anwendbar hält, enthält das KStG mit § 8 Abs. 3 Satz 2 eine den Entnahmevorschriften vorrangige Sonderregel für verdeckte Gewinnausschüttungen, soweit es um Vermögensübertragungen zwischen der Kapitalgesellschaft und ihren Anteilseignern geht.[707]

1.1.2.3 Verdeckte Gewinnausschüttung, § 8 Abs. 3 Satz 2 KStG

Die Diskussion um einen einschlägigen steuerlichen Realisationstatbestand konzentriert sich auf die verdeckte Gewinnausschüttung nach § 8 Abs. 3 Satz 2 KStG. Diese Vorschrift bestimmt, dass Ausschüttungen das Einkommen nicht mindern dürfen. Durch das steuerrechtliche Institut der verdeckten Gewinnausschüttung soll demnach der Bereich der Einkommensverwendung von dem der Einkommenserzielung bei Körperschaftsteuersubjekten abgegrenzt werden. Das Einkommen ist diejenige Vermögensmehrung, die durch die Teilnahme am Marktgeschehen entsteht, die wirtschaftliche Leistungsfähigkeit der Körperschaft erhöht und damit der Besteuerung unterliegt.[708] Dagegen zählen Vermögenszu- oder abflüsse, die nicht durch die Teilnahme am Marktgeschehen resultieren, nicht zum Bereich der Einkommenserzielung, sondern sind der Einkommensverwendung zuzurechnen. Sie haben keinen Einfluss auf die steuerliche Leistungsfähigkeit und dürfen daher die Steuerlast der Kapitalgesellschaft weder erhöhen noch vermindern.[709]
Der Begriff der verdeckten Gewinnausschüttungen wird zwar in § 8 Abs. 3 Satz 2 KStG und § 20 Abs. 1 Nr. 1 EStG ausdrücklich in Bezug genommen, nähere Ausführungen zum Begriff oder gar eine Definition findet sich in den Steuergesetzen allerdings nicht. Bei der verdeckten Gewinnausschüttung handelt es sich

[704] *Wochinger*, in: Dötsch/Eversberg/Jost/Pung/Witt, KStG, § 8 Abs. 3 Rn. 39 f.
[705] BFH v. 4.12.1996, BFHE 182, 123, 127 f.; v. 8.7.1998, BFHE 186, 540, 543; *Frotscher*, in: Frotscher/Maas, KStG, § 8 Rn. 38; *Wassermeyer*, GmbHR 2002, 1; a.A. *Pezzer*, in: Tipke/Lang, § 11 Rn. 36.
[706] *Frotscher*, in: Frotscher/Maas, KStG, Anhang zu § 8 Rn. 10.
[707] BFH v. 26.10.1987, BStBl. II 1988, 348, 354.
[708] *Frotscher*, GmbHR 1980, 24.
[709] *Frotscher*, GmbHR 1980, 24.

demnach um einen unbestimmten Rechtsbegriff, welcher der näheren Konkretisierung durch die Rechtsprechung bedarf.[710]

Nach einer Reihe von Korrekturen definiert der BFH verdeckte Gewinnausschüttungen in ständiger Rechtsprechung nun folgendermaßen: Eine verdeckte Gewinnausschüttung ist eine bei dem Körperschaftsteuersubjekt eintretende Vermögensminderung oder verhinderte Vermögensmehrung, die durch das Gesellschaftsverhältnis veranlasst ist („societatis causa"), sich auf die Höhe des Einkommens auswirkt und nicht im Zusammenhang mit einer offenen Ausschüttung steht.[711] Erfüllt ein Sachverhalt die Voraussetzungen einer verdeckten Gewinnausschüttung, so ist die eingetretene Vermögensminderung bzw. die verhinderte Vermögensmehrung dem Einkommen der Kapitalgesellschaft außerhalb der Bilanz hinzuzurechnen. Auf diese Weise wird sichergestellt, dass Vorgänge, die bei richtiger Beurteilung Gewinnverwendung darstellen, nicht zu Unrecht das Einkommen der Gesellschaft und damit deren Steuerlast verkürzen. Von entscheidendem Interesse ist nun, ob die Auskehrung stiller Reserven im Rahmen einer Sachausschüttung zu Buchwerten den Tatbestand einer verdeckten Gewinnausschüttung erfüllt oder nicht. Im letzten Fall wäre es nämlich möglich, stille Reserven auszuschütten, ohne dass sie der Besteuerung auf Gesellschaftsebene unterlegen haben.

1.1.2.3.1 Meinungsstand

Im Schrifttum werden entgegengesetzte Ansichten vertreten, was die steuerliche Behandlung einer Sachauschüttung nach der Buchwertmethode auf der Ebene der ausschüttenden Aktiengesellschaft betrifft. Ein Teil der Literatur geht davon aus, dass eine Sachausschüttung zu Buchwerten (teilweise) den Tatbestand einer verdeckten Gewinnausschüttung nach § 8 Abs. 3 Satz 2 KStG erfüllt und es folglich zu einer steuerlichen Zwangsrealisation der mitausgeschütteten stillen Reserven kommt.[712] Die Begründungsansätze sind dabei unterschiedlich.

---

[710] *Wochinger*, in: Dötsch/Eversberg/Jost/Pung/Witt, KStG, § 8 Abs. 3 Rn. 3; *Frotscher*, in: Frotscher/Maas, KStG, Anhang zu § 8 Rn. 1.

[711] BFH v. 22.2.1989, BStBl. II 1989, 475, 476; v. 22.2.1989, BStBl. II 1989, 631, 632; v. 9.8.1989, BStBl. II 1990, 237, 239; v. 2.2.1994, BStBl. II 1994, 479, 480; v. 6.12.1995, BStBl. II 1996, 383; v. 19.3.1997, BStBl. II 1997, 577, 577 f.; v. 15.10.1997, BStBl. 1999, 316, 317.

[712] *Lutter/Leinekugel/Rödder*, ZGR 2002, 229 f.; *Tübke*, Sachausschüttungen, 88 f.; *Achenbach*, in: Dötsch/Eversberg/Jost/Witt, KStG a.F., Anhang zu § 8 Abs. 3 Stichwort „Sach-

Eine Ansicht nimmt bei einer Sachausschüttung nach der Buchwertmethode in Höhe des Buchwertes der Ausschüttungsgegenstände eine offene Gewinnausschüttung an, die definitionsgemäß nicht als verdeckte Gewinnausschüttung zu qualifizieren sei. In Höhe der mitausgeschütteten stillen Reserven liege dagegen eine verdeckte Gewinnausschüttung gem. § 8 Abs. 3 Satz 2 KStG vor. Trotz der engen Verbindung der Auskehrung stiller Reserven mit einer Ausschüttung, die den gesellschaftsrechtlichen Vorschriften der Gewinnverwendung folgt, sei der formal einheitliche Vorgang in zwei unterschiedliche steuerliche Vorgänge aufzuspalten.[713] Im Ergebnis werden nach dieser Meinung die ausgeschütteten stillen Reserven dem Einkommen der Gesellschaft hinzugerechnet und besteuert. Der Aufspaltung eines einheitlichen Gewinnausschüttungsvorgangs widersetzt sich ein Teil der Literatur. Vielmehr sei auch bei der Anwendung der Buchwertmethode insgesamt eine offene Gewinnausschüttung nach den gesellschaftsrechtlichen Regeln gegeben.[714] Spätestens seit der Einführung des § 58 Abs. 5 AktG, der die Zulässigkeit von Sachdividenden gesetzlich festschreibt, komme die steuerliche Aufteilung einer Sachausschüttung in eine offene und eine verdeckte Gewinnausschüttung nicht mehr in Betracht.[715]

Aus dieser Erkenntnis werden allerdings völlig konträre Schlussfolgerungen gezogen. Ein Teil der Literatur kommt zu dem Ergebnis, dass der Tatbestand der verdeckten Gewinnausschüttung dennoch erfüllt werde.[716] Die Merkwürdigkeit, dass einerseits eine den handelsrechtlichen Vorschriften entsprechende Ausschüttung vorliege, andererseits aber steuerlich eine verdeckte Gewinnausschüttung anzunehmen sei, lasse sich auflösen, indem man die Annahme der verdeckten Gewinnausschüttung nur auf die Ebene der Einkommenserzielung beschränke und auf der Ausschüttungsebene insgesamt von einer offenen Gewinnausschüttung ausgehe.[717]

Die Gegenmeinung lehnt die Annahme einer verdeckten Gewinnausschüttung ab. Da eine Sachausschüttung zu Buchwerten in vollem Umfang und nicht nur in Höhe des Buchwerts auf den gesellschaftsrechtlichen Ausschüttungsvorschriften beruhe, liege eine offene Ausschüttung vor, die bereits begrifflich nicht

dividenden/Sachausschüttungen"; *Schwedhelm/Olbing/Binnewies*, GmbHR 2002, 1158; *Haun/Winkler*, GmbHR 2002, 194.

[713] *Achenbach*, in: Dötsch/Eversberg/Jost/Witt, KStG a.F., Anhang zu § 8 Abs. 3 Stichwort „Sachdividenden/Sachausschüttungen"; *Schwedhelm/Olbing/Binnewies*, GmbHR 2002, 1158; *Haun/Winkler*, GmbHR 2002, 194.

[714] *Prinz/Schürner*, DStR 2003, 183; *Dötsch/Pung*, DB 2003, 1020; *Menner/Broer*, DB 2003, 1079; *Lutter/Leinekugel/Rödder*, ZGR 2002, 229.

[715] *Dötsch/Pung*, DB 2003, 1020; *Menner/Broer*, DB 2003, 1079; *Dötsch/Pung*, in: Dötsch/Eversberg/Jost/Pung/Witt, KStG, § 8b Rn. 29.

[716] *Lutter/Leinekugel/Rödder*, ZGR 2002, 29; ohne nähere Begründung *Prinz/Schürner*, DStR 2003, 183 und *Müller*, ZGR 2002, 758.

[717] *Lutter/Leinekugel/Rödder*, ZGR 2002, 229, die eine steuerliche Zwangsrealisation der ausgeschütteten stillen Reserven „aller Voraussicht nach" für unausweichlich halten.

als „verdeckte" Gewinnausschüttung qualifiziert werden könne.[718] In Ermange-
lung eines einschlägigen steuerlichen Realisationstatbestandes wird daher die
Ausschüttung zum Buchwert ohne steuerliche nachteilige Folgen auf der Ebene
der Gesellschaft für zulässig gehalten.[719]

1.1.2.3.2 Stellungnahme

Zur Entscheidung der Streitfrage ist zu prüfen, ob die Auskehrung stiller Reserven bei einer Sachausschüttung nach der Buchwertmethode unter die Vorschrift
des § 8 Abs. 3 Satz 2 KStG subsumiert werden kann. Ausgangspunkt ist dabei
zunächst die Definition der verdeckten Gewinnausschüttung, wie sie der BFH in
ständiger Rechtsprechung verwendet.

1.1.2.3.2.1 Verhinderte Vermögensmehrung

Zu Recht bezieht der BFH neben Vermögensminderungen auch verhinderte
Vermögensmehrungen in die Definition der verdeckten Gewinnausschüttung
ein. Bei richtiger steuerlicher Betrachtung mindert auch eine verhinderte Vermögensmehrung den Gewinn der Kapitalgesellschaft i.S.v. § 8 Abs. 3 Satz 2
KStG, selbst wenn die Minderung bilanziell nicht offen in Erscheinung tritt.
Denn der Gewinn wäre entsprechend höher ausgefallen, sofern die Geschäftschancen in Form der stillen Reserven nicht auf den Gesellschafter übertragen
worden wären und auf diese Weise eine Realisierung im Vermögen der Kapitalgesellschaft verhindert worden wäre.[720]
Angenommen der Bilanzgewinn betrage 100 und die Gesellschaft schütte im
Wege der Sachausschüttung nach der Buchwertmethode Aktien zum Buchwert
von 100 an ihre Gesellschafter aus, die einen Teilwert von 200 haben, so werden
stille Reserven in Höhe von 100 mitausgeschüttet. Bei einem Verkauf der Wertpapiere am Markt hätte die Gesellschaft diese stillen Reserven selbst realisiert,
ihr Gewinn hätte sich um den entsprechenden Betrag erhöht. Indem dieses Ge-
winnpotential im Wege der Ausschüttung still aus der Vermögenssphäre der Gesellschaft in die Vermögenssphäre der Gesellschafter verschoben wurde, hat sich
die Gesellschaft endgültig dieser Gewinnchance begeben.
Daraus wird deutlich, dass es sich bei der Ausschüttung stiller Reserven um eine
verhinderte Vermögensmehrung auf Seiten der Kapitalgesellschaft handelt.

---

[718] *Menner/Broer*, DB 2003, 1079.
[719] *Schüppen*, ZIP 2002, 1277; *Menner/Broer*, DB 2003, 1079.
[720] *Wassermeyer*, Festschrift Müller, 403; *Wochinger*, in: Dötsch/Eversberg/Jost/Pung/
Witt, KStG, § 8 Abs. 3 Rn. 62.

1.1.2.3.2.2 Veranlassung durch das Gesellschaftsverhältnis

Zentrales Definitionsmerkmal der verdeckten Gewinnausschüttung ist die „Veranlassung durch das Gesellschaftsverhältnis". Dieses Merkmal ermöglicht die Abgrenzung der Einkommenserzielung von der Einkommensverwendung, indem auf seiner Grundlage eine Unterscheidung getroffen werden kann zwischen betrieblich bedingten Einkommensbestandteilen und Vorgängen, die ausschließlich im unmittelbaren Interesse der Gesellschafter erfolgen und daher der nichtbetrieblichen Sphäre zuzurechnen sind. Auf diese Weise wird die Besteuerung nach der wirtschaftlichen Leistungsfähigkeit sichergestellt.[721]

Zur Feststellung, ob eine Vermögensminderung oder verhinderte Vermögensmehrung durch das Gesellschaftsverhältnis veranlasst ist, ist grundsätzlich die Denkfigur des ordentlichen und gewissenhaften Geschäftsleiters heranzuziehen und ein Vergleich mit Drittgeschäften anzustellen. Ergibt die Prüfung, dass das jeweilige Geschäft zu fremdüblichen Konditionen abgewickelt wurde, so scheidet eine Veranlassung durch das Gesellschaftsverhältnis aus, da dann feststeht, dass mit einem fremden Dritten gleiche Bedingungen vereinbart worden wären.[722]

Der Maßstab des ordentlichen und gewissenhaften Geschäftsleiters passt auf den ersten Blick nicht bei Geschäften, die nur zwischen der Gesellschaft und dem Gesellschafter in seiner Eigenschaft als Gesellschafter vorgenommen werden können.[723] Ein Fremdvergleich scheidet in diesen Fällen aus, da diese Art von Geschäften gerade nicht mit fremden Dritten getätigt werden.[724]

Wird hier dem Gesellschafter ein Vorteil zugewandt, so ist ohne weiteres davon auszugehen, dass es sich um eine Zuwendung *causa societatis* handelt.[725] Bei der Frage, ob es sich bei der Leistungsbeziehung zwischen Gesellschaft und Gesellschaft um eine verdeckte Gewinnausschüttung handelt oder ein korporationsrechtlicher Akt zu üblichen und angemessenen Bedingungen vorliegt, ist eine modifizierte Form der Angemessenheitsprüfung anzuwenden. Gegenstand der Prüfung ist, ob der Gewinn der Gesellschaft durch die fragliche Maßnahme unangemessen gemindert wird.[726] Auch bei fehlenden Vergleichsmöglichkeiten mit Geschäften Dritter wird man dabei die Formel des ordentlichen und gewis-

---

[721] *Pezzer*, in: Tipke/Lang, Steuerrecht, § 11 Rn. 55; *Knobbe-Keuk*, Bilanz- und Unternehmenssteuerrecht, § 19 I 1; *Frotscher*, in: Frotscher/Maas, KStG, Anhang zu § 8 Rn. 98.

[722] *Knobbe-Keuk*, Bilanz- und Unternehmenssteuerrecht, § 19 I 1; *Frotscher*, GmbHR 1998, 25; R 31 Abs. 3 Satz 3 KStR.

[723] R 31 Abs. 4 Satz 1 KStR.

[724] *Knobbe-Keuk*, Bilanz- und Unternehmenssteuerrecht, § 19 I 1; *Döllerer*, Verdeckte Gewinnausschüttungen, 66 f.; *Frotscher*, in: Frotscher/Maas, Anhang zu § 8 Rn. 197.

[725] *Knobbe-Keuk*, Bilanz- und Unternehmenssteuerrecht, § 19 I 1; *Flume*, ZHR 1980, 20; *Döllerer*, Verdeckte Gewinnausschüttungen, 66.

[726] *Frotscher*, in: Frotscher/Maas, KStG, Anhang zu § 8 Rn. 197.

senhaften Geschäftsleiters fruchtbar machen können.[727] Unangemessen ist eine Zuwendung an die Gesellschafter, die ein ordentlicher und gewissenhafter Geschäftsleiter, der ausschließlich das Interesse der Gesellschaft und im Auge hat, nicht vorgenommen hätte. Die Auskehrung stiller Reserven im Rahmen einer Sachausschüttung nach Buchwerten ist danach durch das Gesellschaftsverhältnis veranlasst. Denn Gewinnausschüttungen nach § 58 Abs. 5 AktG können typischerweise nur an Aktionäre auf der Grundlage ihrer Mitgliedschaft erfolgen. Ebenso liegt die Unangemessenheit einer Ausschüttung zu Buchwerten auf der Hand, wenn die ausgeschütteten Sachen stille Reserven enthalten. Ein ordentlicher und gewissenhafter Geschäftsleiter würde die ebenfalls zulässige Ausschüttung zu Verkehrswerten wählen. Denn es liegt nicht im ausschließlichen Interesse der Gesellschaft, wenn stille Reserven und damit Geschäftschancen ohne weitere Gegenleistung auf die Aktionäre übergehen. Deren Dividendenanspruch, der in der Höhe auf den zu verteilenden Bilanzgewinn gerichtet ist, wird mit Sachwerten erfüllt, deren tatsächlicher Wert u.U. ein Vielfaches des Buchwertes beträgt. Die Mitausschüttung stiller Reserven stellt bei richtiger Betrachtung eine „Draufgabe" dar, für die es keinerlei betriebliche Gründe auf Seiten der Gesellschaft gibt und die demnach allein im Interesse der Aktionäre vorgenommen wird.

1.1.2.3.2.3 Auswirkung auf die Höhe des Einkommens

Eine verdeckte Gewinnausschüttung kann nur dann vorliegen, wenn das Einkommen vermindert worden ist. Das ergibt sich bereits aus dem Wortlaut des § 8 Abs. 3 Satz 2 KStG. Ferner folgt diese Voraussetzung aus dem Regelungszweck des Instituts der verdeckten Gewinnausschüttung, die Besteuerung nach der wirtschaftlichen Leistungsfähigkeit abzusichern. Die Anknüpfung an das Einkommen der Kapitalgesellschaft, das als Gegenstand der Besteuerung Ausdruck der wirtschaftlichen Leistungsfähigkeit ist, erweist sich daher als unerlässlich.[728] Damit scheiden Sachverhalte aus dem Tatbestand der verdeckten Gewinnausschüttung aus, die keinen Einfluss auf die Höhe des Einkommens haben, obwohl sie zu einer Vermögensminderung oder verhinderten Vermögensmehrung geführt haben. Das kann etwa der Fall sein, wenn bestimmte Vermögensmehrungen ohnehin steuerbefreit gewesen wären oder Vermögensabflüsse aus bereits versteuerten Rücklagen erfolgen.[729] Die Vermögenszu- bzw. -

---

[727] *Flume*, ZHR 1980, 22; *Döllerer*, Verdeckte Gewinnausschüttungen, 67.

[728] *Frotscher*, in: Frotscher/Maas, KStG, Anhang zu § 8 Rn. 201.

[729] *Wassermeyer*, GmbHR 1989, 158; *Frotscher*, in: Frotscher/Maas, Anhang zu § 8 Rn. 201a.

abflüsse wären dann in keinem Fall Einkommensbestandteile geworden, selbst wenn eine Ausschüttung an den Anteilseigner unterblieben wäre.
Die Auskehrung stiller Reserven im Wege einer Sachausschüttung hat als verhinderte Vermögensmehrung grundsätzlich Auswirkungen auf die Höhe des Einkommens, da bei einer Realisation auf Gesellschaftsebene das Einkommen entsprechend höher ausgefallen wäre.
Eine andere Beurteilung kommt allerdings bei der Ausschüttung von Beteiligungen in Betracht, für die eine Steuerbefreiung nach § 8b Abs. 2 KStG in Frage kommen könnte. Darauf wird noch einzugehen sein.[730]

1.1.2.3.2.4 Kein Zusammenhang mit einer offenen Ausschüttung

Während die Auskehrung stiller Reserven im Rahmen einer Sachausschüttung zu Buchwerten problemlos unter die bisher behandelten Definitionsmerkmale einer verdeckten Gewinnausschüttung subsumiert werden konnte, bereitet dies beim letzten Prüfungspunkt Schwierigkeiten, wie auch die dargestellte Diskussion in der Literatur belegt.
Nach der Definition des BFH liegt keine verdeckte Gewinnausschüttung vor, wenn die Vermögensminderung oder die verhinderte Vermögensmehrung im Zusammenhang mit einer offenen Ausschüttung steht. Unter einer offenen Ausschüttung ist dabei eine Ausschüttung zu verstehen, die auf einem den gesellschaftsrechtlichen Vorschriften entsprechenden Gewinnverteilungsbeschluss beruht.[731] Dies belegt im übrigen auch Abschnitt 31 Abs. 3 Satz 1 KStR, wo in der aus der Rechtsprechung des BFH abgeleiteten Definition der verdeckten Gewinnausschüttung diese Terminologie anstatt des Begriffs der offenen Ausschüttung verwendet wird. Bei der Aktiengesellschaft erfolgt die offene Ausschüttung des Bilanzgewinns nach § 58 Abs. 4, 5 AktG auf der Grundlage eines Gewinnverwendungsbeschlusses gem. § 174 Abs. 1 und 2 AktG.

1.1.2.3.2.4.1 Problem

Man kann kaum bestreiten, dass die Auskehrung stiller Reserven im Zuge einer Sachausschüttung zu Buchwerten nicht im Zusammenhang mit einer offenen Ausschüttung steht, wie es der BFH ausdrückt. Denn ohne Ausschüttung nach § 58 Abs. 5 i.V.m. § 174 AktG zu Buchwerten, bestünde gar keine Rechtsgrundlage für die Übertragung der stillen Reserven auf die Aktionäre. Es ist ge-

---

[730] Vgl. dazu 3. Abschnitt, 1. Kapitel, 1.3.
[731] *Menner/Broer*, DB 2003, 1079.

rade der Buchwertmethode immanent, dass durch die Ausschüttung von Buchwerten gleichzeitig stilles Vermögen der Gesellschaft auf die Anteilseigner mitübertragen wird. Zum gleichen Ergebnis gelangt man, wenn man sich an der Terminologie der Finanzverwaltung in Abschnitt 31 Abs. 3 Satz 1 KStR orientiert. Die Ausschüttung der stillen Reserven beruht ebenso wie die Ausschüttung in Höhe der Buchwerte auf einem den gesellschaftsrechtlichen Vorschriften entsprechenden Gewinnverwendungsbeschluss nach § 174 AktG.
Man käme demnach zu dem Ergebnis, dass die Ausschüttung stiller Reserven nach § 58 Abs. 5 AktG steuerlich keine verdeckte Gewinnausschüttung darstellen kann, da sie gesellschaftsrechtlich auf einem ordentlichen Gewinnverwendungsbeschluss beruht.[732]
Dieser Befund überzeugt allerdings nicht, wenn man sich bei der Analyse auf den wesentlichen gesetzlichen Regelungszweck von § 8 Abs. 3 Satz 2 KStG besinnt.
Das Institut der verdeckten Gewinnausschüttung hat die Funktion, die steuerliche Doppelbelastung des Einkommens bei der Körperschaft und in Form der Dividende beim Anteilseigner sicherzustellen, nachdem in Deutschland ab 2001 mit der Einführung des Halbeinkünfteverfahrens wieder ein klassisches System mit Doppelbesteuerung gilt.[733]
Auf der Ebene der Körperschaft sichert § 8 Abs. 3 Satz 2 KStG die Durchsetzung des Prinzips der Besteuerung nach der wirtschaftlichen Leistungsfähigkeit ab. Wirtschaftliche Leistungsfähigkeit ist durch das Einkommen repräsentiert, das zur freien Verfügung steht. Aufwendungen oder entgangene Erträge, die in Wirklichkeit als Einkommensverwendung zu qualifizieren sind, können daher die wirtschaftliche Leistungsfähigkeit und damit das wirtschaftliche Substrat, das der Besteuerung unterliegt, nicht mindern.[734]
Vor dem Hintergrund dieser Systematik ergibt sich, dass bei einer Sachausschüttung nach der Buchwertmethode hinsichtlich des Ausschüttungsvolumens folgendermaßen zu differenzieren ist:
Die Ausschüttung in Höhe der Buchwerte der Ausschüttungsgegenstände ist vollumfänglich vom Bilanzgewinn gedeckt, der soweit er sich aus dem Jahresüberschuss speist, mit Körperschaftssteuer belastet ist und soweit er aus der Auflösung von Gewinnrücklagen resultiert, bereits in früheren Geschäftsjahren der Besteuerung unterlag. Im Ergebnis erfolgt damit die Ausschüttung in Höhe

---

[732] Diese Ansicht vertritt *Klingebiel* (in Dötsch/Eversberg/Jost/Pung/Witt, KStG, Anhang zu § 8 Abs. 3 Stichwort „Sachdividenden"), der davon ausgeht, dass in Höhe der mitausgeschütteten stillen Reserven ein Entnahmetatbestand vorliegt.

[733] *Frotscher*, in: Frotscher/Maas, KStG, Anhang zu § 8 Rn. 4a; für den Zeitraum von 1977 bis 2000, in dem das Anrechnungsverfahren galt, war dieser konkrete Zweck zwischenzeitlich entfallen, vgl. *Pezzer*, Verdeckte Gewinnausschüttung, 1.

[734] *Frotscher*, in: Frotscher/Maas, KStG, Anhang zu § 8 Rn. 6.

der Buchwerte aus versteuertem Einkommen, so dass der Steuerzugriff auf Gesellschaftsebene bezüglich dieser Beträge sichergestellt ist. Die Ausschüttung der stillen Reserven ist dagegen nicht vom Bilanzgewinn gedeckt. Vielmehr stellt sie sich als Auskehrung unrealisierter und damit unversteuerter Vermögensmehrungen[735] dar, die bei Realisierung auf Gesellschaftsebene zu steuerbarem und in der Regel steuerpflichtigem Einkommen geführt hätten. Durch eine Sachausschüttung zu Buchwerten unterbleibt im Ergebnis die Besteuerung der stillen Reserven auf der Ebene der Kapitalgesellschaft. Dies widerspricht klar dem System der Doppelbesteuerung nach dem Halbeinkünfteverfahren. Zum anderen ist dadurch das Prinzip der Besteuerung nach der wirtschaftlichen Leistungsfähigkeit verletzt. Denn die stillen Reserven als realisierbare, aber noch nicht realisierte Geschäftschancen[736] sind im Gesellschaftsvermögen entstanden und damit der Gesellschaft zuzurechnen. Sie haben die Leistungsfähigkeit der Kapitalgesellschaft erhöht[737], auch wenn dies noch keinen bilanziellen Niederschlag gefunden hat.[738]

---

[735] Nicht mehr haltbar ist die Ansicht *Wassermeyers* (in: Festschrift Müller, 404), der verdeckten Gewinnausschüttung in der Gestalt der verhinderten Vermögensmehrung liege die nur steuerliche Annahme zugrunde, dass eine Kapitalgesellschaft auch Vermögen ausschütten kann, das sie vor der Ausschüttung nie besessen hat. Zum einen handelt es sich bei einer Sachausschüttung zu Buchwerten nach § 58 Abs. 5 AktG nunmehr nicht mehr nur um eine steuerliche Annahme, sondern um eine gesellschaftsrechtlich zulässige Ausschüttungsvariante. Zum anderen gehören stille Reserven ebenso zum Vermögen der Kapitalgesellschaft wie das in der Bilanz gezeigte. Von daher trifft es nicht zu, dass bei einer Übertragung stiller Reserven auf den Anteilseigner Vermögen übergeht, das die Gesellschaft vorher nie besessen hat.

[736] *Wassermeyer*, Festschrift Müller, 398.

[737] *Frotscher*, in: Frotscher/Maas, KStG, Anhang zu § 8 Rn. 70; a.A. offenbar *Knobbe-Keuk*, Bilanz- und Unternehmenssteuerrecht, § 7 I. Würde man der Ansicht folgen, dass unrealisierte Vermögensmehrungen nicht die Leistungsfähigkeit der Kapitalgesellschaft erhöhen, gäbe es für die Qualifizierung einer verhinderten Vermögensmehrung als verdeckte Gewinnausschüttung mit der Folge der Besteuerung keine Rechtfertigung.

[738] An dieser Stelle lässt sich ein Vergleich mit der Veräußerung von Gesellschaftsvermögen zu Buchwerten an einen Gesellschafter ziehen, worin unstreitig ein Fall von verdeckter Gewinnausschüttung gesehen wird. Auch hier gehen stille Reserven auf den Gesellschafter über, ohne bilanziell aufgedeckt, also realisiert worden zu sein. Auf diese Weise werden auf Gesellschaftsebene Betriebseinnahmen vereitelt, welche der Gesellschaft zustanden und deren Leistungsfähigkeit erhöht haben.

1.1.2.3.2.4.2 Lösung

Vor dem Hintergrund der bisherigen Betrachtung stößt man auf Ungereimtheiten:
Nach der Definition der verdeckten Gewinnausschüttung durch den BFH stellt die Ausschüttung stiller Reserven im Rahmen einer Sachausschüttung nach der Buchwertmethode keine verdeckte Gewinnausschüttung dar. Auf der Grundlage einer Auslegung des § 8 Abs. 3 Satz 2 KStG von seinem Sinn und Zweck her gelangt man dagegen zu dem Ergebnis, dass der Fall einer Sachausschüttung zu Buchwerten in Höhe der stillen Reserven zwingend als verdeckte Gewinnausschüttung zu qualifizieren ist.

Dieses Ergebnis erstaunt umso mehr, als auch der BFH bei seiner Definition der verdeckten Gewinnausschüttung implizit das Fundamentalprinzip der Besteuerung nach der wirtschaftlichen Leistungsfähigkeit zugrunde liegt.[739]

Der Widerspruch ist insofern aufzulösen, als die Definition der verdeckten Gewinnausschüttung durch den BFH einer dringenden Korrektur bedarf. Sie leidet an einer Schwäche, die sich gerade erst bei der Nagelprobe in Form der Sachausschüttung zu Buchwerten offenbart.

Neuralgischer Punkt der Definition ist, dass eine verdeckte Gewinnausschüttung nur dann vorliegen soll, wenn die Vermögensminderung (verhinderte Vermögensmehrung) nicht im Zusammenhang mit einer offenen Ausschüttung steht. Bis zur Einführung von § 58 Abs. 5 AktG[740] war dieses Tatbestandsmerkmal praktisch kaum von Bedeutung bzw. sogar überflüssig. Denn wie sich aus § 8 Abs. 3 Satz 1 KStG ergibt, können offene Gewinnausschüttungen das Einkommen nicht mindern.[741] Barausschüttungen, die auf den gesellschaftsrechtlichen Vorschriften über die Gewinnverwendung beruhen, wurden und werden sowohl in der Handelsbilanz als auch in der Steuerbilanz erfolgsneutral behandelt und können somit unter keinem Gesichtspunkt Einfluss auf den Bereich der Gewinnermittlung haben; sie werden offen gegen den Bilanzposten Bilanzgewinn gebucht, das Problem mitausgeschütteter stiller Reserven kann nicht auftreten. Neben dem Tatbestandsmerkmal der Verminderung des Einkommens hatte die ausdrückliche Ausklammerung offener Gewinnausschüttungen daher keine ei-

---

[739] *Fleischer*, DStR 1999, 1253.

[740] Genau genommen war die Definition der verdeckten Gewinnausschüttung durch den BFH schon vor der Einführung von § 58 Abs. 5 AktG problematisch, da nach h.M. Sachausschüttungen auch ohne ausdrückliche Regelung für zulässig erachtet wurden. Allerdings erforderte dies die Zustimmung aller Aktionäre, so dass die praktische Relevanz gleich null war. Zudem äußerte sich der BFH in dem soweit ersichtlich einzigen Urteil zur Frage der Bewertung einer Sachausschüttung dahingehend, dass er die Auskehrung zum Buchwert für unzulässig halte (vgl. BFH v. 26.1.1972, BFHE 105, 115, 120). Insofern stellte sich für ihn das Problem der Auskehrung stiller Reserven nicht.

[741] *Frotscher*, in: Frotscher/Maas, KStG, Anhang zu § 8 Rn. 204.

genständige Bedeutung.[742] Wenn der BGH dennoch an diesem Tatbestandsmerkmal festhielt, so mag dies zwar nicht im Sinne einer schlanken Definition gewesen sein, es schadete aber auch nicht. Mit der Schaffung des neuen § 58 Abs. 5 AktG hat sich die Situation wesentlich geändert. Nun besteht kein Zweifel mehr, dass Sachausschüttungen zulässig sind. Wie die bisherigen Untersuchungen ergeben haben, ist zudem eine Ausschüttung zu Buchwerten möglich und rechtlich nicht zu beanstanden. Damit existiert eine Ausschüttungsvariante, die es ermöglicht, im Rahmen einer offenen, d.h. auf gesellschaftsrechtlichen Gewinnverwendungsvorschriften beruhenden Gewinnausschüttung stille Reserven an die Anteilseigner auszukehren. Nunmehr trifft der Grundsatz nicht mehr zu, dass eine offene Gewinnausschüttung nicht das Einkommen mindern kann. Behielte der BFH das Definitionsmerkmal des fehlenden Zusammenhangs mit einer offenen Gewinnausschüttung bei, so käme man bei der Sachausschüttung zu Buchwerten zur Ablehnung einer verdeckten Gewinnausschüttung, die mit der dogmatischen Grundlage von § 8 Abs. 3 Satz 2 KStG nicht vereinbar wäre.

Die Definition der verdeckten Gewinnausschüttung durch den BFH bedarf daher einer Korrektur dahingehend, dass auf das problematische Definitionsmerkmal ersatzlos verzichtet wird.[743] Sachausschüttungen sind dann in Höhe der Buchwerte nicht als verdeckte Gewinnausschüttungen zu qualifizieren, da sie das Einkommen nicht mindern. In Höhe der mitausgekehrten stillen Reserven liegt definitions- und systemgerecht eine verdeckte Gewinnausschüttung vor.

Im Ergebnis stellt sich eine Sachausschüttung zu Buchwerten daher folgendermaßen dar:
Handels- und steuerrechtlich liegt sowohl in Höhe der Buchwerte als auch in Höhe der stillen Reserven eine auf den gesellschaftsrechtlichen Gewinnverwendungsvorschriften beruhende (offene) Gewinnausschüttung vor. Steuerrechtlich ist diese Ausschüttung in Höhe der ausgeschütteten stillen Reserven als verdeckte Gewinnausschüttung zu qualifizieren. Eine offene Gewinnausschüttung kann also zugleich eine verdeckte Gewinnausschüttung i.S.d. § 8 Abs. 3 Satz 2

---

[742] *Frotscher*, in: Frotscher/Maas, KStG, Anhang zu § 8 Rn. 204. Dies übersieht Wassermeyer (GmbHR 1998, 158), der offenbar davon ausging, dass die Ausklammerung der offenen Ausschüttung aus der Definition des BFH nicht verzichtbar war.

[743] Möglicherweise hat die Finanzverwaltung bereits diesen Standpunkt eingenommen, nachdem das BMF in einem Schreiben zur Korrektur der verdeckten Gewinnausschüttung das negative Tatbestandsmerkmal des Fehlens eines ordnungsgemäßen Gewinnverwendungsbeschlusses nicht mehr anspricht (vgl. BMF, Korrektur einer verdeckten Gewinnausschüttung innerhalb oder außerhalb der Steuerbilanz, Schreiben vom 28. Mai 2002, IV A 2 - S 2742 - 32/02, BStBl. 2002 I, 603).

KStG sein.[744] Dies rührt daher, dass eine ordnungsgemäße Sachausschüttung zu Buchwerten die Möglichkeit eröffnet, stille Reserven „verdeckt"[745] von der Gesellschaft auf den Anteilseigner zu transferieren.[746] Insofern ist die hier vorgenommene Auslegung unproblematisch vom Wortlaut des § 8 Abs. 3 Satz 2 KStG gedeckt. Von der Sache her macht es keinen Unterschied, ob schuldrechtliche Verträge oder Gewinnverwendungsvorschriften als „Transportvehikel" zur Ausschleusung stiller Reserven aus dem Gesellschaftsvermögen verwendet werden.

Das Argument, spätestens seit der Einfügung von § 58 Abs. 5 AktG komme eine Aufteilung der Sachdividende in eine offene und eine verdeckte Ausschüttung nicht mehr in Betracht, erweist sich als unzutreffend. Dass die Auskehrung stiller Reserven steuerlich als verdeckte Gewinnausschüttung zu qualifizieren ist, bedeutet nicht, dass die Ausschüttung als solche ihren Charakter als offene handelsrechtlich legitimierte Gewinnausschüttung verliert.

Ein Vergleich mit der Veräußerung von Gesellschaftsvermögen zu Buchwerten an einen Anteilseigner - einem Standardfall einer verdeckten Gewinnausschüttung - ist wiederum zum Verständnis hilfreich. Zivilrechtlich besteht kein Zweifel daran, dass es sich dabei im ganzen um einen einheitlichen Kaufvertrag handelt.[747] Aus steuerrechtlicher Sicht dagegen liegt ein gemischtes Geschäft (sog. *negotium mixtum*) vor, da ein Teil der Zuwendung *societatis causa* zugewendet wird.[748] In Höhe der Buchwerte stellt sich der Vorgang als erfolgsneutraler Aktivtausch dar. In Höhe der übertragenen stillen Reserven im Kaufgegenstand liegt eine verdeckte Gewinnausschüttung nach § 8 Abs. 3 Satz 2 KStG vor. Es

---

[744] Begrifflich erscheint dieses Ergebnis paradox, was sich allerdings relativiert, wenn man statt „offene Ausschüttung" den Terminus „auf den gesellschaftsrechtlichen Gewinnverwendungsvorschriften beruhende Ausschüttung" verwendet.

[745] *Menner/Broer* (DB 2003, 1079) gehen fälschlicherweise davon aus, dass die Tatsache, dass eine offene Gewinnausschüttung vorliegt, die (teilweise) Annahme einer verdeckten Gewinnausschüttung ausschließe. Sie haften dabei zu sehr an dem begrifflichen Gegensatzpaar „offen" und „verdeckt" und beachten nicht die dahinterstehenden Wertungen. Kritik an dieser rein verbalen Argumentation übt auch *Achenbach*, in: *Dötsch/Eversberg/Jost/Witt*, KStG a.F., Anhang zu § 8 Abs. 3 Stichwort „Sachdividenden/Sachausschüttungen".

[746] Selbst wenn die stillen Reserven im Gewinnverwendungsbeschluss offen gelegt werden, wie teilweise in der Literatur gefordert wird (*Bayer*, in: MünchKommAG, § 58 Rn. 110), ändert dies nichts an der Qualifikation als verdeckte Ausschüttung. Genauso irrelevant wäre es für die steuerliche Einordnung als verdeckte Gewinnausschüttung, wenn die Gesellschaft einen Gegenstand zum Buchwert an einen Anteilseigner veräußert und im Kaufvertrag den Verkehrswert der Sache offen legt.

[747] Einmal abgesehen davon, dass dieser Vertrag wegen Verstoßes gegen § 57 AktG möglicherweise nichtig ist. Zum diesbezüglichen Streitstand vgl. etwa *Bayer*, in: MünchKommAG, § 57 Rn. 140 ff. mit weiterführenden Literaturhinweisen.

[748] Sog. „Aufteilungstheorie" vgl. *Knobbe-Keuk*, Bilanz- und Unternehmenssteuerrecht, § 19 I 2; *Frotscher*, in: Frotscher/Maas, Anhang zu § 8 Rn. 206.

ist also für bestimmte Fallgruppen verdeckter Gewinnausschüttungen geradezu typisch, dass zivilrechtlich einheitliche Vorgänge aus steuerlicher Sicht in einzelne Komponenten zerlegt werden.[749]

1.1.2.3.3 Zeitpunkt der Realisierung

Stellt sich noch die Frage, zu welchem Zeitpunkt die verhinderte Vermögensmehrung in Form der mitausgeschütteten stillen Reserven dem Einkommen der Kapitalgesellschaft außerbilanziell hinzuzurechnen ist.
Bei verdeckten Gewinnausschüttungen in Form der verhinderten Vermögensmehrung ist der maßgebende Korrekturzeitpunkt grundsätzlich derjenige, zu dem die Vermögensmehrung eingetreten wäre, wenn die Maßnahme, die als verdeckte Gewinnausschüttung zu qualifizieren ist, unterblieben wäre.[750] Als verdeckte Gewinnausschüttung ist im Rahmen der Sachausschüttung zu Buchwerten die Auskehrung stiller Reserven in den Ausschüttungsgegenständen auf der Grundlage eines entsprechenden Gewinnverwendungsbeschlusses zu bewerten. Wäre diese Maßnahme unterlassen worden, so befänden sich die stillen Reserven noch im Vermögen der Aktiengesellschaft und könnten von ihr realisiert werden.
Die Gewinnverwendung stellt einen Geschäftsvorfall des neuen Geschäftsjahres dar. Mit der Übertragung der Ausschüttungsgegenstände scheiden die darin enthaltenen stillen Reserven endgültig aus dem Vermögen der Gesellschaft aus und wechseln in das Vermögen der Anteilseigner. Demzufolge ist die Hinzurechnung im Wirtschaftsjahr der Ausschüttung vorzunehmen und zwar in Höhe der Differenz aus den Buchwerten und den gemeinen Werten der ausgeschütteten Sachen.
Gegen dieses Ergebnis könnte man einwenden, dass stille Reserven in dieser Höhe gar nicht realisiert worden wären, wenn der zur verdeckten Gewinnausschüttung führende Akt, der Gewinnverwendungsbeschluss zu Buchwerten, unterblieben wäre. Bei gleichem Bilanzgewinn wäre nach der Verkehrswertmetho-

---

[749] Wenn man sich dieser Zusammenhänge bewusst ist, bedarf es auch keiner eher gekünstelt wirkenden Erklärungsmodelle, welche die Annahme einer verdeckten Gewinnausschüttung auf die Ebene der Einkommenserzielung beschränken, auf der Ausschüttungsebene aber von einer offenen Gewinnausschüttung ausgehen (*Lutter/Leinekugel/Rödder*, ZGR 2002, 229). Diese Ansicht übersieht, dass der Tatbestand der verdeckten Gewinnausschüttung im Fall der Sachdividende zu Buchwerten gerade an den entsprechenden Gewinnverwendungsbeschluss anknüpft.

[750] Es ist demnach also ein Alternativszenario zu entwerfen für den Fall, dass die Handlung, die als verdeckte Gewinnausschüttung zu qualifizieren ist, unterlassen worden wäre. Auf dieser Grundlage ist dann weiter zu prüfen, wann und in welcher Höhe die stillen Reserven zu einer Einkommenserhöhung geführt hätten, wenn sie nicht verdeckt an die Gesellschafter ausgekehrt worden wären.

de nur ein Bruchteil der stillen Reserven aufgedeckt worden, eine höheres Aufdeckungsvolumen wäre rechtlich gar nicht möglich gewesen.

Dem lässt sich aber entgegenhalten, dass es für den steuerrechtlichen Tatbestand der verdeckten Gewinnausschüttung nicht darauf ankommt, ob die Verlagerung des Vermögens oder der Erträge gesellschaftsrechtlich zulässig oder unzulässig, ob sie rechtmäßig oder rechtswidrig ist.[751] Insofern ist für die „Kontrollbetrachtung" für den Falle der unterlassenen verdeckten Gewinnausschüttung eine reine wirtschaftliche Betrachtungsweise ausschlaggebend.

Problematisch erscheint in diesem Zusammenhang auch, dass nicht klar ist, ob und zu welchem Zeitpunkt die stillen Reserven realisiert worden wären, wenn nicht im Wege der Sachausschüttung eine Auskehrung stattgefunden hätte. Im Kern geht es darum, wann eine Einkommensminderung in Form der verhinderten Vermögensmehrung eingetreten ist.

Ein bestimmtes Ausschüttungsverhalten im Wege von Sachausschüttungen nach der Verkehrswertmethode, das zu einer schrittweisen Realisierung der stillen Reserven geführt hätte, wäre reine Fiktion. Weiterführend ist es, eine Parallele zum Entnahmetatbestand im Einkommensteuerrecht zu ziehen. Dort werden die stillen Reserven in dem Zeitpunkt (zwangs-)realisiert, in dem sie aus dem Betriebsvermögen ausscheiden und damit auf ein anderes Steuersubjekt übergehen. Da es sich auch bei der verdeckten Gewinnausschüttung nach § 8 Abs. 3 Satz 2 KStG um einen Ersatzrealisationstatbestand handelt, der die Besteuerung stiller Reserven sicherstellen soll, lässt sich diese Sichtweise auf das Körperschaftsteuerrecht übertragen. Bei der Sachausschüttung zu Buchwerten scheiden die stillen Reserven definitiv aus dem Gesellschaftsvermögen aus und gehen auf den Anteilseigner über. Daher sind zu diesem Zeitpunkt die stillen Reserven im Sinne einer „Schlussbesteuerung" der Körperschaftsteuer zu unterwerfen.

1.2 Verkehrswertmethode

1.2.1 Handelsrechtlicher Realisationstatbestand

Bei einer Sachausschüttung zu Verkehrswerten werden die stillen Reserven in den Ausschüttungsgegenständen im Jahr der Ausschüttung realisiert. Die Realisierung erfolgt dadurch, dass Dividendenansprüche der Aktionäre in Höhe des Bilanzgewinns durch die Ausschüttung von Sachen erfüllt werden, deren Buchwerte um den Betrag der stillen Reserven unter den Dividendenverbindlichkei-

---

[751] *Thiel*, DStR 1993, 1802.

ten der Gesellschaft liegen.[752] Der im Rahmen der Gewinnverwendung entstehende Ertrag wird daher in der Rechnungslegung des Ausschüttungsjahres offen ausgewiesen.

1.2.2 Steuerrechtlicher Realisationstatbestand

Da die Steuerbilanz aufgrund des Maßgeblichkeitsprinzips gem. § 5 Abs. 1 Satz 1 EStG aus der Handelsbilanz entwickelt wird, gelten die handelsrechtlichen Grundsätze der Gewinnermittlung auch für die Ermittlung des steuerlichen Gewinns, soweit das Steuerrecht nicht abweichende Regelungen vorsieht.[753] Die im Zuge der Gewinnausschüttung aufgedeckten stillen Reserven sind daher auch im steuerlichen Einkommen des Ausschüttungsjahres enthalten und unterliegen somit der Körperschaftsteuer.

1.3 Anwendung von § 8b Abs. 2 KStG bei der Ausschüttung von Beteiligungen

Nach § 8b Abs. 2 KStG bleiben bei der Ermittlung des Einkommens Gewinne aus der Veräußerung eines Anteils[754] an einer Körperschaft außer Ansatz, d.h. entsprechende Veräußerungsgewinne werden steuerfrei gestellt. Daher ist zu prüfen, ob bei der Ausschüttung von Beteiligungen an Tochtergesellschaften im Wege einer Sachdividende dieser Steuerbefreiungstatbestand greift.

Ein erstes Problem stellt sich bereits im Hinblick auf den Wortlaut des § 8b Abs. 2 KStG. Dieser spricht von Gewinnen aus der Veräußerung von Anteilen. Veräußerung ist in seiner rechtsterminologischen Bedeutung im Bürgerlichen Recht ein Rechtsgeschäft, das unmittelbar zum Eigentumserwerb oder zum Erwerb eines Rechts führt.[755] Von daher wäre eine Ausschüttung von Beteiligungen von diesem Begriff unproblematisch erfasst, da auch bei der Auskehrung der Anteile an die Anteilseigner dingliche Übertragungsakte erforderlich sind.

Allerdings zeigt die inhaltliche Verknüpfung von Gewinn und Veräußerung, dass § 8b Abs. 2 KStG als Veräußerung nur eine entgeltliche Übertragung von

---

[752] Gewinnrealisierungstatbestand ist damit ein formeller (aber nicht wertmäßiger) Verzicht der Aktionäre auf vollständige buchmäßige Erfüllung ihrer Dividendenforderungen. Dieser Verzicht ist konkludent im entsprechenden Gewinnverwendungsbeschluss enthalten.

[753] *Weber-Grellet*, in: Schmidt, EStG, § 5 Rn. 21.

[754] Die anderen Tatbestandsalternativen von § 8b Abs. 2 KStG kommen von vorne herein nicht in Betracht.

[755] Deutsches Rechtslexikon, Band 3, Stichwort „Veräußerung als rechtstechnischer Begriff", 4394 linke Spalte.

238

Sachen ansieht, bei der also eine Gegenleistung vorgesehen ist.[756] Diese Ansicht bestätigt die ausdrückliche Einbeziehung von Gewinnen aus verdeckten Einlagen in die Steuerfreiheit durch § 8b Abs. 2 Satz 5 KStG. Auch im Rahmen verdeckter Einlagen finden dingliche Übertragungsakte statt, wobei allerdings vom Empfänger für die Einlagen keine Gegenleistung gewährt wird. Aus diesem Grund lehnt es der BFH ab, Gewinne aus verdeckten Einlagen als Veräußerungsgewinne zu qualifizieren.[757] Würde man unter Veräußerung allein einen dinglichen Übertragungsakt verstehen, ließe sich die besondere Regelung der verdeckten Einlage nicht erklären, wenn man davon ausgeht, dass der Steuergesetzgeber keine überflüssigen Normen schaffen will.

Demnach stellt die Realisierung stiller Reserven im Rahmen einer Sachausschüttung keinen Veräußerungsgewinn i.S.v. § 8b Abs. 2 KStG dar.[758] Es fehlt an der Gegenleistung für den Anspruch auf die Ausschüttung einer Sachdividende. Das Dividendenrecht fließt aus der Mitgliedschaft und steht nicht in einem Austauschverhältnis zu einer Gegenleistung des Aktionärs.[759] Die in der Literatur teilweise bemühte (steuerliche) Fiktion eines veräußerungsgleichen Realisationsakts mit einer anschließenden Einkommensverwendung[760] entbehrt jeglicher gesetzlichen Grundlage und kann nicht dazu führen, dass eine Gewinnausschüttung nunmehr rechtlich als entgeltliches Veräußerungsgeschäft zu qualifizieren ist.

In Betracht kommt allerdings eine analoge Anwendung von § 8b Abs. 2 KStG auf Sachausschüttungen. Damit stellt sich die Frage, ob die fehlende Steuerbefreiung von Gewinnen aus der Auskehrung von Sachdividenden eine unbewusste Regelungslücke darstellt, die es zu schließen gilt. Im folgenden ist daher

---

[756] BFH v. 27.7.1988, BStBl. II 1989, 271, 273 zu § 17 EStG; *Frotscher*, in: Frotscher/Maas, KStG, § 8b Rn. 41; *Jakobs/Wittmann*, GmbHR 2002, 912 f; siehe auch R 41 Abs. 5 Satz 2 KStR zu § 8b KStG a.F.; *Waclawik*, WM 2003, 2273.

[757] Vgl. auch *Frotscher*, in: Frotscher/Maas, KStG, § 8b Rn. 41.

[758] Ebenso *Leip*, BB 2002, 1840; *Menner/Broer* (DB 2003,1079) überstrapazieren den Wortlaut, wenn sie davon ausgehen, dass der Begriff der Veräußerung weit zu verstehen ist und demnach auch Gewinne aus Sachausschüttungen als Veräußerungsgewinne anzusehen sind.

[759] *Häger/Forst* (EStB 2002, 336) wollen die Ausschüttung einer Sachdividende als Tauschgeschäft deuten, bei dem der Aktionär seinen Dividendenzahlungsanspruch gegen die auszuschüttenden Kapitalgesellschaftsanteile eintauscht. Denn Tauschgeschäfte fallen nach allgemeiner Ansicht unter den Begriff der Veräußerung. Diese Sichtweise überzeugt nicht. Bei einer Sachdividende nach § 58 Abs. 5 AktG ist die Ausschüttung der Sachen dingliche Erfüllung des Dividendenanspruchs und kein Tauschgeschäft auf schuldrechtlicher Ebene. Andernfalls wäre etwa auch eine Schenkung als entgeltliche Veräußerung zu sehen, bei der der Beschenkte seinen Sachleistungsanspruch gegen die Übertragung der Sache eintauscht.

[760] *Prinz/Schürner*, DStR 2003, 184.

239

mittels einer teleologischen[761] Auslegung von § 8b Abs. 2 KStG zu untersuchen, ob diese Vorschrift ihrem Sinn und Zweck nach die Gewinnrealisierung bei Sachausschüttungen erfasst:
Das gegenwärtige Körperschaftsteuersystem ist ein klassisches System mit Doppelbelastung auf Ebene der Gesellschaft mit dem von ihr erzielten Einkommen und auf Ebene des Anteilseigners mit der ihm zufließenden Gewinnausschüttung. Da dieser doppelten Besteuerung keine doppelte Leistungsfähigkeit gegenübersteht, musste die Steuerbelastung auf beiden Ebenen abgemildert werden, um einen Verstoß gegen das Prinzip der Leistungsfähigkeit zu vermeiden. Dies geschah auf Gesellschaftsebene durch eine Senkung des Körperschaftsteuersatzes auf 25%. Auf Anteilseignerebene wird die Vorbelastung auf Gesellschaftsebene dadurch abgefedert, dass nur die Hälfte seiner Dividendeneinnahmen der Besteuerung unterliegen (sog. Halbeinkünfteverfahren). Eine Belastung auf zwei Ebenen ist also systemimmanent, während sie auf mehr als zwei Ebenen vermieden werden muss. Dies leistet § 8b Abs. 1 KStG, indem er in Beteiligungsstrukturen „durchgeschüttete" Dividenden steuerfrei stellt. Da es wirtschaftlich gesehen keinen Unterschied macht, ob Gewinne von Tochtergesellschaften an ihre Mütter in Form von Dividenden ausgeschüttet werden oder im Falle der Thesaurierung durch die Mutter im Wege des Anteilsverkaufs realisiert werden,[762] ist die Steuerbefreiung von Gewinnen aus der Veräußerung von Beteiligungen nach § 8b Abs. 2 KStG systematisch konsequent.[763]
Betrachtet man nun die Sachausschüttung von Beteiligungen an Kapitalgesellschaften, kommt man zu dem Ergebnis, dass § 8b Abs. 2 KStG von seiner *ratio* her auch für diese Fallgruppe passt.
Würde die Ausschüttung von Beteiligungen nicht steuerfrei gestellt, so käme es systemwidrig zu einer mehr als zweifachen Belastung desselben Unternehmensgewinns: zunächst unterläge der Gewinn der Tochtergesellschaft bei dieser der Körperschaftsteuer. Bei Ausschüttung der Anteile an der Tochtergesellschaft an die Anteilseigner der Muttergesellschaft würden dieselben Gewinne, die nun im Anteilswert verkörpert sind, realisiert und ein weiteres mal mit Körperschaftsteuer belegt. Schließlich unterlägen die Gewinne, verkörpert in der ausgeschütteten Beteiligung an der Tochtergesellschaft, hälftig der Einkommensteuer auf Anteilseignerebene.

---

[761] Teilweise wird im Steuerrecht in diesem Zusammenhang auch von Auslegung nach der wirtschaftlichen Betrachtungsweise bzw. wirtschaftlicher Auslegung gesprochen, vgl. etwa *Lang*, in: Tipke/Lang, § 5 Rn. 65 ff. Es handelt sich jedoch um nichts anderes als eine Auslegung nach dem Sinn und Zweck des Gesetzes.
[762] Dabei liegt die idealisierte Prämisse zugrunde, dass sich durch die Thesaurierung von Gewinnen bei der Tochter der Beteiligungswert im Vermögen der Mutter entsprechend erhöht.
[763] *Dötsch/Pung*, in: Dötsch/Eversberg/Jost/Pung/Witt, KStG, § 8b Rn. 17; *Frotscher*, in: Frotscher/Maas, KStG, § 8b Rn. 3 und 30.

Deutlich wird die Notwendigkeit der Einbeziehung der Sachdividende in den Anwendungsbereich von § 8b Abs. 2 KStG auch, wenn man den Fall betrachtet, dass die ausschüttende Gesellschaft die Beteiligung an der Tochter zunächst veräußert, um dann den erlösten Betrag an die Anteilseigner auszuschütten. Bei dieser Sachlage besteht kein Zweifel, dass der Veräußerungserlös nach § 8b Abs. 2 KStG auf Ebene der ausschüttenden Muttergesellschaft steuerfrei ist. Für eine unterschiedliche Behandlung beider Fälle lässt sich kein nachvollziehbarer Grund finden.[764]

Im Ergebnis kann davon ausgegangen werden, dass bezüglich der fehlenden Steuerfreiheit von Gewinnen aus Sachausschüttungen eine Regelungslücke vorliegt. Das ist zunächst nicht verwunderlich, da § 58 Abs. 5 AktG, mit dem Sachausschüttungen nun auch praktische Relevanz erlangt haben, erst nach der Schaffung von § 8b Abs. 2 KStG eingeführt wurde.[765]

Dennoch wird in der Literatur teilweise eine analoge Anwendung von § 8b Abs. 2 KStG mit der Begründung abgelehnt, es liege keine planwidrige Regelungslücke vor. Denn der Steuergesetzgeber habe in Kenntnis der Diskussion um die Steuerfreiheit der Sachdividende im Rahmen des UnStFG,[766] das bzgl. § 8b KStG aufgetretene Lücken schloss und Zweifelsfragen klärte, nicht reagiert.[767] Diese Ansicht ist methodisch nicht haltbar. § 58 Abs. 5 AktG, der die Zulässigkeit der Sachdividende klarstellt, trat erst am 19.7.2002 in Kraft, während das UnStFG bereits am 20.12.2001 in Kraft trat. Sicherlich wurde im Vorfeld der gesetzlichen Normierung der Sachdividende über steuerliche Auswirkungen diskutiert und auf einzelne Defizite hingewiesen. Es bedarf aber wohl keiner weiteren Diskussion, dass man vom Steuergesetzgeber nicht verlangen kann, in vorauseilendem Gehorsam eine steuerliche Regelung zu einer aktienrechtlichen Neuerung zu schaffen, die noch nicht einmal Gesetz geworden ist. Selbst die Beschlussempfehlung und der Bericht des Rechtsausschusses zum Regierungsentwurf des TransPuG, welcher die Bundesregierung auffordert, alsbald auch steuerrechtliche Folgeregelungen zu prüfen und dazu dem Parlament Vorschläge zu unterbreiten,[768] datiert erst auf den 15.5.2002. Zum Zeitpunkt der letzten Änderung von § 8b Abs. 2 KStG existierten also noch nicht einmal konkrete Stellungnahmen von offizieller Seite, welche auf die steuerrechtliche Problematik hinwiesen. Aufgrund dieser Sachlage erscheint es abwegig, von einem bewussten Schweigen des Steuergesetzgebers im Angesicht der vollen Problematik

---

[764] *Frotscher*, in: Frotscher/Maas, KStG, § 8b Rn. 3.

[765] Die Vorschrift des § 58 Abs. 5 AktG trat am 19.7.2002 in Kraft, die Steuerfreiheit der Veräußerung von Inlandsbeteiligungen wurde erstmals durch Gesetz vom 23.10.2000 in § 8b Abs. 2 KStG n.F. normiert.

[766] Gesetz zur Fortentwicklung des Unternehmenssteuerrechts v. 20.12.2001, BGBl. I 2001, 3858.

[767] *Leip*, BB 2002, 1840.

[768] BT-Drucks. 14/9079, 17.

auszugehen. Dem steht auch nicht entgegen, dass schon vor dem Inkrafttreten von § 58 Abs. 5 AktG die Sachdividende von der herrschenden Meinung für zulässig gehalten wurde. Die Voraussetzungen waren so hoch angesetzt (einstimmiger Hauptversammlungsbeschluss), dass die praktische Relevanz der Sachausschüttung gleich null war. Dass der Steuergesetzgeber ein „Mauerblümchen" nicht bei der Schaffung bzw. Korrektur von § 8b Abs. 2 KStG berücksichtigte, kann ihm ebenfalls nicht als bewusstes Unterlassen unterstellt werden. Die vorliegende planwidrige Regelungslücke ist demnach durch analoge Anwendung von § 8b Abs. 2 KStG zu schließen. Die Gewinne aus der Ausschüttung von Beteiligungen an Kapitalgesellschaften sind steuerbefreit.[769] Da es hier um eine steuerentlastende Analogie geht, die nach ganz überwiegender Meinung zulässig ist, muss nicht die kontrovers diskutierte Frage entschieden werden, ob im Steuerrecht auch eine steuerverschärfende Analogie erlaubt ist.[770] Der Steuergesetzgeber sollte jedoch für Klarheit sorgen und in § 8b Abs. 2 KStG ausdrücklich auch die Gewinne aus der Ausschüttung von Beteiligungen an Körperschaften steuerfrei stellen.

Die analoge Anwendung von § 8b Abs. 2 KStG auf Gewinne aus Ausschüttungen von Beteiligungen ist unproblematisch, wenn handelsrechtlich die Ausschüttung zu Verkehrswerten erfolgt. Die Gewinne werden dann im Jahr der Ausschüttung bilanziell erfasst und bei der Ermittlung des Einkommens außer Ansatz gelassen.

Weniger klar ist dagegen die Lage, wenn Beteiligungen zu Buchwerten ausgeschüttet werden. Überwiegend wird hier in Höhe der mitausgeschütteten stillen Reserven eine verdeckte Gewinnausschüttung angenommen,[771] wobei streitig war, ob § 8b Abs. 2 KStG auf diese verdeckte Gewinnausschüttung Anwendung findet.

Die Finanzverwaltung verneinte die Anwendbarkeit von § 8b Abs. 2 KStG auf verdeckte Gewinnausschüttungen.[772] Aufgrund der außerbilanziellen Hinzurechnung bei der Einkommensermittlung erhöhe die verdeckte Gewinnaus-

---

[769] Im Ergebnis ebenso BMF v. 28.4.2003 zu § 8b KStG n.F. Rn. 22, wobei die Finanzverwaltung die Sachdividende zwar nicht als gesetzlich geregelten Anwendungsfall der Vorschrift sieht, sie aber gleichwohl auch auf diesen „anderen Realisationsfall" anwenden will; *Menner/Broer*, DB 2003, 1079; *Lutter/Leinekugel/Rödder*, ZGR 2002, 230; *Prinz/Schürner*, DStR 2003, 184; *Frotscher, in:* Frotscher/Maas, KStG, § 8b Rn. 41a; *Müller*, NZG 2002, 759, die allerdings alle von einer direkten Anwendung von § 8b Abs. 2 KStG ausgehen; *Waclawik* (WM 2003, 2275 f.) und *Orth* (WPg 2004, 844) gehen methodisch von einer teleologischen Extension aus.

[770] Vgl. zum ganzen *Lang*, in: Tipke/Lang, Steuerrecht, § 4 Rn. 184 ff.

[771] *Prinz/Schürner*, DStR 2003, 183; *Müller*, NZG 2002,759; *Lutter/Leinekugel/Rödder*, ZGR 2002, 230.

[772] R 41 Abs. 5 Satz 5 KStR zu § 8b Abs. 2 a.F.; *Rödder/Wochinger*, FR 2001, 1253; *Dötsch/Pung*, in: Dötsch/Eversberg/Jost/Witt, KStG, § 8b Rn. 30.

schüttung nicht den Steuerbilanzgewinn der veräußernden Körperschaft, der nach § 8b Abs. 2 KStG von der Besteuerung freigestellt werde. Bereits dem Wortlaut nach sei § 8b Abs. 2 KStG damit nicht anwendbar. Die ganz überwiegende Auffassung in der Literatur[773] und die Rechtsprechung[774] sieht dagegen zu Recht auch verdeckte Gewinnausschüttungen von § 8b Abs. 2 KStG erfasst. Die Ansicht der Finanzverwaltung sei formalistisch, da sie zwischen Veräußerungsgewinnen in der Steuerbilanz und solchen unterscheide, die außerhalb der Steuerbilanz hinzugerechnet würden. Materiell und im Hinblick auf die *ratio* des § 8b Abs. 2 KStG bestehe jedoch kein Unterschied zwischen beiden Arten von Veräußerungserlösen.[775] Damit seien auch die verdeckten Gewinnausschüttungen im Rahmen von Sachausschüttungen zu Buchwerten nach § 8b Abs. 2 KStG steuerfrei zu stellen.[776] In seinem Schreiben zu § 8b KStG vom 28.4.2003 hält allerdings nun auch das BMF § 8b Abs. 2 KStG auf verdeckte Gewinnausschüttungen für anwendbar.[777] Damit ist davon auszugehen, dass die bisher ablehnende Haltung der Finanzverwaltung aufgegeben ist.

Die systematisch saubere Lösung liegt aber dennoch woanders. Bei genauer Betrachtung liegt bei einer Ausschüttung von Beteiligungen zu Buchwerten tatbestandlich gar keine verdeckte Gewinnausschüttung vor. § 8 Abs. 3 Satz 2 KStG bestimmt, dass eine verdeckte Gewinnausschüttung das Einkommen der Gesellschaft nicht mindern darf. Folgerichtig verlangt der BFH in seiner Definition der verdeckten Gewinnausschüttung daher eine Auswirkung auf die Höhe des Einkommens. Bei einer verhinderten Vermögensmehrung, wie sie im Falle der Beteiligungsausschüttung zu Buchwerten vorliegt, ist der Vergleichsmaßstab das Einkommen, das sich ergeben hätte, wenn die stillen Reserven ordnungsgemäß im Gesellschaftsvermögen durch Verkauf oder Ausschüttung zum Verkehrswert realisiert worden wären. Der Gewinn aus der Realisation des Beteiligungswertes wäre zwar im Steuerbilanzgewinn enthalten, würde aber gem. § 8b Abs. 2 KStG[778] aus dem Einkommen ausgeschieden. Bei richtiger Sichtweise mindert demnach die Übertragung stiller Reserven im Rahmen von Beteiligungsausschüttungen das Einkommen der Aktiengesellschaft nicht. Folglich

[773] *Menner/Broer*, DB 2003, 1079; *Wassermeyer*, GmbHR 2002, 3 ff; *Frotscher*, in: Frotscher/Maas, KStG, § 8b Rn. 42a mit weiteren Nachweisen.

[774] Hessisches FG v. 12.1.2000, EFG 2000, 330; BFH v. 6.7.2000, BStBl. II 2002, 491, 492.

[775] So auch BFH v. 6.7.2000, BStBl. II 2002, 491, 492.

[776] *Prinz/Schürner*, DStR 2003, 183; *Müller*, NZG 2002, 759; *Lutter/Leinekugel/Rödder*, ZGR 2002, 230.

[777] BMF, Anwendung des § 8b KStG 2002 und Auswirkungen auf die Gewerbesteuer, Schreiben vom 28. April 2003, IV A 2 - S 2750a -7/03, BStBl. 2003 I, 295 Rn. 21.

[778] Bei Realisation über Ausschüttungen zum Verkehrswert wäre § 8b Abs. 2 KStG analog anzuwenden.

liegt bereits keine verdeckte Ausschüttung vor.[779] Die Frage der Anwendung von § 8b Abs. 2 KStG auf verdeckte Ausschüttungen stellt sich somit gar nicht.[780]

In jedem Fall unterliegen die mitausgeschütteten stillen Reserven bei einer Beteiligungsausschüttung zu Buchwerten grundsätzlich nicht der Körperschaftsteuer.

Allerdings gelten gemäß § 8b Abs. 3 Satz 1 KStG ab dem Veranlagungszeitraum 2004 5% des Veräußerungsgewinns als nichtabziehbare Betriebsausgaben. Wirtschaftlich betrachtet sind damit nur noch 95% des Veräußerungsgewinns von der Besteuerung freigestellt.[781]

Bei der Ausschüttung steuerverhafteter Anteile nach § 8b Abs. 4 KStG besteht volle Steuerpflicht. Steuerverhaftet sind Anteile, die aus einer steuerprivilegierten Einbringung eines Betriebes/Teilbetriebes oder eine steuerprivilegierte Anteilseinbringung durch Nicht-Körperschaften innerhalb der letzten sieben Jahre resultieren (vgl. § 20 Abs. 1 Satz 1 und 2 UmwStG). Nach § 8b Abs. 2 Satz 4 KStG gilt die Steuerbefreiung auch nicht für ausgeschüttete Anteile, die nach altem Recht steuerwirksam auf den niedrigeren Teilwert abgeschrieben wurden und bei denen keine Wertaufholung nach § 6 Abs. 1 Nr. 2 Satz 3 EstG erfolgt ist (§ 8b Abs. 2 Satz 4 KStG).

Enstehen bei der Ausschüttung von Anteilen, deren Verkehrswert unter dem Buchwert liegt, Verluste, sind diese nach § 8b Abs. 3 KStG steuerlich unbeachtlich.

---

[779] Auf den ersten Blick könnte man vermuten, dass die Finanzverwaltung ebenso wenig von einer verdeckten Gewinnausschüttung ausgeht, da sie in ihrem Erlass zu § 8b Abs. 2 KStG (BMF v. 28.4.2003, Anwendung des § 8b KStG 2002 und Auswirkungen auf die Gewerbesteuer, Schreiben vom 28. April 2003, IV A 2 - S 2750a -7/03, BStBl. 2003 I, 292 ff.) die Sachdividende unter einer eigenen Randnummer (Rn. 22) nach der Bejahung der Anwendbarkeit von § 8b Abs. 2 KStG auf verdeckte Gewinnausschüttungen (Rn. 21) behandelt. Diesen Schluss ziehen jedenfalls *Dötsch/Pung* (DB 2003, 1020). Diese Folgerung ist aber nicht zwingend, da unter Rn. 22 möglicherweise nur die Beteiligungsausschüttung zu Verkehrswerten behandelt sein soll, während die Ausschüttung zu Buchwerten nach Rn. 21 zu behandeln ist.

[780] Vgl. *Frotscher*, in: Frotscher/Maas, KStG, § 8b Rn. 42a; derselbe, DStJG 20, 255; a.A. *Wassermeyer*, DStJG 20, 255; BMF v. 28.4.2003 zu § 8b Abs. 2 KStG Rn. 21.

[781] *Orth*, WPg 2004, 844.

244

2. Kapitalertragsteuer

Die Kapitalertragsteuer stellt eine besondere Erhebungsform der Einkommensteuer an der Ertragsquelle dar. Sie ist eine Vorauszahlung auf die Einkommensteuerschuld des Aktionärs und wird auf diese angerechnet.[782] Sachausschüttungen sind Dividenden gem. § 43 Abs. 1 Satz 1 Nr. 1 i.V.m. § 20 Abs. 1 Nr. 1 EStG und unterliegen damit in gleicher Weise wie eine Bardividende der Kapitalertragsteuer.[783] Soweit zwischen Aktiengesellschaft und Aktionär nichts anderes vereinbart ist, trägt der Aktionär als Gläubiger der Kapitalerträge die Kapitalertragssteuer, § 44 Abs. 1 Satz 1 1. Alt. EStG. Die Kapitalertragsteuer beträgt in diesem Fall 20% des Kapitalertrags[784] und ist von der Aktiengesellschaft für Rechnung des Aktionärs einzubehalten und an das Finanzamt abzuführen.[785] Übernimmt die Aktiengesellschaft die Kapitalertragsteuer, beträgt der Steuersatz 25% des tatsächlich ausgezahlten Betrages (§ 43a Abs. 1 Nr. 1 2. Alt. EStG).[786] Kapitalertrag ist sowohl der offene als auch ggf. der verdeckte Teil der Ausschüttung.[787] Grundsätzlich wird bei verdeckten Gewinnausschüttungen zwar kein Abzug von Kapitalertragsteuer vorgenommen, da Schuldner und Gläubiger regelmäßig davon ausgehen, dass eine verdeckte Gewinnausschüttung nicht vorliegt.[788] Diesen Grundsatz kann man allerdings nicht für die Sachausschüttung zu Buchwerten gelten lassen, bei dem i.d.R. stille Reserven mitausgeschüttet werden. Denn hierbei ist den Beteiligten bewusst, dass es bei der Wahl dieser Bewertungsmethode - im Gegensatz zur alternativ möglichen Verkehrswertmethode - zu verdeckten Gewinnausschüttungen kommt. Deutlich wird dies insbesondere dann, wenn man aus Gründen der Transparenz im Gewinnverwendungsbeschluss ne-

---

[782] Die Kapitalertragsteuer ist keine Besteuerung der Kapitalgesellschaft. Dennoch wird sie hier unter der Besteuerung auf Gesellschaftsebene behandelt, da sie direkt an der Quelle erhoben wird und von der Gesellschaft abzuführen ist.

[783] Das gilt nach § 43 Abs. 1 Satz 3 EStG auch dann, wenn die Gewinne aus der Ausschüttung von Beteiligungen nach § 8b Abs. 2 KStG steuerfrei gestellt sind.

[784] Bemessungsgrundlage ist der Bruttobetrag der Einnahmen des Aktionärs, unabhängig davon, ob diese der hälftigen Steuerbefreiung nach § 3 Nr. 40 EStG unterliegen oder insgesamt nach § 8b KStG steuerbefreit sind (§ 43a Abs. 2 Satz 1 EStG).

[785] § 44 Abs. 1 Satz 3 EStG. Hinzu kommen noch 5,5 % Solidaritätszuschlag auf die abzuführende Kapitalertragsteuer

[786] Die beiden Prozentsätze in § 43a Abs. 1 Nr. 1 EStG beziehen sich auf unterschiedliche Berechnungsgrundlagen (20% des Kapitalertrags, 25% des tatsächlich ausgezahlten Betrages). Die absolute Höhe der Kapitalertragsteuer beträgt in beiden Alternativen 20% des Kapitalertrags. Zumindest missverständlich daher *Prinz/Schürner* (DStR 2003, 184), die bei Übernahme der Kapitalertragsteuer durch die Aktiengesellschaft von einer Erhöhung der Steuerbelastung sprechen.

[787] § 43 Abs. 1 Satz 1 Nr. 1 i.V.m. § 20 Abs. 1 Nr. 1 Satz 2 EStG.

[788] *Lindberg*, in: Blümich, EStG, KStG, GewStG, § 43 Rn. 31.

ben der Angabe der Buchwerte auch die Aufdeckung der Verkehrswerte fordert.[789]
Die Problematik bei Sachausschüttungen ergibt sich nun daraus, dass die Kapitalertragsteuer in bar abzuführen ist, da Steuern immer Geldleistungen darstellen,[790] während die Ausschüttung ganz oder teilweise unbar erfolgt. Es ist daher
der Aktiengesellschaft nicht in jedem Falle möglich, die Kapitalertragssteuer aus
den Ausschüttungsbeträgen einzubehalten und an das Finanzamt abzuführen.
Unproblematisch ist die Sachlage, wenn neben dem Sachanteil eine Barkompo-
nente in Höhe von mindestens 20% der Kapitalerträge[791] zur Ausschüttung
kommt. Der Abzug der Kapitalertragsteuer erfolgt dann aus dem baren Anteil
der Ausschüttung.
Probleme ergeben sich zwangsläufig dann, wenn eine reine Sachdividende ausgeschüttet wird, oder bei einer Mischdividende der Baranteil weniger als 20%
der Kapitalerträge ausmacht.
Das Kapitalertragsteuerrecht hält für diese Fälle mit § 44 Abs. 1 Sätze 7 ff. EStG
eine Regelung bereit, die sich jedoch als unzureichend erweist.
Nach § 44 Abs. 1 Satz 7 EStG hat der Aktionär seiner Gesellschaft den Fehlbetrag zur Verfügung zu stellen, wenn Kapitalerträge, die ganz oder teilweise nicht
in Geld bestehen, zur Deckung der Kapitalertragsteuer nicht ausreichen. Kommt
der Aktionär dieser Verpflichtung nicht nach, hat die ausschüttende Gesellschaft
dies dem zuständigen Betriebsstättenfinanzamt anzuzeigen.[792] Das Finanzamt
wird die zu wenig erhobenen Beträge dann direkt vom Aktionär einfordern.[793]
Schwierigkeiten ergeben sich bereits bei der Ausschüttung von Sachdividenden
auf Namensaktien.[794] Kommt hier der Aktionär seiner Verpflichtung nicht nach,
der Aktiengesellschaft die abzuführende Kapitalertragsteuer zur Verfügung zu
stellen, so besitzt die Aktiengesellschaft zwar die erforderlichen Daten,[795] um
eine Meldung an das Finanzamt zu machen. Allerdings ist bezüglich ihrer Verwendung zu differenzieren: als zulässig muss es angesehen werden, dass die
Daten des Aktienregisters dazu verwendet werden, die Aktionäre aufzufordern,
den kapitalertragsteuerlichen Fehlbetrag der Gesellschaft zur Verfügung zu
stellen. Denn insofern handelt es sich noch um Aufgaben im Verhältnis zu den
Aktionären gem. § 67 Abs. 6 Satz 3 AktG, für welche eine Verwendung der Registerdaten zulässig ist. Dagegen verbietet sich ein Gebrauch der Registerdaten,

---

[789] *Bayer*, in: MünchKommAG, § 58 Rn. 110.
[790] Vgl. § 3 Abs. 1 AO.
[791] Dabei ist ggf. auch an die Kapitalertragsteuer auf die verdeckten Gewinnausschüttungen
im Rahmen der Buchwertmethode zu denken.
[792] § 44 Abs. 1 Satz 8 EStG.
[793] § 44 Abs. 1 Satz 9 EStG.
[794] Vgl. § 10 Abs. 1 2. Alt. AktG.
[795] Nach § 67 Abs. 1 AktG bei der Ausgabe von Namensaktien u.a. der Name und die Adres-
se des Inhabers im Aktienregister der Gesellschaft einzutragen.

die aus rein gesellschaftsrechtlichen Gründen erhoben werden, für eine Anzeige an das Finanzamt nach § 44 Abs. 1 Satz 8 EStG.[796] Denn eine solche Anzeige entfaltet Außenwirkung und kann daher nicht mehr als eine Aufgabe im Verhältnis zwischen Aktiengesellschaft und Aktionären qualifiziert werden. Erschwerend kommt hinzu, dass das Verfahren nach § 44 Abs. 1 Sätze 7 ff. einen erheblichen Verwaltungsaufwand mit sich bringt, der eine Sachausschüttung bei Aktiengesellschaften mit großem Anlegerkreis unattraktiv macht. Von jedem einzelnen Aktionär muss der zur Abführung der Kapitalertragsteuer erforderliche Fehlbetrag eingefordert werden und dessen Entrichtung überwacht werden.

Zusätzliche Schwierigkeiten ergeben sich bei einer vollständigen oder einen Baranteil von 20% nicht übersteigenden Sachausschüttung auf Inhaberaktien.[797] In diesem Fall sind die Aktionäre der Aktiengesellschaft nicht namentlich bekannt. Damit ist eine Aufforderung nach § 44 Abs. 1 Satz 7 EStG von vorne herein unmöglich.

Nun sind aber den Depotbanken, welche die Aktien ihrer Kunden verwahren, die relevanten Daten bekannt und man könnte erwägen, dass diese der Aktiengesellschaft zum Zwecke der Kapitalsteuererhebung zur Verfügung gestellt werden könnten.

Dieser Lösung werden aber sowohl praktische als auch rechtliche Bedenken entgegengebracht. Zum einen gebe es keinen gesetzlichen Depotzwang, so dass der Aktionär seine Aktien auch selbst verwahren kann. In diesem Fall sind die notwendigen Daten des Aktionärs auch den Depotbanken nicht bekannt. Zum anderen gebe es keine gesetzliche Rechtsgrundlage für die Weitergabe der Kundendaten der Depotbanken an die Aktiengesellschaften zum Zwecke der Erhebung der Kapitalertragsteuer.[798] Diese Argumente sind zutreffend. Die richtige Lösung liegt an anderer Stelle.

Es ist der Aktiengesellschaft in analoger Anwendung von § 38 Abs. 4 Satz 1 EStG ein Zurückbehaltungsrecht an den Ausschüttungsgegenständen zuzugestehen, sofern der Gesellschaft die für eine Einforderung des Fehlbetrages und ggf. für eine Anzeige an das Finanzamt erforderlichen Daten über den Aktionär nicht bekannt sind. Das Verfahren nach § 44 Abs. 1 Sätze 7 ff. EStG enthält insofern eine unbewusste Regelungslücke. Die Pflicht zur Einforderung des Fehlbetrages durch die Aktiengesellschaft und ggf. zur Mitteilung an das Finanzamt mit anschließender Erhebung der Kapitalertragsteuer durch den Fiskus direkt beim Aktionär läuft dann ins Leere, wenn die Pflichten aus Unkenntnis der Aktionärsdaten nicht erfüllt werden können. Die Aktiengesellschaft wäre zur Auskehrung der Sachgegenstände aus § 58 Abs. 5 AktG i.V.m. dem Gewinnverwen-

---

[796] Zweifelnd auch *Waclawik*, BB 2003, 1411.
[797] Vgl. § 10 Abs. 1 1. Alt. AktG.
[798] *Waclawik*, BB 2003, 1411 f.

dungsbeschluss verpflichtet, ohne dass die Erhebung der Kapitalertragsteuer sichergestellt wäre. Die Verfahrensregelungen nach § 44 Abs. 1 Sätze 7 ff. EStG sind daher so zu interpretieren, dass die Sätze 2 und 3 des § 44 Abs. 1 EStG, die vorrangig eine Erhebung der Kapitalertragssteuer an der Quelle, also bei der Kapitalgesellschaft, gewährleisten sollen, nicht ausgehebelt werden.

Zur Ausfüllung der Lücke bietet sich die analoge Anwendung von § 38 Abs. 4 Satz 1 EStG an, der im Bereich der Lohnsteuer das vergleichbare Problem des Sach- bzw. Mischlohnes regelt. Nach dieser Vorschrift kann der Arbeitgeber Sachbezüge zurückbehalten, wenn ein neben den Sachleistungen gewährter Barlohn für die Abführung der Lohnsteuer nicht ausreicht. Im einzelnen ist unklar, wie sich der Gesetzgeber die Tilgung der Lohnsteuerschuld durch einen Zurückbehalt von Sachbezügen vorgestellt hat. Denn die Lohnsteuer ist in bar an das Finanzamt abzuführen.[799] Eine Pflicht zur Versilberung durch den Arbeitgeber oder gar zur Leistung aus dem eigenen Vermögen ist abzulehnen.[800] Gemäß dem Zweck des § 38 Abs. 4 EStG, den Lohnsteuerabzug an das Finanzamt sicherzustellen, erscheint die Auslegung vertretbar, dass die Sachbezüge zurückbehalten werden dürfen, um den Arbeitnehmer zur Entrichtung des Lohnsteuerfehlbetrages zu bewegen.

Gegen die Annahme eines Zurückbehaltungsrechtes könnte eingewandt werden, dass in § 44 Abs. 1 Sätze 7 ff. ein solches Recht gerade nicht verankert wurde, obwohl es in § 38 Abs. 4 EStG enthalten ist, der als Vorbild diente. Dieser Umkehrschluss ist allerdings nicht zwingend; der Gesetzgeber hat offensichtlich nicht das Anonymitätsproblem gesehen, das i.d.R. zwischen Inhaberaktionär und Aktiengesellschaft besteht.[801] Die undifferenzierte Statuierung einer Einforderungs- und Mitteilungspflicht für die Aktiengesellschaft lässt diesen Schluss zu. Es kann daher nicht davon ausgegangen werden, dass der Gesetzgeber für diese Fallkonstellation ein Zurückbehaltungsrecht ausschließen wollte, das der Durchsetzung seiner fiskalischen Interessen dient und den Abzug der Kapitalertragsteuer an der Quelle sicherstellt.

Durch das Zurückbehaltungsrecht ist der Aktionär faktisch gezwungen, den zur Entrichtung der Kapitalertragsteuer fehlenden Betrag der Aktiengesellschaft zur Verfügung zu stellen. Für die Aktiengesellschaft hat diese Lösung zudem den Vorteil, dass sie durch die Zurückhaltung der Leistung nicht in Verzug gerät.[802]

---

[799] *Trzaskalik*, in: Kirchhof/Söhn, EStG, § 38 Rn. E 4.

[800] *Trzaskalik*, in: Kirchhof/Söhn, EStG, § 38 Rn. E 4.

[801] Davon geht auch *Waclawik* (BB 2003, 1411) aus.

[802] Das kann für die Aktiengesellschaft sehr kostspielig werden, wenn man an die Ausschüttung von Wertpapieren denkt, die in der Folgezeit stark im Kurs steigen. Riskant daher die Empfehlung von *Waclawik* (BB 2003, 1411), ohne Legitimation durch ein Zurückbehaltungsrecht die Sachdividende erst dann auszuschütten, wenn ihr die Aktionäre den Fehlbetrag an Kapitalertragsteuer erstattet haben.

Ein solches Zurückbehaltungsrecht ist auch für den Fall einer Sachausschüttung auf Namensaktien anzuerkennen, wenn die Aktionäre den kapitalertragsteuerlichen Fehlbetrag nicht zur Verfügung stellen. Da die Daten des Aktienregisters für eine Anzeige an das Finanzamt nicht verwendet werden dürfen, ergibt sich in diesem Fall dieselbe Interessenlage wie bei einer Ausschüttung auf Inhaberaktien.

Als Ergebnis lässt sich demnach festhalten:
Nach dem derzeit geltenden Kapitalertragsteuerrecht erweisen sich nur sog. Mischdividenden als unproblematisch, deren Baranteil mindestens 20% beträgt. In allen anderen Fällen kommt das Verfahren nach § 44 Abs. 1 Sätze 7 ff. EStG zum Zuge. Zwar konnte gezeigt werden, dass auch auf dieser Grundlage sachgerechte Lösungen möglich sind, doch bringt dieses Erhebungsverfahren erheblichen organisatorischen und verwaltungsmäßigen Aufwand mit sich. Damit ist es nur für kleine Aktiengesellschaften mit übersehbaren Aktionärskreis oder bei konzerninternen Sachverhalten praktikabel, für große Aktiengesellschaften macht es die reine Sachdividende oder die Sachdividende mit zu geringem Baranteil unattraktiv.
De lege ferenda ist an eine Befreiung der Sachdividende von der Kapitalertragsteuerpflicht zu denken.[803]

3. Umsatzsteuer

Problematisch, aber höchst praxisrelevant ist die Frage, ob bei der Ausschüttung von Sachdividenden Umsatzsteuer anfällt.
Sollten Gewinnausschüttungen in Sachen nicht umsatzsteuerbar sein, wäre im Ergebnis ein privater Konsum auf Seiten der Aktionäre möglich, der nicht mit Umsatzsteuer belastet ist.

3.1 Sachausschüttung als Lieferung bzw. sonstige Leistung i.S.v. § 1 Abs. 1 Satz 1 Nr. 1 UStG

In Betracht kommt eine Steuerbarkeit nach § 1 Abs. 1 Satz 1 Nr. 1 UStG. Ausschüttungen von gegenständlichen Sachwerten sind Lieferungen i.S.v. § 3 Abs. 1 UStG, da ein Übertragungsakt zwischen Aktiengesellschaft und Aktionär stattfindet, der den Aktionär befähigt, im eigenen Namen über den Gegenstand zu

---

[803] Vgl. dazu und zu weiteren Vorschlägen kapitalertragsteuerrechtlicher Änderungen im Hinblick auf die Besonderheiten der Sachdividende *Waclawik*, BB 2003, 1412 f.

verfügen.[804] Sachausschüttungen können aber auch den Tatbestand der sonstigen Leistung nach § 3 Abs. 9 UStG erfüllen, wenn die Ausschüttung in zu erbringenden Dienstleistungen besteht.[805] Lieferungen bzw. sonstige Leistungen nach § 1 Abs. 1 Satz 1 Nr. 1 UStG müssen allerdings durch einen Unternehmer im Rahmen seines Unternehmens ausgeführt werden. Nach § 2 Abs. 1 Satz 1 UStG ist Unternehmer, wer eine gewerbliche oder berufliche Tätigkeit selbständig ausübt. Gewerblich oder beruflich ist jede nachhaltige Tätigkeit zur Erzielung von Einnahmen.[806] Damit stellt sich die Frage, ob eine Aktiengesellschaft im Rahmen der Gewinnausschüttung als Unternehmer tätig wird. Typischerweise ist die Aktivität einer Aktiengesellschaft auf Gewinnerzielung und damit auf Einnahmeerzielung gerichtet. Das gilt jedenfalls insoweit, als sie mit dem Markt erwerbswirtschaftlich in Kontakt tritt.

Anders stellt sich die Lage bei Gewinnausschüttungen dar. Diese Tätigkeit erfolgt allein im Interesse der Gesellschafter und damit *causa societatis*.[807] Die Auskehrung von Vermögen dient gerade nicht der Erzielung von Einnahmen, sondern der Beteiligung der Aktionäre am erzielten Gewinn. Schüttet die Gesellschaft Sachdividenden aus, ist sie demnach nicht unternehmerisch tätig.[808]

Diesem Ergebnis steht nicht entgegen, dass die Aktiengesellschaft folglich als einzelnes Rechtssubjekt sowohl unternehmerische und als auch nicht unternehmerische Tätigkeiten im Sinne des Umsatzsteuerrechts ausführt. Denn während Erwerbsgesellschaften lange Zeit ausschließlich als umsatzsteuerliche Unternehmer angesehen wurden, wird heute in Literatur[809] und Rechtsprechung[810] auch diesen Gesellschaften und ganz allgemein juristischen Personen zu Recht eine nichtunternehmerische Sphäre zuerkannt. Dies macht eine Segmentierung der Aktivitäten einer Aktiengesellschaften nach ihrer umsatzsteuerlichen Relevanz möglich und notwendig.[811]

---

[804] Vgl. *Reiß*, in: Tipke/Lang, Steuerrecht, § 14 Rn. 46.

[805] Zum Beispiel die Ausschüttung von Bahnkilometern oder Flugmeilen.

[806] *Reiß*, in: Tipke/Lang, Steuerrecht, § 14 Rn. 125.

[807] Vgl. *Jakob*, Umsatzsteuer, Rn. 890.

[808] Vgl. auch *Jakob*, Umsatzsteuer, 2. Aufl., § 11 Rn. 29; *Heine/Lechner* (AG 2005, 273), die daraus voreilig den Schluss ziehen, dass die Ausschüttung einer Sachdividende nicht der Umsatzbesteuerung unterliegt; a.A. *Orth* (WPg 2004, 848), der auch die Erfüllung mitgliedschaftlicher Ansprüche der Aktionäre als unternehmerische Tätigkeit der Gesellschaft ansieht.

[809] *Husmann*, in: Rau/Dürrwächter, § 1 Rn. 168; *Radeisen*, in: Vogel/Schwarz, UStG, § 2 Rn. 221.

[810] Grundlegend BFH v. 3.11.1983, BStBl. 1984, 169, 171; v. 20.12.1984, BStBl. II 1985, 176, 177 ff.

[811] Es stellt keinen Widerspruch dar, wenn im Körperschaftsteuerrecht einerseits die Existenz einer nicht-betrieblichen Vermögenssphäre verneint wird, andererseits aber im Umsatzsteuerrecht zwischen unternehmerischen und nicht-unternehmerischen Aktivitäten einer Kapi-

Im übrigen fehlt es bei Sachausschüttungen an die Aktionäre auch an der Entgeltlichkeit der Leistung, die in § 1 Abs. 1 Satz 1 Nr. 1 UStG als Voraussetzung für einen steuerbaren Umsatz genannt wird.

Im Rahmen der handelsrechtlichen Bewertung einer erhaltenen Sachdividende beim Empfänger wurde festgehalten, dass eine Sachausschüttung nicht unentgeltlich erfolgt, sondern in weiterer, wirtschaftlicher Betrachtungsweise Gegenleistung für die Überlassung von Kapital an die Gesellschaft ist. Dieser nur mittelbare Entgeltzusammenhang erfüllt jedoch nicht die Voraussetzungen der Entgeltlichkeit im umsatzsteuerlichen Sinne.[812] Danach bedeutet „entgeltlich", dass zwischen Leistung und Gegenleistung eine innere Verknüpfung besteht, wonach der Leistende seine Leistung erkennbar um der Gegenleistung willen erbringt.[813] Die Gewinnausschüttung an den Aktionär erfolgt seitens der Gesellschaft aufgrund dessen Gesellschafterstellung. Der Gewinnbeteiligungsanspruch entsteht abstrakt mit der Aufstellung des Jahresabschlusses, soweit ein Bilanzgewinn erzielt wurde und kommt konkret zur Entstehung mit der Fassung des Gewinnverwendungsbeschlusses. Die Gesellschaft leistet damit die Sachdividende nicht, weil sie eine Gegenleistung des Aktionärs erhalten hat oder erhalten wird. Vielmehr befriedigt sie mit der Ausschüttung das Gewinnbeteiligungsrecht des Gesellschafters als Ausfluss seiner Mitgliedschaft.[814] Umgekehrt hat der Aktionär seine Einlage primär geleistet, weil er aufgrund der Satzung dazu verpflichtet ist bzw. er hat beim Zweiterwerb der Aktien den Kaufpreis an seinen Veräußerer bezahlt, weil er diesen aufgrund des Erwerbvorgangs schuldet. Zwar hofft der Aktionär auf eine angemessene Verzinsung seiner Investition durch entsprechende Gewinnausschüttungen. Ein Anrecht darauf hat er jedoch allein durch die entsprechenden Erwerbsaufwendungen noch nicht. Investition und Gewinn-

---

pitalgesellschaft unterschieden wird. Denn ebenso wie im Körperschaftsteuerrecht zwar alles Vermögen Betriebsvermögen ist, aber nicht alle Gewinnerhöhungen und –minderungen, die aus dem Betriebsvermögen fließen, zu den steuerpflichtigen Einkünften gehören müssen (vgl. *Frotscher*, in: Frotscher/Maas, § 8 Rn. 24), muss im Umsatzsteuerrecht nicht jede Aktivität, die unter Einsatz von Betriebsvermögen getätigt wird, ein umsatzsteuerbarer Vorgang sein.

[812] Der Begriff der Entgeltlichkeit wird je nach Rechtsgebiet unterschiedlich weit gefasst. So wird eine „Zuwendung" im Umsatzsteuerrecht weiter verstanden als im Ertragsteuerrecht, vgl. EuGH v. 27.4.1999, UR 1999, 278 („Kuweit Petroleum").

[813] BFH v. 7.5.1981, BStBl. II 1981, 495, 495 f.; v. 22.6.1989, BStBl. II 1989, 913, 915; v. 20.2.1992, BStBl. II 1992, 705, 706; v. 13.11.1997, BStBl. II 1998, 169, 170 f.; Rau/Dürrwächter, UStG, § 1 Rn. 194.

[814] Aus diesem Grund verneint auch der EuGH in ständiger Rechtsprechung die Entgeltlichkeit von (Bar-)Dividenden i.S.d. Umsatzsteuerrechts, vgl. EuGH v. 27.9.2001, UR 2001, 500 Rn. 41 ff („Cibo Participations"); v. 14.11.2000, UR 2000, 530 Rn. 20 ff. („Floridienne/Berginvest"); v. 22.6.1993, UR 1994, 73 Rn. 13 („Sofitam"); v. 20.6.1991, UR 1993, 119 Rn. 13 („Polysar"). *Orth* (WPg 2004, 848) dagegen bezweifelt gerade im Hinblick darauf, dass Sachdividenden in Erfüllung einer Verpflichtung aus dem Gewinnverwendungsbeschluss erfolgen, die Unentgeltlichkeit ihrer Auskehrung.

beteiligung stehen daher unabhängig nebeneinander und keinesfalls in einem synallagmatischen Verhältnis.[815]

Ein umsatzsteuerbarer Erwerb lässt sich im übrigen auch nicht durch einen Vergleich mit der Situation bei Ausschüttung einer Bardividende konstruieren. Hätte die Gesellschaft den Dividendenanspruch in bar ausgezahlt und der Aktionär anschließend mit diesem Geld den Sachgegenstand von der Gesellschaft erworben, so wäre zwar wirtschaftlich die gleiche Situation geschaffen wie im Falle einer originären Sachausschüttung. Dabei stünde außer Zweifel, dass der Erwerb der Sache ein entgeltlicher Umsatz wäre. Die entscheidende Schwäche an dieser Argumentation ist allerdings, dass es sich bei dieser Betrachtung um eine reine Fiktion handelt. Das Umsatzsteuerrecht betrachtet dagegen reale Vorgänge, die so zu beurteilen sind, wie sie tatsächlich vorgefallen sind. Dies kann wieder am Beispiel der Schenkung verdeutlicht werden. Wird eine Sache verschenkt, so liegt mangels Entgeltlichkeit kein umsatzsteuerbarer Akt nach § 1 Abs. 1 Satz 1 Nr. 1 UStG vor. Schenkt man dagegen zunächst Barmittel und erwirbt der Beschenkte mit diesem Geld anschließend die Sache, so ist der Erwerb umsatzsteuerbar. Obwohl beide Alternativen wirtschaftlich zum selben Ergebnis führen, ist für die umsatzsteuerliche Beurteilung stets die konkrete Ausgestaltung des Geschäfts maßgeblich.

Dieses Ergebnis harmoniert mit der Rechtsprechung des BFH bzgl. Sonderleistungen von Gesellschaftern an ihre Gesellschafter, durch die wirtschaftlich betrachtet die Gewinnansprüche der Gesellschafter berührt sind. Der BFH hat entschieden, dass in diesen Fällen der Tatbestand einer unentgeltlichen Wertabgabe durch das Unternehmen zu unternehmensfremden Zwecken erfüllt ist.[816]

3.2 Sachausschüttung als umsatzsteuerbarer Entnahmetatbestand nach § 3 Abs. 1b Satz 1 Nr. 1 bzw. Abs. 9a Nr. 2 UStG

Eine Umsatzsteuerbarkeit der Sachausschüttung ergibt sich allerdings aus § 3 Abs. 1b Satz 1 Nr. 1 bzw. Abs. 9a Nr. 2 UStG.[817] Nach diesen Vorschriften wird die Entnahme von Sachwerten bzw. Dienstleistungen oder sonstigen Leistungen durch einen Unternehmer aus seinem Unternehmen für Zwecke, die außerhalb

---

[815] Vgl. *Blanke*, Gesellschafterbeiträge, 38 ff., zur Rechtslage bei Personengesellschaften.

[816] BFH v. 26.2.1976, BStBl. II 1976, 443, 444 bzgl. Kapitalgesellschaften und BFH v. 3.11.1983, BStBl. II 1984, 169, 170 f. bzgl. Personengesellschaften.

[817] Werden Gegenstände i.S.d. § 3 Abs. 1 UStG ausgeschüttet, so handelt es sich um Lieferungen und damit ist § 3 Abs. 1b UStG einschlägig. Ansonsten handelt es sich um Leistungen, die § 3 Abs. 9a UStG unterfallen. Wertpapiere als voraussichtlich gebräuchlichste Form der Sachdividende stellen verbriefte Rechte dar. Ihre Ausschüttung ist daher nicht als Lieferung, sondern als sonstige Leistung zu qualifizieren, vgl. *Orth*, WPg 2004, 848.

seines Unternehmens liegen, einer Lieferung oder sonstigen Leistung gegen Entgelt gleichgestellt. Derartige Wertentnahmen sind auch bei Kapitalgesellschaften möglich.[818]
Die Vorschriften des § 3 Abs. 1b Satz 1 Nr. 1 bzw. 9a Nr. 2 UStG wollen verhindern, dass es zu einem von Umsatzsteuer unbelasteten Endverbrauch kommt. Die Notwendigkeit dieser Regelungen ergibt sich vor folgendem Hintergrund: Erwirbt ein Unternehmer ein Wirtschaftsgut bzw. bezieht er Leistungen für sein Unternehmen, so kann er die beim Erwerb oder beim Bezug geleistete Umsatzsteuer als Vorsteuer gegenüber dem Finanzamt geltend machen.[819] Dies führt im Ergebnis dazu, dass das Wirtschaftsgut oder die bezogenen Leistungen ohne Umsatzsteuerbelastung in das Betriebsvermögen eingegangen sind.[820] Nach der Intention des Umsatzsteuergesetzes soll die Umsatzsteuer auf Unternehmerebene nämlich lediglich ein durchlaufender Posten sein. Erst bei einer Weiterveräußerung des Wirtschaftsgutes oder die Erbringung von Leistungen an einen (privaten) Endverbraucher unter Erhebung von Umsatzsteuer soll die definitive Umsatzsteuerbelastung eintreten.[821]
Dieses System funktioniert allerdings nicht mehr, wenn der Unternehmer Gegenstände/Leistungen aus seinem Unternehmen entnimmt und sie selbst verbraucht bzw. in Anspruch nimmt oder an Dritte weitergibt. Mangels Entgeltlichkeit der Entnahme liegt kein steuerbarer Umsatz nach § 1 Abs. 1 Satz 1 Nr. 1 UStG vor, so dass die betreffenden Sachwerte ohne Umsatzsteuerbelastung aus der Unternehmenssphäre in die Verbrauchssphäre gelangen würden. Ein unbelasteter Endverbrauch wäre die Folge, was dem Grundprinzip des UStG zuwiderläuft.[822] Die Regelungen in § 3 Abs. 1b Satz 1 Nr. 1 bzw. 9a Nr. 2 UStG sollen diese Besteuerungslücke schließen.

Eine Sachausschüttung durch eine Aktiengesellschaft im Rahmen der Gewinnverwendung erfolgt unentgeltlich, da die Aktionäre keine Gegenleistung i.S.d. Umsatzsteuergesetzes erbringen. Somit liegt tatbestandlich eine Entnahme vor. Diese setzt nicht voraus, dass der Entnahmewert auch beim Entnehmenden verbleibt.[823]
Wie oben bereits ausgeführt, erfolgt die Entnahme der Ausschüttungsgegenstände zu Zwecken, die außerhalb des Unternehmens liegen. Die Wirtschaftsgüter bzw. Dienstleistungen werden zur Erfüllung von Dividendenansprüchen der Aktionäre aus der Unternehmenssphäre entnommen und damit gerade nicht zur

---

[818] R 24 a Abs. 1 Satz 2 UStR.
[819] § 15 Abs. 1 Satz Nr. 1 UStG.
[820] War bereits der Erwerb umsatzsteuerbefreit wie etwa bei Wertpapieren, so ergibt sich dieses Ergebnis von vorne herein.
[821] *Stadie*, in: Rau/Dürrwächter, UStG, Einführung Rn. 86.
[822] *Stadie*, in: Rau/Dürrwächter, UStG, Einführung Rn. 80 f.
[823] *Nieskens*, in: Rau/Dürrwächter, UStG, § 3 Rn. 1190.

Erwirtschaftung von Einnahmen eingesetzt. Die Gewinnverwendung ist daher eindeutig dem nicht-unternehmerischen Bereich zuzuordnen.

Die Ausschüttung von Sachdividenden lässt sich somit zwanglos unter die Entnahmetatbestände nach § 3 Abs. 1b Satz 1 Nr. 1 bzw. 9a Nr. 2 UStG subsumieren.[824] Darüber hinaus harmoniert diese rechtliche Beurteilung mit dem Grundprinzip des Umsatzsteuerrechts, dass es keinen umsatzsteuerfreien Endverbrauch geben darf.[825]

Bemessungsgrundlage für die Umsatzsteuer auf die Sachausschüttung sind bei Lieferungen i.S.d. § 3 Abs. 1b Satz 1 Nr. 1 UStG gem. § 10 Abs. 4 Nr. 1 UStG der Einkaufspreis zuzüglich der Nebenkosten für den Gegenstand oder mangels eines Einkaufspreises die Selbstkosten, jeweils zum Zeitpunkt des Umsatzes, und bei sonstigen Leistungen i.S.d. § 3 Abs. 9a Nr. 2 UStG gem. § 10 Abs. 4 Nr. 3 UStG die bei der Ausführung dieser Umsätze entstandenen Kosten.

Steuerschuldner ist die Aktiengesellschaft.[826] Die von der Aktiengesellschaft abzuführende Umsatzsteuer stellt keinen zusätzlichen Aufwand nach § 174 Abs. 2 Nr. 5 AktG dar und ist daher nicht erfolgsneutral mit dem Bilanzgewinn zu verrechnen. Vielmehr ist die entstehende Umsatzsteuer als Steueraufwand des neuen Geschäftsjahres zu verbuchen. Wie bereits bei der bilanziellen Behandlung der Körperschaftsteuer erläutert,[827] erfasst die Regelung des § 174 Abs. 2 Nr. 5 AktG nur Aufwandspositionen, die aufgrund des Gewinnverwendungsbeschlusses entstehen und wirtschaftlich dem abgelaufenen Geschäftsjahr zuzuordnen sind.[828] Die Umsatzsteuer entsteht durch die Auskehrung der Sachwerte, die als Entnahme einen Geschäftsvorfall des neuen Geschäftsjahres darstellt. Sie beruht dagegen nicht auf einem umsatzsteuerbaren Vorgang für das abgelaufene Geschäftsjahr und hängt auch nicht unmittelbar mit dessen Ergebniserzielung zusammen.

Diese Behandlung von Sachausschüttungen überzeugt, soweit private Aktionäre Empfänger der Ausschüttungsgegenstände sind. Sie sind Letztverbraucher und daher zurecht mit Umsatzsteuer belastet.

Unbefriedigend ist allerdings das Ergebnis, wenn die Sachausschüttung an einen Aktionär erfolgt, der selbst Unternehmer ist.[829]

Auf der Grundlage der derzeitigen Gesetzeslage muss davon ausgegangen werden, dass die nach § 3 Abs. 1b Satz 1 Nr. 1 bzw. 9a Nr. 2 UStG bei der zuwendenden Aktiengesellschaft entstehende Umsatzsteuer vom Empfänger nicht als

[824] A.A. *Waclawik*, WM 2003, 2273 Fn. 72 ohne weitere Begründung, sondern nur mit Hinweis auf Abschn. 24b Abs. 3 UStR.

[825] *Stadie*, in: Rau/Dürrwächter, UStG, Einführung Rn. 80.

[826] § 13a Abs. 1 Nr. 1 UStG.

[827] Vgl. 2. Abschnitt, 3. Kapitel.

[828] *Kropff*, in: MünchKommAG, § 174 Rn. 29.

[829] Beispielsweise bei Ausschüttungen einer Tochtergesellschaft an die Muttergesellschaft.

Vorsteuer abgezogen werden kann, selbst wenn letzterer Unternehmer ist. § 14 Abs. 4 UStG enthält keine Regelung über die Rechnungserteilung im Falle unentgeltlicher Umsätze, welche wiederum Voraussetzung für die Berechtigung zum Vorsteuerabzug ist. § 14 Abs. 4 Satz 1 Nr. 7 UStG fordert zwingend die Angabe des Entgelts für die Lieferung oder sonstige Leistung; ein Entgelt wird bei unentgeltlichen Umsätzen aber gerade nicht gewährt. Daraus zieht die Finanzverwaltung den Schluss, dass eine Rechnungsausstellung für unentgeltliche Lieferungen oder Leistungen nicht erfolgen kann mit der Folge, dass der Empfänger nicht zum Vorsteuerabzug berechtigt ist, vgl. R 24a Abs. 3 Sätze 4 und 5 UStR.

Aus systematischen Gründen überzeugt diese Auffassung nicht, da sie dazu führt, dass die Umsatzsteuerbelastung in der Unternehmerkette definitiv bestehen bleibt. Dies widerspricht dem Grundsatz der Neutralität des Umsatzsteuerrechts, der ausschließlich die Belastung auf Ebene des Letztverbrauchers sicherstellen soll.[830] Aufgrund des klaren Wortlaut des § 14 Abs. 4 Satz 1 Nr. 7 UStG scheidet jedoch eine Auslegung dahingehend aus, auch für unentgeltliche Umsätze eine Rechnungserteilung zuzulassen und damit den Vorsteuerabzug beim Empfänger zu ermöglichen.[831] Der BFH lehnt es sogar ausdrücklich ab, bei der Interpretation des UStG auf den eben dargelegten systematischen Gedanken - außer in den ausdrücklich geregelten Fällen - zurückzugreifen.[832] Für eine analoge Anwendung von § 14 Abs. 2 und Abs. 4 UStG auf die Fälle unentgeltlicher Umsätze mit der Möglichkeit einer Rechnungsstellung fehlt es an einer unbewussten Regelungslücke. Das Problem der fehlenden Vorsteuerabzugsberechtigung in der Unternehmerkette bei Entnahmetatbeständen ist seit längerem bekannt und wurde von Seiten der Literatur mit entsprechenden Handlungsappellen an den Gesetzgeber mehrfach angemahnt.[833] Der Gesetzgeber blieb dennoch untätig, sowohl im Rahmen der Änderungen des UStG durch das Steuerentlastungsgesetz 1999/2000/2002[834] als auch zuletzt im Rahmen des StÄndG 2003.[835] Die derzeitige Rechtslage ist somit zu akzeptieren, auch wenn sie zu systematischen Inkonsistenzen führt.

---

[830] *Weiß*, UR 1986, 292; UR 1988, 130; *Radeisen*, in: Vogel/Schwarz, UStG, § 14 Rn. 54; *Widmann*, UR 1988, 11; *Stadie*, StuW 1987, 273 f.; *Rüttinger*; UR 1988, 143 f.

[831] *Widmann*, UR 2000, 22; *Lohse*, UR 1999, 317; a.A. *Wäger*, Steuerentlastungsgesetz, 280 f.; *Ammann*, UR 2000, 150 zu § 14 Abs. 1 Satz 2 Nr. 5 UStG a.F., der ebenfalls zwingend die Angabe des Entgeltes in einer Rechnung nach § 14 UStG vorsah.

[832] BFH v. 7.10.1987, BStBl. II 1988, 88.

[833] *Widmann*, UR 1988, 11; *Rüttinger*; UR 1988, 145; *Stadie*, StuW 1987, 273 ff.

[834] Vgl. *Radeisen*, in: Vogel/Schwarz, UStG, § 14 Rn. 54.

[835] BGBl. 2003, 2645.

3.3 Steuerfreiheit von Wertpapierdividenden

§ 3 Abs. 1b Satz 1 Nr. 1 bzw. Abs. 9a Nr. 2 UStG stellen unentgeltliche Wertabgaben eines Unternehmers mit entgeltlichen Lieferungen oder sonstigen Leistungen gleich. Daraus folgt, dass die in § 4 UStG vorgesehenen Steuerbefreiungstatbestände auch auf die unentgeltlichen Wertentnahmen anwendbar sind.[836]

Nach § 4 Nr. 8e UStG sind die Umsätze im Geschäft mit Wertpapieren steuerfrei. Für den vom Gesetzgeber ins Auge gefasste Hauptanwendungsfall einer Sachausschüttung, der Wertpapierdividende, fällt demnach keine Umsatzsteuer an.

Als Wertpapiere i.S.v. § 4 Nr. 8e UStG sind insbesondere Teilhaber- bzw. Dividendenpapiere, Gläubigerpapiere bzw. festverzinsliche Wertpapiere, sonstige Wertpapiere und GmbH-Anteile anzusehen.[837]

3.4 Ergebnis

Die Sachausschüttung nach § 58 Abs. 5 AktG als Beispiel einer unentgeltlichen Lieferung oder sonstigen Leistung nach § 3 Abs. 1b Satz Nr. 1 bzw. 9a Nr. 2 UStG macht deutlich, dass gesetzgeberischer Handlungsbedarf besteht, soweit die Aktiengesellschaft an Aktionäre ausschüttet, die selbst Unternehmer sind. In diesem Fall tritt eine definitive systemwidrige Belastung mit Umsatzsteuer auf Unternehmensebene ein. Im Hinblick auf Sachausschüttungen innerhalb von Konzernstrukturen wird dadurch die Attraktivität einer Sachdividende erheblich gesenkt. Die Problematik wird allerdings bei Wertpapierdividenden dadurch entschärft, dass diese von der Umsatzsteuer befreit sind.

Der Gesetzgeber sollte bei Sachausschüttungen den Vorsteuerabzug für unternehmerische Aktionäre ermöglichen. Dies ließe sich problemlos durch eine Ergänzung von § 14 Abs. 4 Satz 1 Nr. 7 UStG erreichen, derzufolge in einer Rechnung nach § 14 Abs. 1 UStG die Bemessungsgrundlage nach § 10 Abs. 4 Satz 1 Nr. 1 und 3 UStG anstelle eines Entgeltes ausgewiesen werden kann.

Bei Sachausschüttungen ist also zu beachten, dass - außer im Falle von steuerfreien Wertpapierdividenden - die entstehende Umsatzsteuer zu Lasten des Bilanzgewinns geht und damit das Ausschüttungsvolumen verkürzt.[838]

---

[836] *Bülow*, in: Vogel/Schwarz, UStG, § 3 Rn. 108.

[837] *Huschens*, in: Vogel/Schwarz, UStG, § 4 Nr.8e Rn. 8.

[838] Der Gewinnverwendungsbeschluss muss also die Entstehung von Umsatzsteuer berücksichtigen, um nicht über die zulässigen Ausschüttungsgrenzen hinauszugehen.

2. Kapitel: Die Besteuerung der Sachdividende beim Aktionär

1. Einkommensteuerpflichtiger Dividendenempfänger

1.1 Aktien im Privatvermögen

Sofern die Aktien vom Steuerpflichtigen im Privatvermögen gehalten werden, stellen die ausgeschütteten Sachdividenden in ihrer im Gewinnverwendungsbeschluss offen ausgewiesenen Höhe[839] Gewinnanteile aus Aktien und damit Einkünfte aus Kapitalvermögen gem. § 2 Abs. 1 Nr. 5 i.V.m. § 20 Abs. 1 Nr. 1 EStG dar,[840] es sei denn die Sachdividenden gehören zu Einkünften aus einer anderen Einkunftsart (§ 20 Abs. 1 Nr. 1 EStG).[841] Im Rahmen der Buchwertmethode möglicherweise mitausgeschüttete stille Reserven stellen ebenfalls Einkünfte aus Kapitalvermögen dar, sind aber als verdeckte Gewinnausschüttungen gem. § 20 Abs. 1 Nr. 1 Satz 2 nicht als Gewinnanteile aus Aktien, sondern als sonstige Bezüge zu qualifizieren. Sachlich liegt hierin allerdings kein Unterschied.

Zu bewerten ist die ausgeschüttete Sachdividende mit ihrem gemeinen Wert im Zeitpunkt ihres Zuflusses (§ 11 Abs. 1 EStG) beim Aktionär.[842] Dies ergibt sich aus einem Vergleich mit § 8 Abs. 2 Satz 1 EStG, der die Bewertung von zugeflossenen Sachleistungen regelt. Der dort vorgegebene Wertmaßstab „übliche Endpreise am Abgabeort" kann gleichgesetzt werden mit dem gemeinen Wert der ausgeschütteten Vermögensgegenstände.[843]

---

[839] Beziehungsweise in der aus ausgeschüttetem Gewinn und Anzahl der Ausschüttungsgegenstände ermittelbaren Höhe, sofern auf die konkrete Wertangabe der Ausschüttungsgegenstände im Gewinnverwendungsbeschluss verzichtet wird.

[840] Vgl. bereits BMF, Auslagerung der Palm-Aktien aus der 3 Com Corporation, Schreiben vom 21. Juli 2000, IV C 3 - S 2256 - 176/00, FR 2000, 1098; *Häger/Forst*, EStB 2002, 336.

[841] Das ist etwa der Fall, wenn die Aktien in einem Betriebsvermögen gehalten werden, vgl. dazu sogleich 3. Abschnitt, 2. Kapitel, 1.2.

[842] Abzustellen ist dabei auf den dinglichen Übertragungsakt, bei der Ausschüttung von Wertpapieren ist damit der Zeitpunkt der Gutschrift im Depot des Aktionärs maßgebend, vgl. *Tübke*, Sachausschüttungen, 101; *Orth*, WPg 2004, 849.

[843] *Drenseck*, in: Schmidt, EStG, § 8 Rn. 36 ff.

1.2   Aktien im Betriebsvermögen

Hierher gehören die Fälle, in denen die Aktien im Betriebsvermögen eines Einzelkaufmanns oder einer Personengesellschaft gehalten werden. Der Einzelkaufmann unterliegt der Einkommensteuer. Personengesellschaften sind für die Zwecke der Ertragsteuern transparent, so dass die Besteuerung insoweit nach den für die Gesellschafter der Personengesellschaft geltenden Regeln erfolgt. Sind die Gesellschafter der Personengesellschaften natürliche Personen, so werden ihnen die Gewinne ihrer Gesellschaft zugerechnet und unterliegen ebenfalls der Einkommensteuer. Im Folgenden wird die steuerliche Erfassung der ausgeschütteten Sachdividende im Betriebsvermögen und daraus resultierende Besteuerung dargestellt.

Eine Sachausschüttung führt handelsrechtlich zu einem Beteiligungsertrag[844] und steuerrechtlich zu Betriebseinnahmen. Ist der Aktionär bilanzierungspflichtig, so wird der Beteiligungsertrag und damit die Betriebseinnahme mit der Fassung des Gewinnverwendungsbeschlusses realisiert. Zu diesem Zeitpunkt ist eine Forderung in der Bilanz einzubuchen, welche ihrer Höhe nach dem entstandenen Anspruch auf die Sachleistung entspricht und daher wie die später zu erhaltenden Sachwerte zu bewerten ist.

Grundsätzlich sind Wirtschaftsgüter in der Steuerbilanz mit ihren Anschaffungsbzw. Herstellungskosten anzusetzen (§ 6 Abs. 1 Nr. 1 Satz 1 bzw. Nr. 2 Satz 1 EStG). Mangels einer konkreten Gegenleistung für den Erhalt der Sachdividende fehlen jedoch tatsächliche Anschaffungs- bzw. Herstellungskosten. Für die Bewertung der Forderung auf die Sachleistungen ist daher auf fiktive Anschaffungskosten der Ausschüttungsgegenstände zurückzugreifen. Im Gegensatz zur Handelsbilanz kommt ein Ansatz zum Buchwert auch bei einer Ausschüttung zu Buchwerten nicht in Frage, da handelsrechtliche Bewertungswahlrechte einkommensteuerlich zur Aktivierungspflicht führen.[845]

Für die Ermittlung fiktiver Anschaffungskosten kann auf die Bewertungsvorschrift des § 6 Abs. 4 EStG zurückgegriffen werden. Danach gilt für ein Wirtschaftsgut, das unentgeltlich in das Betriebsvermögen eines anderen Steuerpflichtigen überführt wird, der gemeine Wert (§ 9 BewG) als Anschaffungspreis.[846] Zwar ist § 6 Abs. 4 EStG nicht unmittelbar anwendbar, da es sich bei einer Sachausschüttung wirtschaftlich gesehen nicht um einen unentgeltlichen Erwerbsvorgang handelt. Allerdings lässt sich § 6 Abs. 4 EStG entnehmen, dass

---

[844] § 275 Abs. 2 Nr. 9-11, Abs. 3 Nr. 8-10 HGB.

[845] *Weber-Grellet*, in: Schmidt, EStG, § 5 Rn. 35.

[846] Die Anschaffungskostenfiktion des § 6 Abs. 4 EStG spricht gegen die teilweise im Schrifttum vertretene Ansicht, dass bei Unentgeltlichkeit schon gar kein Anschaffungsvorgang vorliege, vgl. *Ehmcke*, in: Blümich, EStG, KStG, GewStG, § 6 EStG Rn. 91. Tatsächlich liegt ein Anschaffungsvorgang vor, nur bedarf es aufgrund fehlender Aufwendungen der Ermittlung eines geeigneten Bewertungsmaßstabs.

der Steuergesetzgeber den gemeinen Wert für den richtigen Bewertungsmaßstab hält, soweit einem bilanzierungspflichtigen Wirtschaftsgut keine Anschaffungskosten (direkt) zugeordnet werden können. Die Aktivierung der erhaltenen Sachdividenden im Jahr der Gewinnausschüttung erhöht den Unterschiedsbetrag nach § 4 Abs. 1 Satz 1 EStG und damit den zu versteuernden Gewinn. Ist der Steuerpflichtige nicht bilanzierungspflichtig, so kann er seinen Gewinn auch nach § 4 Abs. 3 EStG im Wege der sog. Einnahme - Überschussrechnung ermitteln. In diesem Fall ist zu differenzieren: ist die erhaltene Sachdividende beim Dividendenempfänger zukünftig dem Anlagevermögen zuzuordnen, stellen die Ausschüttungsgegenstände im Zeitpunkt des Zuflusses zum Betriebsvermögen Betriebseinnahmen in Höhe des gemeinen Wertes dar. § 6 Abs. 4 EStG findet auch in diesem Fall (entsprechende) Anwendung.[847] Ist die erhaltene Sachdividende beim Dividendenempfänger dagegen dem Umlaufvermögen zuzuordnen, so entstehen Betriebseinnahmen erst bei Veräußerung der Sachwerte in Höhe des dann erzielten Verkaufspreises.[848]

In jedem Falle werden die Gewinne, die im Betriebsvermögen infolge der erhaltenen Sachausschüttungen entstehen, dem Aktionär als Einkünfte aus Gewerbetrieb, § 15 EstG, zugerechnet und unterliegen damit seiner persönlichen Einkommensbesteuerung.

1.3   Teilweise Steuerfreiheit nach dem Halbeinkünfteverfahren

Sowohl die Einkünfte aus Kapitalvermögen, sofern die Aktien im Privatvermögen gehalten werden, als auch die Einkünfte aus Gewerbebetrieb, sofern die Aktien im Betriebsvermögen eines Einzelkaufmanns oder einer Personengesellschaft gehalten werden, unterliegen dem Halbeinkünfteverfahren.[849]

Gemäß § 3 Nr. 40 d EStG ist demnach die Hälfte dieser Einkünfte steuerfrei gestellt. Auf diese Weise wird berücksichtigt, dass die ausgeschütteten Gewinne bereits auf Unternehmensebene mit Körperschaftsteuer belegt wurden. Durch die erneute Besteuerung auf Anteilseignerebene mit Einkommensteuer kommt es zu einer steuerlichen Doppelbelastung. Diese soll durch die nur hälftige Heranziehung der Beteiligungserträge zur Einkommensteuer abgemildert werden.

---

[847] *Heinicke*, in: Schmidt, EStG, § 4 Rn. 392.

[848] *Heinicke*, in: Schmidt, EStG, § 4 Rn. 390.

[849] § 3 Nr. 40 d EStG gilt sowohl für natürliche Personen als auch für Personengesellschaften und deren Gesellschafter, vgl. *Heinicke*, in: Schmidt, EStG, § 3 ABC unter Stichwort „Halbeinkünfteverfahren"; *Strunk/Kolaschnik*, TransPuG, 67.

260

1.4 Sachausschüttung als Besteuerungstatbestand i.S.v. § 23 EStG

Durch § 23 EStG soll der Gewinn aus der Veräußerung von Privatvermögen besteuert werden, wenn sich der Steuerpflichtige Werterhöhungen von Wirtschaftsgütern innerhalb bestimmter, gesetzlich definierter Fristen wirtschaftlich zugeführt hat.[850]
Damit ist fraglich, ob hinsichtlich der im Wege einer Sachausschüttung erhaltenen Sachgegenstände ein Tatbestand des § 23 EStG erfüllt ist, so dass eine steuerliche Haltefrist im Sinne dieser Vorschrift in Gang gesetzt wird.

1.4.1 Tatbestand

1.4.1.1 Auffassungen in der Literatur

Die Ansichten in der Literatur zu dieser Frage sind geteilt.
Bei Sachdividenden nach § 58 Abs. 5 AktG vermisst eine Auffassung in der Literatur eine Gegenleistung für die Sachausschüttung und meldet deshalb erhebliche Zweifel an, ob man wirklich von einem Anschaffungsvorgang i.S.d. § 23 EStG ausgehen könne.[851] Denn eine Anschaffung i.S.d. § 23 EStG liegt nach ständiger Rechtsprechung und der übereinstimmenden Ansicht in der Literatur nur bei einem entgeltlichen Erwerb vor.[852]
Andere Stellungnahmen dagegen sehen ohne nähere Begründung mit einer Sachausschüttung einen Anschaffungsvorgang auf Seiten des Aktionärs als gegeben an.[853] Auch die Finanzverwaltung hat sich zu dieser Frage bereits geäußert. Zum Fall der Übertragung der Palm-Anteile auf die Anteilseigner der 3 Com Corporation führt das BMF-Schreiben vom 21.Juli 2000[854] aus, dass die übertragenen Palm-Anteile von den Aktionären als von diesen entgeltlich angeschafft gelten. Als Anschaffungskosten sei der Börsenwert der übertragenen An-

[850] *Weber-Grellet*, in: Schmidt, EStG, § 23, Rn. 2.
[851] *Lutter/Leinekugel/Rödder*, ZGR 2002, 234, insbesondere Fn. 95.
[852] BFH v. 22.9.87, BStBl. II 88, 250, 251; *Weber-Grellet*, in: Schmidt, EStG, § 23 Rn. 31; *Glenk*, in: Blümich, EStG, KStG, GewStG, § 23 Rn. 91. Aus den Stellungnahmen seitens der Literatur gewinnt man den Eindruck, dass der Besteuerungstatbestand des § 23 EStG bereits ausscheide, soweit eine Sachausschüttung nicht als entgeltlicher Anschaffungsvorgang zu qualifizieren ist. Das trifft allerdings spätestens seit der Einfügung von § 23 Abs. 1 Satz 3 EStG durch das Steuerentlastungsgesetz 1999 ff. (BMF, BStBl. I 2000, 1383) nicht mehr zu. Nach dieser Vorschrift unterfällt nun ausdrücklich auch der unentgeltliche Erwerb der Besteuerung nach § 23 EStG.
[853] *Häger/Forst*, EStB 2002, 336; *Orth*, WPg 2004, 850; *Heine/Lechner*, AG 2005, 273.
[854] BMF, Auslagerung der Palm-Aktien aus der 3 Com Corporation, Schreiben vom 21. Juli 2000, IV C 3 - S 2256 - 176/00, FR 2000, 1098.

Anteile zum Zeitpunkt der Übertragung anzusehen. Bei einer Veräußerung innerhalb der Spekulationsfrist werde dementsprechend eine Besteuerung nach § 23 EStG ausgelöst. Eine Begründung, warum eine Sachausschüttung als entgeltlicher Vorgang anzusehen ist, wird allerdings auch im erwähnten BMF-Schreiben nicht gegeben.

Im Gegensatz dazu wurde im Vorfeld der Verabschiedung von § 58 Abs. 5 AktG angemahnt, im Rahmen einer steuerlichen Flankierung müsse sichergestellt werden, dass bezüglich der als Sachdividenden erhaltenen Wertpapiere keine erneute Haltefrist i.S.v. § 23 EStG beginne. Denn der Ertrag fließe aus dem Anteil an dem Mutterunternehmen und es könne daher auch nur auf die Haltedauer dieses Anteils abgestellt werden. Zudem würde durch eine steuerliche Haltefrist die Möglichkeit des Dividendenempfängers konterkariert, eine erhaltene Sachdividende umgehend in Bargeld umzusetzen.[855]

1.4.1.2 Stellungnahme

Entgegen der Forderungen aus dem Schrifttum hat der Steuergesetzgeber bisher nicht reagiert und keine spezifischen Regelungen zur steuerlichen Behandlung der Sachdividende - insbesondere auch nicht im Hinblick auf § 23 EStG - erlassen. Grundlage der nachfolgenden Analyse ist demnach die auch vor Einfügung des § 58 Abs. 5 AktG geltende Gesetzeslage.

Eine Sachausschüttung nach § 58 Abs. 5 AktG stellt dann einen entgeltlichen Anschaffungsvorgang i.S.d. § 23 Abs. 1 Satz 1 EStG dar, wenn vom Aktionär für die Erlangung der Sachausschüttung eine Gegenleistung erbracht wird.

Im Zusammenhang mit der handels- und steuerrechtlichen Bilanzierung einer erhaltenen Sachdividende beim Empfänger wurde eine Sachausschüttung als entgeltlicher Vorgang eingeordnet und dabei auf eine wirtschaftliche Betrachtungsweise abgestellt. Dagegen konnte gezeigt werden, dass bei einer Sachausschüttung keine entgeltliche Lieferung im umsatzsteuerlichen Sinne vorliegt. Diese Ergebnisse stellen keinen Widerspruch dar, sondern liegen in den unterschiedlichen Wertungen des Bilanz- und Umsatzsteuerrechts begründet. Dies zeigt, dass die Frage nach der Entgeltlichkeit einer Sachausschüttung für jeden Rechtsbereich gesondert untersucht und beantwortet werden muss.

Mit der Sachausschüttung wechselt der betreffende Ausschüttungsgegenstand von der Vermögenssphäre der Gesellschaft in die des Dividendenempfängers. Es liegt also insofern eine klare Zäsur für die Zuordnung einer weiteren Wertsteigerung der Sache vor. Der Aktionär erhält den Ausschüttungsgegenstand wirtschaftlich gesehen als Gegenleistung für seine Kapitalüberlassung an die Gesellschaft und damit nicht unentgeltlich. Zwar lassen sich der Ausschüttung keine

[855] Deutsches Aktieninstitut, Stellungnahme, 4.

konkreten Erwerbsaufwendungen zuordnen, im weiteren Sinne ist die Gewinn-beteiligung jedoch Ausfluss der Investitionsentscheidung des Aktionärs.

Dieser mittelbare Entgeltzusammenhang reicht aus, um den Erhalt einer Sachdi-vidende von den rein unentgeltlichen Sachverhalten der Schenkung oder Ver-mögensnachfolge von Todes wegen abzugrenzen, die als unentgeltliche Vor-gänge im Sinne des § 23 EStG angesehen werden.[856]

Für diese wirtschaftliche Betrachtungsweise spricht, dass in Literatur und Recht-sprechung auch bei Sachleistungen, die ein Arbeitnehmer neben seinem Ar-beitslohn von seinem Arbeitgeber als Gegenleistung für seine Tätigkeit erhält, von einem entgeltlichen Anschaffungsvorgang i.S.d. § 23 Abs. 1 EStG ausge-gangen wird.[857] In diesen Fällen besteht ebenfalls nur ein weit zu fassender Ent-geltzusammenhang, da sich Leistung und Gegenleistung i.d.R. nicht exakt zu-ordnen lassen, und dennoch wird dies als ausreichend für einen entgeltlichen Anschaffungsvorgang gesehen.

Im übrigen wird das hier gefundene Ergebnis durch die Rechtsprechung des BFH bestätigt. Danach ist der Begriff der „Anschaffung" i.S.d. § 23 Abs. 1 EStG grundsätzlich identisch mit dem Begriff „Anschaffung" i.S.d. § 6 EStG.[858] Ein Gleichlauf der Beurteilung einer Sachdividende als entgeltliche Anschaf-fung im Bilanz(steuer)recht und für den Bereich des § 23 EStG erweist sich vor diesem Hintergrund als konsequent.

1.4.2   Anschaffungskosten der ausgeschütteten Gegenstände

Der Entgeltzusammenhang im weiteren Sinne zwischen Kapitalüberlassung und Ausschüttung einer Sachdividende qualifiziert zwar die Sachausschüttung als insgesamt entgeltlichen Anschaffungsvorgang i.S.v. § 23 EStG. Allerdings stel-len die im Rahmen des Aktienerwerbs (Zeichnung bzw. derivativer Erwerb) ent-standenen Aufwendungen nicht Anschaffungskosten der ausgeschütteten Sachen dar. Denn diese Aufwendungen sind ausschließlich Anschaffungskosten der

---

[856] Schenkung und Erbfall gelten nicht als entgeltlicher Erwerb im Sinne des § 23 EStG. Dem Rechtsnachfolger wird die Anschaffung durch den Rechtsvorgänger und dessen Haltefrist zugerechnet. Das ergibt sich für die Schenkung nunmehr ausdrücklich aus dem Gesetz, vgl. § 23 Abs. 1 Satz 3 EStG. Bezüglich des Erbfalles ist dies die Rechtsauffassung des BFH (v. 21.3.1969, BStBl. II 1969, 520, 521).

[857] *Weber-Grellet*, in: Schmidt, EStG, § 23 Rn. 31; *Herzig*, DB 1999, 5 f.; *Feddersen*, Akti-enoptionsprogramme, 276; FG Münster v. 17.3.1994, EFG 1994, 703.

[858] BFH v. 19.4.1977, BStBl. II 1977, 712, 713; genauso genommen bezieht sich der BFH im genannten Urteil nur auf die „Anschaffung" i.S.d. § 6 Abs. 1 Nr. 5 EStG. Es kann aber kaum davon ausgegangen werden, dass er diesen Begriff innerhalb derselben Vorschrift unterschiedlich auslegen würde.

Aktien selbst.[859] Eine Zurechnung auf gewährte Sachdividenden ist nicht möglich, da zu den Anschaffungskosten nur eindeutig zurechenbare Aufwendungen für den Erwerb von Vermögensgegenständen gehören, vgl. § 255 Abs. 1 Satz 1 HGB.

Damit stellt sich die Situation so dar, dass zwar von einem entgeltlichen Anschaffungsvorgang auszugehen ist, allerdings konkrete Anschaffungskosten fehlen.

Folglich sind plausible Annahmen über die Höhe der Anschaffungskosten zu machen. Da man davon ausgehen kann, dass Leistung und Gegenleistung i.d.R. ausgeglichen sind, ist der im Rahmen der Einkommensermittlung (§ 20 EStG bzw. § 15 EStG) zu versteuernde Sachbezug[860] als Anschaffungspreis heranzuziehen[861]. Hierbei kann auf die entsprechenden Ausführungen verwiesen werden.[862]

1.4.3 Fristanlauf

Für den Fristanlauf nach § 23 EStG ist auf das schuldrechtliche Geschäft und nicht auf dingliche Erfüllungshandlungen abzustellen.[863]

Folglich beginnt die steuerliche Haltefrist bei Sachdividenden mit Entstehen des konkreten Sachausschüttungsanspruchs für den Aktionär, also mit Fassung des Gewinnverwendungsbeschlusses durch die Hauptversammlung, zu laufen.

Für die ausgeschütteten Sachgegenstände läuft jeweils eine eigene Frist gemäß § 23 EStG an. Die bei Erwerb der Aktien ins Privatvermögen angelaufene Haltefrist nach § 23 EStG wird nicht auf die Haltefrist für die ausgeschütteten Sachen angerechnet. Die diesbezüglich in der Literatur geäußerte Ansicht[864] ist abzulehnen. Zwar resultiert der Sachdividendenertrag tatsächlich aus der Beteiligung an der Aktiengesellschaft. Das führt aber nicht zwingend dazu, dass nur auf die Haltedauer dieses Anteils abgestellt werden kann. Die ausgeschütteten Sachgegenstände stellen eigenständige Wirtschaftsgüter dar, die einer eigenständigen Wertentwicklung unterliegen, die unter den Voraussetzungen des § 23 EStG der Besteuerung zu unterwerfen sind. Folgende Kontrollüberlegung bestätigt dieses

---

[859] *Waclawik*, WM 2003, 2272.

[860] Im Parallelfall der Sachleistungen des Arbeitgebers an den Arbeitnehmer wird dementsprechend der versteuerte geldwerte Vorteil als Anschaffungskosten der erhaltenen Sachgüter angesetzt, *Herzig*, DB 1999, 6.

[861] Da der Sachbezug Gegenleistung für die Zurverfügungstellung von Kapital an die Gesellschaft ist, wird damit wirtschaftlich gesehen auf den Wert dieser Kapitalüberlassung abgestellt.

[862] Vgl. 3. Abschnitt, 2. Kapitel, 1.1 und 1.2.

[863] *Weber-Grellet*, in: Schmidt, EStG, § 23 Rn. 37.

[864] Deutsches Aktieninstitut, Stellungnahme, 8.

Ergebnis: würde eine Bardividende ausgeschüttet und erwürbe der Aktionär mit diesem Geld die ausgeschütteten Sachgegenstände, bestünde auch kein Zweifel daran, dass jeweils neue Haltefristen i.S.d. § 23 EStG anlaufen. Für die Anwendung des § 23 EStG ist es irrelevant, mit welchen Mitteln oder auf welcher Grundlage die betreffenden Sachen erworben wurden.

1.4.4 Vereinbarkeit der Besteuerung der Sachdividende nach § 23 EStG mit dem Sinn und Zweck des § 58 Abs. 5 AktG

In einer Stellungnahme zum Entwurf des § 58 Abs. 5 AktG wurde kritisiert, dass die Unterwerfung der Sachdividende unter die Besteuerung nach § 23 EStG und damit die Belegung mit einer steuerlichen Haltefrist dem Sinn und Zweck von § 58 Abs. 5 AktG zuwiderlaufe. Denn § 58 Abs. 5 AktG sehe vor, dass die Sachdividende nach Möglichkeit schnell in Bargeld umsetzbar sein müsse. Dies würde konterkariert, wenn der Dividendenempfänger einer steuerlichen Haltefrist unterliege.[865]

Dieser Ansicht kann nicht gefolgt werden.

Die Sachdividende wird beim Aktionär für die Zwecke des § 23 EStG zum Zeitpunkt der Fassung des Gewinnverwendungsbeschlusses mit ihrem Verkehrswert angesetzt. Verkauft er die erhaltene Sachdividende sofort,[866] so erzielt er eben diesen Verkehrswert. Ein steuerpflichtiger Gewinn nach § 23 EStG ist dann gar nicht entstanden. Verkauft er zu einem späteren Zeitpunkt innerhalb der Haltefrist, und erzielt er einen Veräußerungsgewinn, so unterliegt dieser zwar der Besteuerung nach § 23 EStG, seine Ursache liegt aber darin begründet, dass die erhaltene Sachdividende eine Wertsteigerung erfahren hat. Hätte der Aktionär eine Bardividende erhalten und dieses Geld entsprechend investiert, wäre auch nichts gegen die Besteuerung entstandener Veräußerungsgewinne einzuwenden.

Die Tatsache, dass der Aktionär einer steuerlichen Haltefrist nach § 23 EStG unterworfen ist, beeinträchtigt ihn also nicht in seiner Dispositionsfreiheit. Er erleidet dadurch keine wertmäßigen Einbußen hinsichtlich seiner erhaltenen Sachdividende.

Eine Herausnahme der Sachdividende aus dem Anwendungsbereich des § 23 EStG ist also nicht angezeigt und wäre aus Gleichbehandlungsgesichtspunkten im Vergleich mit einer Bardividende und anschließender Investition der Beträge auch nicht zu rechtfertigen.

---

[865] Deutsches Aktieninstitut, Stellungnahme, 8.

[866] Daran ist er durch die Haltefrist nicht gehindert, durch den Verkauf innerhalb der Frist unterliegt ein erzielter Veräußerungserlös allerdings der Einkommensbesteuerung, während ein solcher nach Ablauf der Haltefrist nicht mehr steuerbar ist.

2. Körperschaftsteuerpflichtiger Dividendenempfänger

Ist an der ausschüttenden Aktiengesellschaft ein körperschaftsteuerpflichtiger Dividendenempfänger beteiligt, so stellt eine Sachausschüttung bei diesem Einkommen i.S.v. § 8 Abs. 1 Satz 1 KStG i.V.m. §§ 2 Abs. 1 Satz 1 Nr. 5, 20 Abs. 1 Nr. 1 EStG dar. Die Bewertung der Sachdividende erfolgt aufgrund der Verweisung in § 8 Abs. 1 Satz 1 KStG ins Einkommensteuerrecht nach denselben Grundsätzen wie bei einem einkommensteuerpflichtigen Dividendenempfänger, der seine Aktien in einem Betriebsvermögen hält, also mit dem gemeinen Wert im Zeitpunkt der Übertragung der Ausschüttungsgegenstände an den Anteilseigner.[867]

Die Sachdividende ist beim Dividendenempfänger jedoch nach § 8b Abs. 1 KStG steuerbefreit,[868] da es sich dabei um Bezüge im Sinne des § 20 Abs. 1 Nr. 1 EStG handelt, selbst wenn die Erträge i.d.R. nach § 8 Abs. 2 KStG in Einkünfte aus Gewerbebetrieb (§ 15 EStG) umqualifiziert werden.[869] Damit bleibt eine erhaltene Sachdividende bei der Ermittlung des körperschaftsteuerlichen Einkommens des Dividendenempfängers grundsätzlich[870] außer Ansatz. Ab 2004 gelten allerdings nach § 8b Abs. 5 KStG 5% des Wertes der Sachdividende als nichtabziehbare Betriebsausgaben. Folglich sind wirtschaftlich gesehen lediglich § 95% der Sachdividende von einer Besteuerung freigestellt.

Im Ergebnis lösen damit Sachausschüttungen innerhalb von Beteiligungsstrukturen, an denen nur körperschaftsteuerpflichtige Dividendenempfänger beteiligt sind, bei den empfangenden Gesellschaften eine effektive Körperschaftsteuerbelastung in Höhe von 5% des Ausschüttungsvolumens aus.[871]

---

[867] Vgl. 3. Abschnitt, 2. Kapitel, 1.2.

[868] *Frotscher*, in: Frotscher/Maas, KStG, § 8b Rn. 20; *Lutter/Leinekugel/Rödder*, ZGR 2002, 233.

[869] *Frotscher*, in: Frotscher/Maas, KStG, § 8b Rn. 18.

[870] Zu beachten sind aber die Ausnahmen und Rückausnahmen von der Steuerfreiheit gem. § 8b Abs. 2 und 3 KStG.

[871] Für die Übergangszeit des Systemwechsels vom Anrechnungsverfahren auf das Halbeinkünfteverfahren ist allerdings zusätzlich eine etwa entstehende Steuerbelastung nach § 37 Abs. 3 KStG zu berücksichtigen. Nach dieser Vorschrift kommt es bei der Gesellschaft, die eine nach § 8b Abs. 1 KStG steuerfreie Gewinnausschüttung erhält, zu einer Körperschaftsteuerbelastung in Höhe der Körperschaftsteuerminderung bei der ausschüttenden Gesellschaft nach § 37 Abs. 3 KStG.

3. Gewerbesteuer

Dividendenempfänger, die ein Gewerbe betreiben, unterliegen mit ihrem Gewinn neben der Einkommen- oder Körperschaftsteuer zusätzlich auch der Gewerbesteuer. Bemessungsgrundlage für die Gewerbesteuer ist der Gewerbeertrag, § 6 GewStG. Ausgangspunkt für die Ermittlung des Gewerbeertrags ist das für die Zwecke der Einkommens- bzw. Körperschaftsteuer berechnete Ergebnis, § 7 Satz 1 GewStG. Bei einkommensteuerpflichtigen Dividendenempfängern bleiben erhaltene Sachdividenden bei der Ermittlung des Einkommens nach § 3 Nr. 40d EStG zur Hälfte außer Ansatz, bei körperschaftsteuerpflichtigen Dividendenempfängern werden Sachdividenden nach § 8b Abs. 1 KStG grundsätzlich[872] von der Besteuerung ausgenommen. Durch den Abzug von den Einkünften wirkt sich die Steuerbefreiung damit unmittelbar auch auf die Gewerbesteuer aus.[873]

Allerdings bleibt es im Bereich der Gewerbesteuer bei dieser Steuerfreiheit nur, wenn der Aktionär mit mindestens 10% am Grundkapital der Aktiengesellschaft beteiligt ist. Andernfalls sind die Abzugsbeträge nach § 8 Nr. 5 GewStG dem Gewerbeertrag wieder hinzuzurechnen.

---

[872] Wirtschaftlich gesehen ab dem Veranlagungszeitraum 2004 nur noch in Höhe von 95%, da 5% des Veräußerungsgewinns als nichtabziehbare Betriebsausgaben gelten (§ 8b Abs. 5 Satz 1 KStG).

[873] *Menck*, in: Blümich, EStG, KStG, GewStG, § 8b KStG Rn. 49; *Hofmeister*, in: Blümich, EStG, KStG, GewStG, § 8 GewStG Rn. 150.

Zusammenfassung der wesentlichen Ergebnisse

1. Die Sachdividende nach § 58 Abs. 5 AktG stellt neben der Barausschüttung eine Ausschüttungsalternative zur Verteilung des Bilanzgewinns an die Aktionäre dar. Sie ist streng abzugrenzen von anderen gesellschaftsrechtlichen Instituten, die in der Literatur teilweise ebenfalls als Sachdividende/Sachausschüttung bezeichnet werden, sich aber in wesentlichen Punkten von einer Sachausschüttung nach § 58 Abs. 5 AktG unterscheiden.

2. Mit § 58 Abs. 5 AktG hat der Gesetzgeber die Zulässigkeit der Sachdividende erstmals gesetzlich geregelt. Dies ist sehr zu begrüßen, da in der Literatur die Voraussetzungen einer Sachausschüttung umstritten waren, was zu einer mangelnden Akzeptanz dieses gesellschaftsrechtlichen Instituts in der Praxis führte.

3. Aus der Neuregelung des § 58 Abs. 5 AktG lässt sich nun zwingend auf das (bisher umstrittene) Verhältnis von Bar- und Sachausschüttung schließen. Das Aktiengesetz sieht in der Barausschüttung die Grundform der Verteilung des Bilanzgewinns an die Anteilseigner. Für die Ausschüttung einer Sachdividende bedarf es einer besonderen Ermächtigung in der Satzung. Ein bloßer Gewinnverwendungsbeschluss reicht, wie es teilweise unter alter Rechtslage vertreten wurde, in keinem Falle aus.

4. Die Auslegung des Sachbegriffs in § 58 Abs. 5 AktG ergibt, dass der Kreis der ausschüttungsfähigen Sachen sehr weit zu fassen ist. „Sache" ist als Komplementärbegriff zu Barmitteln zu verstehen. Diese Interpretation deckt sich insbesondere mit den Vorstellungen des Gesetzgebers, der mit der Zulassung der Sachdividende eine umfassende Liberalisierung der Gewinnverwendungsmöglichkeiten anstrebt. Ausgeschüttet werden können daher neben bilanzierten Vermögensgegenständen wie Wertpapieren, Beteiligungen und Produkten der Gesellschaften auch nicht bilanzierungsfähige Vermögensgegenstände wie Dienstleistungen und andere immaterielle Vermögenswerte.

5. Sachdividenden können Aktionäre in ihrem Recht auf Gleichbehandlung verletzen und u.U. einen schwerwiegenden Eingriff in ihr Gewinnbeteiligungsrecht darstellen. Während Barausschüttungen für jeden Anteilseigner den gleichen Wert besitzen, kann die Wertschätzung ausgeschütteter Sachen durch die Aktionäre höchst unterschiedlich ausfallen. Dies legt eine Differenzierung bei potentiellen Ausschüttungsgegenständen nach fungiblen und nicht fungiblen Sachen nahe. Denn es besteht ein direkter Zusammenhang zwischen der Fungibilität von Sachen und einer möglichen Beeinträchtigung von Aktionärsrechten durch ihre Ausschüttung: je leichter ein Ausschüttungsgegenstand vom Aktionär in Geld umgesetzt werden

268

kann, desto näher kommt die Sachausschüttung einer Barausschüttung und desto geringer ist die Gefahr einer Benachteiligung einzelner Aktionäre.

6. Eine Definition fungibler Sachen muss unter der Prämisse erfolgen, dass die Ausschüttung dieser Sachen Aktionärsinteressen nicht wesentlich beeinträchtigen darf und demnach die schnelle und einfache Umsetzung der Ausschüttungsgegenstände in Bargeld gewährleistet sein muss. Unter Rückgriff auf die Gesetzesbegründung und der Berücksichtigung der Wertung in § 31 Abs. 2 Satz 1 WpÜG gelangt man zu dem Ergebnis, dass unter fungiblen Sachen Wertpapiere zu verstehen sind, die an einer europäischen Börse im amtlichen Handel oder geregelten Markt und in einem ausreichenden Volumen gehandelt werden.

7. Für die Zulässigkeit einer Sachdividende bedarf es einer entsprechenden Ermächtigung in der Satzung. Soweit diese nicht in der Ursprungssatzung enthalten ist, muss mit satzungsändernder Mehrheit eine Sachdividendenklausel in der Satzung verankert werden. Soweit auch nicht fungible Sachen ausgeschüttet werden sollen, bedarf es einer möglichst konkreten Umschreibung der potentiellen Ausschüttungsgegenstände in der Satzungsermächtigung, um einen ausreichenden Aktionärsschutz zu gewährleisten.

8. Der konkrete Sachausschüttungsbeschluss wird mit einfacher Hauptversammlungsmehrheit gefasst. Höhere Mehrheitserfordernisse kommen selbst dann nicht zum Tragen, wenn wesentliche Teile des Betriebsvermögens zur Ausschüttung kommen. Die Konkretisierungskompetenz bezüglich der auszuschüttenden Sachwerte liegt allein und ausschließlich bei der Hauptversammlung.

9. Für Sachausschüttungen nach § 58 Abs. 5 AktG kommt weder eine analoge Anwendung noch ein Wertungstransfer spaltungsrechtlicher Vorschriften nach dem UmwG in Betracht.

10. Während die Ausschüttung fungibler Sachen keinen Bedenken begegnet, ist bei der Ausschüttung nicht fungibler Sachen ein ausreichender Schutz der Minderheitsaktionäre vor unzumutbaren Beeinträchtigungen zu gewährleisten. Richtiges Instrument des Minderheitenschutzes ist die Inhaltskontrolle sowohl des satzungsändernden Beschlusses über eine Sachausschüttungsermächtigung als auch des konkreten Sachausschüttungsbeschlusses. Satzungsändernder Beschluss und Sachausschüttungsbeschluss sind dabei insbesondere am Maßstab des Gleichbehandlungsgrundsatzes zu überprüfen. Ferner unterliegt der Sachausschüttungsbeschluss der materiellen Beschlusskontrolle als besondere Ausprägung der mitgliedschaftlichen Treuepflichten der Aktionäre untereinander. Im Grundsatz kann festgehalten werden, dass eine Ausschüttung liquider Sachen nicht angefochten werden kann, soweit die Mindestausschüttung nach § 254 AktG sichergestellt ist. Von diesem Grundsatz sind allerdings Ausnahmen anzuerkennen: im Einzelfall hat die Hauptversammlungsmehrheit auf ein schutzwürdiges Ver-

trauen auf eine Barausschüttung von Minderheitsaktionären Rücksicht zu nehmen. Eine eingehende Analyse hat ergeben, dass ein solches Vertrauen nur bei Minderheitsaktionären nicht börsennotierter Gesellschaften existieren kann, die zudem ihre Mitgliedschaft vor Fassung des satzungsändernden Beschlusses nach § 58 Abs. 5 AktG begründet haben. Sowohl für Minderheitsaktionäre börsennotierter als auch nicht börsennotierter Gesellschaften ist ferner ein Sachausschüttungsbeschluss wegen Verletzung von Treuepflichten anfechtbar, wenn gegen das allgemeine Schädigungsverbot verstoßen ist oder sogar ein konkreter Missbrauch der Mehrheitsmacht vorliegt.

11. Leistungsstörungen bei Sachausschüttungen sind mangels ausdrücklicher Regelung im Gesetz durch einen Rückgriff auf das Leistungsstörungsrecht des BGB zu lösen. Mit Blick auf gesellschaftsrechtliche Wertungen sind hierbei einige Modifikationen angezeigt, um zu interessengerechten Ergebnissen zu gelangen.

12. Eine Sachausschüttung kann grundsätzlich wahlweise nach der Verkehrswertmethode als auch nach der Buchwertmethode erfolgen. Die eingehende Untersuchung hat gezeigt, dass die Buchwertmethode weder gegen Kapitalerhaltungsgrundsätze in der Aktiengesellschaft noch gegen sonstige Schutzvorschriften zugunsten von Aktionären oder des Kapitalmarktes verstößt.

13. Die Bilanzierung der Sachausschüttung nach der Buchwertmethode wirft keine besonderen Probleme auf. Sie ist handelsrechtlich erfolgsneutral. Bei Anwendung der Verkehrswertmethode wird ein Gewinn in Höhe der aufgedeckten stillen Reserven realisiert. Dieser Gewinn ist wirtschaftlich dem Jahr der Gewinnausschüttung zuzurechnen.

14. Eine Sachausschüttung nach der Verkehrswertmethode wirft keine unlösbaren Probleme der körperschaftsteuerlichen Behandlung auf. Bei Anwendung der Buchwertmethode sind unter besonderer Beachtung des Sinn und Zwecks von § 8 Abs. 2 Satz 3 KStG mitausgeschüttete stille Reserven als verdeckte Gewinnausschüttungen zu qualifizieren. Der BFH sollte vor dem Hintergrund dieses Ergebnisses seine herkömmliche Definition der verdeckten Gewinnausschüttung modifizieren, um zukünftig Unstimmigkeiten zu vermeiden.

15. Auf Sachausschüttungen fällt Kapitalertragsteuer an. Die Aktiengesellschaft hat die Kapitalertragsteuer für Rechnung des Aktionärs einzubehalten und an das Finanzamt abzuführen. Unproblematisch sind Mischdividenden, die einen ausreichend hohen Baranteil enthalten, aus dem die Kapitalertragsteuer entrichtet werden kann. Probleme ergeben sich jedoch dann, wenn reine Sachdividenden ausgeschüttet werden bzw. der Baranteil nicht ausreichend hoch ist. Für diese Fälle ist der Aktiengesellschaft in analoger Anwendung von § 38 Abs. 4 Satz 1 EStG ein Zurückbehaltungs-

den auszuschüttenden Dividenden zuzugestehen, bis der Aktionär der Gesellschaft den geschuldeten Kapitalertragsteuerbetrag gemäß § 44 Abs. 1 Satz 7 EStG zur Verfügung gestellt hat. *De lege ferenda* sollten Sachdividenden von der Kapitalertragsteuerpflicht freigestellt werden.

16. Sachausschüttungen unterliegen der Umsatzsteuer. Einschlägig ist der Entnahmetatbestand nach § 3 Abs. 1b Satz 1 Nr. 1 bzw. 9a Nr. 2 UStG. Die Ausschüttung von Wertpapierdividenden ist allerdings steuerfrei.

17. Sachdividenden stellen beim Aktionär Einkünfte aus Kapitalvermögen dar, soweit die Aktien im Privatvermögen gehalten werden. Werden die Aktien dagegen in einem Betriebsvermögen gehalten, stellen die erhaltenen Sachausschüttungen Betriebseinnahmen dar. Bei einkommensteuerpflichtigen Dividendenempfängern unterliegen die Sachdividenden dem Halbeinkünfteverfahren, werden also nur zur Hälfte der Besteuerung unterworfen. Bei körperschaftsteuerpflichtigen Dividendenempfängern sind die erhaltenen Sachdividenden dagegen gemäß § 8b Abs. 1 KStG grundsätzlich steuerbefreit.

18. Die im Wege einer Sachausschüttung erhaltenen Sachen unterliegen dem Besteuerungstatbestand des § 23 EStG, soweit die Ausschüttungsgegenstände innerhalb der dort vorgegebenen Mindesthaltefristen weiterveräußert werden. Die Fristen beginnen mit Fassung des Sachausschüttungsbeschlusses zu laufen. Für die ausgeschütteten Sachen läuft jeweils eine eigene Haltefrist nach § 23 EStG an, eine Anrechnung der Haltedauer der Aktien, auf die ausgeschüttet wird, erfolgt nicht.

Literaturverzeichnis

Adler, Hans/Düring, Walter/
Schmaltz, Kurt

Rechnungslegung und Prüfung der Unternehmen, 6. Auflage, Stuttgart;
Teilband 1 (Vorbemerkungen zu den §§ 252-256 HGB, §§ 252-263 HGB) 1995;
Teilband 4 (AktG, GmbHG, PublG) 1997;
Teilband 5 (§§ 264-283 HGB) 1997
zit.: A/D/S

Aha, Christof

Einzel- oder Gesamtrechtsnachfolge bei der Ausgliederung?, AG 1997, S. 345 ff.
zit.: *Aha*, AG 1997

Ammann, Gunter

Rechnungsausstellung und Vorsteuerabzug bei vermeintlich unentgeltlichen Zuwendungen i.S.d. § 3 Abs. 1b Nr. 3 UStG, UR 2000, S. 149 ff.
zit.: *Ammann*, UR 2000

Ballerstedt, Kurt

Kapital, Gewinn und Ausschüttung bei Kapitalgesellschaften, Tübingen 1949
zit.: *Ballerstedt*, Kapital.

Bamberger, Heinz Georg/
Roth, Herbert

Kommentar zum Bürgerlichen Gesetzbuch, Band 1 (§§ 1 - 610 BGB), München 2003
zit.: *Bearbeiter*, in: Bamberger/Roth, BGB.

Baumbach, Adolf/
Hueck, Alfred

Aktiengesetz, 13. Auflage, München 1968, ergänzt 1970
zit.: *Baumbach/Hueck*, AktG

Baums, Theodor (Hrsg.)

Bericht der Regierungskommission Corporate Governance, Köln 2001
zit.: *Baums*, Regierungskommission.

Beck'scher Bilanzkommentar

5. Auflage, München 2003
zit.: *Bearbeiter*, in: BeckBilKomm

Beck'sches Handbuch der AG	München 2004 zit.: *Bearbeiter*, in: Beck AG-HB
Bezzenberger, Tilmann	Erwerb eigener Aktien durch die AG, Köln 2002 zit.: *Bezzenberger*, Erwerb
Bischoff, Thomas	Sachliche Voraussetzungen von Mehrheitsbeschlüssen in Kapitalgesellschaften, BB 1987, S. 1055 ff. zit.: *Bischoff*, BB 1987
Blanke, Gernot	Umsatzsteuerrechtliche Behandlung von Gesellschafterbeiträgen bei Personengesellschaften, Köln 1991 zit.: *Blanke*, Gesellschafterbeiträge
Blümich	Kommentar zum Einkommensteuergesetz, Körperschaftsteuergesetz und Gewerbesteuergesetz, Band 3 (§§ 25-99 EStG), Loseblatt, München, Stand: 88. Ergänzungslieferung, Oktober 2005 zit.: *Bearbeiter*, in: Blümich, EStG, KStG, GewStG
Bommert, Rainer	Verdeckte Vermögensverlagerungen im Aktienrecht, Köln, Berlin, Bonn, München 1989 zit.: *Bommert*, Vermögensverlagerungen
Bosse, Christian	TransPuG: Änderungen zu den Berichtspflichten des Vorstands und zur Aufsichtsratstätigkeit, DB 2002, S. 1592 ff. zit.: *Bosse*, DB 2002
Bundesverband der deutschen Industrie (BDI), u.a.	Gemeinsame Stellungnahme von Bundesverband der Deutschen Industrie (BDI), Bundesvereinigung der Deutschen Arbeitgeberverbände (BDA), Bundesverband deutscher Banken (BdB), Deutscher Industrie- und Handelskammertag (DIHK) und Gesamtverband der deutschen Versicherungswirtschaft (GDV) zum Referentenentwurf TransPuG vom 26. November 2001

zit.: BDI, Gemeinsame Stellungnahme

Bydlinski, Franz	Juristische Methodenlehre und Rechtsbegriff, 2. Auflage, Wien, New York 1991 zit.: *Bydlinski*, Methodenlehre
Claussen, Carsten-Peter	Bank- und Börsenrecht, (unter Mitarbeit von Roland Erne), 2. Aufl., München 2000 zit.: *Claussen*, Bank- und Börsenrecht
Coenenberg, Adolf Gerhard	Jahresabschluß und Jahresabschlussanalyse, 19. Auflage, Stuttgart 2003 zit.: *Coenenberg*, Jahresabschluß
DAV	Stellungnahme des Deutschen Anwaltvereins durch den Handelsrechtsausschuss zum Referentenentwurf eines Gesetzes zur weiteren Reform des Aktien- und Bilanzrechts, zu Transparenz und Publizität (Transparenz- und Publizitätsgesetz), NZG 2002, S. 115 ff. zit.: DAV, NZG 2002
Deutsches Aktieninstitut	Stellungnahme zum Entwurf eines Gesetzes zur weiteren Reform des Aktien- und Bilanzrechts, zu Transparenz und Publizität (Transparenz- und Publizitätsgesetz) vom 11. Januar 2002 zit.: Deutsches Aktieninstitut, Stellungnahme
Deutsches Rechtslexikon	Band 3 (Q-Z), 3. Auflage, München 2001 zit.: Deutsches Rechtslexikon, Band 3
Dötsch, Ewald/Eversberg, Horst/Jost, Werner/Witt, Georg	Die Körperschaftsteuer, Kommentar zum Körperschaftsteuergesetz, zum Umwandlungsteuergesetz und zu den einkommensteuerrechtlichen Vorschriften des Anrechnungsverfahrens, Loseblatt, Stuttgart, Stand: 42. Ergänzungslieferung, September 2001 zit.: *Bearbeiter*, in: Dötsch/Eversberg/Jost/Witt, KStG a.F.

Dötsch, Ewald/Eversberg,
Horst/Jost, Werner/Pung,
Alexandra/Witt, Georg

Die Körperschaftsteuer, Kommentar zum Körperschaftsteuergesetz, zum Umwandlungsteuergesetz und zu den einkommensteuerrechtlichen Vorschriften des Anrechungsverfahrens, Loseblattsammlung, Stuttgart, Stand: 55. Ergänzungslieferung, November 2005
zit.:*Bearbeiter, in:* Dötsch/Eversberg/Jost/Pung/Witt, KStG

Dötsch, Ewald/
Pung, Alexandra

§ 8 b Abs. 1 bis 6 KStG: Das Einführungsschreiben des Bundesfinanzministeriums, DB 2003, S. 1016 ff.
zit: *Dötsch/Pung*, DB 2003

Drukarczyk, Jochen

Finanzierung, 9. Auflage, Stuttgart 2003
zit.: *Drukarczyk*, Finanzierung

Drukarczyk, Jochen

Theorie und Politik der Finanzierung, 2. Aufl., München 1993
zit.: *Drukarczyk*, Theorie und Politik

Duden

Das große Wörterbuch der deutschen Sprache in zehn Bänden, 3. Auflage Mannheim, Leipzig, Wien, Zürich 1999
zit.: Duden, Band

Emmerich, Volker/Habersack,
Mathias

Aktien- und GmbH-Konzernrecht, 4. Auflage, München 2005
zit.: *Bearbeiter*, in: Emmerich/Habersack, Aktien- und GmbH-Konzernrecht

Fabritius, Andreas

Vermögensbindung in AG und GmbH – tiefgreifender Unterschied oder grundsätzliche Identität?, ZHR 1980, S. 628 ff.
zit.: *Fabritius*, Vermögensbindung

Feddersen, Dieter

Aktienoptionsprogramme für Führungskräfte aus kapitalmarktrechtlicher und steuerlicher Sicht, ZHR 1997, S. 269 ff.
zit.: *Feddersen*, Aktienoptionsprogramm

Fleischer, Holger	Verdeckte Gewinnausschüttung: Die Geschäftschancenlehre im Spannungsfeld zwischen Gesellschafts- und Steuerrecht, DStR 1999, S. 1249 ff. zit.: *Fleischer*, DStR 1999
Fleischer, Holger	Börseneinführung von Tochtergesellschaften, ZHR 2001, S. 513 ff. zit.: *Fleischer*, ZHR 2001
Flume, Werner	Der Gesellschafter und das Vermögen der Kapitalgesellschaft und die Problematik der verdeckten Gewinnausschüttung, ZHR 1980, S. 18 ff. zit.: *Flume*, ZHR 1980
Friedewald, Rolf	Die personalistische Aktiengesellschaft, Köln, Berlin, Bonn, München 1991 zit.: *Friedewald*, Aktiengesellschaft
Frotscher, Gerrit	Tendenzen im Recht der Verdeckten Gewinnausschüttung, GmbHR 1998, S. 23 ff. zit.: *Frotscher*, GmbHR 1998
Frotscher, Gerrit	Diskussionsbeitrag, in: Widmann, Besteuerung der GmbH und ihrer Gesellschafter, DStJG Band 20, Köln 1997, S. 254 f. zit.: *Frotscher*, DStJG 20
Frotscher, Gerrit/Maas, Ernst	Körperschaftsteuergesetz, Umwandlungsteuergesetz, Loseblatt, Freiburg, Stand: 81. Ergänzungslieferung November 2005 zit.: *Bearbeiter*, in: Frotscher/Maas, KStG
Gabler Wirtschaftslexikon	15. Auflage, Wiesbaden 2000 zit.: Gabler Wirtschaftslexikon
Ganske, Joachim	Umwandlungsrecht, Textausgabe des Umwandlungsgesetzes und des Umwandlungssteuergesetzes , 2. Auflage, Düsseldorf 1995 zit.: Begründung des Regierungsentwurfs, Ganske

276

Geibel, Stephan/Süßmann, Rainer	Wertpapiererwerbs- und Übernahmegesetz, München 2002 zit.: *Bearbeiter*, in: Geibel/Süßmann, WpÜG
Geßler, Ernst	Bedeutung und Auslegung des § 23 Abs. 5 AktG, in: Festschrift für Martin Luther, Ort 1976, S. 69 ff. zit.: *Geßler*, Festschrift Luther
Geßler, Ernst/Hefermehl, Wolfgang/Eckard, Ulrich/ Kropff, Bruno	Aktiengesetz, Kommentar, München: Band I (§§ 1-75) 1984; Band II (§§ 76-147) 1973; Band III (§§ 179-240) 1994; Band V (§§ 241-290) 1984; Band VI (§§ 291-410) 1994 zit.: *Bearbeiter*, in: G/H/E/K
Grage, Katja	Notarrelevante Änderungen des Transparenz- und Publizitätsgesetzes im Überblick, RNotZ 2002, S. 326 ff. zit.: *Grage*, RNotZ 2002
Großkommentar zum Aktiengesetz	1. Auflage, Berlin, New York 1939 zit.: *Bearbeiter*, in: GK, 1. Aufl. 2. Auflage, Berlin, New York 1961 zit.: *Bearbeiter*, in: GK, 2. Aufl. 3. Auflage, Berlin, New York 1973 zit.: *Bearbeiter*, in: GK, 3. Aufl. 4. Auflage, Berlin, New York: 2. Lieferung (§§ 1-14) 1992; 7. Lieferung (§§ 23-40) 1997; 15. Lieferung (§§ 54-66) 2001; 14. Lieferung (§§ 118-120) 1999; 3. Lieferung (§§ 148-178) 1993; 5. Lieferung (§§ 179-191) 1995; 18. Lieferung (§§ 192-206) 2001; 9. Lieferung (§§ 207-220) 1999; 6. Lieferung (§§ 241-255) 1996 zit.: *Bearbeiter*, in: GK

Haarmann, Wilhelm/Schüppen, Matthias	Frankfurter Kommentar zum WpÜG, 2. Auflage, Frankfurt 2005 zit.: *Bearbeiter*, in: Haarmann/Schüppen, Frankfurter Kommentar
Hachenburg/Goerdeler/Müller	GmbHG, Großkommentar, 8. Auflage, Berlin 1990 ff. zit.: *Hachenburg/Goerdeler/Müller*, GmbHG
Häger, Michael/Forst, Paul	Ausschüttungen in Form der Sachdividende, EStB 2002, S. 335 ff. zit.: *Häger/Forst*, EStB 2002
Hasselbach, Kai/Wicke, Hartmut	Sachausschüttungen im Aktienrecht, NZG 2001, S. 599 ff. zit.: *Hasselbach/Wicke*, NZG 2001
Haun, Jürgen/Winkler, Hartmut	Klarstellung und Unklarheiten bei der Besteuerung von Beteiligungserträgen nach der Neufassung des § 8 b KStG, GmbHR 2002, S. 192 ff. zit.: *Haun/Winkler*, GmbHR 2002
Heckschen, Heribert	Die Entwicklung des Umwandlungsrechts aus der Sicht der Rechtsprechung und Praxis, DB 1998, S. 1385 ff. zit.: *Heckschen*, DB 1998
Heidel, Thomas (Hrsg.)	Anwaltskommentar Aktienrecht, Bonn 2003 zit.: *Bearbeiter*, in: AnwK-AktienR
Henze, Hartwig	Materiellrechtliche Grenzen für Mehrheitsentscheidungen im Aktienrecht Teil I und II, DStR 1993, S. 1823 ff. und S. 1863 ff. zit.: *Henze*, DStR 1993
Henze, Hartwig/Hoffmann-Becking, Michael	RWS-Forum 20, Gesellschaftsrecht 2001, Köln, 2001 zit.: *Bearbeiter*, in: Henze/Hoffmann-Becking, Ras-Forum

Herzig, Norbert	Steuerliche und bilanzielle Probleme bei Stock Options und Stock Appreciation Rights, DB 1999, S. 1 ff. zit.: *Herzig*, Stock Options
Hirte, Heribert	Missbrauch aktienrechtlicher Anfechtungsklagen, BB 1988, S. 1469 ff. zit.: *Hirte*, BB 1988
Hirte, Heribert	„Aktie plus Neuemission" (APN-Programme) – eine Innovation am deutschen Kapitalmarkt, in: Festschrift für Martin Peltzer, Köln 2001, S.195 ff. zit.: *Hirte*, Festschrift Peltzer
Hirte, Heribert	Bezugsrechtsausschluß und Konzernbildung, Köln, Berlin, Bonn, München 1986 zit.: *Hirte*, Bezugsrechtsausschluß
Hirte, Heribert	Das Transparenz- und Publizitätsgesetz, München 2003 zit.: *Hirte*, TransPuG
Hirte, Heribert	Kapitalgesellschaftsrecht, 4. Aufl., Köln 2003 zit.: *Hirte*, Kapitalgesellschaftsrecht
Hoffmann–Becking, Michael	Vorschläge der Regierungskommission „Corporate Governance" zum Recht der Unternehmensfinanzierung, in: Hommelhoff/Lutter/ Schmidt/Schön/Ulmer (Hrsg.), Corporate Governance, Gemeinschaftssymposium der Zeitschriften ZHR/ZGR, Beiheft 71 zu ZHR 166 (2002), S. 215 ff. zit.: *Hoffmann-Becking*, ZHR 2002 Beiheft 71
Holzborn, Timo/Bunnemann, Jan	Gestaltung einer Sachausschüttung und Gewährleistung im Rahmen der Sachdividende, AG 2003, S. 671 ff. zit.: *Holzborn/Bunnemann*, AG 2003

Hönn, Günther	Inhaltskontrolle von Gesellschaftsverträgen, JA 1987, S. 337 ff. zit.: *Hönn*, JA 1987
Huber, Peter/Faust, Florian	Schuldrechtsmodernisierung, München 2002 zit.: *Huber/Faust*, Schuldrechtsmodernisierung
Hüffer, Uwe	Aktiengesetz, 4. Auflage, München 1999 zit.: *Hüffer*, AktG, 4. Aufl. Aktiengesetz, 5. Auflage, München 2002 zit.: *Hüffer*, AktG, 5. Aufl. Aktiengesetz, 6. Auflage München 2004 zit.: *Hüffer*, AktG
Ihrig, Hans-Christoph/Wagner, Jens	Die Reform geht weiter: Das Transparenz- und Publizitätsgesetz kommt, BB 2002, S. 789 ff. zit.: *Ihrig/Wagner*, BB 2002
Immenga, Ulrich	Die personalistische Kapitalgesellschaft, Bad Homburg 1970 zit.: *Immenga*, Kapitalgesellschaft
Jakob, Wolfgang	Umsatzsteuer, 3. Auflage, München 2005 zit.: *Jakob*, Umsatzsteuer
Jakob, Wolfgang	Umsatzsteuer, 2. Auflage, München 1998 zit.: *Jakob*, Umsatzsteuer, 2. Aufl
Jakobs, Norbert/Wittmann, Hans-Jörg	Steuersenkungsgesetz: Besteuerung von Anteilsveräußerungen, GmbHR 2000, S. 910 ff. zit.: *Jakobs/Wittmann*, GmbR 2000
Kallmeyer, Harald	Umwandlungsgesetz, 2. Auflage, Köln 2001 zit.: *Bearbeiter*, in: Kallmeyer, UmwG
Kirchhof, Paul/Söhn, Hartmut	Kommentar zum Einkommensteuergesetz, Loseblatt, Heidelberg, Stand: 160. Ergänzungslieferung, Dezember 2005 zit.: *Bearbeiter*, in: Kirchhof/Söhn, EstG

Knigge, Dagmar

Änderungen des Aktienrechts durch das Transparenz- und Publizitätsgesetz, WM 2002, S. 1729 ff.
zit.: *Knigge*, WM 2002

Knobbe-Keuk, Brigitte

Bilanz- und Unternehmenssteuerrecht, 9. Auflage, Köln 1993
zit.: *Knobbe-Keuk*, Bilanz- und Unternehmenssteuerrecht

Koller, Ingo

Der Ausschluss ohne wichtigen Grund zum Buchwert bei Familiengesellschaften, DB 1984, S. 545 ff.
zit.: *Koller*, DB 1980

Kölner Kommentar zum Aktiengesetz

1. Auflage Köln, Berlin, Bonn, München: Band 1 (§§ 1 – 147); Band 2 (§§ 148 – 240)
zit.: *Bearbeiter*, in: KölnKomm, 1. Aufl.

2. Auflage Köln, Berlin, Bonn, München: Einleitungsband (Text des Aktiengesetzes, Einleitung, Sachregister zum Gesamtwerk) 1984; Band 1 (§§ 1 – 75) 1988; Band 2 (§§ 76 – 117) 1996; Band 4 (Rechnungslegung) 1991; Band 5/1 (§§ 179 – 240) 1995
zit.: *Bearbeiter*, in: KölnKomm

Kropff, Bruno

Aktiengesetz. Textausgabe des Aktiengesetzes vom 6.9.1965 mit Begründung des Regierungsentwurfes und Bericht des Rechtsausschusses des Deutschen Bundestages, Düsseldorf 1965
zit.: *Kropff*, Regierungsbegründung

Kroppensteiner, Hans-Georg

Ausgliederung und Spaltungsgesetz, in: Festschrift für Wolfgang Zöllner, Bände I und II, Köln, Berlin, Bonn, München 1998, S. 295 ff.
zit.: *Kroppensteiner*, Festschrift Zöllner

Kübler, Friedrich

Institutioneller Gläubigerschutz oder Kapitalmarkttransparenz, ZHR 1995, S. 550 ff.
zit.: *Kübler*, ZHR 1995

Lancaster, Kelvin	Moderne Mikroökonomie, 4. Auflage, Frankfurt/Main 1991 zit.: Lancaster, Mikroökonmie
Larenz, Karl	Methodenlehre der Rechtswissenschaft, 6. Auflage, Berlin 1991 zit.: *Larenz*, Methodenlehre
Heine, Joachim/Lechner, Florian	Die unentgeltliche Auskehrung von Sachwerten bei börsennotierten Aktiengesellschaften, AG 2005, S. 269 ff. zit.: *Heine/Lechner*, AG 2005
Leinekugel, Magdalena	Die Sachdividende im deutschen und europäischen Aktienrecht, Köln, Berlin, Bonn, München 2001 zit.: *Leinekugel*, Sachdividende
Leip, Carsten	Die Veräußerung von Anteilen an Kapitalgesellschaften durch Kapitalgesellschaften, BB 2002, S. 1839 ff. zit.: *Leip*, BB 2002
Liebscher, Thomas	Konzernbildungskontrolle, Berlin 1995 zit.: *Liebscher*, Konzernbildungskontrolle
Lohner, Andreas	Die „kleine AG" im Aktiengesellschaftsrecht, Regensburg 2002 zit.: *Lohner*, Die „kleineAG"
Lohse, Christian	Einlösung von Benzingutscheinen als unentgeltliche Zuwendungen iS des § 3 Abs. 1b Nr. 3 UStG 1999 - Anmerkung zu EuGH, Urt. V. 27.4.1999-Rs. C-48/97, UR 1999, S. 316 ff. zit.: *Lohse*, UR 1999
Loritz, Karl-Georg	Vertragsfreiheit und Individualschutz im Gesellschaftsrecht, JZ 1986, S. 1073 ff. zit.: *Loritz*, JZ 1986

Luther, Martin	§ 23 Abs. (5) AktG im Spannungsfeld von Gesetz, Satzung und Einzelentscheidungen der Organe der Aktiengesellschaft, in: Freundesgabe für Hans Hengeler, Berlin u.a. 1972, S. 167 ff. zit.: *Luther*, in: Freundesgabe Hengeler
Lutter, Marcus	Die entgeltliche Ablösung von Anfechtungsrechten - Gedanken zur aktiven Gleichbehandlung im Aktienrecht, ZGR 1978, S. 347 ff. zit.: *Lutter*, ZGR 1978
Lutter, Marcus	Lutter, Kommentar zum Umwandlungsgesetz, 3. Aufl., Köln 2004 zit.: *Bearbeiter*, in: Lutter, UmwG
Lutter, Marcus	Kapital, Sicherung der Kapitalaufbringung und - erhaltung in den Aktien- und GmbH-Rechten der EWG, Karlsruhe 1964 zit.: *Lutter*, Kapital
Lutter, Marcus	Bericht der Regierungskommission „Corporate Governance", in: Gesellschaftsrechtliche Vereinigung (Hrsg.), Gesellschaftsrecht in der Diskussion 2000, Köln 2001, Band 3, S. 48 ff. zit.: *Lutter*, Gesellschaftsrecht in der Diskussion
Lutter, Marcus	Zur inhaltlichen Begründung von Mehrheitsentscheidungen - Besprechung der Entscheidung BGH WM 1980, 378, ZGR 1981, S. 171 ff. zit.: *Lutter*, ZGR 1981
Lutter, Marcus	Organzuständigkeiten im Konzern, in: Feschrift für Stimpel, Berlin, New York 1985, S. 825 ff. zit.: *Lutter*, Festschrift Stimpel
Lutter, Marcus/Leinekugel, Magdalena/Rödder, Thomas	Die Sachdividende, ZGR 2002, S. 205 ff. zit.: *Lutter/Leinekugel/Rödder*, ZGR 2002
Lutter, Marcus/Leinekugel, Rolf	Kompetenzen von Hauptversammlung und Gesellschafterversammlung beim Verkauf von Unternehmensteilen, ZIP 1998, S. 225 ff. zit.: *Lutter/Leinekugel*, ZIP 1998.

Marsch, Rüdiger	Die rechtliche Problematik der Verwendung von Jahresüberschüssen deutscher Aktiengesellschaften unter besonderer Berücksichtigung der Kleinaktionärinteressen, Göttingen 1974 zit.: *Marsch*, Kleinaktionärinteressen
Martens, Klaus-Peter	Gewinnverwendung und Gewinnverteilung in der Aktiengesellschaft, in: Festschrift für Carsten Peter Claussen, Köln, Berlin, Bonn, München, 1997, S. 279 ff. zit.: *Martens*, Festschrift Claussen
Mayer, Dieter	Auswirkungen der Gesetzesänderungen im Aktienrecht auf die Satzungsgestaltung, MittBayNot 2003, S. 96 ff. zit.: *Mayer*, MittBayNot 2003
Memento Gesellschaftsrecht für die Praxis	Freiburg i. Br. 2002 zit.: Memento Gesellschaftsrecht
Menner, Stefan/Broer, Frank	Steuerliche Gestaltungsmöglichkeiten bei Unstrukturierungen im Konzern – Alternativen zur Spaltung von Kapitalgesellschaften unter besonderer Berücksichtigung von Sachdividenden, DB 2003, S. 1075 ff. zit.: *Menner/Broer*, DB 2003
Müller, Welf	Verdeckte Gewinnausschüttungen im Zivil- und Steuerrecht, in: Wassermeyer, Franz (Hrsg.), Grundfragen der Unternehmensbesteuerung, Köln 1994, S. 289 ff. zit.: *Müller*, Verdeckte Gewinnausschüttungen
Müller, Welf	Die Änderungen im HGB und die Neuregelung der Sachdividende durch das Transparenz- und Publizitätsgesetz, NZG 2002, S. 752 ff. zit.: *Müller*, NZG 2002
Münchener Handbuch des Gesellschaftsrechts	2. Auflage, München 1999, Band 4, Aktiengesellschaft zit.: *Bearbeiter*, in: MünchHdbAG

Münchener Kommentar zum Aktiengesetz	2. Auflage, München; (Fortführung des in 1. Auflage unter der Bezeichnung Geßler/Hefermehl/Eckardt/Kropf erschienenen Kommentars zum Aktiengesetz) Band 1 (§§ 1 - 53) 2000 Band 2 (§§ 53 a - 75) 2003 Band 5/1 (§§ 148 - 151, 161 - 178 AktG, §§ 238 - 264c HGB) Band 7 (§§ 222 - 277) 2001 zit.: *Bearbeiter*, in: MünchKommAG
Obermüller/Werner/Winden	Die Hauptversammlung der Aktiengesellschaft, 4. Auflage, vollständig neu bearbeitet und erweitert von Volker Butzke; Stuttgart 2001 zit.: *Obermüller/Werner/Winden*, Hauptversammlung
Orth, Manfred	Sachdividenden - Zu deren Kodifizierung und den offen gebliebenen aktienrechtlichen, bilanzrechtlichen und steuerrechtlichen Fragen (Teil 1 und 2) -, WPg 2004, S. 777 ff. und WPg 2004, S. 841 ff. zit.: Orth, WPg 2004
Orth, Manfred	Ausschüttungsbedingte Änderung des Körperschaftsteueraufwands - Zur Bedeutung des Steuersenkungsgesetzes für den handelsrechtlichen Jahresabschluss -, WPg 2001, S. 947 ff.; zit.: *Orth*, WPg 2001
Palandt, Otto	Bürgerliches Gesetzbuch, 64. Auflage, München 2005 zit.: *Bearbeiter*, in: Palandt
Paulick, Heinz	Die eingetragene Genossenschaft als Beispiel gesetzlicher Typenbeschränkung, Tübingen 1954 zit.: *Paulick*, Genossenschaft
Pezzer, Heinz-Jürgen	Die verdeckte Gewinnausschüttung im Körperschaftsteuerrecht, Köln 1986 zit.: *Pezzer*, Die Verdeckte Gewinnausschüttung

Priester, Hans-Joachim	Die klassische Ausgliederung – ein Opfer des Umwandlungsgesetzes 1994?, ZHR 1999, S. 187 ff.; zit.: *Priester*, ZHR 1999
Prinz, Ulrich/Schürner, Carl Thomas	Tracking Stocks und Sachdividenden – ein neues Gestaltungsinstrument für spartenbezogene Gesellschaftsrechte?, DStR 2003, S. 181 ff. zit.: *Prinz/Schürner*, Tracking Stocks, DStR 2003
Rau, Günter/Dürrwächter, Erich	Umsatzsteuergesetz, Loseblatt, Köln, Stand: 124. Ergänzungslieferung Juni 2004 zit.: *Bearbeiter*, in: Rau/Dürrwächter
Referentenentwurf eines Gesetzes zur weiteren Reform des Aktien- und Bilanzrechts, zu Transparenz und Publizität (TransPuG)	ZIP 2001, 2192 ff.
Riehmer, Klaus/Schröder, Oliver	Praktische Aspekte bei der Planung, Durchführung und Abwicklung eines Übernahmeangebots, BB 2001, Beilage 5 zit.: *Riehmer/Schröder*, BB 2001, Beilage 5
Rödder, Thomas/Wochinger, Peter	Veräußerung von Kapitalgesellschaftsanteilen durch Kapitalgesellschaften, FR 2001, S. 1253 ff. zit.: *Rödder/Wochinger*, FR 2001
Rüttinger, Gerd	Der Vorsteuerabzug für (teil-)unentgeltliche, aber durchgängig unternehmerisch verwendete Leistungsbezüge, UR 1988, S. 143 ff. zit.: *Rüttinger*, UR 1988
Sagasser, Bernd/Bula, Thomas/Brünger, Thomas R.	Umwandlungen, 3. Auflage, München 2002 zit.: *Sagasser/Bula/Brünger*, Umwandlungen
Schmidt, Karsten	Gesellschaftsrecht, 4. Auflage, Köln, Berlin, Bonn, München 2002 zit.: *Karsten Schmidt*, Gesellschaftsrecht

Schmidt, Ludwig	Kommentar zum Einkommensteuerrecht, 24. Auflage, München 2005 zit.: *Bearbeiter*, in: Schmidt, EStG
Dehmer, Hans/Schmitt, Joachim/ Hörtnagl, Robert/Stratz, Rolf-Christian	Umwandlungsgesetz, Umwandlungssteuergesetz, München 2001 zit.: *Schmitt/Hörtnagl/Stratz*, UmwG, UmwStG
Schnorbus, York	Die Sachdividende, ZIP 2003, S. 509 ff. zit.: *Schnorbus*, ZIP 2003
Schön, Wolfgang	Personengesellschaften und Bruchteilsgemeinschaften im Umsatzsteuerrecht, in: Woerner (Hrsg.), Umsatzsteuer und in nationaler und europäischer Sicht, DStJG Band 13, Köln 1990, S. 82 ff. zit.: *Schön*, DStJG 13
Schüppen, Matthias	To comply or not to comply - that´s the question! „Existenzfragen" des Transparenz- und Publizitätsgesetzes im magischen Dreieck kapitalmarktorientierter Unternehmensführung, ZIP 2002, S.1269 ff. zit.: *Schüppen*, ZIP 2002
Schwark, Eberhard	Börsengesetz, 2. Aufl., München 1994 zit.: *Schwark*, Börsengesetz
Schwedhelm/Olbing/Binnewies	GmbHR 2002, S. 1157 ff. zit.: *Schwedhelm/Olbing/Binnewies*, GmbHR 2002
Seibert, Ulrich	Das „TransPuG", NZG 2002, 608 ff. zit.: *Seibert*, NZG 2002
Semler, Johannes/Stengel, Arndt	Umwandlungsgesetz, München 2003 zit.: *Bearbeiter*, in: Semler/Stengel, UmwG

Stadie, Holger	Die unentgeltliche Veräußerung eines Wirtschaftsguts an einen anderen Unternehmer im Umsatzsteuerrecht, StuW 1987, S. 273 zit.: *Stadie*, StuW 1987
Steinmeyer, Roland/Häger, Michael	Kommentar zum Wertpapiererwerbs- und Übernahmegesetz mit Erläuterungen zum Minderheitenausschluß nach §§ 327 a ff. AktG, Berlin 2002 zit.: *Bearbeiter*, in: Steinmeyer/Häger, WpÜG
Stobbe, Alfred	Mikroökonomik, 2. Auflage, Berlin u.a. 1991 zit.: *Stobbe*, Mikroökonomik
Streck, Michael/Binnewies, Burkhard	Gestaltungsmöglichkeiten, Bilanzierungs- und Steuerfragen zum Handel mit Berechtigungen zur Emission von Treibhausgasen nach dem Treibhaus-Emissionshandelgesetz (TEHG), DB 2004, S. 1116 ff. zit.: *Streck/Binnewies*, DB 2004
Strunk, Günther/Kolaschnik, Helge Frank	TransPuG und Corporate Governance Kodex, Berlin 2003 zit.: *Strunk/Kolaschnik*, TransPuG
Thiel, Jochen	Die verdeckte Gewinnausschüttung im Spannungsfeld zwischen Zivil- und Steuerrecht, DStR 1993, S. 1801 ff. zit.: *Thiel*, DStR 1993
Timm, Wolfram	Zur Sachkontrolle von Mehrheitsentscheidungen im Kapitalgesellschaftsrecht, ZGR 1987, S. 403 ff. zit.: *Timm*, ZGR 1987
Tipke Klaus/Joachim Lang	Steuerrecht, 17. Auflage, Köln 2002 zit.: *Bearbeiter*, in: Tipke/Lang, Steuerrecht
Tröndle, Herbert/Fischer, Thomas	Strafgesetzbuch, 52. Auflage, München 2004 zit.: *Tröndle/Fischer*, Strafgesetzbuch
Veil, Rüdiger	Aktuelle Probleme im Ausgliederungsrecht, ZIP

288

1998, S. 361 ff.
zit.: *Veil*, ZIP 1998

Veit, Otto	Reale Theorie des Geldes, Tübingen 1966 zit.: *Veit*, Theorie des Geldes

Veit, Otto

Volkswirtschaftliche Theorie der Liquidität, Frankfurt am Main 1948
zit.: *Veit*, Liquidität

Vogel, Alfred/Schwarz, Bernhard

Kommentar zum Umsatzsteuergesetz, Loseblatt, Freiburg, Stand: 128. Ergänzungslieferung November 2005
zit.: *Bearbeiter*, in: Vogel/Schwarz, UStG

Waclawik, Erich

Die neue Sachdividende: Was ist sie wert?, WM 2003, S. 2266 ff.
zit.: *Waclawik*, WM 2003

Wäger, Christoph

Oppenhoff & Rädler (Hrsg.), Steuerentlastungsgesetz 1999/2000/2002, Bonn 1999, S. 280 f.
zit.: *Wäger*, Steuerentlastungsgesetz

Wahrig, Gerhard

Deutsches Wörterbuch, Neuausgabe, Gütersloh 1996;
zit.: *Wahrig*, Deutsches Wörterbuch

Wassermeyer, Franz

Diskussionsbeitrag, in: Widmann (Hrsg.), Besteuerung der GmbH und ihrer Gesellschafter, DStJG Band 20, Köln 1997, S. 255
zit.: *Wassermeyer*, DStJG 20

Wassermeyer, Franz

Verdeckte Gewinnausschüttung - Bundesfinanzhof versus Finanzverwaltung, GmbHR 2002, S. 1 ff.
zit.: *Wassermeyer*, GmbHR 2002

Wassermeyer, Franz

Verdeckte Gewinnausschüttungen in der Form von verhinderten Vermögensmehrungen, in: Festschrift für Welf Müller, München 2001, S. 397 ff.

zit.: *Wassermeyer*, Festschrift Müller

Wassermeyer, Franz	Einige Grundsatzüberlegungen zur verdeckten Gewinnausschüttung, GmbHR 1998, S. 157 ff. zit.: *Wassermeyer*, GmbHR 1998
Weiß, Eberhard	Urteilsanmerkung zu BFH Urteil v. 7. 10. 1987 V R 2/79, UR 1988, S. 130 ff. zit.: *Weiß*, UR 1988
Weiß, Eberhard	Urteilsanmerkung zu BFH Urteil v. 30. 7. 1986 V R 99/76, UR 1988, S. 130 ff. zit.: *Weiß*, UR 1986
Weißhaupt, Frank	Der „eigentliche" Holzmüllerbeschluß, NZG 1999, S. 804 ff. zit.: *Weißhaupt*, NZG 1999
Widmann, Werner	Fiktionstheorie hin, Realakttheorie her - der Eigenverbrauch bedarf der gesetzgeberischen Umgestaltung!, UR 1988, S. 10 ff. zit.: *Widmann*, UR 1988
Widmann, Werner	Was sind unentgeltliche Zuwendungen i.S.v. § 3 Abs. 1b Satz 1 Nr. 3 UStG?, UR 2000, S. 19 ff. zit.: *Widmann*, UR 2000
Wiedemann, Herbert	Entwicklungen im Kapitalgesellschaftsrecht, DB 1993, S. 141 ff. zit.: *Wiedemann*, DB 1993
Wiedemann, Herbert	Rechtsethische Maßstäbe im Unternehmens- und Gesellschaftsrecht, ZGR 1980, S. 147 ff. zit.: *Wiedemann*, ZGR 1980
Wiedemann, Herbert	Erfahrungen mit der Gestaltungsfreiheit im Gesellschaftsrecht, in: ZGR-Sonderheft 13 (1997), S. 5 ff. zit.: *Wiedemann*, Erfahrungen mit der Gestaltungsfreiheit

Wiedemann, Herbert	Gesellschaftsrecht, Band I, München 1980 zit.: *Wiedemann*, Gesellschaftrecht
Willeke, Clemens	Zum Regierungsentwurf eines Transparenz- und Publizitätsgesetzes (TransPuG), StuB 2002, S. 227 ff. zit.: *Willeke*, StuB 2002
Winnefeld, Robert	Bilanzhandbuch, 3. Auflage, München 2002 zit.: *Winnefeld*, Bilanz-Handbuch
Winter, Jochen/Drebes, Ralph	Ein Kühlschrank als Dividende für die Aktionäre, FAZ v. 22.6.2002, Nr. 142, S. 19 zit.: *Winter/Drebes*, FAZ
Winter, Martin	Mitgliedschaftliche Treuebindungen im GmbH-Recht, München 1988 zit.: *Winter*, Treuebindungen
Wohlmann, Herbert	Die Treuepflichten des Aktionärs, Zürich 1968; zit.: *Wohlmann*, Treuepflichten
Zimmermann, Klaus/Andreas Pentz	„Holzmüller" - Ansatzpunkt, Klagefristen, Klageantrag, in: Festschrift für Welf Müller, München 2001, S. 151 ff. zit.: *Zimmermann/Pentz*, Holzmüller
Zöllner, Wolfgang	Die Schranken mitgliedschaftlicher Stimmrechtsmacht bei den privatrechtlichen Personenverbänden, München. Berlin 1963 zit.: *Zöllner*, Stimmrechtsmacht
Zügel, Walther	Stille Reserven und Aktienrechtsreform, BFuP 1958, S. 159 ff. zit.: *Zügel*, BFuP 1958

Oliver Maximilian Kirschner

Der „Dividendenverzicht" des Aktionärs

Ein Beitrag zur Gestaltung disquotaler Gewinnausschüttungen in der Aktiengesellschaft

Frankfurt am Main, Berlin, Bern, Bruxelles, New York, Oxford, Wien, 2004.
166 S.
Europäische Hochschulschriften: Reihe 2, Rechtswissenschaft. Bd. 4028
ISBN 3-631-53101-X · br. € 39.–*

Der Verzicht des Aktionärs auf seine Dividende kann aus verschiedenen wirtschaftlichen und steuerlichen Gründen geboten sein. Das Gesetz enthält keine Regelung über Zulässigkeit und Umsetzung eines Dividendenverzichts. Die vereinzelten Stellungnahmen in der Literatur sind kontrovers; Rechtsprechung liegt zu diesem Thema nicht vor. Die Arbeit zeigt mehrere rechtliche Gestaltungsmöglichkeiten eines Dividendenverzichts und – weiter gefasst – einer punktuellen disquotalen Gewinnausschüttung auf und behandelt die damit verbundenen steuerrechtlichen Implikationen.

Aus dem Inhalt: Mitgliedschaftliches und schuldrechtliches Gewinnbeteiligungsrecht des Aktionärs · Dividendenverzicht · Disquotale Gewinnausschüttung · Gewinnverteilungsbeschluss aufgrund einer Öffnungsklausel · Steuerliche Behandlung der disquotalen Gewinnausschüttung

Frankfurt am Main · Berlin · Bern · Bruxelles · New York · Oxford · Wien
Auslieferung: Verlag Peter Lang AG
Moosstr. 1, CH-2542 Pieterlen
Telefax 00 41 (0) 32 / 376 17 27

*inklusive der in Deutschland gültigen Mehrwertsteuer
Preisänderungen vorbehalten
Homepage http://www.peterlang.de

Peter Lang · Europäischer Verlag der Wissenschaften